Hans Werner Neulen

Feldgrau in Jerusalem

Hans Werner Neulen

Feldgrau in Jerusalem

Das Levantekorps des kaiserlichen Deutschland

Universitas

2. Auflage 2002
(Sonderproduktion)

© 1991 by Universitas Verlag in
F.A. Herbig Verlagsbuchhandlung GmbH, München
Alle Rechte vorbahalten
Schutzumschlag: Wolfgang Heinzel
Umschlagbild: Ullstein Bilderdienst, Berlin
Vorsatzbild: Bayer. Hauptstaatsarchiv, Kriegsarchiv, München
Nachsatzbild: Volksbund Deutsche Kriegsgräberfürsorge, Kassel
Satz: Fotosatz Völkl, Germering
Druck: Jos. C. Huber KG, Dießen
Binden: R. Oldenbourg, Heimstetten
Printed in Germany
ISBN: 3-8004-1437-6

Meiner Mutter gewidmet

Inhalt

Danksagung 9

Einleitung 11
I. Deutschland und die Türkei 15
II. Zwei Schiffe machen Weltgeschichte 28
III. SMSS *Goeben* und *Breslau* im Schwarzen Meer 41
IV. Der Tod im Kaukasus 52
V. Die Vorstöße zum Suezkanal 63
VI. Der Kampf um die Dardanellen 77
VII. Deutsche U-Boote greifen ein 91
VIII. Nachschub für Libyen 100
IX. Der Landungszug von SMS *Emden* 106
X. Sanitätsprobleme 115
XI. Die Bagdad- und Hedschasbahn 125
XII. Die Georgische Legion 138
XIII. K.u.k. Truppen in der Wüste 144
XIV. Die Flieger 152
XV. Romantische Expeditionen 165
XVI. Deutsch-türkische Spannungen 181
XVII. Deutsche und Armenier 190
XVIII. Abenteuer Persien 201
XIX. Die Irakfront 213
XX. Jildirim und das deutsche Asienkorps 225
XXI. Die Sinaifront 1917 235
XXII. Palästina: Zusammenbruch und Heimkehr 246

Nachwort 263

Anlagen 268
1 Ordre de bataille der ottomanischen Armee im
Dezember 1913 268
2 Der deutsch-türkische Bündnisvertrag vom
2. August 1914 270
3 Die deutschen Botschafter im Osmanischen
Reich 1914–18 271

4 Deutsche und österreichische Institutionen und Bauten in Jerusalem vor 1914 272
5 Landungszug der *Emden* am 9. November 1914 274
6 Die Kriegsfahrten der SMS *Breslau* = *Midilli* 275
7 Merkblatt für die Reise Konstantinopel – Aleppo .. 278
8 Die Verluste der türkischen Kriegsmarine im Weltkrieg 280
9 Deutsche Offiziere in türkischen Diensten 1914–1918 283
10 Deutsche Soldatengräber in der Türkei und Nah-/Mittelost. Gefallene 1914–1918 285

Kurzbiographien 286
Abkürzungsverzeichnis 299
Anmerkungen 300
Quellen- und Literaturverzeichnis 332
Strategische Karten 353
Personenregister 359

Danksagung

Nur zu gern unterzieht sich der Verfasser der angenehmen Pflicht, den Archiven, Bibliotheken, Institutionen und Personen zu danken, die durch ihre freundliche und großzügige Mithilfe zum Entstehen dieser Studie nicht unwesentlich beigetragen haben.
  Bildvorlagen oder Archivalien stellten dem Autor zur Verfügung das Bundesarchiv/Militärarchiv in Freiburg, das Militärgeschichtliche Forschungsamt in Freiburg, Herr Archivdirektor Dr. Gerhard Heyl vom Bayerischen Hauptstaatsarchiv-Kriegsarchiv in München, Herr Hofrat Dr. Franz Kaindl vom Heeresgeschichtlichen Museum in Wien, das Historische Archiv des Erzbistums Köln, der Ullstein Bilderdienst, Herr Alexander Dolezalek von der Studien-Sammlung für europäische Geschichte, Gegenwart und Zukunftsplanung in Vlotho, Herr Hans Soltau vom Volksbund Deutsche Kriegsgräberfürsorge e. V. sowie Herr Luftwaffenattaché Major i. G. Sevket Kirca von der Militärabteilung der Botschaft der Republik Türkei in Bonn und Frau Margit Souchon.
  Bei der Beschaffung von Literatur waren behilflich die Bibliothek für Zeitgeschichte in Stuttgart, die Württembergische Landesbibliothek in Stuttgart, Frau Isy Lacour von der Stadtbücherei Köln, die Presseabteilung der Botschaft der Republik Türkei, die Bauaktiengesellschaft Held und Francke in München sowie mein guter Freund Dr. Nicola Cospito in Rom.
  Ihnen allen sei auf diesem Wege herzlich gedankt.

Köln, im Oktober 1990   Hans Werner Neulen

Einleitung

»Nichts Besseres weiß ich an Sonn- und Feiertagen als ein Gespräch von Krieg und Kriegsgeschrei, wenn hinten, weit, in der Türkei die Völker aufeinander schlagen.«

Als Johann Wolfgang von Goethe diese Zeilen schrieb, war die Türkei dem deutschen Bürger weit entrückt. Aber schon wenige Jahrzehnte später, nachdem Hauptmann Helmuth von Moltke ab 1835 als militärischer Berater im Osmanischen Reich tätig gewesen war und Kaiser Wilhelm II. 1889 und 1898 die Türkei besuchte, nahm man in Deutschland verstärkt Anteil an dem Geschehen in Konstantinopel. Die Hohe Pforte suchte die Freundschaft mit dem Kaiserreich, um den Einfluß Rußlands, Englands und Frankreichs zurückzudrängen. Berlin hatte ebenfalls Interessen, spekulierte auf wirtschaftliche und finanzielle Vorteile im Osmanischen Reich, das nur die Eifersucht der Großmächte vor der Aufteilung bewahrte. Die beiderseitigen Beziehungen waren daher durchaus nicht selbstlos. Prestigegründe und ein Gefühl des Zukurzgekommenseins veranlaßten das kaiserliche Deutschland, sich im Orient zu engagieren und *Weltpolitik* zu betreiben. Im 1. Weltkrieg waren beide Reiche Verbündete. Diese »Waffenbrüderschaft« des 1. Weltkrieges ist bei den Türken bis heute populär, »während Deutsche nicht mehr so gerne über sie reden.«[1] Am Bosporus sind diese historischen Erinnerungen nicht nur präsent, sie werden auch gepflegt. So hängen im Askeri Müse (Kriegsmuseum) in Istanbul die Bilder von Hunderten deutscher Offiziere, die im türkischen Dienst tätig gewesen sind.[2]

1. Weltkrieg und Orient – in diesem Zusammenhang denkt man in Deutschland an T. E. Lawrence und aufrührerische Beduinen, an gesprengte Züge und romantische Kamelritte durch die nächtliche Wüste. Fast niemand erinnert sich daran, daß auf dem Gebiet des Osmanischen Reiches insgesamt rund 25 000 Mann deutsche Truppen stationiert waren, daß das Deutsche Asienkorps um die Heiligen Stätten in Palästina kämpfte, daß deutsche U-Boote in Konstantinopel und Beirut einliefen.

Dieses Buch will mithin ein weithin vergessenes Kapitel der

deutsch-türkischen Geschichte aufarbeiten. Wenn die Türkei auch nur ein Nebenkriegsschauplatz war, so fielen dort doch Entscheidungen, die bis heute unsere Gegenwart bestimmen: Der gescheiterte alliierte Angriff auf die Meerengen war eine der Bedingungen für den Zusammenbruch des zaristischen Systems in Rußland, und mit dem Ende der Pax Turcica in Palästina 1918 »öffnete sich eine Pandorabüchse voller Katastrophen, und bis heute ist niemand in Sicht, der sie wieder schließen könnte.«[3]

Während in England, Australien und Neuseeland ständig neue Publikationen über den Kriegsschauplatz im Orient erscheinen – allein in Australien wird nahezu jedes Jahr ein weiteres Buch über die Kämpfe um die Halbinsel Gallipoli veröffentlicht[4] – hat sich dieser Ereignisse seit Jahrzehnten fast kein deutschsprachiger Historiker mehr angenommen. Eine Ausnahme bildet die hervorragende Studie des israelischen Militärhistorikers Jehuda L. Wallach über die deutsch-preußischen Militärmissionen in der Türkei von 1835 bis 1919, die im Rahmen der Schriftenreihe des Instituts für Deutsche Geschichte der Universität Tel Aviv erschien.[5]

Die Bearbeitung des Themas wird erheblich durch den Umstand erschwert, daß »nahezu das gesamte, diese Geschehnisse behandelnde Aktenmaterial«[6] beim Abtransport der deutschen Militärmission aus Konstantinopel verlorenging. Die übrigen Akten der ehemaligen preußischen Armee wurden 1945 durch Kriegseinwirkung vernichtet.[7] Wertvolle, wenn auch geringe Aktenbestände über bayerische Einheiten finden sich im Bayerischen Hauptstaatsarchiv-Kriegsarchiv. Sie vermitteln naturgemäß aber nur ein lückenhaftes Bild über den Einsatz deutscher Verbände im Orient. Somit ist der Historiker hauptsächlich auf die einschlägige Literatur angewiesen, auf Erlebnisberichte, Tagebücher, Erinnerungen, Regimentsgeschichten und Sekundärliteratur. Dieses Schrifttum gibt es – 1915 einsetzend und etwa 1940 endend – in reichem Maße. Oft diente es aber mehr der nationalen Propaganda und »vaterländischen Erbauung« der Jugend, der Selbstdarstellung und Selbstrechtfertigung als der unvoreingenommenen Wahrheitsfindung. Der Verfasser hofft, daß es ihm annähernd gelungen ist, aus dem unübersichtlichen und im Wert unterschiedlichen Material eine zutreffende, wenn auch gewiß lückenhafte Darstellung der Ereignisse herausgefiltert zu haben.

Auch wenn es sich bei diesem Buch im Kern um eine militärgeschichtliche Studie handelt, so verfolgt es doch nicht allein den Zweck, Strategien und Schlachten zu beschreiben. Der Verfasser möchte auch ein Kapitel aus der Geschichte zweier Völker aufschlagen, die eine »bittere Freundschaft«[8] verbindet. Diese Freundschaft ist nicht zuletzt deshalb bitter, weil der Türke, wie noch darzustellen sein wird, bereits im Weltkrieg auf deutscher Seite mit Überheblichkeit, Dünkel und Imponiergehabe konfrontiert wurde. Wen wundert es da, daß etwa Kemal Atatürk die Deutschen nie sonderlich geschätzt hat.[9] Aber es gab deutscherseits ebenfalls das Verständnis, die Toleranz und die Akzeptanz der Unterschiede. Ohne diese Pfeiler hätte das deutsch-türkische Bündnis nicht bis zum 30. Oktober 1918 gehalten.

Die Zukunft der gegenseitigen Beziehungen wird heute nicht mehr von Helmuth von Moltke oder Liman von Sanders und Goltz Pascha bestimmt. Wenn es Faktoren gibt, die eine traditionelle Freundschaft weiter entwickeln können, so sind es Interesse, Verständnis, Offenheit und gegenseitige Achtung. Das Kennen eines gemeinsam erlebten und erlittenen Stücks Geschichte ist ein kleiner, wenn auch wichtiger Faktor auf dem Weg zu einem besseren Verstehen.

I. Deutschland und die Türkei

Die Wurzeln einer deutsch-türkischen Allianz gehen bis in die Zeit Friedrichs des Großen zurück. 1760, während des Siebenjährigen Krieges, bot Friedrich II. den Osmanen den Abschluß eines Verteidigungsbündnisses an[1], das russische und österreichische Truppen binden und vom bedrohten Preußen abziehen sollte. Ende des 18. Jahrhunderts berieten einige höhere preußische Offiziere die Osmanen bei ihren Feldzügen gegen das zaristische Rußland. 1835 erbat Sultan Mahmud II. von Preußen die Entsendung von Instruktionsoffizieren. Zufällig befanden sich zu diesem Zeitpunkt zwei preußische Offiziere, unter ihnen Hauptmann Helmuth Graf von Moltke, in der Türkei. Moltke wurde vom preußischen König unter Fortzahlung seiner Bezüge beurlaubt und diente insgesamt vier Jahre im Osmanischen Reich. 1836 ersuchte der Sultan Friedrich Wilhelm III., ihm 15 zusätzliche Offiziere und Unteroffiziere zur Verfügung zu stellen. Es kam aber nur zur Abordnung von drei weiteren Offizieren. Eine derartig kleine Gruppe war jedoch nicht in der Lage, bei der Reformierung und Modernisierung des Osmanischen Heeres irgendwelche Erfoge zu erzielen. Nach der Niederlage der türkischen Armee gegen Mehemed Ali von Ägypten bei Nisib am 24. Juli 1839 wurde die kleine Mission in die Heimat zurückberufen. Obwohl ihr positive Resultate versagt geblieben waren, hatte das Unternehmen zwei Nebeneffekte: von Moltke legte ein beeindruckendes Buch über seinen Auslandsaufenthalt vor[2] und in der Türkei selbst wuchs eine Moltke-Legende, die seine Tätigkeit verklärte. Auch in den Folgejahren instruierten preußische Offiziere osmanische Soldaten. Sie waren aus dem deutschen Heer ausgeschieden und in den türkischen Dienst übergewechselt.

Die deutsch-türkischen Militärbeziehungen intensivierten sich in den letzten beiden Jahrzehnten des 19. Jahrhunderts. Nach dem verlorenen Krieg von 1877/78 gegen Rußland wünschte Sultan Abdul Hamid II. deutsche Hilfe, um seine Armee nach dem Vorbild des preußischen Heeres umzugestalten. Dieses Unternehmen ließ sich nicht unbedingt in das Konzept der Orientpolitik von Reichskanzler Otto Fürst von Bismarck (1815–1898) einordnen. Bismarck wollte die orientalische Frage ohne direktes deutsches Engagement offenhalten, um dadurch die Einigkeit der anderen Großmächte zu vereiteln und Deutschlands Frieden zu sichern. Die Großmächte sollten sich an der Peripherie verzetteln. Dies würde sie daran hindern, untereinander Koalitionen gegen das junge Kaiserreich einzugehen.³ Berühmt wurde Bismarcks Ausspruch vor dem Reichstag am 5. Dezember 1876, wonach die orientalische Frage für Deutschland kein Gewicht habe, das auch nur »die gesunden Knochen eines einzigen pommerschen Musketiers wert wäre.«⁴ Trotzdem stimmte der Eiserne Kanzler, der von sich behauptete, nie einen Postsack aus Konstantinopel geöffnet zu haben, der Entsendung einer deutschen Militärmission in die Türkei zu. Behutsam trat er für eine militärische Stärkung der Türkei ein, die dem Kaiserreich als potentieller Alliierter gegen das zaristische Rußland von Nutzen sein konnte.⁵ 1882 wurden der Pforte vier deutsche Offiziere unter Führung des 52jährigen Oberst Kaehler zur Verfügung gestellt. Die deutschen Reformoffiziere erhielten in der Türkei einen um einen Grad höheren Rang, ein Präzedenzfall, der noch im 1. Weltkrieg seine Gültigkeit behalten sollte. Sie wurden in den türkischen Dienst verabschiedet unter Zusicherung der Wiedereinstellung in das deutsche Heer.

Die Mitglieder der Kaehler-Mission, die ihre Arbeit voll Enthusiasmus angingen, sollten schon bald an ihrer Aufgabe verzweifeln. Sie fanden eine völlig ungenügend ausgebildete und ausgerüstete Armee vor, die seit 6 Monaten keinen Sold mehr erhalten hatte. Der despotische und krankhaft mißtrauische Sultan Abdul Hamid II., der das Land mit einem Spitzelsystem überzogen hatte und seine Landsleute nach Lust und Laune befördern, versetzen oder hinrichten ließ, hatte zudem nicht das geringste Interesse an einer wirklich grundlegenden Reform seiner Streitkräfte. Die deutschen Offiziere waren gut genug, den Großmächten England Frankreich und Rußland das Trugbild einer gesteigerten Leistungsfähigkeit der osmanischen Armee vorzuspiegeln, die Kampfkraft des Heeres tatsächlich steigern durften sie nicht. Dafür hatte Abdul Hamid II. zu viel Angst vor seinem eigenen Militär und der Möglichkeit eines Putsches. Dies führte zu dem grotesken Ergebnis, daß der Armee Schießübungen, Gefechtsschießen und das Abhalten von Manövern verboten war.⁶ Auch Colmar Freiherr von der Goltz, der 1883 zur Militärmission stieß und sich wie kein anderer auf die türkische Psyche verstand, konnte an der veralteten, starren und ineffektiven türkischen Heeresstruktur vorerst nichts ändern. Aber durch seinen Unterricht an der Kriegsschule bildete er eine neue Generation von

Offizieren heran, die einen Blick für die Fehler des Systems hatten. Auch wurden türkische Offiziere zur Ausbildung nach Deutschland abkommandiert. Sie sollten später neben den von Goltz geprägten Absolventen der Kriegsschule zu den stärksten Befürwortern eines Bündnisses zwischen Berlin und Konstantinopel werden. 1886, nach dreijähriger Dienstzeit, lief der Kontrakt des Generalmajors von der Goltz ab. Er reichte seinen Abschied ein. Auf Drängen des Sultans und Wunsch des deutschen Kaisers blieb er aber im Amt, schließlich sogar bis Ende 1895. An dem alten Schlendrian änderte sich jedoch nichts. Es wurden Berge von beschriebenem Papier produziert, nur blieben die gutgemeinten Reformansätze in der Theorie stecken: »Auf allen Gebieten wurde unaufhörlich in Kommissionen diskutiert, sehr viel geschrieben, aber nichts entschieden oder gar ausgeführt.«[7]

Auf anderen Gebieten als dem militärischen Sektor ließ die deutsche Diplomatie ihre bisherige Reserviertheit gegenüber dem Osmanischen Reich nur langsam zurücktreten. Politische Vorsicht kennzeichnete die Zustimmung des Auswärtigen Amtes zum deutschen Bahnprojekt in Anatolien, das dem Bestreben des Sultans entsprach, den übermäßigen französischen Finanzeinfluß durch die Inanspruchnahme deutschen Kapitals einzuschränken. Die kaiserlichen Diplomaten lehnten es ausdrücklich ab, das Eisenbahnprojekt vor möglichen Verwicklungen zu schützen. Im Oktober 1888 schlossen die Pforte und eine von der Deutschen Bank geleitete Finanzgruppe, an deren Spitze Georg von Siemens stand, einen Konzessionsvertrag über die anatolische Bahn ab. Damit war der erste Schritt zur verkehrstechnischen Erschließung und gleichzeitigen Durchdringung der Türkei mit deutschem Kapital erfolgt.

Eine Änderung in der deutschen Orientpolitik setzte in den 90er Jahren ein. Kaiser Wilhelm II. und der Botschafter Marschall von Bieberstein waren die Protagonisten einer aktiven Türkeipolitik. Diese Politik folgte den wirtschaftlichen Interessen des Kaiserreiches, denn sie versprach die Gewinnung von Absatzmärkten und die Sicherung von Rohstoffzufuhren. Der Blick der deutschen Wirtschaft richtete sich nach Südosten. Bereits im Frühjahr 1890 nahm die Deutsche Levante-Linie den regelmäßigen Verkehr mit türkischen und anderen Mittelmeerhäfen auf. Von 1888 bis 1893 stiegen die deutschen Exporte in die Türkei um 350 %, die türkischen Importe in das Kaiserreich um 700 %.[8] Das deutsche Interesse an der

Türkei wurde durch die zweite Orientreise des Kaisers – die erste fand 1889 statt – unterstrichen. Paris, London und Petersburg waren wenig angetan von der Rede des deutschen Souveräns, die er am 8. November 1898 in Damaskus hielt und mit der er sich als Schutzherr der Mohammedaner anbot:

»Möge seine Majestät der Sultan und mögen die 300 Millionen Mohammedaner, welche auf der Erde zerstreut lebend in ihm ihren Kalifen verehren, dessen versichert sein, daß zu allen Zeiten der Deutsche Kaiser ihr Freund sein wird.«[9]

Im gleichen Jahr hatte der Sultan dem Wunsch nach Weiterbau der Anatolischen Bahn in Richtung Bagdad mit deutschem Know how und deutschem Kapital geäußert. Das Projekt fand die besondere Unterstützung des Kaisers und des Auswärtigen Amtes, während von Siemens recht zögerlich taktierte. Die Vorkonzession für die Bagdadbahn wurde der Anatolischen Eisenbahngesellschaft am 26.11.1899 erteilt. Deutschland war somit zur bestimmenden Macht am Goldenen Horn geworden. Konflikte mit Großbritannien und Rußland mußten folgen. Das politische Engagement des Kaiserreichs in der Orientfrage – von Bismarck noch abgelehnt – hatte begonnen. Das Deutsche Reich betrieb nun *Weltpolitik,* und die Bagdadbahn, die zum Zankapfel der europäischen Diplomatie wurde, »war sicher das wichtigste (auch Prestige-)Projekt des Kaiserreichs auf dem Gebiet weltpolitischer Betätigung«.[10]

Faßt man die Gründe und Motive für die neue deutsche Orientpolitik zusammen, so erkennt man, daß es sich um ein Bündel politischer, ökonomischer, militärischer und auch psychologischer Faktoren handelte:

- Die Türkei lag in günstiger geographischer Nähe zum Reich, die Handelswege waren von England nicht zu kontrollieren;
- sie sollte ein Absatzmarkt und eine Rohstoffquelle für die deutsche Industrie werden;
- sie sollte strategisch die deutsche Front gegen Rußland entlasten;
- die Bagdadbahn würde das Prestige des Reiches heben und ein Schritt auf dem Weg zur angestrebten Gleichberechtigung mit den anderen Weltmächten, insbesondere England, sein;
- ein deutsches Engagement in Mittelost befriedigte zudem natio-

nal-romantische Träume wie auch den missionarischen Eifer und das Sendungsbewußtsein der Exponenten deutscher »Kulturarbeit«.

Nach den Wünschen der deutschen Wirtschaft sollte die Bagdadbahn nicht allein ein nationales Unternehmen sein, sondern von einem internationalen Syndikat getragen werden. Insbesondere die Deutsche Bank suchte den finanzpolitischen Internationalismus. Eine internationale Beteiligung am Bahnprojekt ließ sich anfangs nicht schlecht an. Frankreich wollte sich mit 40 % an dem Unternehmen beteiligen, sogar Rußland vermittelte zeitweilig den Eindruck, sich bei dem Bau der Bahn engagieren zu wollen, wies dann aber jeden Gedanken an eine Partizipation zurück, da es nicht an einer Stärkung der Türkei, die mit dem Bahnbau verbunden sein würde, interessiert war. Auch Großbritannien hatte ursprünglich durchaus die Absicht, sich mit eigenem Kapital an dem gewaltigen Vorhaben zu beteiligen. Die konservative Regierung begrüßte eine Einbindung in das Unternehmen schon deshalb, weil die Bahnlinie eine Verbesserung der Verbindung nach Indien und eine Stärkung der britischen Position im Persischen Golf, wo England gerade ein Protektorat über Kuweit errichtete, mit sich bringen konnte.[11] Aber die englische Öffentlichkeit entschied dezidiert gegen die Unternehmung. Als im März 1903 in Konstantinopel der endgültige Konzessionsvertrag für den Bau der Bagdadbahn unterzeichnet wurde, war der große Traum von der internationalen Gesellschaft geplatzt. Englisches und französisches Kapital beteiligten sich nur in einem sehr geringen Umfang. Die französische Regierung hatte sich schließlich gesperrt, nachdem ihr Wunsch nach einer absoluten Gleichberechtigung der französischen und der deutschen Finanzgruppe nicht erfüllt worden war. London aber kam in den Folgejahren auf den Gedanken einer Partizipation an der Bagdadbahn zurück. Angestrebt wurde jetzt keine internationale Kapitalbeteiligung mehr, sondern eine sektorale Lösung, die den Engländern den südlichen Streckenabschnitt überlassen sollte. Nach zähen und langdauernden Verhandlungen konnten sich Deutsche und Engländer schließlich über die Bagdadbahn einigen. Sie paraphierten am 15. Juni 1914 einen Vertrag, der vorsah, daß England dem Bau oder Betrieb des Bagdadbahnnetzes keinerlei Widerstände mehr in den Weg legen würde. Deutschland verpflichtete sich, Basra als Endpunkt des Schienenstranges anzuerkennen oder dort einen Hafen anzulegen.¹² Damit war einer der wichtigsten Reibungspunkte zwischen der deutschen und der englischen Diplomatie aus der Welt geschafft, zumal das Kaiserreich erhebliche Konzessionen gemacht hatte. Zur endgültigen Unterzeichnung des Verständigungswerkes kam es vor Kriegsausbruch allerdings nicht mehr.

Die intensive deutsche Mittelostpolitik, zu deren Synonym die Bagdadbahn wurde, fand im Kaiserreich die Unterstützung zahlreicher Institutionen, Wissenschaftler, Politiker, Publizisten und Offiziere. Groß war insbesondere der Einfluß der »liberalen Imperialisten« wie Paul Rohrbach, Ernst Jäckh und Friedrich Naumann, die die Orientinteressen popularisierten. Im Gegensatz zu den alldeutschen Ultras plädierten sie für eine *Pénétration pacifique* des Osmanischen Reiches und nicht für die Errichtung von Kolonien. Ernst Jäckh schrieb 1915:

> »Deutschland will kein Territorium in und von der Türkei sich aneignen, und die Türkei weiß das und vertraut darauf. Deutschland sucht die Türkei als einträglichen Industrieabsatzmarkt und als reiche Bodenproduktenquelle ... Die deutsche Politik eilt auf den Schienen der Lokomotive: wohin diese fährt, da bringt sie deutsche Waren, deutsche Stoffe, Waffen, Maschinen für den anatolischen Bauern, deutsche Ingenieure für die Bahnen und für die Bewässerung des Ackerlandes; und da kann sie auch aus dem anatolisch-syrisch-mesopotamischen Paradies, diesem fruchtbaren Drittel des Osmanischen Reiches, Getreide, Wolle und Baumwolle holen.«¹³

Die alldeutschen Agitatoren wiederum sahen in der Türkei keinen Partner, sondern allein ein Objekt deutschen Expansionsstrebens. Der Sekretär des Alldeutschen Verbandes etwa sprach sich für eine deutsche Machtpolitik aus, die zu einem Staatenbund zwischen dem Deutschen Reich und einem neugegliederten Österreich-Ungarn sowie einem Zusammenschluß mit den Balkanstaaten Bulgarien und Rumänien und der Türkei führen sollte.¹⁴ Der Türkei fiel in diesem Konzept nicht einmal die Rolle eines Juniorpartners zu. Vielmehr würde ihre Verwaltung und Militärpolitik ganz in europäische – also deutsche – Hand genommen werden, und Vorderasien als Kolonisationsfeld deutschen Siedlern offenstehen. Dieses von einem exzessiven Imperialismus geprägte Wunschbild einer Achse Berlin – Bagdad »sollte wie ein Sturmruf durch die ganze Nation gehen«.[15] Bereits 1886 hatte der Orientalist Professor Aloys Sprenger ein vielbeachtetes Buch über eine deutsche Kolonie in Mesopotamien veröffentlicht. Er phantasierte von einem aus Syrien und Mesopotamien gebildeten Neu-Deutschland, das 25 Millionen deutsche Kolonisatoren aufnehmen sollte. Die Reichsregierung stand diesen extremistischen Positionen, die jeder vernünftigen Orientpolitik den Boden entzogen, äußerst reserviert gegenüber, mißbilligte und tadelte sie. Allerdings hatte der Nachfolger Bismarcks, Reichskanzler Caprivi, 1891 und 1894 kurzzeitig mit dem Plan deutscher Siedlungen entlang der künftigen Bagdadbahnstrecke geliebäugelt.[16] In den Memoranden des Auswärtigen Amtes wurde eine derartige Kolonisationspolitik jedoch nicht befürwortet, und das kaiserliche Deutschland verfolgte diese Pläne nicht weiter. Auch Georg von Siemens, der Direktor der Deutschen Bank und Vorsitzende des Verwaltungsrates der Anatolischen Eisenbahngesellschaft, warnte seine Landsleute 1901 in einem Zeitungsartikel »vor unbesonnenen Kolonisationsunternehmungen« in der Türkei.[17]

Die deutsche Politik war auch nicht bereit, die Freundschaft mit der Türkei zugunsten einer forcierten Förderung zionistischer Siedlungspläne oder der Templer-Kolonien in Palästina zu gefährden. Die Templer-Gesellschaft war Mitte des 19. Jahrhunderts in Württemberg gegründet worden. Die Templer hatten zahlreiche ihrer Grundsätze dem Pietismus entnommen und orientierten sich am Leben der frühen Christen. Zahlreiche Mitglieder wanderten ins Heilige Land, nach Palästina, aus. In den Jahren 1868 bis 1875 ließen sich dort 750 Templer nieder. Ihre Zahl stieg bis zum 1. Weltkrieg auf 2200. Die Pforte hatte wenig Sympathien für diese deutschen Siedler, was kein Wunder ist, wenn man sich vor Augen führt, daß es das Ziel der deutschen Auswanderer war, Palästina von den Türken zu »befreien« und eine christliche Regierung zu installieren. Aber mit ihrem Fleiß und ihrer Tatkraft waren die Templer durchaus ein Gewinn für Palästina. Sie legten Wege an, modernisierten die Landwirtschaft, eröffneten Kaufhäuser und machten Haifa zu einer der gepflegtesten und schönsten Städte im Lande. Der Historiker Alex Carmel schreibt über die Templer: »Jeden Beruf und jedes Gewerbe übten sie vorbildlich aus. Im ganzen Lande konnte man keine annähernd so guten Ingenieure, Architekten, Tischler, Graveure und andere Handwerker finden, wie sie es waren.«[18]

Berlin aber ermutigte die Templer nicht und verhielt sich ihnen gegenüber sehr reserviert. Im Auswärtigen Amt sah man in den Ansiedlungen keine »nationale Mission«, sondern allein eine Privatinitiative, die auf eigenes Risiko arbeitete. Das Kaiserreich hatte keine politischen Interessen in Palästina, und so wurde seine Haltung den Templern gegenüber von der Rücksichtnahme auf Konstaninopel bestimmt. Von der Gründung der Templerkolonien bis zum Ende des Weltkrieges machte Deutschland weder direkt noch indirekt jemals Ansprüche auf Palästina geltend.[19] Als das Auswärtige Amt 1913 plante, das Gebiet von Haifa in eine kulturelle deutsche Einflußsphäre umzuwandeln, war dies kein Anschlag auf die Autorität des Sultans, sondern ein Versuch, den überwiegenden Einfluß der französischen Kultur und Sprache zurückzudrängen. Gab es 1910 auf dem Gebiet des türkischen Reiches doch 600 französische Schulen gegenüber nur 12 deutschen.[20] Das kurz vor Kriegsausbruch erkennbare deutsche Interesse an den Templersiedlungen hatte daher allein den Charakter einer defensiven Gegenaktion gegen französische Einwirkungen, die von Beirut und dem Libanon aus rasch Boden gewannen.

Der Flirt zwischen Kaiser Wilhelm II. und dem Zionismus ließ demgegenüber zeitweilig eine deutsche Schutzherrschaft über jüdische Kolonien im Heiligen Land durchaus wahrscheinlich erscheinen, realistisch jedoch nur dann, wenn auch der Sultan zustimmte.[21] Der Begründer des Zionismus, Theodor Herzl (1860–1904), wünschte ein Protektorat des Kaiserreichs über einen autonomen Judenstaat in Palästina. Unterstützt wurde sein Plan von dem Großherzog von Baden. Der deutsche Kaiser war bereit, beim Sultan zugunsten des zionistischen Projekts zu intervenieren. Voller Enthusiasmus begab sich im Herbst 1898 eine zionistische Delegation unter Führung Herzls auf den Weg ins Heilige Land, um dort Wilhelm II. zu treffen. Eine erste Audienz, die der Souverän Herzl in Konstantinopel gewährte, verlief erfolgversprechend für die zionistischen Ambitionen. Aber bei einem zweiten Treffen in Jerusalem, am 2.11.1898, wurde es den Zionisten klar, daß die Reichsregierung die Idee eines Protektorats nicht vertreten würde und konnte. Zwei Versuche des Kaisers, den Sultan für die Pläne Herzls zu gewinnen, waren gescheitert. Das Osmanische Reich zeigte sich nicht geneigt, selbständige zionistische Ansiedlungen zuzulassen, und das Kaiserreich akzeptierte diese Entscheidung. So zerplatzte der Traum von einem deutschen Protektorat wie eine Seifenblase. Zwar hätte eine jüdische Heimstätte in Palästina den Türken ökonomisch-finanzielle Vorteile gebracht, auch hätten die Juden als Gegengewicht gegen arabische Unabhängigkeitsbestrebungen gewirkt, aber Abdul Hamid II. fürchtete einen neuen Nationalitätenkonflikt, den Widerstand der arabischen Bevölkerung, eine Verselbständigung der jüdischen Siedlungen und die Einmischung der Großmächte.[22]

Wir können somit feststellen, daß das Kaiserreich – sieht man von den Überlegungen Caprivis ab, die nie offizielle Politik wurden – keine territorialen Ambitionen in Hinblick auf das Osmanische Reich hatte. Dadurch unterschied es sich insbesondere von Rußland und Frankreich und war daher aus der Sicht Konstantinopels der geeignete Partner. Ziel Berlins war die Stärkung des »kranken Mannes am Bosporus«, nicht die Zerstückelung des türkischen Reiches. Als aber 1913 nach dem 1. Balkankrieg die Türkei fast ihren gesamten europäischen Besitz verloren hatte und die armenische und die arabische Nationalbewegung den Bestand des übrigen Reiches gefährdeten, nahm die Möglichkeit einer Aufteilung des türkischen Staatsverbandes unter die europäischen Mächte reale Gestalt an. Nun machte man sich auch in Berlin Gedanken über eine mögliche deutsche Interessensphäre im Falle der – unerwünschten – Liquidation der Türkei. Berlin tat dies ohne Begeisterung, und der Plan eines deutschen Protektorats war nur »ein Kind der Not und Verlegenheit«[23] in einem komplizierten diplomatischen und machtpolitischen Beziehungsgeflecht. Auch wenn der forsche deutsche Kaiser im Frühjahr 1913 in einer seiner berühmt-berüchtigten Anmerkungen niederlegte: »Also Achtung, aufgepaßt, daß die Aufteilung nicht ohne uns gemacht wird. Ich nehme Mesopotamien, Alexandrette, Mersin!«[24], so galt dies eben nur für den Fall der von der deutschen Diplomatie nicht gewollten Auflösung und Zerstörung der Türkei.

Die deutsch-türkischen Beziehungen verliefen in den Jahren ab 1908 nicht ohne Rückschläge. Die Türken waren erbost über die von Deutschland unterstützte Annexion Bosnien-Herzegowinas durch Österreich-Ungarn. Auch machte das Osmanische Reich in diesen Jahren erhebliche innenpolitische Veränderungen durch, die zusammen mit der Niederlage im Balkankrieg und dem unglücklichen Ausgang des Krieges mit Italien 1911/12 seine Bündnisfähigkeit generell in Frage stellten. Im Juli 1908 erfolgte die jungtürkische Revolution, im April 1909 ein reaktionärer Gegenputsch, den die Jungtürken, die den Despoten Abdul Hamid II. absetzten, niederschlugen. Neuer Sultan wurde der bis Juli 1918 regierende Muhammad V. Resad. Im Juli 1912 mußte das jungtürkische Kabinett zurücktreten, putschte sich aber im Januar 1913 an die Macht zurück und installierte die fünfjährige Herrschaft des Komitees für Einheit und Fortschritt. Dies Komitee, das sich die Rettung des Reiches zum Ziel gesetzt hatte, war anfangs durchaus als liberale Alternative zum System Abdul Hamids zu verstehen, gab aber schon bald dem Gedanken der Einheit absolute Priorität gegenüber dem Prinzip der Freiheit, eine Entwicklung, ohne die die späteren Armeniermassaker nicht zu verstehen sind.

Die revolutionären Jungtürken, denen Wilhelm II. zeitweilig mit Mißtrauen begegnete, machten Ernst mit der Reorganisation der Armee. Am 22.5.1913 beantragten sie die Entsendung einer neuen deutschen Militärmission. Sie umfaßte 42 – später 70 – Offiziere, ihr Chef wurde der als wenig diplomatisch und wenig taktvoll bekannte Divisionskommandeur General Liman von Sanders. Er erhielt Befugnisse, von denen seine Vorgänger nur hatten träumen können. Nicht nur übernahm er das in Konstantinopel stationierte I. Armeekorps, er wurde auch direkter Vorgesetzter aller Militärschulen und Lehrregimenter, Mitglied des Obersten Kriegsrates, erhielt das Besichtigungsrecht über alle Truppen und Festungen und die Strafgewalt eines kommandierenden Generals. »Der mit Liman von Sanders unterschriebene Vertrag gab fast die gesamte Organisation der Armee in die Hände der Deutschen und gestattete dem Chef der Mission den Eingriff in fast alle militärischen Angelegenheiten«.[25]

Die weitreichenden Befugnisse Limans alarmierten die Großmächte und riefen eine diplomatische Krise hervor.[26] Petersburg, das in Nachfolge des 1453 untergegangenen byzantinischen Doppeladlers nur zu gern den zaristischen Doppeladler über Konstantinopel gesehen hätte, nahm besonders Anstoß an der Tatsache, daß Liman zum kommandierenden General in der osmanischen Hauptstadt ernannt worden war. Der russische Außenminister schien im Januar 1914 sogar geneigt, die militärische Besetzung einiger türkischer Häfen wie Trapezunt in Erwägung zu ziehen und damit den Ausbruch eines allgemeinen europäischen Krieges zu riskieren. Berlin gelang es, die Situation ohne Gesichtsverlust zu entschärfen. Liman wurde zum General der Kavallerie und türkischen Marschall befördert. Als solcher konnte er nicht mehr Kommandeur eines Armeekorps sein und erhielt statt dessen die Funktion des Generalinspekteurs des türkischen Heeres.

Liman von Sanders beurteilte die militärische Einsatzbereitschaft und Leistungsfähigkeit der osmanischen Armee Anfang 1914 noch äußerst negativ. Generaloberst von Moltke, der deutsche Generalstabschef, fällte am 13.3.1914 ein geradezu vernichtendes Urteil über das türkische Heer, das die überaus kritischen Berichte deutscher Offiziere aus dem Jahr 1913[27] zu bestätigen schien:

»Die Türkei ist militärisch eine Null! Die Berichte unserer Militärmission lauten geradezu trostlos. Die Armee ist in einer Verfassung, die jeder Beschreibung spottet. Wenn man früher von der Türkei als vom kranken Manne sprach, so muß man jetzt schon von dem sterbenden sprechen. Sie hat keine Lebenskraft mehr und befindet sich unrettbar im Zustand der Agonie. Unsere Militärmission gleicht einem Ärztekollegium, das am Sterbebett eines unheilbar Kranken steht.«[28]

Noch im Mai rechnete Moltke nicht damit, daß die Türkei eine echte Verstärkung des Dreibundes darstellen könnte. Dann schien der Todkranke plötzlich auf dem Weg der Besserung. Im Juli – am 28. Juni war der österreichische Thronfolger Erzherzog Franz Ferdinand in Sarajewo von serbischen Nationalisten ermordet worden – änderte die Militäremission jedenfalls ihre Einstellung, und die Botschaft meldete nach Berlin, die Türkei könne »im Kriegsfalle 4–5 gut ausgerüstete und vollkommen aktionsfähige Armeekorps ins Feld stellen«[29], eine Beurteilung, die später in Deutschland zu einer völlig unrealistischen und überzogenen Erwartung im Hinblick auf die türkische Leistungsfähigkeit führte. In jedem Fall scheint die osmanische Armee, die im Dezember 1913 über 13 Korps und 40 Divisionen verfügte[30], im Sommer 1914 so weit reorganisiert und restrukturiert gewesen zu sein, daß sie »zum Kampf mit europäischen Gegnern im Allgemeinen geeignet war«.[31] Moltkes Leichenrede hatte sich als verführt erwiesen, und der Boden für eine deutsch-türkische Allianz, die im Frühjahr noch gar nicht denkbar schien, war vorbereitet.

Der Vorschlag kam von türkischer Seite. Die Jungtürken stürzten sich nicht blindlings in ein Militärbündnis mit dem Kaiserreich, aber ihre vorherigen Sondierungsversuche bei den Russen und Franzosen waren gescheitert. Als sie im Mai 1914 beim russischen Außenminister eine türkisch-russische Allianz ansprachen, stießen sie auf taube Ohren.[32] Ähnlich erging es dem Marineminister Djemal Pascha bei seinem Besuch in Paris Mitte Juli 1914. Er erhielt eine verschleierte Ablehnung und gewann die Erkenntnis, daß sich die Türkei vor der eisernen Faust Rußlands nicht würde retten können.[33] Nun trat am 22. Juli Kriegsminister Enver Pascha an den deutschen Botschafter wegen eines Bündnisses heran. Wilhelm II. gab die Anweisung, entsprechende Verhandlungen aufzunehmen. Großwesir Said Halim Pascha stellte am 28. Juli den förmlichen Allianzantrag. Aber in Berlin bestanden noch Zweifel, ob die Türkei tatsächlich in der Lage war, einen nennenswerten Beitrag zur Unterstützung der Mittelmächte zu leisten. Der Reichskanzler fragte am 31. Juli bei Botschafter von Wangenheim an, »ob Türkei im jetzigen Kriege auch nennenswerte Aktion gegen Rußland unternehmen kann und wird«.[34] Einen Tag später ermächtigte er Wangenheim zum Bündnisabschluß, falls Liman von Sanders die militärische Kraft des Osmanischen Reiches günstig einschätzen sollte. Auf Grund Limans positiver Analyse vom Juli sah der deutsche Botschafter diese Bedingungen als gegeben an. Schon einen Tag später erfolgte die Unterzeichnung des Bündnisvertrages. Der Großwesir handelte dabei ohne Wissen des Gesamtkabinetts. Die Vereinbarung[35], die die Vertragschließenden geheimhielten, war gegen Rußland gerichtet, aber schon beim Abschluß überholt[36], denn sie behandelte den Kriegseintritt Rußlands nur als Möglichkeit, während Berlin dem Zarenreich bereits am 1. August den Krieg erklärt hatte. Insgesamt gesehen war das Abkommen weniger eine Frucht reifer diplomatischer Überlegung, sondern eher ein Ad-hoc-Arrangement, eine Notlösung.

Ein hochtechnisiertes und -industrialisiertes Land hatte sich mit einem Entwicklungsland verbündet, wobei die Motive der Partner durchaus unterschiedlich waren. Berlin erwartete eine Entlastung der Rußlandfront und einen türkischen Angriff auf die Schlagader des Empire, den Suezkanal. Weiter hoffte man, daß ein türkischer Kriegseintritt die noch neutralen Balkanstaaten auf die Seite der Mittelmächte ziehen würde. Die Interventionsbefürworter bei den Jungtürken wiederum sahen kaum eine realistische Möglichkeit, neutral zu bleiben und allein wirkungsvoll einer russischen Aggression mit dem Ziel der Annexion der Meerengen entgegenzutreten.[37]

Beide Parteien gaben sich hinsichtlich der tatsächlichen Stärke ihres Partners Illusionen hin. Kaiser Wilhelm II. vermochte sich noch nicht vorzustellen, daß bald deutsche Truppen im Orient fechten würden[38], zum Teil unter Bedingungen »wie zur Zeit des Zusammenbruchs der Kreuzzüge im Mittelalter«.[39] In Deutschland wurde häufig übersehen, daß die Türkei mit rund 22 Millionen Einwohnern und einer Fläche vom 3½ fachen Umfang des Kaiserreichs[40] nicht ohne Unterstützung 11 000 km Grenzen[41] und die ausgedehnten arabischen und mesopotamischen Gebiete verteidigen, geschweige denn an mehreren Stellen mit Erfolg offensiv werden konnte.

Vorerst jedoch waren alle strategischen und taktischen Überlegungen nur Planspiele. Die Türkei befand sich noch nicht im Krieg. Erst die deutschen Schiffe *Goeben* und *Breslau* sollten die Entscheidung zugunsten einer Intervention des Osmanischen Reiches herbeiführen.

II. Zwei Schiffe machen Weltgeschichte

Der Panzerkreuzer *Goeben* und der geschützte Kreuzer *Breslau* waren während des ersten Balkankrieges »zum Schutz der deutschen Interessen im Mittelmeer«[1] nach der Türkei entsandt worden. Sie bildeten die Mittelmeer-Division, deren Chef im Oktober 1913 Konteradmiral Wilhelm Souchon wurde. SMS *Goeben* hatte Probleme mit ihren Kesselrohren und sollte im Herbst 1914 durch das Schwesterschiff *Moltke* ersetzt werden, um in der Heimat eine vollständige Kesselrohrerneuerung durchzuführen. Der Kriegsausbruch vereitelte diese Pläne des Reichsmarineamtes. Immerhin konnte der Panzerkreuzer im Juli in Pola und Pirano südlich von Triest 4000 schadhafte Kesselrohre auswechseln. Am 28. Juli erfolgte die österreichische Kriegserklärung an Serbien. SMSS *Breslau* (Fregattenkapitän Kettner) und *Goeben* (Kapitän zur See Ackermann) begaben sich befehlsgemäß nach Messina. Der sizilianische Hafen war als Sammelpunkt der Flotte des Dreibundes gegen die französischen Truppentransporte aus Nordafrika vorgesehen. Am Mittag des 2. August ankerten die beiden einzigen deutschen Kriegsschiffe im Mittelmeer in Messina. Sie waren auf sich allein gestellt, denn die Italiener verhielten sich reserviert und die k.u.k Flotte verblieb in ihren Adriastützpunkten. Admiral Souchon requirierte den Dampfer *General* (Kapitän G. F. Fiedler) der Deutsch-Ostafrika-Linie, der eigentlich auf dem Weg nach Ostafrika zur Einweihung der Tanganjikabahn war, und dirigiert ihn in den sizilianischen Hafen um. Der deutsche Befehlshaber beschloß, nach Übernahme der notwendigen Kohlen mit seinen beiden Schiffen nordafrikanische Küstenstädte anzugreifen, um dadurch den Abtransport von Kolonialtruppen nach Frankreich zumindest zu verzögern. Die *Goeben* und die *Breslau* liefen in der Nacht vom 2. auf den 3. August mit südlichem Kurs aus. In den Morgenstunden ging die Nachricht über den Kriegszustand mit Frankreich ein. Am 4. August, als sich der kleine Verband der algerischen Küste näherte, wurde ein neuer Funkspruch empfangen: »Bündnis geschlossen mit Türkei. *Goeben* und *Breslau* sofort gehen nach Konstantinopel«.[2] Aber Souchon, der eigenständiges Denken mit der Kühnheit des Handelns verband, war entschlossen, erst seinen Überraschungsschlag durchzuführen und dann dem Befehl aus Deutschland nachzukommen. Die *Goe-*

Die Schiffe des Dardanellen-Durchbruchs

Panzerkreuzer **Goeben**

Stapellauf:	28. März 1911
Bauwerft:	Blohm & Voß, Hamburg
Wasserverdrängung:	23 000 BRT
Bewaffnung:	10–28 cm L/50; 12–15 cm L/45; 12–8,8 cm L/45; 4 Torpedorohre
Geschwindigkeit:	29 sm
Länge:	186 m
Besatzung:	1013 Mann

Geschützter Kreuzer **Breslau**

Stapellauf:	16. Mai 1911
Bauwerft:	Vulkan, Stettin
Wasserverdrängung:	4550 BRT
Bewaffnung:	12–10,5 cm L/45; 2 Torpedorohre
Geschwindigkeit:	27,6 sm
Länge:	136 m
Besatzung:	373 Mann

Dampfer **General**

Eigentümer:	Deutsch-Ostafrika-Linie
Stapellauf:	13. Juli 1910
Bauwerft:	Blohm & Voß, Hamburg
Wasserverdrängung:	8063 BRT
Geschwindigkeit:	13,5 Knoten
Passagiere:	155 1. Klasse, 40 2. Klasse, 88 3. Klasse, 70 Zwischendeck
Besatzung:	153 Mann

ben beschoß Philippeville, die *Breslau* die Hafenstadt Bône. Der angerichtete Schaden war nicht groß, aber die Franzosen stellten für ihre Truppentransporte nun Geleitzüge zusammen, so daß sich die Überführung von Truppen ins Mutterland hinauszögerte.

Auf dem Rückmarsch von Nordafrika nach Messina wurden die beiden deutschen Kreuzer von den britischen Kriegsschiffen *Indomitable* und *Indefatigable* beschattet und verfolgt. Die deutschen Heizer schufteten unter Lebensgefahr, um die Geschwindigkeit ihrer Schiffe zu erhöhen. Schadhafte Kesselrohre platzten. Auf der *Goeben* fielen von 24 Kesseln zeitweise drei aus. Schließlich gelang es der Mittelmeer-Division, die verfolgenden Briten abzuschütteln. Der Krieg mit England konnte jeden Moment ausbrechen. In London aber wollte Winston Churchill, der Erste Lord der Admiralität, eine formelle Kriegserklärung nicht abwarten und die deutschen Schiffe bereits angreifen, sobald sie in Kämpfe mit französischen Einheiten verwickelt wurden.[3] Das englische Kabinett widerrief allerdings diesen Befehl.

Am Morgen des 5. August ankerten die *Goeben* und die *Breslau* wieder im Hafen von Messina. Souchon erhielt Mitteilung von der englischen Kriegserklärung an das Kaiserreich. Der Konteradmiral hatte nun vier Möglichkeiten: Er konnte sich in Messina, wo das Klima zwischen Deutschen und Italienern immer eisiger wurde, internieren lassen; er konnte versuchen, durch die Enge von Gibraltar durchzubrechen und den Atlantik zu erreichen; er konnte – was die Engländer erwarteten – die Adria anlaufen, um sich dort der k.u.k. Flotte anzuschließen. Und schließlich konnten die deutschen Kreuzer die befreundete Türkei ansteuern. Souchon entschied sich für die letzte Möglichkeit. Zum einen entsprach sie seinem Befehl, zum anderen wußte er, welch entscheidenden Einfluß die beiden neuen deutschen Kriegsschiffe auf die politische Haltung des Osmanischen Reiches ausüben konnten. Objektiv gesehen aber war die Lage der Mittelmeer-Division verzweifelt, sie schien sogar weit schlechter als die Position des Panzerschiffs *Admiral Graf Spee* in Montevideo im Dezember 1939. Auf die *Graf Spee* warteten die britischen Kreuzer *Cumberland, Ajax* und *Achilles,* auf die *Goeben* und die *Breslau* die vereinigten Mittelmeerflotten von England und Frankreich. Allein die Briten verfügten über drei Schlachtkreuzer, vier Panzerkreuzer, vier kleine Kreuzer, 14 Torpedobootzerstörer und drei Unterseeboote.[4] Souchon machte seine beiden Schiffe gefechtsklar. Die *Goeben* übernahm 1500 Tonnen Kohle, die *Breslau* 500 Tonnen. Alles überflüssige und brennbare Material wurde von Bord gegeben. Von deutschen Handelsschiffen meldeten sich Freiwillige. Bevor die beiden Kreuzer auslaufbereit waren, erreichte sie am 6. August morgens um 11.00 Uhr ein überraschender Funkspruch: »Einlaufen Konstantinopel zur Zeit noch nicht möglich aus politischen Gründen.«[5] Was war geschehen? In der politischen Führung in Konstantinopel, die in Interventionsbefürworter und Interventionsgegner zerstritten war, hatte sich zeitweise die Tendenz durchgesetzt, daß die deutschen Schiffe die Dardanellen erst dann passieren sollten, wenn die Haltung Bulgariens geklärt war. Von diesen politischen Hintergründen wußte Souchon nichts. Er interpretierte den Funkspruch so, daß ein Einlaufen in die osmanische Hauptstadt zwar momentan nicht möglich, aber über kurz oder lang durchaus realisierbar war. Sein Befehl, die Dardanellen anzusteuern, blieb daher bestehen. Drei Kohlendampfer wurden als Versorger in die Ägäis beordert, die *General* sollte Santorin anlaufen und dort weitere Instruktionen abwarten.

Nach 33 Stunden Aufenthalt in Messina lichteten die *Goeben* und die *Breslau* die Anker. Die deutschen Seeleute bereiteten sich darauf vor, den Kampf mit einem übermächtigen Gegner und einen Gang ohne Wiederkehr antreten zu müssen. Der Zahlmeister-Assistent Fritz Rode vom Dampfer *General* berichtet:

»Wohl fühlte ein jeder, was ihm bevorstand. Viele würden es nicht sein, die mit dem Leben davonkommen würden ... Mit dem Bewußtsein, unseren Kameraden zum letztenmal die Hand gedrückt zu haben, schieden wir von ihnen. Die letzten Verbindungstrossen fielen, ein letztes Winken der fast vollzählig an Oberdeck erschienenen Besatzungen, und langsam unter den Klängen »Deutschland, Deutschland über alles« fuhr die *Goeben* aus dem Hafen von Messina gen Osten. Die *Breslau*, die einige hundert Meter von uns entfernt lag und ebenfalls kriegsbereit war, folgte nach kurzem Abstand, etwa wie ein mit Pfeil und Bogen bewaffneter Knabe einem geharnischten Hünen folgt. Nein, leicht würde man es nicht haben, diese beiden Wagemute zu bezwingen.«[6]

Der Panzerkreuzer lief am 6. August um 17.10 Uhr aus, seine kleine Schwester folgte 10 Minuten später. Im Ionischen Meer war von der britischen Flotte überraschenderweise nichts zu sehen, allein der englische Kreuzer *Gloucester* beschattete die beiden deutschen Schiffe, die vorerst auf einem Scheinkurs zur Adria liefen. Abgedunkelt zogen die einsamen deutschen Kreuzer nach Osten. Ihre Bugwelle leuchtete schwach phosphoreszierend auf. *Gloucester* war nicht abzuschütteln, zumal *Goeben* wegen der übernommenen minderwertigen Handelsschiffkohle erheblichen Funkenflug entwickelte und gut sichtbar blieb. Der Panzerkreuzer gab seinen Scheinkurs auf und steuerte nun die Ägäis an. Zu diesem Zeitpunkt hätte ihn Admiral Troubridge, der dem Deutschen von der Straße von Otranto her mit vier veralteten Panzerkreuzern entgegenlief, noch abfangen können. Er zog sich aber zurück, weil er sich wegen der überlegenen Geschwindigkeit und Bewaffnung der *Goeben* und der *Breslau* nicht auf ein Tagesgefecht mit den deutschen Schiffen einlassen wollte. Am 7. August um 0.50 Uhr sichtete die *Breslau* drei weitere englische Kriegsschiffe, denen es aber nicht gelang, an die kaiserlichen Kreuzer heranzukommen. Am Morgen eröffnete der zähe Verfolger *Gloucester* das Feuer auf die *Breslau*. Auf die Distanz von 11 000 bis 13 000 m wechselten die Schiffe einige Salven. Die *Breslau* erhielt einen Treffer am Seitenpanzer Steuerbord mittschiffs, der ohne Folgen blieb. Noch während des Gefechts bekam die *Gloucester* den Befehl, die Verfolgung bei Kap Matapan abzubrechen. Die Mittelmeer-Division war ihren lästigen Beschatter los, die Alliierten hatten ihre Aufgabe, die deutschen Schiffe aufzuhalten, verfehlt. Dies war das Resultat einer Reihe von Fehlern, die die Engländer und Franzosen begangen hatten. Die französische Flotte hatte sich viel zu defensiv und passiv verhalten, ihre Schiffe fuhren Geleitschutz für afrikanische Truppentransporte, anstatt intensiv nach den deutschen Störenfrieden zu suchen. Die britische Admiralität beging den Fehler, zu oft in die Befugnisse des Flottenchefs einzugreifen und ihm jede Initiative zu nehmen. Der englische Befehlshaber im Mittelmeer, Sir Archibald Berkeley Milne, war seiner Aufgabe offensichtlich nicht gewachsen, denn er konnte sich nur vorstellen, daß die deutschen Schiffe durch die Straße von Otranto oder Gibraltar durchbrechen würden und vernachlässigte die türkische Option völlig.[7] Admiral Troubridge mußte sich sogar vor einem Kriegsgericht verantworten, wurde aber freigesprochen, da der Angriff seiner veralteten Schiffe auf die modernen deutschen Einheiten einer Selbstaufopferung gleichgekommen wäre.

Panzerkreuzer Goeben auf zeitgenössischen Postkarten.
Unten: »S. M. Panzerkreuzer *Goeben* und *Breslau*
verlassen gefechtsklar Messina.«
Nach einem Gemälde des prominenten Marinemalers Willy Stöwer
(1864–1931)
(Archiv Autor)

Nach dem Rückzug von HMS *Gloucester* liefen die *Goeben* und die *Breslau* in die Gewässer der ägäischen Inseln ein und kohlten bei dem Eiland Denusa östlich von Naxos aus dem deutschen Levantedampfer *Bogados*, der als Grieche *Polymitis* getarnt war. Die *Breslau* übernahm 150 Tonnen Kohlen, die *Goeben* 415 Tonnen. Da Souchon keine funktelegraphische Verbindung mit der türkischen Hauptstadt herstellen konnte, wurde *General* als Nachrichtenvermittler eingeschaltet und nach Smyrna (heute Izmir) entsandt, das der tatkräftige Kapitän Fiedler am 9. August erreichte. Die Verbindung mit Konstantinopel wurde hergestellt. Einen Tag später erhielt *General* folgenden mysteriösen Funkspruch: »Einlaufen. Festung zur Kapitulation auffordern. Dardanellen-Sperrlotsen nehmen.«[8] Am 10. August um 17.00 Uhr standen die *Goeben* und die *Breslau* vor den Dardanellen. Würden sie sich den Weg durch die Meerenge erkämpfen müssen? Zum Glück durften die deutschen Schiffe passieren, Enver hatte den beiden Kreuzern das Einlaufen erlaubt, ohne in dieser wichtigen Frage einen Kabinettsbeschluß herbeizuführen. Am Abend ankerten die *Goeben* und die *Breslau* vor Chanak. Nur wenige Stunden später tauchten britische Kriegsschiffe vor den Dardanellen auf. Sie konnten aber nicht verhindern, daß sich auch der deutsche Dampfer *General* am nächsten Morgen heimlich in die Meerenge hineinschlich. Zwei deutsche Kriegsschiffe und ein Handelsschiff waren 160 Kriegsfahrzeugen der Entente entkommen. Enver verkündete triumphierend über den Kräftezuwachs: »Ein Sohn ist uns geboren!«[9]

Die beiden fremden Kreuzer in ihren Gewässern stellten die türkische Regierung, in der die Gegner einer sofortigen Intervention auf deutscher Seite noch die Oberhand hatten, vor eine schwierige Lage. Nach internationalem Recht mußten die Schiffe die neutrale Türkei entweder nach 24 Stunden verlassen oder sich desarmieren lassen. Um Zeit zu gewinnen und einen offensichtlichen Neutralitätsbruch zu verschleiern, verkündeten die Türken, sie hätten die beiden deutschen Schiffe »gekauft«. Ein psychologisch nicht ungeschickter Schachzug, denn Konstantinopel konnte darauf verweisen, daß die Briten die von der Türkei bestellten und bereits bezahlten Großkampfschiffe *Redschadieh V.* und *Sultan Osman I.* beschlagnahmt hatten und die Marine unter dem Halbmond Ersatz brauchte. So ankerten die *Goeben* und die *Breslau* am 16. August vor Konstantinopel und wechselten Namen und Flagge. Aus SMS *Goe-*

ben wurde Yawus Sultan Selim[10], später nur noch *Yavuz* genannt, aus SMS *Breslau* wurde *Midilli*.[11] Die Tatsache, daß die *Goeben* am Großtopp weiter die deutsche Admiralsflagge führte, zeigte, daß der vorgebliche Eigentumsübergang nur ein formaler Akt war. Um den Besitzerwechsel nach außen glaubwürdiger zu machen, mußte die Hälfte der Besatzungen beider Schiffe statt der Mütze den Fes tragen. *General* konnte mit einer Ladung solcher Kopfbedeckungen aufwarten. »Aber als sie verteilt und ausprobiert wurden, glaubten wir Offiziere statt vor deutschen Matrosen vor einer Schar weißer Neger zu stehen«, schrieb ein Leutnant der *Goeben*.[12] Des Rätsels Lösung war, daß die *General* den für Ostafrika typischen Fes an Bord hatte, der nun schleunigst gegen die türkische Filzkappe umgetauscht werden mußte.

Hinter den Kulissen begann ein verbissenes Tauziehen um den weiteren politischen Kurs der Türkei, die am 3. August bei gleichzeitiger Mobilisierung ihre Neutralität erklärt hatte. Das Kaiserreich versuchte seinen Einfluß am Bosporus zu erhöhen, wobei auch Subsidien an die Presse eine Rolle spielten, und übte Druck auf die Pforte aus, um sie zum Losschlagen zu bewegen. Botschafter von Wangenheim sprach sich jedoch gegen eine verfrühte Intervention aus, da die Türkei vorerst ihre Kriegsbereitschaft steigern mußte. Das türkische Kabinett selbst war zerstritten. Den von Konstantinopel und Berlin am 2. August abgeschlossenen Bündnisvertrag[13] kannten nur die wenigsten osmanischen Minister. Die Mehrheit der türkischen Führer, unter ihnen Großwesir Prinz Said Halim und Finanzminister Djavid Bey, waren strikt gegen eine sofortige Intervention ihres Landes, während Vizegeneralissimus Enver Pascha, Innenminister Talaat Pascha und auch Marineminister Djemal Pascha für den Kriegseintritt auf Seiten der Mittelmächte plädierten. Ihre Selbständigkeit gegenüber allen kriegführenden Nationen stellte die Türkei unter Beweis, als sie am 9. September die für den Staat nicht hinnehmbaren Kapitulationen (Sonderrechte der Großmächte) aufkündigte. Aber die Interventionisten verschafften sich schrittweise mehr Einfluß. So wurden die Meerengen gesperrt, und türkische Kriegsschiffe liefen zum erstenmal seit 1877 wieder ins Schwarze Meer zu Übungen aus. Souchon erhielt den Oberbefehl über die türkische Flotte. Diese befand sich in einem beklagenswerten, verrotteten Zustand. Deutsche Autoren wollen dies auf Sabotage der englischen Marinemission unter Admiral Limpus zurückführen, die für die Reorganisation der osmanischen Flotte zu sorgen hatte.[14] Djemal Pascha bestreitet in seinen Erinnerungen aber nachdrücklich jede Form von vorsätzlicher Schädigung durch britische Marineoffiziere.[15] In jedem Fall mußten die türkischen Fahrzeuge erst repariert und gefechtsbereit gemacht werden. Die *Goeben* und die *Breslau* gaben Offiziere und Mannschaften für die türkische Marine und ihre Schiffe ab. Die osmanische Kriegsmarine hatte nicht nur überwiegend veraltete Fahrzeuge, sie wies auch eine völlig ungleichgewichtige Personalstruktur auf: 10 000 Matrosen standen 8000 Offizieren gegenüber. Aus Deutschland kamen Material und Verstärkungen für den Neuaufbau der türkischen Flotte. Eine erste Gruppe von 170 Militärpersonen in Zivilkleidung erreichte Konstantinopel am 26. August. Eine zweite, ungefähr 460 Mann starke Truppe, reiste, als »Zivilarbeiter« getarnt, von Berlin am 21. August ab. An ihrer Spitze stand Admiral Guido von Usedom. Beim Transit durch das neutrale Rumänien erregte das Kommando den Verdacht der rumänischen Behörden und führte zu Protesten Bukarests.[16] In der Türkei angekommen, bildete Usedom ein Sonderkommando zur Befestigung der Meerengen, das die Verteidigungswerke im Rahmen der bescheidenen Möglichkeiten modernisieren sollte. Am 20. September verließ die britische Marinemission das formal immer noch neutrale Konstantinopel. Großbritannien verhängte eine Blockade über die syrische Küste und unterband die Kohlezufuhr in die Türkei. Churchill, der wieder einmal ohne Kriegserklärung losschlagen und eine Zerstörer-Flottille durch die Dardanellen schicken wollte, um *Midilli* und *Yavuz* zu torpedieren, scheiterte mit seinem Plan im Kabinett.[17]

Am engagiertesten trat in Konstantinopel Admiral Souchon dafür ein, daß die Türkei im Schwarzen Meer gegen Rußland und am Suezkanal gegen England offensiv vorgehen sollte. Der deutsche Rückzug an der Marne und die österreichisch-ungarische Niederlage in Galizien waren aber nicht dazu angetan, die Interventionslust des türkischen Kabinetts zu beflügeln. Auch war nicht klar, wie sich Bulgarien und Rumänien verhalten würden. Schließlich gab eine deutsche Anleihe über 2 Millionen türkische Pfund, die nach dem Kriegseintritt gezahlt werden sollten, den letzten Ausschlag. Am 22. Oktober erließ Enver Pascha, der radikalste Exponent der Kriegspartei, folgenden Geheimbefehl an den Flottenchef:

»Die türkische Flotte soll die Seeherrschaft im Schwarzen Meer erringen. Suchen Sie die russische Flotte auf und greifen Sie sie ohne Kriegserklärung an, wo Sie sie finden.«[18]

Nach Rücksprache mit Talaat und Djemal Pascha übergab er diesen Befehl zwei Tage später Souchon. Djemal Pascha wies die türkischen Kommandanten an, den Befehlen ihres deutschen Oberbefehlshabers zu folgen. Die Würfel waren gefallen.

Sämtliche fahrbereiten Schiffe der osmanischen Flotte liefen am 27. Oktober aus. Auf dem Flaggschiff wehte das Signal: »Tun Sie Ihr Äußerstes. Es gilt die Zukunft der Türkei!«[19] Die Kampfhandlungen begannen ohne Kriegserklärung. Am Morgen des 29. Oktober beschoß die *Goeben* Sewastopol, dessen Festungswerke das Feuer mit 300 Geschützen erwiderten und dem deutschen Schiff drei leichte Treffer beibrachten. Beim Ablaufen kam der russische Minenleger *Pruth* in Sicht und wurde durch die Mittelartillerie der *Goeben* versenkt. Die Torpedoboote *Muavenet* und *Gairet* griffen unter deutschen Kommandanten die Hafenstadt Odessa an. Sie vernichteten ein russisches Kanonenboot und einige vor Anker liegende Dampfer. Die kleinen Kreuzer *Berk* und *Breslau* nahmen Novorossisk unter Feuer und verwandelten den Hafen in ein Inferno. Die *Breslau* zerstörte zwei große Petroleumlager und erzielte Treffer auf mehrere Dampfer. Der kleine Kreuzer *Hamidie* schließlich führte eine Operation gegen Feodosia durch. Die Interventionsbefürworter fühlten sich allerdings noch nicht stark genug, die Aktionen als vorsätzlichen Angriff darzustellen. Souchon meldete, die russische Schwarzmeerflotte habe die Feindseligkeiten eröffnet, eine offensichtliche Unwahrheit, die in die offiziellen türkischen Kommuniqués[20] und in zahlreiche Publikationen einfloß.[21] Die Türkei befand sich im Krieg, auch wenn einige Kabinettsmitglieder dies noch nicht wahrhaben wollten. Am 30. Oktober forderten der russische, englische und französische Botschafter ihre Pässe. Am 2. November erfolgte die russische Kriegserklärung, drei Tage später die englische und französische an die Pforte. Großbritannien hatte die Feindseligkeiten bereits vorher eröffnet und am 3. November die äußeren Dardanellenforts beschossen.

Am 29. Oktober ist die Türkei nicht ein Opfer von Souchons Intrigen und Machenschaften geworden, denn viele türkische Führer waren in den *coup de force* eingeweiht und begrüßten ihn ausdrücklich.²² So ist die Behauptung, Souchon habe ohne Wissen türkischer Kabinettsmitglieder gehandelt²³, unzutreffend und soll Verantwortlichkeiten verwischen. Eine andere Frage ist, ob die Türkei im Herbst 1914 überhaupt noch eine andere Option besaß als die eines Kriegseintritts auf Seiten der Zentralmächte. Auf englische und französische Hilfe konnte die Pforte kaum rechnen, da die Rücksicht der Diplomatie in London und Paris auf russische Ansprüche eine Annäherung an Konstantinopel ausschloß. Als Verbündeter war die Türkei insbesondere den Russen nicht willkommen, denn einem verbündeten Osmanischen Reich konnte man nicht die eigenen expansionistischen Forderungen, die auf eine Beherrschung der Meerengen und der türkischen Hauptstadt abzielten, präsentieren.²⁴ So wollte Petersburg die Türkei neutral halten, um ihr im Falle des Sieges der Entente die russischen Ansprüche aufzuzwingen. Es lag aber im Interesse der Türkei, die Neutralität nur dann zu bewahren, wenn Frankreich und England der Pforte substantielle Garantien gegenüber Rußland und Griechenland gegeben hätten. Aber selbst eine derartige schriftliche Garantie – wenn sie denn tatsächlich erfolgt wäre – hätte die territoriale Integrität der Türkei auf Dauer nicht gesichert. Denn schon am 11. August 1914 hatte der französische Außenminister dem russischen Botschafter in Paris zugesagt, daß eine Garantie Rußland nicht hindern würde, »bei der Liquidierung des Krieges die Meerengenfrage entsprechend seinen Interessen zu entscheiden.«²⁵ So blieb als einziger Ausweg nach Meinung Envers das Kriegsbündnis mit den Mittelmächten. Einen interessanten Einblick in die Vorstellungen der jungtürkischen Führung im Herbst 1914 vermittelte Djemal Pascha dem deutschen Archäologen Theodor Wiegand im Dezember 1917. Djemal Pascha führte aus:

> »Auch wenn wir uns für die Neutralität entschieden hätten, wäre unsere Lage unerträglich geworden, ganz wie in Griechenland. Und wenn wir uns der Entente angeschlossen hätten, so wäre unser Schicksal ebenso besiegelt gewesen, denn die Sieger hätten uns nach kurzer Zeit aufgeteilt. Deshalb mußten wir auf Deutschlands Seite gehen, selbst auf die Gefahr hin, zu unterliegen.«²⁶

Die Zentralmächte zogen aus der Allianz großen Gewinn, denn die Türkei fesselte starke russische Kräfte im Kaukasus und englische Kräfte am Suezkanal. Insgesamt band die osmanische Armee mehr als eine Million alliierter Soldaten.[27] Tödlich war der türkische Kriegseintritt für das zaristische System. Infolge der Blockade an den Dardanellen und der Sperrung der Ostseeausgänge gingen die russischen Ein- und Ausfuhren dramatisch zurück.[28] Fehlende Erfolge bei der von der russischen Bevölkerung erwarteten raschen Inbesitznahme von Konstantinopel trugen zum Zusammenbruch der Moral des Zarenreichs bei. Lloyd George hat diese Zusammenhänge in einer Rede vor dem Unterhaus im August 1922 deutlich gemacht:

»Der türkische Schritt hat den Krieg wahrscheinlich um einige Jahre verlängert. Ich gehe noch weiter und sage, daß der Zusammenbruch Rußlands fast ganz auf die Türkei zurückzuführen ist und wahrscheinlich nicht eingetreten wäre, wenn das Schwarze Meer frei gewesen wäre.«[29]

Ein türkischer Kriegseintritt wurde aber erst möglich, als die *Goeben* und die *Breslau* vor Konstantinopel Anker warfen, da die osmanische Flotte allein zu schwach war, um den russischen Schwarzmeereinheiten Paroli zu bieten. So haben die beiden deutschen Schiffe mit ihrem kühnen Durchbruch zu den Dardanellen Weltgeschichte gemacht.

Die Fahnen der verbündeten Staaten des Dreibundes
(noch ohne Bulgarien): Deutsches Reich, Österreich-Ungarn,
Osmanisches Reich
(Zeitgenössische Postkarte, Archiv Autor)

III. SMSS Goeben und Breslau im Schwarzen Meer

Die beiden Schiffe der Mittelmeer-Division hatten die Aufgabe, den Bosporus freizuhalten, die Kohlentransporte von der türkischen Schwarzmeerküste sicherzustellen und die Nachschubtransporte zur Kaukasusfront zu schützen. Weiter war ihre Präsenz im Schwarzen Meer eine deutliche Warnung an Bulgarien und Rumänien, sich nicht auf einen Krieg gegen die Mittelmächte einzulassen. Den deutschen Kreuzern und der türkischen Marine stand die russische Schwarzmeerflotte mit vorerst fünf Linienschiffen, zwei Kreuzern, 26 Zerstörern, 11 Unterseebooten und anderen kleinen Einheiten unter Vizeadmiral Eberhard gegenüber.[1] Solange die im Bau befindlichen russischen Super-Dreadnoughts (schwerbewaffnete Großkampfschiffe) noch nicht einsatzbereit waren, herrschte zwischen den beiden feindlichen Parteien ein labiles Kräftegleichgewicht, das es den deutsch-türkischen Einheiten nicht erlaubte, die Seeherrschaft im Schwarzen Meer auszuüben.

Im November 1914 sicherte SMS *Breslau* türkische Truppentransporte für die Kaukasusfront nach Trapezunt. Zum ersten Kräftemessen zwischen den deutschen Kreuzern und der Flotte unter dem Andreaskreuz kam es am 18. November in der Nähe von Balaklawa. Bei diesiger Sicht stießen die *Goeben* und die *Breslau* mit der gesamten russischen Flotte zusammen. Auf rund 7000 m Entfernung wurde ein Gefecht geführt, das nur 10 Minuten dauerte. Die *Goeben* sah sich dem Feuer der fünf Linienschiffe ausgesetzt und mußte einen schweren Treffer hinnehmen, der den Seitenpanzer durchschlug. Das erste Jahr des Krieges sollte für den Panzerkreuzer unglücklich zu Ende gehen. Als die *Goeben* am zweiten Weihnachtstag von einer Unternehmung zurückkam und den Bosporus ansteuerte, lief sie nur 1 Seemeile von der Außenboje entfernt auf zwei Minen. Feldmarschall von der Goltz, der sich an Bord aufhielt, hat die Ereignisse plastisch beschrieben:

»Ich befand mich gerade in meiner Kabine, als die erste Detonation erfolgte und der Ruf ›Schotten dicht!‹ sich hören ließ. Das mächtige Schiff erhielt einen so starken Stoß, daß es in seinem ganzen Bau heftig erschüttert wurde. Ein Krachen begleitete die Explosion, so daß ich mir sofort klar war, daß es sich nur um einen Torpedoschuß oder um eine Mine handeln könne. Draußen erscholl der Ruf: ›Ein U-Boot! Ein U-Boot!‹ Ein Matrose öffnete heftig meine Kabinentür und rief hinein: ›Exzellenz, auf die Kommandobrücke!‹ Während ich auf dem Wege dorthin war, erfolgte bereits die zweite Explosion. Der gleiche Krach und Ruck! Neben dem Schiff wurde eine hohe Wassersäule emporgeschleudert, die aufs Deck niederfiel und auch mich tüchtig durchnäßte. Die Zeitdauer zwischen den beiden Stößen mag zwei bis zweieinhalb Minuten betragen haben. Beide waren gleich stark.«[2]

Die Minenexplosionen verursachten Löcher von 50 und 64 qm, durch die 2000 cbm Wasser eindrangen. In Konstantinopel gab es kein Dock für das 186 m lange Schiff, dessen Beschädigungen vor der Öffentlichkeit geheimgehalten wurden. Die *Goeben* war schwer angeschlagen, aber noch nicht völlig verwendungsunfähig. Am 28. Januar verließ der Kreuzer sogar seinen Ankerplatz, um der von zwei russischen Schiffen verfolgten *Hamidie* beizustehen. Die Reparatur der *Goeben* erwies sich als äußerst schwierig, das Flaggschiff war erst nach Monaten wieder voll einsatzfähig.

Im Februar 1915 fiel auch die *Breslau-Midilli* für vier Wochen wegen notwendiger Reparaturen der Schraubenwellen aus. Als die alliierte Flotte am 19. Februar die Außenforts der Dardanellen beschoß, waren beide deutsche Schiffe gefechtsunklar. Souchon traf jedoch Vorkehrungen, die Instandsetzungsarbeiten notfalls unterbrechen und die *Goeben* in See gehen zu lassen. Auch mußte das Flaggschiff zwei 15-cm-Geschütze an die Dardanellenfront abgeben. Es bot sich somit für die Entente eine gute Gelegenheit, einen Zangenangriff zu führen, wenn die russische Flotte, koordiniert mit den englisch-französischen Operationen im Mittelmeer, gegen die türkische Schwarzmeerküste vorgegangen wäre. Die Russen kamen einer entsprechenden englischen Bitte aber nicht nach, da sie ihre Marineeinheiten nicht für stark genug hielten.[3]

Am 2. März hatte SMS *Breslau* die Reparaturen erfolgreich abgeschlossen, am 28. März war auch bei der *Goeben* das Leck an der Backbordseite abgedichtet. Trotz des noch bestehenden Lochs an Steuerbord lief der Panzerkreuzer zu neuen Aktionen aus. Die beiden deutschen Kreuzer übernahmen die Sicherung vor Sewastopol, während türkische Kriegsschiffe gegen Odessa vorstießen. Obwohl die *Goeben* den 1500 BRT großen Dampfer *Wostoschnaja Swesta* und die *Breslau* den 2020 BRT großen Dampfer *Providence* versenkte, war die Unternehmung kein Erfolg, denn die türkische Marine büßte den Kreuzer *Medjidieh* ein. Am 1. Mai war schließlich auch das zweite Leck der *Goeben* repariert. Bereits zehn Tage später mußte das Schiff neue Beschädigungen hinnehmen, als der Panzerkreuzer die fünf russischen Linienschiffe daran hinderte, den Bosporus zu beschießen. Der Feind erzielte zwei schwere Treffer, die allerdings keine Mannschaftsverluste verursachten.

Bereits zu dieser Zeit machte sich bei der deutsch-türkischen Flotte ein spürbarer Kohlenmangel bemerkbar. Die Russen unternahmen, besonders mit Zerstörern, kühne und erfolgreiche Raids gegen den Hafen und das kriegswichtige Steinkohlengebiet von Sunguldak, das 150 Meilen vom Bosporus entfernt liegt. Allein am 15. April 1915 versenkten russische Zerstörer vier Kohlendampfer und zwei Schlepper.[4] Die *Goeben* konnte die langsamen türkischen Dampfer kaum wirksam schützen. Bei einem Einsatz als Sicherungsschiff verbrauchte der Panzerkreuzer nahezu so viel Kohle, wie die Transporter geladen hatten. Wegen akuter Brennstoffknappheit mußte die *Goeben* zeitweise überhaupt auf Einsätze verzichten. Dafür sicherte die *Breslau* im Sommer 1915 auf einigen Fahrten die Kohlentransporte. Bei einer derartigen Aktion lief der kleine Kreuzer am 18. Juli auf eine Mine. Acht Seeleute fanden den Tod, das Schiff nahm 642 Tonnen Wasser auf. Trotzdem konnte der havarierte Kreuzer aus eigener Kraft in die Stenia-Bucht einlaufen. Die Kohlennot wurde noch drängender, nachdem sich am 5. September drei von Zerstörern angegriffene türkische Dampfer auf den Strand setzten. Unersetzbare Transportkapazität im Umfang von 10 780 Tonnen war verloren. Kapitänleutnant Firle, deutscher Kommandant des Torpedoboots *Muavenet*, mußte resignierend feststellen: »Die russischen Zerstörer mit ihrer Artillerie und Geschwindigkeit sind die wahren Herren der See und brauchen sich vor nichts zu fürchten.«[5]

In den Monaten Oktober und November übernahm die *Goeben* Geleitschutzaufgaben für die Kohlenschiffe. Beim letzten Einsatz, am 14. November, entging der Auslandskreuzer nur knapp zwei feindlichen Torpedos. In noch größere Bedrängnis geriet die *Goeben* im Januar 1916, als sie auf das im Herbst fertiggestellte Großkampfschiff *Imperatriza Maria* stieß. Der mit 30,5-cm-Geschützen bewaffnete Dreadnought, der das Gefecht auf 20 000 m Distanz eröffnete, war artilleristisch eindeutig überlegen. Es gelang der *Goeben* nur mit Mühe, sich vom Feind zu lösen. Mit dem Erscheinen der beiden russischen Großkampfschiffe *Imperatriza Maria* und *Jekaterina II.* war das Gesetz des Handelns auf die Flotte unter dem Andreaskreuz übergegangen. Zur Verschlechterung der seestrategischen Lage kam die äußerst gespannte Situation an der armenischen Front, wo die Russen Ende Januar 1916 10 km vor Erzurum standen. Die *Goeben* wurde daher auch als Truppentransporter eingesetzt und schiffte am 6. Februar in Trapezunt Gewehre, Munition, eine Gebirgsbatterie, eine Fliegerabteilung, acht Maschinengewehrabteilungen und türkische Soldaten aus. Im gleichen Monat war die Anzahl der Kohlendampfer auf fünf zusammengeschmolzen. Die türkische Kriegswirtschaft stand vor dem Kollaps. Enver bat die deutsche Oberste Heeresleitung dringend um die Entsendung von Kohlenzügen. Das Kaiserreich schickte daraufhin im Schnitt monatlich 12 000 Tonnen Kohle in die Türkei.[6] Insgesamt wurden bis Kriegsende rund ¾ Millionen Tonnen Kohle geliefert. Dies war zur Deckung der Grundbedürfnisse eben ausreichend, die Flotte konnte aber nur geringe Reserven anlegen.

SMS *Breslau-Midilli* erreichte nach der Minenhavarie erst im Januar 1916 wieder ihre Einsatzfähigkeit. Durch den Einbau von zwei 15-cm-Geschützen war ihre Feuerkraft erheblich verbessert worden. Auch der kleine Kreuzer wurde als Truppentransporter herangezogen und brachte am 29. Februar eine MG-Kompanie nach Trapezunt. Obgleich Flottenchef Souchon erhebliche Einwände gegen die Verwendung seiner kostbaren Schiffe als Versorger für die brüchige Front in der Osttürkei hatte, mußte die *Breslau* im März und April weitere Truppen transportieren. Der militärische Nutzen dieser Aktionen darf bezweifelt werden, denn die türkischen Soldaten der Verstärkungstruppen waren höchst mangelhaft ausgerüstet und verfügten zum Teil noch nicht einmal über Stiefel.

Die 22. Kriegsfahrt der *Breslau* wäre beinahe ihre letzte geworden. Nach der Beschießung russischer Stellungen bei Batum sichtete der kleine Kreuzer in der Morgendämmerung des 4. April die *Imperatriza Maria* und weitere russische Kriegsschiffe. Der zaristische Verband befand sich in wenigen tausend Metern Entfernung auf Gegenkurs. Da die *Breslau* sich vor dem dunklen nördlichen Horizont kaum abhob, bestand die Möglichkeit, daß der hoffnungslos unterlegene Kreuzer sich heimlich davonschleichen konnte. Als das deutsche Schiff angemorst wurde, antwortete es frech mit der gleichen Buchstabenkombination. Der Abstand zwischen den Fahrzeugen vergrößerte sich. Die *Breslau* wähnte sich aus dem Gefahrenbereich, da blinkte ein übermütiger deutscher Leutnant mit Namen Karl Dönitz dem russichen Großkampfschiff das Götz-Zitat hinüber: »L. M. A.«[7] Die *Imperatriza Maria* antwortete mit genau liegenden Salven, denen der Kreuzer nur mit Höchstgeschwindigkeit und im Zickzack entkommen konnte. Die nächsten Fahrten der *Breslau-Midilli* waren Routine. Am 27. April landete sie in Samsun Truppen und Nachschubgüter an, im Mai unternahm sie zwei Minenoperationen vor der Donaumündung und auf dem Verbindungsweg zwischen Sewastopol und Nikolajew, dann beschoß sie den Hafen von Eupatoria. Die letzte Transportfahrt für die türkische Kaukasusarmee führte der kleine Kreuzer in der Zeit vom 30. Mai bis 2. Juni durch.

Anfang Juli operierten die *Goeben* und die *Breslau* wieder einmal gemeinsam. Die *Goeben* nahm Orte an der russischen Schwarzmeerküste unter Beschuß, die *Breslau* hatte Erfolge im Handelskrieg. Sie versenkte zwei Handelsschiffe von zusammen rund 3500 BRT und einen kleinen Segler. Im Anschluß an dieses Unternehmen fiel die *Goeben* wegen notwendiger Reparaturarbeiten für einige Zeit aus, auch der kleine Kreuzer sollte überholt werden und sechs neue 15-cm-Geschütze erhalten. Vor Ausführung der Arbeiten erreichte Kommandant von Knorr der Befehl, das Gebiet vor Novorossisk mit Minen zu verseuchen und anschließend vor der Kaukasus-Küste russische Transporter zu jagen. Noch ehe die *Breslau* ihre Minen werfen konnte, stieß sie auf russische Zerstörer und erneut auf die *Imperatriza Maria*[8], die das Feuer eröffnete. Von Knorr ließ Nebelkästen abbrennen, um sich den deckend liegenden Breitseiten des Gegners zu entziehen. Seiner Majestät Schiff gelang es trotz der Geschwindigkeit von 25 sm vorerst nicht, dem feindlichen Großkampfschiff davonzulaufen. Um 13.05 Uhr am 22. Juli war der Gegner in Sicht gekommen. Erst nach 2½ Stunden vergrößerte sich der Abstand zur *Imperatriza Maria*. Weitere bange Stunden dauerte es, bis die feindlichen Zerstörer abgeschüttelt waren. Am 23. Juli morgens schließlich dampfte die *Breslau-Midilli* wieder wohlbehalten in den Bosporus ein. Das deutsche Schiff war aus einer Gefechtslage entkommen, die so verzweifelt schien, daß Korvettenkapitän von

Knorr schon erwogen hatte, den Kreuzer vor der anatolischen Küste auf einen Felsen zu setzen, um zumindest das Leben der Besatzungsmitglieder zu retten.[9]

Als Rumänien im August 1916 an der Seite der Entente in den Krieg eintrat, mußte die deutsch-türkische Flotte mit einem neuen, wenn auch nicht übermäßig starken Gegner rechnen. Im gleichen Monat wurde in Konstantinopel eine Verschwörung aufgedeckt, die darauf abzielte, die jungtürkische Regierung zu stürzen und einen Separatfrieden abzuschließen. Zu den zahlreichen Funktionen, die SMSS *Goeben* und *Breslau* bereits wahrnehmen mußten, kam jetzt noch die Aufgabe hinzu, das deutschfreundliche Regime um Enver Pascha zu stützen. Botschafter Graf Wolff-Metternich ersuchte daher Admiral Souchon, insbesondere den Panzerkreuzer bei Aktionen gegen die russische Flotte »nicht aufs Spiel zu setzen«.[10] Der deutsche Seeoffizier konnte seine Schiffe aber schon deshalb nicht an den Feind bringen, weil die Kohlenzufuhr aus Sunguldak wegen der Aktionen der Schwarzmeerflotte nahezu zum Erliegen gekommen war. 2000 Tonnen englischer Kohle waren alles, was an Flottenreserve übrig war. Die beiden Kreuzer durften nicht mehr auslaufen und keinen Dampf mehr aufmachen. Majestätisch, aber unbeweglich lagen sie in der Stenia-Bucht vor Anker. Ölvorräte waren allerdings vorhanden, so daß zumindest der U-Boot-Krieg weitergeführt werden konnte. Die taktische Lage verbesserte sich nur wenig für die Mittelmächte, nachdem die *Imperatriza Maria* im Oktober im Hafen von Sewastopol explodierte und unterging. Die russische Flotte blieb präsent und angriffslustig, selbst nach der Februarrevolution des Jahres 1917 war vorerst kein Nachlassen ihrer Aktivitäten bemerkbar. Demgegenüber war die türkische Kriegsmarine nur noch ein Torso. Sie hatte seit Kriegsausbruch zahlreiche Schiffe, darunter ein Linienschiff, ein Küstenpanzerschiff, einen Kreuzer und zwei Zerstörer verloren[11] und war für größere operative Aufgaben nicht mehr verwendbar.

Nach längerer Liegezeit lief die *Breslau* am 23. Juni 1917 wieder aus. Sie warf vor der Donaumündung 70 Minen, dann unternahm sie einen Handstreich gegen die Schlangeninsel, wo ein Kommando an Land ging. Der Kreuzer schoß die Funkstation und den Leuchtturm zusammen, während der Landungstrupp elf Gefangene einbrachte und zwei russische Feldgeschütze unbrauchbar machte. Auf dem Rückmarsch geriet Korvettenkapitän von Knorr wieder in die Fänge der Schwarzmeerflotte. Diesmal war es das Großkampfschiff *Jekaterina II.*, dessen Aufschläge in bedrohlicher Nähe der *Breslau* lagen. Während einer vierstündigen Verfolgung gelang es dem russischen Dreadnought und den begleitenden Zerstörern aber nicht, den Kreuzer zu beschädigen. Die *Breslau* blieb – vorerst – ein glückliches Schiff. Im übrigen standen der russischen Flotte nun wieder zwei Großkampfschiffe zur Verfügung, nachdem die *Wolja* – der frühere Name *Imperator Alexander III.* paßte nicht mehr in die revolutionäre Landschaft – erste Probefahrten machte.

Im September fand in Konstantinopel ein wichtiger Kommandowechsel statt. Flottenchef Souchon kehrte in die Heimat zurück, um dort das 4. Geschwader der deutschen Hochseestreitkräfte zu übernehmen. Mit Souchon schied ein brillanter Taktiker, hervorragender Organisator und kluger Diplomat. Sein Abschied wurde sowohl von den Deutschen als auch von den Türken bedauert. Die Mittelmeer-Division ging in die Befehlsgewalt Vizeadmirals von Rebeur-Paschwitz über, den eine Irade des Sultans auch zum Chef der osmanischen Flotte ernannte.

Die Tätigkeit der deutschen Schiffe bis zur Waffenruhe beschränkte sich auf zwei Vorstöße der *Breslau* ins Schwarze Meer im November, die ohne Feindberührung verliefen. In der Nacht vom 15. auf den 16. Dezember 1917 wurde der Waffenstillstand mit Rußland geschlossen. Eine wichtige Klausel lautete: »Der Handel und die Handelsschiffahrt im Schwarzen Meer sind frei.«[12] Die Mittelmeer-Division war somit für andere Aufgaben verfügbar. Das Flottenkommando beschloß, die *Goeben* und die *Breslau* zur Vernichtung englischer Bewachungsstreitkräfte vor den Dardanellen einzusetzen. Diese Aktion hatte nicht nur militärische Gründe – feindliche Kriegsschiffe sollten von der syrischen Front abgezogen werden –, sondern auch politische und psychologische Motive, denn ein Sieg zur See würde die gedrückte türkische Stimmung nach dem Verlust Jerusalems heben. Am Morgen des 19. Januar 1918 verließen die beiden Kreuzer, begleitet von den Torpedobooten *Muavenet, Basra, Numune* und *Samsun*, ihren Ankerplatz. Die T-Boote wurden am Ausgang der Dardanellen zurückgelassen. Das Unternehmen stand von Anfang an unter keinem guten Stern, denn bereits am Morgen des 20. Januar erhielt die *Goeben* einen Minentreffer, der ihre Seetüchtigkeit allerdings nicht beeinträchtigte. Die deutschen Schiffe hielten Kurs auf die Insel Imbros (heute Gökçeada), wo sich ein britischer Flottenstützpunkt befand, die *Breslau* an der Spitze. Der große Bruder beschloß die Signal- und Funkstation auf der Kephalo-Landzunge, der kleine Kreuzer eröffnete das Feuer auf zwei englische Zerstörer, die ihr Heil in der Flucht suchten. Dann sichtete die *Breslau* in der Kusu-Bucht zwei vor Anker liegende feindliche Monitore. Es waren die 540 BRT große M 28 und die 6150 BRT verdrängende *Raglan*, die über zwei 35,6-cm-Geschütze verfügte. Unter dem zusammengefaßten Feuer der beiden deutschen Kreuzer sanken die britischen Schiffe. Der Flottenchef gab nun den Befehl, zur Mudros-Bucht vorzustoßen. Ein Luftangriff ließ die Mittelmeer-Division ungeschoren, aber um 8.31 Uhr lief die *Breslau* achtern auf eine Mine, die das Schiff steuerunfähig machte. Die beiden Kreuzer befanden sich mitten in einem Minenfeld. Das Flaggschiff versuchte vergeblich, der waidwunden *Breslau* beizustehen. Aber auch die *Goeben* wurde von einer Mine getroffen. Dann explodierten um 9.00 Uhr zwischen den hinteren Heizräumen und den Backbordmaschinen des kleinen Kreuzers zwei weitere Minen. Das Schiff war jetzt völlig manövrierunfähig. Die vierte und die fünfte Mine brachen der *Breslau-Midilli* endgültig das Rückgrat. Kapitän zur See von Hippel erteilte den Befehl, das Schiff zu verlassen. Um 9.07 Uhr ging der kleine Kreuzer mit steil aufgerichtetem Vorschiff und wehenden Flaggen in die Tiefe. Ein Augenzeuge, der spätere Admiral von Nordeck, hat die letzten Augenblicke der *Breslau*, die 35 000 Meilen Kriegsfahrten im Schwarzen Meer hinter sich gebracht hatte[13], beschrieben. Das vaterländische Pathos entsprach dem Selbstverständnis der Zeit:

> »Stark legt sich der Kreuzer nach Backbord über. Kein Zweifel mehr, es geht zu Ende.
> Der letzte Befehl schallt über Deck ›Alle Mann aus dem Schiff!‹
> Die *Breslau* wird von ihrer Besatzung verlassen. Ich rutsche mit 2 Kameraden die schräge Bordwand hinunter ins Wasser. Wir suchen erst mal schnell wegzukommen, um dem berüchtigten Strudel zu entgehen.
> Dann bietet sich uns ein packender Anblick. Fast senkrecht hat sich der Kreuzer gestellt, der Bug ist steil in die Höhe gerichtet, die Ankerketten rauschen aus, sekundenlang steht er wie still. ›Drei Hurras für unser deutsches Volk und Vaterland!‹ hallt in diesem Augenblick die Stimme unseres Kommandanten über das

Wasser, und unter den brausenden Hurras der Besatzung geht das Schiff langsam und majestätisch in die Tiefe.

Unvergeßlich eindrucksvoll für die, die es miterlebt haben. Die Stimmung des Augenblicks löst sich in patriotischen Liedern. Einer stimmt sie an, alle fallen ein. Später werden Heimatlieder gesungen. Ich treibe von der Menge etwas ab, aber noch lange hallt es mir im Ohr: ›In der Heimat, in der Heimat, da gibt's ein Wiedersehen!‹ Allmählich wird es jedoch still und stiller; die Gummischwimmwesten leisten zwar vorzügliche Dienste und die rechtzeitig über Bord geworfenen leeren Kartuschbuchsen retten sogar manchem Nichtschwimmer das Leben; aber das Wasser ist doch auch im Mittelmeer im Januar recht kalt. Einem nach dem anderen werden die Glieder starr und sinkt der Kopf vornüber ...«[14]

Englische Zerstörer retteten 162 Besatzungsangehörige, 330 Mann starben.

Der Flottenchef konnte bei der U-Boot-, Minen- und Fliegergefahr nicht auch noch sein zweites Schiff aufs Spiel setzen. Die *Goeben* steuerte daher die Dardanellen an, wobei der Panzerkreuzer durch eine dritte Mine beschädigt wurde. Unter dauernden Fliegerangriffen erreichte die *Goeben* um 10.30 Uhr die Meerenge. Das Schiff schien gerettet, da lief es eine Stunde später nach einem Navigationsfehler auf die Nagara-Sandbank auf und konnte sich mit eigener Maschinenkraft nicht mehr befreien. Der Panzerkreuzer war gefangen. Sechs Tage lag der verwundete Riese auf der Sandbank fest, Schleppversuche blieben erfolglos. Mit permanenten Luftangriffen versuchten die Alliierten, das Versäumnis von 1914 wiedergutzumachen und die *Goeben-Yavuz* endlich zu versenken. Aber von rund 300 abgeworfenen Bomben trafen nur zwei, die zudem nur geringe Schäden verursachten. Die Rettung brachte schließlich das alte türkische Linienschiff *Torgut Reis*, das an der Steuerbordseite der *Goeben* längsseits ging und dessen Schrauben den Sand unter dem Bug des Panzerkreuzers wegspülten. Am 26. Januar um 17.47 Uhr kam die *Goeben* wieder frei. Die Briten verloren das U-Boot E 14, das am 28. Januar am Strandungsort auftauchte, und dort versenkt wurde.

Der Untergang von SMS *Breslau* war ein großer Verlust für die türkische und deutsche Flotte und löste in der Heimat Trauer aus. Der Magistrat der Patenstadt Breslau telegraphierte an das Reichsmarineamt:

»Die Nachricht, daß der kleine Kreuzer *Breslau* gesunken ist, erfüllt uns mit tiefem Schmerz. Wir geben unserer Trauer, zugleich aber den Gefühlen des Stolzes Ausdruck, daß es unserem geliebten Patenschiff vergönnt gewesen ist, bis zu seinem ruhmreichen Ende in herrlichen Taten die Ehre der deutschen Flagge zu mehren.

Magistrat der Kgl. Hauptstadt Breslau«[15]

SMS *Goeben* war nun der letzte deutsche Kreuzer in ausländischen Gewässern. Was die Stärke des deutschen Flottenpersonals im Osmanischen Reich anbetrifft, so waren auf dem Gebiet des Verbündeten Anfang 1918 3441 Mann eingesetzt, dazu kamen 948 Mann des Sonderkommandos Meerengen.[16] Zahlreiche deutsche Offiziere und Mannschaften taten auf türkischen Schiffen Dienst.

Ihre letzten Kriegsfahrten unternahm die *Goeben*, deren Minentreffer erst Jahre nach dem Krieg repariert werden sollten, im Schwarzen Meer. Trotz des Waffenstillstandes von Brest-Litowsk drangen deutsche und österreichische Truppen weiter nach Osten vor. Am 13. März wurde Odessa besetzt, vier Tage später Nikolajew. Am 1. Mai 1918 fiel auch der wichtige Hafen Sewastopol in die Hände der Mittelmächte. Die *Goeben* und die *Hamidie* kreuzten in der Nacht auf den 2. Mai vor Sewastopol, um die dort liegenden Schiffe am Auslaufen zu hindern. Ein Teil der Schwarzmeerflotte, darunter die beiden Großkampfschiffe, 15 Zerstörer und 10 Dampfer[17], waren aber bereits nach Novorossisk ausgewichen. Die *Goeben* konnte nun in Sewastopol zum ersten Mal nach 4½ Jahren wieder eindocken, der Schiffsboden wurde von Bewuchs befreit und neu gestrichen. Inzwischen versuchte die kaiserliche Marine, einige der beschlagnahmten russischen Schiffe wieder flottzumachen. Über die Schwarzmeerflotte war die Fackel der bolschewistischen Revolution hinweggebraust, der zahlreiche zaristische Offiziere zum Opfer gefallen waren, die die Kommunisten erschlagen, erschossen oder bei lebendigem Leib in die Heizkessel der Schiffe geworfen hatten. Einige wurden mit Gewichten an den Füßen ins Meer geworfen. Deutsche Taucher, die die Toten bergen sollten, waren dem Wahnsinn nahe:

»Einer kam wieder an die Oberfläche und schrie, als habe er den Verstand verloren, die toten Männer hätten ihm zugewinkt; die

Leichen hatten sich im Seetang verfangen und wogten mit dem Auf und Ab der Wellen hin und her.«[18]

Die deutsche Regierung verhandelte mit der Sowjetführung über das Schicksal der russischen Flotte. Berlin erhielt das Nutzungsrecht über die Schiffe, erkannte jedoch die russische Eigentumsposition an und verpflichtete sich, die Fahrzeuge nach Friedensschluß zurückzugeben. Die nach Novorossisk entkommenen Schiffe sollten nach Sewastopol zurückkehren. Die Sowjetregierung versuchte allerdings, diese Verpflichtung zu umgehen und gab heimlich die Anweisung, die in Novorossisk ankernden Schiffe sollten sich selbst versenken. Bei dem auf der Krim herrschenden innenpolitischen Chaos wurde der Befehl aber nur teilweise ausgeführt. Das Großkampfschiff *Wolja,* sechs Zerstörer und drei Hilfskreuzer trafen dann tatsächlich am 19. Juni unter der alten Andreasflagge in Sewastopol ein. Die *Goeben* lief nach Novorossisk aus, um dort nach dem Schicksal der übrigen russischen Kriegsschiffe zu forschen, fand aber nur noch Wracks vor. Die Schwarzmeerflotte, die in Ihrer Blütezeit 400 Kampf- und Hilfsschiffe, 152 Wasserflugzeuge und 37000 Mann umfaßt hatte, existierte nicht mehr. Einige Schiffe wurden in Sewastopol unter deutscher Flagge wieder in Dienst gestellt. Auch *Wolja*[19] galt Ende Oktober als einigermaßen kriegsbereit und befand sich noch am 6. November zu einer Schießübung auf See.

Den Waffenstillstand zwischen der Türkei und den Alliierten erlebte SMS *Goeben* in Konstantinopel. Am 2. November um 16.15 Uhr holte Vizeadmiral von Rebeur-Paschwitz seine Flagge nieder. Die *Yavuz,* die im Schwarzen Meer fast 20000 Seemeilen zurückgelegt hatte, war endlich türkisch. Die *Goeben*-Besatzungsmitglieder fuhren mit dem Dampfer *Corvocado* nach Odessa, von wo die Heimreise angetreten wurde. Wohl keiner der Matrosen ahnte, daß *Goeben-Yavuz* noch Jahrzehnte später im Dienst der türkischen Marine die Wacht am Bosporus halten sollte.

IV. Der Tod im Kaukasus

An der Landfront fiel die erste Entscheidung im Osten. Die den Russen an der Kaukasusfront gegenüberliegende osmanische 3. Armee hatte mit zahlreichen Schwierigkeiten zu kämpfen, die besonders aus der mangelhaften Infrastruktur des Landes herrührten. Da der Bau einer Eisenbahnlinie an russischem Druck gescheitert war, lagen die Bahnendpunkte 700 km (Ulukischla am Nordfuß des Taurus) bzw. 400 km (Tell Ebiad östlich des Euphrat) von Erzurum entfernt. Die Straßen waren bis auf die Chaussee von Trapezunt nach Erzurum in einem erbärmlichen Zustand. Meist handelte es sich um ungepflasterte Landwege. Unter großen Anstrengungen gelang es türkischen Arbeitsbataillonen, noch vor dem Frühjahr 1915 von Ulukischla bis Erzurum eine 900 km lange Etappenstraße voranzutreiben. Aber trotzdem dauerte der Transport einer Granate von Kostantinopel nach Türkisch Armenien 35 Tage. Der Schiffsverkehr nach Trapezunt oder Samsun kam wegen der Stärke der russischen Schwarzmeerflotte allmählich zum Erliegen. So war man überwiegend auf Tragetiere angewiesen, zumal Autos nur in geringer Anzahl zur Verfügung standen. Neben einer einzigen türkischen LKW-Kolonne versuchten 1916 ein deutscher Kraftwagenpark und drei deutsche Kraftwagenkolonnen[1] das völlig unzureichende Versorgungssystem für die türkische Armee zu verbessern. Hinzu kamen die k.u.k. Kraftwagenkolonnen Türkei II, III und IV, die in Diarbekir stationiert waren.[2] Überhaupt war die Hilfe der beiden Monarchien für die Kaukasusfront sehr bescheiden. In Erzurum etwa bildete der Österreicher Dr. Pietschmann türkische Skipatrouillen aus, und nie befanden sich mehr als 20 Deutsche an der Hochgebirgsfront in Armenien, darunter zwei Divisionskommandeure und im Hinterland der Kommandeur der sogenannten Festung Erzurum, General Posselt. Materiell erschöpfte sich der deutsche Beitrag in der Entsendung einer einzigen bayerischen schweren Feldhaubitzbatterie.[3]

Neben den Nachschubproblemen belasteten ein nahezu sibirisches Klima und ein fast vollkommener Mangel an Feuerholz – das Land war wald- und baumarm – die Kriegführung. Armenien konnte auch kaum Lebensmittel und Tragtiere für die türkische Armee stellen.

Die Kämpfe begannen am 1. November 1914, als die Russen die Grenze überschritten. Bei Köprükoj brachten die Türken die russische Offensive zum Stehen. Enver Pascha begab sich im Dezember zusammen mit seinem deutschen Generalstabschef Bronsart von Schellendorff persönlich auf den Kriegsschauplatz und übernahm das Kommando über die 3. Armee. Tatsächlich war der deutschen Führung daran gelegen, daß die Türkei im Kaukasus möglichst starke Feindkräfte band und dadurch die deutsche Ostfront entlastete.[4] Aber besonders Liman von Sanders opponierte gegen Envers Winteroffensive, die über verschneite Gebirgswege und Fußstege kaum Aussicht auf Erfolg bot.[5] Die Operationen, am 22. Dezember durchaus nicht ohne Geländegewinne eingeleitet, liefen sich schon bald fest. Die Temperatur fiel auf − 36° Celsius. Selbst wohlausgerüstete und gut ausgebildete Alpini-Truppen wären unter diesen Bedingungen bei den Kämpfen im Hochgebirge zwischen 2000 und 3000 m wohl überfordert gewesen. Der Kommandeur des IX. Korps hatte seiner Infanterie sogar befohlen, ohne Mäntel anzugreifen, damit die Soldaten im ein- bis eineinhalb Meter hohen Schnee besser vorankamen. Die Armee starb an Hunger und Kälte. Enver mußte mit seinem Stab vom 25. Dezember bis 2. Januar ohne Zelte im Schnee biwakieren. Die Offensive führte zu einer Katastrophe, einer Katastrophe, die vor der türkischen Öffentlichkeit verschwiegen wurde. Nur Trümmer der 3. Armee konnten sich retten. Von 100 000 Mann gingen fast 80 000 zugrunde.[6] Die überlebenden türkischen Soldaten ahnten nicht, daß ihr Einsatz im Hochgebirge eine folgenschwere Aktion der Entente provoziert hatte. Am 3. Januar wandte sich Petersburg mit der Bitte um Unterstützung und Entlastung an den britischen Verbündeten. Dieses Telegramm war einer der Auslöser für das Dardanellenunternehmen, das für die Alliierten mit einer schweren Niederlage enden sollte.

Die unglückselige 3. Armee erhielt nur bescheidenen Nachschub und Ersatz. Von 20 000 in Marsch gesetzten Rekruten erreichte bloß die Hälfte die Front. Krankheiten, schlechte Versorgung und Desertionen lichteten die Reihen der Ersatzmannschaften. Mindestens 12 000 Deserteure machten das Hinterland unsicher. Die schwache türkische Front bereitete sich im Rahmen der Möglichkeiten auf den nächsten Schlag der Russen vor, der im April 1915 erfolgte. Die Russen griffen in der Region von Van an, in der sich Türken und Armenier erbitterte Schlachten lieferten.⁷ Gleichzeitig wurden die Soldaten des Zaren auch an der Tortum-Front offensiv. Malazgirt und Van gingen verloren. Ende Juni verebbten die Kämpfe. Die Türken hatten besonders im Süden viel Gelände preisgeben müssen. Im September 1915 übernahm Großfürst Nikolaus die Führung der russischen Kaukasusarmee, die der osmanischen 3. Armee rund dreifach überlegen war. Mit nur 65 000 Mann hielten die Türken eine überdehnte Front von 300 km. Der russische Großfürst begann seinen Angriff am 12. Januar 1916. Nach blutigen Gefechten fiel das wichtige Verkehrszentrum Erzurum am 16. Februar in russische Hand. Die Türken verloren 200 veraltete Geschütze, die Gefechtsstärke der 3. Armee sank auf 30 000 Mann. Am 2. März nahmen die Russen Bitlis. An der Schwarzmeerküste gelang es den Türken vorerst noch, dem feindlichen Angriff standzuhalten. Hier zeichnete sich besonders das Infanterie-Regiment 28 unter dem deutschen Major Hunger aus. Aber am 18. April mußten die Türken mit Trapezunt ihren leistungsstärksten Schwarzmeerhafen aufgeben.

Mittlerweile verfügte die Türkei nach dem siegreichen Abschluß der Dardanellenkämpfe wieder über einigermaßen schlagkräftige Reserven. Die bisher in Thrazien stationierte 2. Armee unter Izzet Pascha sollte der 3. Armee zu Hilfe kommen und von Diarbekir aus zu einem Flankenstoß in Richtung Erzurum ansetzen. Überoptimistisch wurde für eine Verlegung der 2. Armee ein Zeitraum von 40–45 Tagen veranschlagt. Den LKW-Verkehr von Ras-el-Ain nach Diarbekir übernahmen die deutschen Lastkraftwagen-Kolonnen 510 und 514. Tatsächlich dauerte der Aufmarsch der 2. Armee fünf Monate und war erst im August beendet.⁸ Zwischenzeitlich hatten die Türken im Juli auch Erzingjan räumen müssen. Zu einer wirkungsvollen Zusammenarbeit zwischen der 2. und 3. Armee kam es nicht mehr. Die 2. Armee ging im August zwar zum Angriff über, mußte diesen nach anfänglichem Raumgewinn aufgrund russischer Gegenstöße jedoch bald wieder einstellen. Im September schliefen die Kampfhandlungen ein und sollten erst 1¼ Jahr später wieder aufgenommen werden. Die 3. Armee war so geschwächt, daß die Armeekorps in Divisionen, die Divisionen in Regimenter, die Regimenter in Bataillone umgegliedert wurden. Die Russen standen 250–300 km tief auf türkischem Boden und hielten fast ganz Armenien besetzt. Aber die unterernährten, schlecht gekleideten und mangelhaft geführten türkischen Soldaten hatten das Wunder vollbracht, einen überlegenen Feind schließlich doch aufzuhalten. Sie hatten rund 250000 Mann russischer Truppen gebunden.

Zu größeren Operationen an der Kaukasusfront kam es vorerst nicht mehr, aber das Sterben der türkischen Infanteristen ging weiter. Besonders die 2. Armee mußte im Winter 1916/17 einen fürchterlichen Aderlaß hinnehmen. Ihr fehlten Tragtier- und Kamelkolonnen für den Nachschub sowie mobile Sanitätseinrichtungen. In den Wintermonaten erfroren und verhungerten ungefähr 60000 Mann der 2. Armee. Augenzeugen dieser Tragödie waren, wie wir den folgenden Schilderungen von drei Offizieren entnehmen können, auch Deutsche.

1915/16 wurde unter dem Deckwort »Veilchen« an der Westfront eine Sonderexpedition aufgestellt, die zur Unterstützung der Türken auf der Halbinsel Gallipoli bestimmt war. Dem Verband gehörten auch zwei schwere bayerische Batterien an. Ehe die Kampfgruppe in der Türkei eintraf, war das Ringen um Gallipoli entschieden. Die Sonderexpedition wurde aufgelöst, nur kleinere Einheiten, darunter die 13. bayerische Batterie, gelangten in die Türkei. 50 Deutsche und der Batteriechef traten freiwillig in osmanische Dienste über. Sie bildeten, zusammen mit 350 türkischen Soldaten, die 2. türkische s. F. H. Batterie, die als Bespannung über 450 Zugochsen verfügte. Zuerst für die Mesopotamienfront bestimmt und nach Ras-el-Ain verlegt, erhielt sie bald den Versetzungsbefehl an die Kaukasusfront. Es folgte ein beschwerlicher, Monate dauernder Marsch über Mardin, Diarbekir und den Armenischen Taurus in das Höhengebiet von Solchan-Daghleri (2200–2400 m), wo sich der Frontabschnitt der 14. Infanteriedivision befand. Mit dem Wintereinbruch waren die türkischen Truppen dem Hungertod preisgegeben. Es gab kaum Vorräte, über die unpassierbaren Zufahrtwege kam kein Nachschub. Max Winkler, damals türkischer Oberleutnant der Batterie, berichtet:[9]

»Die Menschen bekamen, wenn es gut ging, täglich eine Hand voll Gerste, fingen an, Tierkadaver anzunagen, scharrten aus dem Pferdekot, der noch aus besseren Zeiten stammte, die spärlichen Körner heraus – schließlich verfielen sie dem Hungertyphus und siechten dahin … Die Leute lagen ohne Mantel, oft barfuß, oft nur in zerrissenen Sommerkleidern, vorn an der Front, in vereisten Unterständen, ohne Feuerung, ohne Nahrung. Sie alle haben den Januar nicht überlebt.«

Viel zu spät trat die türkische Armee den Rückzug aus der unwirtlichen Gebirgsregion an. Besonders die Schwerkranken und Verwundeten aus den Lazaretten, die sich über die Gebirgspässe schleppten, erreichten nie das Hinterland. Die Wege waren gesäumt von Erfrorenen, Verhungerten, an Erschöpfung, Fleckfieber und Hungertyphus Gestorbenen. Die 2. Armee ging elendig zugrunde, nur Resteinheiten konnten 60 km rückwärts eine dünne Frontlinie aufbauen.[10]

Die 2. türkische s. F. H. Batterie war in ihrem Stützpunkt auf Wochen von der Außenwelt abgeschnitten. Die Armee befahl ihr, die Geschütze um jeden Preis zu retten. Da alle Zugochsen eingegangen waren, erhielt die Batterie ein Bataillon mit 200 ausgemergelten Soldaten zum Geschütztransport. So zogen und schoben 200 halbverhungerte Menschen jeweils eine Haubitze, für die man Schlittenkufen gezimmert hatte, durch den meterhohen Schnee. Die Tagesleistung lag bei höchstens 5 Kilometern. Woche für Woche quälte sich der Elendszug durch das Bergland. Die türkischen Infanteristen und Artilleristen starben zu Dutzenden und wurden durch ein zweites Unterstützungsbataillon ersetzt. Erst einem mit Winterbekleidung ausgerüsteten kurdischen Miliz-Bataillon gelang es, die Batterie bis März an die neue Front zu bringen. Das deutsche Rahmenpersonal wurde im Frühjahr 1917 aus dem türkischen Dienst entlassen.

Der Kommandeur der osmanischen 14. Infanteriedivision, die zusammen mit der 7. Division das III. Armeekorps an der Armenienfront bildete, der bayerische Major und türkische Oberstleutnant Schraudenbach, bestätigt die schrecklichen Erfahrungen seines Landsmannes Winkler. Über seine zerlumpten, kaum verpflegten, ohne Sold, Medikamente und menschenwürdige Unterstände gelassenen Soldaten schrieb er:[11]

»Nackte Füße waren die Regel, oder ein Stück Haut eines gefallenen Tieres, mit Riemen oder Schnur um die Füße geschnürt. Von den Hosen hingen Fransen und Fetzen, und durch die Löcher sah die Haut; Unterhosen, Hemden – eine Seltenheit! Die wenigsten

Leute hatten eine Decke oder einen Mantel; und wenn – was waren das für dünne, fadenscheinige Fähnchen! Oft fehlte sogar ein Waffenrock; dünne, verwaschene Kittelchen aus Leinwand, luftige Sommerjoppen wedelten um die mageren Oberkörper, ließen abgezehrte Unterarme sehen – und sollten ihre Träger gegen den armenischen Winter schützen!«

Unbedrängt vom russischen Feind zerfiel die 14. ID. als Kampfeinheit. Der Winter mit seinen meterhohen Schneeverwehungen, die Unterbrechung der Nachschublinien, der Mangel an Feuerholz, die ausbleibende Fürsorge ließen die Bataillone auf eine Stärke von 60–80 Mann schrumpfen. Der Mannschaftsersatz traf abgezehrt und verwahrlost an der Front ein. In Lumpen gehüllt und oft mit erfrorenen Füßen waren die Rekruten monatelang unterwegs gewesen, um nun im armenischen Hochgebirge zu sterben. Als die Division im Dezember 1916 aus der Front herausgezogen wurde, hatte man den Zeitpunkt für einen halbwegs geordneten Rückmarsch längst verpaßt. Wer sich nach rückwärts zurückschleppte, durfte nicht darauf vertrauen, in einem Lazarett auch nur ein geringes Maß an Hilfe und Versorgung zu finden. Die Lazarette waren »Sterbehöhlen; Zellen, in denen Jammergestalten ohne jede Fürsorge auf dem Boden liegen«.[12] Vergeblich hatte die 2. Armee im Spätherbst 1916 1500 Kamele zusammengebracht, um der Truppe ein Mindestmaß an Versorgungsgütern zu sichern. Da man die Tiere weder vor der Kälte schützen noch ernähren konnte, gingen alle bis auf 56 ein. So gelangte nur tropfenweise Zufuhr an die Front. Das Land war von Menschen und Vorräten entblößt, nachdem die Armenier zwangsumgesiedelt oder getötet worden waren. Als die 2. Armee im Frühjahr 1917 Bilanz zog, übertraf die Verlustrate selbst die düstersten Prognosen: Kaum 10% des Herbstbestandes vermochte die Armee in das neue Kriegsjahr hinüberzuretten.[13]

Genauere Angaben liegen uns auch über das Schicksal der osmanischen 1. Infanteriedivision vor, einer Nachbardivision der 14. ID. Sie wurde ebenfalls von einem Deutschen geführt, dem preußischen Major Hans Guhr. Als er die Einheit, die im alpinen Hochgebirge auf einer Höhe von rund 2100 lag, übernahm, zählte sie 6575 Mann. Dann rieben der Hungertod, Desertionen, Krankheiten, Seuchen und Erfrierungen die Division auf:[14]

Monat	Gefallene	Verstorbene	Vermißte	Verwundete	Ins Lazarett Überführte
Oktober 1916	17	51	413	105	622
November 1916		215	105	4	1340
Januar 1917		326	174		585
Februar 1917		124	138		384

Trotz zugeführter Reserven ging die Kopfstärke der 1. ID. in fünf Monaten fast um die Hälfte auf 3548 Mann zurück. Guhr sah sich mit unbeschreiblichem Elend konfrontiert, aber die schlimmsten Erfahrungen machte er in einem Lazarett in Diarbük, das einer Vorstufe der Hölle glich:[15]

»Als wir die Innenräume desselben betraten, bot sich uns ein mehr als widerlicher Anblick. Die gänzlich verwahrlosten Kranken griffen sich, wahnsinnig vor Hunger, gegenseitig an. Die einen bissen den anderen Fleischstücke aus Armen und Rücken heraus, andere schrien nach Brot, tobten und zertrümmerten den Hausrat.«

Vergleicht man die Tätigkeit der beiden Divisionskommandeure Guhr und Schraudenbach an Hand ihrer vorgelegten Erinnerungen, so kommt man zu dem Schluß, daß Schraudenbach kaum der geeignete Führer für eine türkische Einheit war. Er hatte eine panische Berührungsangst vor seinen eigenen Soldaten, die er als Krankheitsüberträger fürchtete. Schließlich ritt er im eigenen Frontabschnitt nicht mehr ohne bewaffnete Begleiter aus, da er argwöhnte, türkische Soldaten könnten ihn überfallen, um ihm Mantel und Handschuhe zu rauben. Dieses Sich Abkapseln von der eigenen Truppe war im übrigen auch bei den türkischen Offizieren nicht unüblich. Viele ließen es auch an der primitivsten Fürsorge und Betreuung für ihre Untergebenen fehlen, ein Grund, der zu den schrecklichen Verlusten der Winter 1914/15 und 1916/17 beitrug.

Zum Glück für die Türken entwickelten die Russen 1917 keinen Angriffsgeist mehr. Die revolutionären Umtriebe in der Heimat lähmten ihre Initiative und zersetzten langsam das zaristische Heer. Auch die Russen hatten im Winter schwere Verluste hinnehmen müssen. Die Türken besaßen somit Zeit, ihre geschwächten Verbände zu reorganisieren. Im März 1917 faßte man die 2. und 3. Armee zur Kaukasischen Heeresgruppe zusammen, deren Führung Marschall Izzet Pascha übernahm. Neuer Kommandeur der 2. Armee wurde vorübergehend Mustafa Kemal Pascha. Aber die Erholung und Verstärkung der osmanischen Truppen machte nur zögernd Fortschritte. Immerhin tauchten die ersten deutschen Aufklärungsflugzeuge über der Front der 2. Armee auf. Im Frühsommer wurden sogar 10 % der Mannschaften zur Feldbestellung in die Heimat beurlaubt, da der Gegner völlig passiv blieb. Im Dezember 1917 hielten 20 000 Türken eine Frontlänge von fast 500 km. Ihnen gegenüber standen jetzt häufig armenische irreguläre Verbände, die die sich zurückziehenden russischen Truppen abgelöst hatten.

Mitte Dezember trat der Waffenstillstand von Brest Litowsk in Kraft. Vorgesehen war, daß beide Kriegsparteien in ihren bisherigen Stellungen verblieben. Da sich die russischen Truppen aber auflösten und armenische Banden der türkischen Zivilbevölkerung zusetzten, griff die türkische Armee – die kläglichen Reste der 2. waren der 3. Armee zugewiesen worden – zur Selbsthilfe und begann Anfang Februar 1918 den Vormarsch über die Waffenstillstandsgrenzen. Bis Ende März war die alte türkisch-russische Grenze von 1914 wieder erreicht. Im Frieden von Brest Litowsk vom 3. März 1918 hatte sich Rußland verpflichtet, die 1878 gewonnenen Gebiete von Kars, Ardahan und Batum zu räumen. Das weitere Schicksal der Region sollte die Türkei in Abstimmung mit der einheimischen Bevölkerung regeln. Aber Konstantinopel wollte mehr. Enver Paschas turanisches Großreich schien nach dem Zusammenbruch der alten Ordnung in Rußland in greifbare Nähe gerückt; der Zusammenschluß der turkotatarischen Völkerschaften unter türkischer Leitung in einem Staat, der vom Schwarzen Meer bis nach Innerasien reichen sollte. Außerdem betrachtete die Pforte eine Ausdehnung im Kaukasus als geeignete Kompensation für den Verlust der arabischen Reichshälfte, mit der sich die osmanische Führung bereits abgefunden hatte. Grundsätzlich stand Berlin einem türkischen Landerwerb im Osten unter bestimmten Bedingungen nicht negativ gegenüber, glaubte man doch, dadurch türkische Forderungen an den Partner Bulgarien mäßigen zu können. Aber eine türkische Annexion des Kaukasusgebietes stieß auf den entschiedenen Widerstand sowohl der Obersten Heeresleitung als auch des Auswärtigen Amtes. Nach deutscher Auffassung sollte das Gebiet befriedet werden, um von dieser Plattform aus einen Stoß über Afghanistan nach Persien (im Sommer 1918!) durchzuführen. Auch fürchtete die deutsche Diplomatie, ein zu aggressives Vorgehen der Türkei im Kaukasus könne Rußland wieder in das Lager der Entente treiben. Und nicht zuletzt waren kriegswirtschaftliche Gründe angesprochen, denn das kaiserliche Deutschland spekulierte darauf, die Manganerze in Georgien und das Öl in Baku für eigene Zwecke nutzen zu können. Der deutsch-türkische Konflikt war damit vorprogrammiert. Vorerst aber befanden sich die Truppen unter dem Halbmond, mittlerweile erheblich verstärkt, auf dem Vormarsch. Im April nahmen sie Ardahan, Batum und Kars ein und hatten damit alle vor 40 Jahren an Rußland verlorenen Gebiete zurückerobert. Die Türkei befand sich im Kriegszustand mit der jungen Transkaukasischen Republik, die sich aus Georgien, Armenien und Aserbaidschan zusammensetzte. Die schon nicht einfache Lage wurde noch dadurch kompliziert, daß Armenien der Entente zuneigte, das moslemische Aserbaidschan Sympathien für die Türkei hatte und Georgien um deutsche Protektion nachsuchte. Zur Wahrung eigener Belange ernannte Ludendorff Oberst Kreß von Kressenstein, der die beiden Angriffe auf dem Suezkanal mitgemacht hatte, zum Chef der Kaiserlich Deutschen Delegation im Kaukasus. Erste deutsche Truppenkontingente gingen in Poti an der Schwarzmeerküste an Land. Am 15. Mai drangen türkische Truppen auf russisch-armenisches Gebiet vor und näherten sich Eriwan. In Aserbaidschan begann der bisher in Libyen aktive Bruder Envers, Nuri Pascha, mit der Aufstellung einer »Islamarmee«. Im Gegenzug erklärte Georgien am 27. Mai seine Unabhägigkeit und stellte sich unter deutschen Schutz. Die Transkaukasische Föderation fiel auseinander, die Situation wurde immer unübersichtlicher. In Georgien befreite deutsche Kriegsgefangene bildeten einen Bahnschutz und standen Gewehr bei Fuße den türkischen Bundesgenossen gegenüber. Es kam zu einzelnen Gefechten. Die Krise eskalierte im Juni. Mit Telegramm vom 8.6. forderte Ludendorff von Enver in äußerst scharfer und bewußt undiplomatischer Form die Einhaltung des Vertrages von Brest Litowsk:[16]

»Wie Euer Exzellenz bekannt, habe ich stets ihre Interessen und Wünsche warm vertreten. Ich muß es Euer Exzellenz gegenüber klar aussprechen, daß ich dies für die Folge nicht nur nicht tun kann, sondern daß das vertragswidrige Vorgehen der Türkei für mich jedes Zusammengehen mit Euer Exzellenz ausschließen würde.«

Die Oberste Heeresleitung erwog als Pressionsmittel die Zurücknahme des IR. 146 und des Reserve-Jägerbataillons Nr. 11 von der Palästinafront.[17] Enver selbst, der die Palästinafront unter anderem dadurch geschwächt hatte, daß er türkische Offiziere von dort mit dem Versprechen weglockte, im Kaukasus erhielten sie doppeltes Gehalt, trug sich mit Demissionsabsichten. Der neue türkische Generalstabschef und Nachfolger Bronsart von Schellendorffs, Hans von Seeckt, konnte die Wogen noch einmal glätten. Aber im August, als die Türkei die Hand nach Baku ausstreckte, spitzte sich die Lage erneut zu. Zu diesem Zeitpunkt befanden sich 214 deutsche Offiziere und 5050 Mann im Kaukasusgebiet.[18] Ludendorff befahl die Entsendung weiterer deutscher Verbände, die dann zum Angriff auf Baku vorgehen sollten. Ehe die 217. ID. und die bayerische 7. Kavalleriebrigade eintrafen, besetzten die Türken am 15. September Baku. Die Deutschen konnten sich dem Nutzen dieser Operation kaum verschließen, denn in der Stadt am Kaspischen Meer waren britische Verbände festgestellt worden, die sowohl die deutschen als auch die türkischen Pläne bedrohten. In Baku kam es nach dem geglückten Sturmangriff zu Metzeleien unter der armenischen Bevölkerung.[19] Die Türken übten einerseits Rache für Massaker an Tausenden von Tataren, die im März 1918 von Armeniern abgeschlachtet worden waren. Andererseits praktizierten die jungtürkischen Extremisten auch hier ihre intransigente Politik der Auslöschung eines Volkes, wobei sie die Ausübung des Mordens und Plünderns größtenteils dem tatarischen Mob überließen, der sich nahezu ungestört austoben konnte.[20] In der Stadt übernahm Freiherr von der Goltz die Vertretung der deutschen Interessen. Der Zusammenbruch in Bulgarien, das am 29. September den ihm diktierten Waffenstillstand unterzeichnen mußte, vereitelte jedoch alle deutsch-türkischen Hoffnungen auf eine Ausbeutung der kaukasischen Rohstoffe. Am 24. Oktober traf für die deutschen Truppen in Georgien der Befehl ein, beschleunigt den Kaukasus zu verlassen. Von der Goltz wurde am 1. November abberufen. Mangel an Transportraum verzögerte einen zügigen Abtransport der deutschen Jäger. Ihre Odyssee fand erst im Februar 1919 ein Ende. Die georgische Regierung verabschiedete die letzten Soldaten des Kaisers in Asien, die die Unabhängigkeitsbewegung der georgischen Nation so wirkungsvoll unterstützt hatten, feierlich und in Freundschaft. Nur zwei Jahre konnte die junge georgische Republik ihre Selbständigkeit bewahren, ehe die Rote Armee das Land besetzte.

V. Die Vorstöße zum Suezkanal

Schon vor dem Kriegseintritt der Türkei wurden in Konstantinopel Pläne zu einem Vorstoß gegen den Suezkanal und Ägypten erwogen. Die deutsche Oberste Heeresleitung unterstützte ein derartiges Angriffsunternehmen, das sich gegen die Hauptschlagader des britischen Empire richtete. Selbst wenn man den 171 km langen, an der Oberfläche 80 bis 125 m breiten Kanal nicht auf Dauer einnehmen oder sperren konnte, so würde eine Offensive den Nachschub von Indien stören und starke feindliche Kräfte binden, die der Entente auf dem französischen Kriegsschauplatz fehlen würden. Nachdem sich herausstellte, daß der Inspekteur der 4. osmanischen Armee, Zekki Pascha, mit einer derartigen Operation überfordert war, wurde der Kommandeur des in Damaskus stationierten VIII. Armeekorps, Oberst Djemal Bey (der »kleine Djemal«) mit der Durchführung der schwierigen Aufgabe beauftragt. Zu seinem Stabschef avancierte der bayerische Oberstleutnant Friedrich Freiherr Kreß von Kressenstein, der am 20. September 1914 nach Syrien abreiste. Im Aufmarschgebiet traf er Truppen an, die nur mangelhaft ausgebildet und zum Teil unterernährt waren. Die deutsche Militärmission hatte bisher nur bei den Verbänden in und um Konstantinopel Reformen durchsetzen können. In der syrischen Provinz war davon noch nichts zu spüren. Kreß, dem fünf deutsche Mitarbeiter zur Seite standen, versuchte, die gröbsten Ausbildungsdefizite zu beseitigen. Er stellte fest, daß die Garnisonsstadt Damaskus über keinen eigenen Schießstand verfügte und die Pioniereinheiten noch nie am Wasser geübt hatten. Im Oktober unternahm der bayerische Offizier einen Erkundungsritt von Maan nach Gaza entlang der türkisch-ägyptischen Grenze. Dabei wurden ihm die Schwierigkeiten eines Angriffsunternehmens gegen den Suezkanal bewußt. Der Nachschubweg nach Konstantinopel war völlig überlastet und noch nicht fertig ausgebaut. Die eingleisige Bahnlinie wies sowohl am Taurus als auch im Amanus Lücken auf, was zweimaliges Umladen bedeutete. Ein erneutes Umladen wurde dann in Rajak erforderlich, wo die Normalspur in die kleinere Spurweite überging. Die Bahn Afule-Jerusalem endete bereits an der Station Sileh nordwestlich Nablus. Von hier aus mußte das gesamte Heeresgut 450 km mit Kamelen an den Kanal transportiert werden. Ein weiteres Handikap war das Fehlen geeigneten Kartenmaterials für die Sinaihalbinsel, auf der rund 20 000 bis 30 000 Beduinen lebten. Auch reichten die dortigen Zisternen und Brunnen bei weitem nicht aus, die türkischen Angriffskolonnen mit Wasser zu versorgen. Für den Vormarsch boten sich drei alternative Wege an: längs der Mittelmeerküste entlang einer uralten Karawanenstraße, auf der 1799 auch Napoleons Soldaten vorgegangen waren; oder quer durch die Wüste von Birseba über Bir Hasana auf Ismailia; und schließlich im Süden von Maan über Aqaba auf Suez. Da beide Flankenwege im Feuer britischer Schiffsgeschütze lagen, entschloß sich Kreß zum Vormarsch mit der Hauptstreitmacht durch die Wüste, obwohl es in der Geschichte noch nie ein Heerführer gewagt hatte, das Innere der Sinaiwüste zu durchqueren.

Bei den Vorbereitungen für das Unternehmen stieß Kreß häufig auf den Widerstand und die passive Resistenz türkischer Behörden. Der energische Marineminister Djemal Pascha, der im November den Oberbefehl über die 4. Armee übernahm, räumte jedoch alle Hindernisse aus dem Weg. Im Hinterland, in Gaza, Birseba und Maan, wurden Verpflegungs- und Munitionsdepots angelegt. Kreß hatte einen Bedarf von 30 000 Kamelen angemeldet, die jeweils eine Last von 120 kg tragen sollten. Zum Preis von 10 türkischen Pfund in Gold mußten sie mühsam zusammengekauft werden.

Während die Truppen eingewiesen und die Magazine gefüllt wurden, besetzte eine türkische Kolonne das von den Briten geräumte El Arisch. Gleichzeitig liefen unter deutscher Regie kleinere Einzelunternehmungen zur Verminung des Suezkanals an. Hans-Erich von Tzschirner-Tzschirne, der später ein türkisches Detachement bei Aqaba befehligte, sollte den Kanal im Auftrag des Auswärtigen Amtes sperren. Sein Einsatz wurde hinfällig, als die Türkei in den Krieg eintrat. Im Dezember erhielt Oberleutnant zur See d. R. Brasch den Befehl, mit primitiven Mitteln Minen im Golf von Aqaba zu legen, um den dort operierenden britischen Kreuzer *Minerva* zu versenken.[1] Die malerischste Gestalt im Kreis der deutschen Einzelkämpfer war zweifellos Kapitänleutnant Hilgendorf von SMS *Goeben*.[2] Reichlich mit Geldmitteln des deutschen Botschafters in Konstantinopel versehen, hatte er die Absicht, einen Privatkrieg gegen die Engländer zu beginnen und den Lotsen eines den Suezkanal befahrenden Schiffes abzuschießen, um auf diese Weise das Schiff zum

Die deutsche Botschaft in Konstantinopel (Archiv Autor)

Ankunft der deutschen Militärmission auf dem Bahnhof von Konstantinopel im Dezember 1913. Links Liman von Sanders, rechts Izzet Pascha (Ullstein Bilderdienst)

Liman von Sanders
verteidigte 1915 erfolgreich
die Dardanellen
(Ullstein Bilderdienst)

SMSS Goeben (vorn) und
Breslau konnten sich der
alliierten Verfolgung entziehen und liefen am 10. 8. 1914
in die Dardanellen ein
(Ullstein Bilderdienst)

Der Panzerkreuzer SMS Goeben stand bis 1950 im aktiven Dienst der türkischen Marine (Ullstein Bilderdienst)

Der kleine geschützte Kreuzer SMS Breslau sank am 20. 1. 1918 in der Ägäis (Ullstein Bilderdienst)

Admiral Wilhelm Souchon, von 1913 bis 1917
Befehlshaber der Mittelmeerdivision
(Margit Souchon)

Die 28 cm Heckgeschütze von SMS Goeben
(Archiv Autor)

U-Boot der Mittelmächte im Hafen von Beirut (Bayerisches Kriegsarchiv)

Auflaufen zu bringen und die Wasserstraße zu sperren. Hilgendorf rekrutierte eine Freischar und zog wie ein residierender Fürst mit Prunkzelten durch Syrien. An der türkisch-ägyptischen Grenze stellten sich ihm osmanische Gendarmen in den Weg. Der deutsche Offizier ließ das Feuer eröffnen, es begann ein Gefecht, daß zum Glück keine Opfer forderte. Hilgendorf trat den Rückzug an, schloß sich später einer Räuberbande an, die für Überfälle auf englische Patrouillen bekannt war und endete schließlich durch Selbstmord in einem Hotelzimmer in Konstantinopel.

Mitte Januar 1915 begann das Expeditionskorps mit rund 18 000 Mann, neun Feldbatterien und einer 15 cm Haubitzbatterie von Birseba aus den Vormarsch in zwei Staffeln gegen den Suezkanal. 5000 Kamele waren zum Wassertransport eingesetzt. Eine Kolonne von fünf Kompanien, einer halben Sanitätskompanie, zwei Batterien und rund 1000 Beduinen rückten über El Arisch auf Ismailia vor, während ein drittes Detachement im Süden Suez ansteuerte. Marschiert wurde nur nachts. Das Wasser war streng rationiert, denn der Flüssigkeitsbedarf für Mensch und Tier beim Durchqueren der Wüste war hoch. So benötigte ein Soldat täglich 10 l Wasser,
Kamele 25 l,
Pferd und Maultier 30 l,
Büffel 25 l,
Esel 20 l und
Schafe und Ziegen 5 l.[3]

Es war eine organisatorische Meisterleistung, daß die mittlere Kolonne auf ihrem 10tägigen Weg durch die Wüste, auf dem sie 250 km zurücklegte, weder einen Mann noch ein Tier verlor. Trotzdem konnte es nicht ausbleiben, daß türkische Truppen sich wie Verdurstende auf die wenigen Wüstenbrunnen stürzten. Der Kriegsberichterstatter E. Serman vom *Berliner Lokal-Anzeiger* beschreibt eine derartige Szene:[4]

»Wie es gekommen war, wußte später niemand. Ein Mann war über die Böschung hinuntergesprungen, ein zweiter, ein zehnter, hundert folgten. Mit den Kleidern, mit nachpolterndem Sandmassen stürzten sie sich wie die Tiere hinein, warfen sich der Länge nach nieder, daß das Wasser über sie hinwegging und tranken ... bis das Naß, vom Sande erstickt, versiegte. An dem Tage sah es im Lager trübselig aus. In den Feldflaschen gab es nur ein ganz kleines Restchen, und die Tiere mußten dursten, bis nach stundenlanger Arbeit die Brunnen freigelegt waren.«

Die Stimmung der Truppe blieb gut, auch wenn Mannschaften und Offiziere unter freiem Himmel schlafen mußten und sich wegen der Wasserknappheit wochenlang nicht waschen durften. Die Verpflegung war spartanisch: 600 Gramm Hartbrot und eine Handvoll Datteln, Rosinen oder Oliven pro Tag. Der genügsame türkische Soldat, der sich noch gut an den Hunger während des Balkankrieges erinnerte, schien dennoch zufrieden. Ein osmanischer Unteroffizier teilte Kreß mit: »Das ist ja überhaupt kein Krieg, wir bekommen ja jeden Tag zu essen.«[5] Der Krankenstand des Expeditionskorps war mit 0,1 % so niedrig wie nie wieder bei einer türkischen Einheit während des Krieges.

An einem Rasttag wurden die Türken auf die Heilige Fahne vereidigt, die der Mufti von Medina im Dezember nach Jerusalem gebracht hatte und die nun die Angriffskolonnen begleitete. Stolz prangte auf der Glaubensfahne des Propheten der Satz: »Das Paradies ist im Schatten der Schwerter.« Bei der Vereidigung kam es zu Bildern unglaublicher Begeisterung, einer Begeisterung, die an religiöse Hysterie grenzte. Djemal Pascha ließ vor dem Angriff eine martialische Proklamation verkünden:[6]

> »Krieger! Hinter euch liegt die ungeheure Wüste; vor euch ist der feige Feind; hinter ihm das reiche Land Ägypten, das sehnsüchtig auf euch wartet. Wenn ihr nachgebt, wird der Tod euch überwältigen. Vor euch liegt das Paradies.«

In der Tat hatten ägyptische Nationalisten nach Konstantinopel berichtet, das gesamte Land werde sich wie ein Mann erheben, wenn die türkische Vorhut am Suezkanal erscheine. Aber diese Hoffnung trog, denn die Mitte November 1914 in Konstantinopel so großartig proklamierte Idee des Heiligen Krieges, auf die Türken und Deutsche so große Hoffnungen setzten und die die Mohammedaner in den britischen und französischen Kolonien zum Aufstand gegen ihre Herren bewegen sollte, hatte kaum Wirkungen gezeigt. Zudem hatten die Engländer Ägypten fest in der Hand, nachdem sie im November die türkische Oberhoheit beseitigt und ein britisches Protektorat errichtet hatten. Als der Khedive (türkische Vizekönig) Abbas

Eine naive, für das deutsche Publikum bestimmte Darstellung des Vorstoßes türkischer Truppen zum Suezkanal aus dem Jahr 1915 (Archiv Autor)

Hilmi II., der sich bei Kriegsausbruch in der türkischen Hauptstadt aufhielt, gegen die englischen Absichten protestierte, sein Land in die Front gegen die Mittelmächte einzubeziehen, wurde er kurzerhand abgesetzt und durch den britenfreundlichen Hussein Kamal Pascha ersetzt.[7] In Ägypten herrschte das Kriegsrecht. Aber obwohl der Krieg gegen den Sultan unpopulär war, brachte er keine umfassende Widerstandsbewegung im Land hervor.

Die alliierten Verteidiger waren den türkischen Angreifern deutlich überlegen. In ganz Ägypten hatte das Empire rund 70 000 Mann Truppen konzentriert, in der Kanalzone warteten 30 000 Inder auf den osmanischen Angriff.[8] An Flugzeugen besaßen die Engländer sechs eigene und sieben französische Maschinen, während die Türken völlig ohne Fliegerschutz waren. Die Verteidiger verfügten zwar über wenig Feldartillerie, sie konnten aber acht mächtige Kriegsschiffe als schwimmende Batterien einsetzen.

Der Angriff begann am frühen Morgen des 3. Februar zwischen dem Timsah See und dem Großen Bittersee. Acht Kolonnen zu je zwei Kompanien und zwei Maschinengewehren, denen je drei Pontons mit Pionieren zugeteilt waren, sollten an verschiedenen Stellen den Übergang erzwingen und Brückenköpfe bilden. Anschließend sollte der Kanal durch Sandsäcke unpassierbar gemacht werden. Als vier Pontons mit etwa 80 Mann das Westufer des Kanals erreicht hatten, gaben die Inder die ersten Schüsse ab. Unter den am Ostufer auf das Übersetzen wartenden arabischen Truppen brach eine Panik aus und die Soldaten liefen hinter die schützenden Dämme zurück. Sie waren nicht mehr zum Vorgehen zu bewegen. Die Inder zerschossen die Pontons und machten die auf dem Westufer gelandeten Türken nieder oder nahmen sie gefangen. Der Angriff war abgeschlagen. Zwar erzielte die türkische Feldhaubitzbatterie einige Treffer auf dem bewaffneten englischen Truppentransporter *Hardinge*, aber die osmanische Artillerie war nicht in der Lage, eine Bresche in das feindliche Verteidigungssystem zu schießen. Da zudem alle Übersetzmittel zerstört oder beschädigt waren, gab Djemal Pascha am Abend des Kampftages den Rückzugsbefehl. Auch die beiden Nebenkolonnen hatten bei ihren wenig druckvoll geführten Entlastungsangriffen keine Erfolge erzielen können. Die Türken lösten sich ohne Störung durch die Empire-Truppen vom Feind. Eine Gruppe der Hauptkolonne in Stärke von 300 Mann hatte der Rückzugsbefehl aber nicht erreicht, sie geriet in britische Gefangenschaft. Auf dem Rückmarsch starben viele der Transporttiere, die nur unzureichend hatten verpflegt werden können. Hans-Erich von Tzschirner-Tzschirne traf unweit von Maan auf den Rest der zurückflutenden südlichen Kolonne und sah »Dutzende von krepierten und krepierenden Tieren«:[9]

»Viele standen da, unfähig, noch einen Schritt zu machen, von Wunden und Fliegen übersät, schwankend und die Nüstern auf den Boden gestützt, um den zu schwer gewordenen Kopf zu tragen, andere lagen bereits mit hervorgequollenen Augen und aufgerissenem Maul auf dem glühenden Boden, von Angstschweiß bedeckt und nur noch schwer röchelnd. Alle waren sie abgemagert bis zum Skelett, und kein Mensch mehr kümmerte sich um sie, nachdem man ihnen die Lasten abgenommen. Nur die Straßengeier aus dem nahen Maan saßen haufenweise umher und hackten gierig in die Körper der Verendenden und Verendeten.«

Bei dem versuchten Kanalübergang starben auf türkischer Seite 14 Offiziere, darunter ein Deutscher, und 178 Mann; 15 Offiziere und 350 Soldaten wurden verwundet; vermißt blieben 15 Offiziere und 712 Mann. Trotz gegenteiliger Berichte[10] gab es keine Desertionen aus arabischen Truppenteilen oder gar von ganzen Verbänden. Die Engländer waren von dem türkischen Vorstoß durchaus beeindruckt, hatte 1906 das British War Office doch geschätzt, daß wegen der Geländeschwierigkeiten nur ein Korps von höchstens 5000 Mann und 2000 Kamelen in der Lage sein könnte, die Wüste zu durchqueren. Die Briten, auf deren Seite 32 Mann getötet und 130 verwundet worden waren, sparten denn auch nicht mit Anerkennung. Generalmajor Sir M. G. E. Bowman-Manifold schrieb:[11]

»Die türkische Leistung verdient Respekt. Tausende von Männern, Artillerie und Pontons 140 Meilen durch die Wüste zu bringen, war lobenswert, eine Front anzugreifen, die von potentiell 70 000 Mann und dem Stahl schwerer Schiffseinheiten verteidigt wurde, war kühn; und sich mit der Artillerie und dem Train bei nur 10 % Verlusten der Infanterie zurückzuziehen, war ein klarer Sieg und läßt den Verteidigern kaum die Möglichkeit zum Prahlen.«

Die Mittelmächte hatten ihr eigentliches Ziel, die Sperrung des Suezkanals, nicht erreicht. Sie hatten den britischen Löwen nur am Schwanz gezwickt. Aber das Empire verstärkte nun seine Streitkräfte in Ägypten und das war ein eindeutiger Erfolg der ersten Operation gegen den Kanal, denn diese Truppen würden der Entente auf dem Hauptkriegsschauplatz in Frankreich fehlen.

Kreß von Kressenstein blieb vorerst auf Befehl Djemal Paschas als »Kommandant der Wüste« mit drei Bataillonen, 2 Gebirgsbatterien und einigen Kamelreitereskadrons im Sinai zurück, um die Engländer am Kanal weiter in Atem zu halten. Sein Hauptquartier nahm Kreß in Ibni. Ein von ihm am 22. März 1915 mit rund 1000 Mann unternommener gewaltsamer Vorstoß gegen den Kanal, bei dem ein Schiff versenkt werden sollte, blieb erfolglos. Man verlegte daher das Schwergewicht der Aktivitäten auf zahlreiche kleinere Unternehmungen. Einzelne Trupps schlichen sich an den Kanal heran und versenkten Minen, die jedoch zum größten Teil von den Briten entdeckt und unschädlich gemacht wurden. Nur ein Schiff lief auf eine Mine, sank aber nicht. Größere Operationen gegen den Suezkanal waren im weiteren Verlauf des Jahres 1915 unmöglich, da Truppen aus Syrien nach Gallipoli, Mesopotamien und in den Hedschas abgegeben werden mußten. Besonders das Dardanellenunternehmen beanspruchte die türkischen Reserven. Djemal besaß schließlich nur noch 12 schwache Bataillone zur Sicherung des gesamten syrischen Gebiets. Versorgungsprobleme traten auf. Eine Heuschreckenplage überzog das Land, die die Ernte in Palästina und einen Teil der syrischen Ernte vernichtete. Die Folge sollte eine Hungersnot sein, die nicht nur den Tod Tausender von Zivilisten zur Folge hatte, sondern auch zur weiteren Verelendung des türkischen Soldaten beitrug.

Am 10. Juni 1915 erhielt Kreß den Befehl, seine Stellung in Ibni aufzugeben. Nur kleinere Beduinenverbände verblieben zur Überwachung und Beunruhigung der Briten in der Wüste. Die Europäer hatten die Ablösung dringend nötig. Die Eintönigkeit der Wüste, Temperaturen um 60° Celsius, glutheiße Sandstürme und eine unzureichende Verpflegung ohne Gemüse und Obst hatten die Männer reizbar gemacht und ihre Kraftreserven aufgebraucht.

Deutscherseits bestand ein erhebliches Interesse an einem erneuten Vorstoß zum Suezkanal. Kreß wurde zum Kommandeur des neu aufzustellenden I. türkischen Expeditionskorps ernannt. Diesmal sollten auch deutsche Truppen an dem Angriff teilnehmen. Bei sei-

nem Besuch in Deutschland im Großen Hauptquartier stellte man Kreß das Material und die Personalstämme für folgende Einheiten, die den Decknamen Pascha I erhielten, in Aussicht:[12]
– eine Fliegerabteilung,
– acht Maschinengewehrkompanien,
– eine 15 cm Haubitzbatterie zu vier Geschützen,
– eine 10 cm Kanonenbatterie zu zwei Geschützen,
– zwei 21 cm Mörserbatterien zu je zwei Geschützen,
– vier Fliegerabwehrzüge,
– zwei Minenwerferkompanien
– einen Nachrichtenzug,
– zwei Feldlazarette
sowie mehrere Kraftwagenkolonnen. Österreich-Ungarn sagte die Entsendung von zwei Haubitzbatterien zu. Das deutsche Hilfskorps in Stärke von rund 1500 Mann und 140 Offizieren sollte im Januar-Februar 1916 in Palästina eintreffen. Aufgrund der geringen Transportkapazität der Bahnen verzögerte sich die Ankunft der deutschen Verbände jedoch bis zum Sommer 1916. Die Angehörigen des Paschakorps waren sehr sorgfältig ausgesucht worden. Voraussetzung war neben der körperlichen Eignung mindestens ein Jahr Frontdienst.[13]

Der energische Djemal, der Syrien mit eiserner Faust regierte, nutzte die Zeit, um die technischen und logistischen Voraussetzungen für die zweite Suez-Operation zu verbessern. Er beauftragte den Ingenieur Meissner Pascha mit dem Ausbau des lokalen Eisenbahnnetzes. Meissner verwendete dafür Material, das durch den Abbau militärisch unwichtiger Strecken frei wurde. Die 165 km lange Route Sileh-Birseba wurde bereits am 20. Oktober 1915 dem Verkehr übergeben. Im Mai 1916 erreichten die Schienen Hafir el Audscha an der türkisch-ägyptischen Grenze. Der Bau wurde in Richtung auf Bir Hasana in der Wüste weiter vorangetrieben. Diese eisenbahntechnischen Erfolge waren allerdings fragwürdig, da es sowohl an geschultem Eisenbahnpersonal, an Brennstoff als auch an Waggons und Lokomotiven mangelte. Der Straßenbau erfolgte parallel zur Erweiterung des Schienennetzes. Aufgrund des Klimas und der mangelhaften Organisation forderte er Hunderte von Opfern. Mit besonderem Nachdruck arbeiteten Spezialisten an einer Verbesserung der Wasserversorgungsanlagen. Bergrat Dr. Paul Range war mit einem türkischen Arbeitsbataillon im Operationsgebiet tätig, während der deutsche Baurat Dr. Schumacher den Ausbau im Etappengebiet vornahm. Kreß setzte auch einen Wünschelrutengänger ein, dessen Erfolgsquote allerdings gering blieb.[14] Palästinadeutsche unterstützten die Türken bei allen Arbeiten zur Verbesserung der Infrastruktur. Aber nicht nur Türken und Deutsche rüsteten zu einem neuen Schlag. Auch die Briten hatten ihre passive Rolle der bloßen Verteidigung des Kanals inzwischen aufgegeben, nachdem Lord Kitchener bei einem Besuch in Ägypten im Winter 1915 mokant bemerkt hatte, daß »die Truppen den Kanal verteidigen sollen und nicht der Kanal die Truppen«.[15] Die Verteidigungsanlagen wurden daraufhin nach vorn in die Wüste verlegt. Im Februar 1916 machte der neue Oberbefehlshaber in Ägypten, Sir Archibald Murray, den für die Mittelmächte folgenschweren Vorschlag, ganz zur Offensive überzugehen. Er sprach sich für einen Vorstoß entlang der klassischen Küstenroute auf El Arisch aus, zumal diese Aktion weniger Personal beanspruchte als die Sicherung der gesamten Kanalzone.[16] Das Vorgehen sollte systematisch erfolgen und Hand in Hand gehen mit dem Bau einer Vollbahn und einer Wasserpipeline entlang der Küste. Bald arbeiteten 50 000 Ägypter des Egyptian Labour Corps an der Verwirklichung des ehrgeizigen Plans. In Ägypten befand sich nach Ende des Gallipolifeldzuges ein erhebliches alliiertes Truppenkontingent, das auf 400 000 Mann geschätzt wurde.[17]

Zum ersten großen Gefecht des Jahres 1916 kam es Ostern bei der Oase Katia. Kreß unternahm mit etwa 1600 Mann und 800 Tieren einen überraschenden Vorstoß von El Arisch über Bir el Abd auf die feindlichen Stellungen bei Katia. Ein englisches Kavallerieregiment wurde völlig überrascht und aufgerieben. Die Türken nahmen 23 Offiziere und 257 Soldaten gefangen. Die eigenen Verluste betrugen 36 Tote und 48 Verwundete. Unterstützt worden war Kreß bei seinem Raid von zwei Flugzeugen der Fliegerabteilung 300, die am 22. April zum ersten Mal über Port Said erschienen und dort Bomben abwarfen.

Im Juli war die gesamte Fliegerabteilung 300 mit 14 Rumpler CI Maschinen in Palästina eingetroffen. Geführt wurde sie zuerst von Hauptmann Heemskerck, dann von Hauptmann Hellmuth Felmy. Als Einsatzflughafen diente vorerst El Arisch, vorderster Landeplatz war Bir el Abd in der Wüste. Ende Juli verzeichneten die Engländer verstärkte Aktivitäten der deutschen Flieger. Bomben fielen auf Port Said, El Kantara, Kairo und britische Militäreinrichtungen

> RUMPLER CI
> Mehrzweck-Aufklärer, Doppeldecker
> Einsatzzeitraum: 1915–Februar 1918
> Besatzung: 2 Mann
> 160 PS Mercedes-DIII-Reihenmotor
> Spannweite: 12,15 m
> Länge: 7,85 m
> Fluggewicht: 1330 kg
> Höchstgeschwindigkeit: 152 km
> Steigfähigkeit: 3000 m in 25 Minuten
> Dienstgipfelhöhe: 5050 m
> Flugdauer: 4 Stunden
> Bewaffnung: 1 bewegliches Parabellum MG,
> 1 starres Spandau MG (Pilot)
> Bombenzuladung: maximal 100 kg

in der Wüste. Das erste feindliche Flugzeug schoß Leutnant Henkel ab. Das offizielle Geschichtswerk über Australien im 1. Weltkrieg wirft den deutschen Piloten allerdings mangelnde Initiative und wenig ausgeprägten Kampfgeist vor.[18] Die Temperaturen waren aber auch kaum geeignet, den Angriffsgeist der frisch aus der Heimat eingetroffenen Flieger zu beflügeln. So schrieb Leutnant Hans Henkelburg:[19]

»Bis zu 60 Grad im Schatten zeigt das Thermometer an Sirokkotagen an und sinkt auch nachts selten unter 25–30 Grad. Dabei sieht der Himmel tagsüber gelblich bis bleifarben aus und die dunstigtrübe Luft hängt voller Staub und Sand ... Trotz aller künstlichen Erleichterungen – wir erschienen beispielsweise auch zum Mittagessen nur noch im Schlafanzug – beschlich uns langsam eine schwere Mattigkeit. Auch Atem- und Herzbeschwerden stellten sich ein, verbunden mit einem unüberwindlichen Widerwillen gegenüber jeder körperlichen Tätigkeit. Meist saß man stundenlang an irgendeinem Platz und trank ein Glas Wüstentee nach dem anderen, um die starke Verdunstung einigermaßen auszugleichen.«

Geschadet hat den Deutschen die zurückhaltende Kampfweise – unterstellt man die Richtigkeit der australischen Angaben – nicht. Sie besaßen bis Herbst 1917 die Luftherrschaft und die Abteilung 300 verlor von Ostern 1916 bis September 1917 kein Flugzeug im Luftkampf, schoß aber 16 Briten bzw. Australier ab oder zwang sie zur Landung.[20]

Das bereits mehrfach verschobene Kanalunternehmen hatte mittlerweile mit neuen Schwierigkeiten zu kämpfen. Nicht nur die Lebensmittelvorräte gingen zur Neige, im Hedschas war den Mittelmächten auch ein neuer Feind enstanden, als der Scherif von Mekka, Emir Hussein, sich im Juni vom Sultan lossagte. Englisches Gold, eine korrupte und unfähige türkische Verwaltung, die drückende Steuerlast für die Araber und mangelndes Verständnis Konstantinopels für ihre Autonomiewünsche hatten die meisten Hedschasstämme ins Lager der Entente geführt. Djemal Pascha engagierte sich nicht mehr mit vollem Einsatz für die Expedition. Für ihn stand jetzt die Bekämpfung des arabischen Aufstandes im Vordergrund der militärisch-politischen Notwendigkeiten. Gleichwohl brach das Expeditionskorps Mitte Juli mit 16 000 Mann, 5000 Kamelen und 1750 Pferden zu dem Marsch zum Suezkanal auf. Das deutsche Korps Pascha I beteiligte sich bis auf die Minenwerferkompanien, die Fernsprechabteilung und die 21 cm Mörserbatterien an dem Vorstoß, ebenso die beiden k.u.k. Batterien. Im Gegensatz zu ihren türkischen Kameraden waren die Deutschen im Aufstellungsraum ausreichend und abwechslungsreich verpflegt worden. Hammel mit Reis und frische Datteln, Rindfleisch mit Linsen oder Graupen und Aprikosen standen auf dem Speiseplan. Zu trinken gab es unter anderem Kakao und fast jeden Tag eine halbe Flasche Rotwein.[21] Auf dem Vormarsch mußte man auf solchen Luxus allerdings verzichten. Das Operationsziel sah vor, östlich von Kantara eine befestigte Stellung zu beziehen und den Kanal unter Beschuß zu nehmen, so daß der Schiffsverkehr zum Erliegen kommen mußte. Für die vorgehende Truppe waren 240 Brunnen angelegt worden. Am 4. August befand sich Kreß vor der britischen Hauptstellung von Bir Romani. Die deutsch-türkischen Verbände gingen zum Angriff gegen die vorderste Linie und zu einem Flankenangriff im Süden über. Aber der Frontalangriff lief sich fest und neuseeländische und australische Kavallerie brachte am Südflügel die osmanischen Verbände in Bedrängnis. Kreß hatte seinen Leuten, die bei der glühenden Hitze eines Hochsommertages durch knietiefen Wüstensand angreifen mußten, zuviel zugemutet. Als die Briten 500 Türken gefangennahmen, die seit 36 Stunden ohne Verpflegung waren und eine Gebirgsbatterie erbeuteten, brach der deutsche Kommandeur das Gefecht ab und befahl den Rückzug. Wie bei dem ersten Kanalunternehmen erreichte der Befehl nicht alle Truppen, so daß die Engländer weitere 850 Gefangene, Teile des IR. 32 und die MG-Kompanie 605 – eine der deutsch-türkischen Kompanien – einbringen konnten. Am 14. August traf das Expeditionskorps wieder in El Arisch ein. Es hatte schwere Verluste, mindestens 4000 Mann, hinnehmen müssen.[22] Die zurückgekommenen deutschen Mannschaften waren größtenteils am Ende ihrer Kraft. Der lange Marsch durch den Wüstensand, Hitze und mangelnde Flüssigkeitszufuhr hatten besonders die Angehörigen der deutsch-türkischen MG-Kompanien mitgenommen, die völlig erschöpft waren. So wiesen von 140 Mann der MG-Kompanien 601–608 im August 1916 20 objektive Herzstörungen auf.[23]

Die britischen Verluste lagen bei 1130 Mann. Von nun an war das Gesetz des Handelns auf die Entente übergegangen, die die Eisenbahnlinie und das Wasserversorgungssystem kontinuierlich weiter nach Westen ausbaute. Die britische Bahn schob sich im August bereits bis Romani vor. Mitte Dezember erreichte sie Bir Mezar. Zwar wehrte am 17. September die bei Bir Mezar eingesetzte Nachhut des Expeditionskorps einen starken feindlichen Angriff ab, aber die Türken mußten ihre Positionen in der Wüste nach und nach aufgeben. Als die englische Vollbahn Mitte Dezember nur noch 20 km von El Arisch entfernt war, ließ Kreß die Stadt räumen und die Truppen nach Magdebe zurücknehmen. Die dortige Garnison wurde jedoch am 23. Dezember von überlegenen feindlichen Verbänden, darunter dem Imperial Camel Corps, eingeschlossen und kapitulierte nach kurzer Gegenwehr. Wieder hatten die Türken 1000 Mann eingebüßt. Sie räumten daraufhin den Rest des noch gehaltenen ägyptischen Gebietes. Auch das Jahr 1917 begann wenig verheißungsvoll, denn Empire-Truppen hoben am 9. Januar die Garnison von Tell Refah aus und machten 1200 Gefangenen. Die türkischen Soldaten waren schlecht verpflegt und am Ende ihrer Kraft. Im Hinterland wütete eine Hungersnot, der allein im Libanon bis Oktober 1916 60 000 Menschen zum Opfer gefallen waren. Der türkische Infanterist aß Gras, um zu überleben. Bei der Sektion verhungerter Soldaten fanden sich ungemahlene Getreidekörner, die aus dem Tierfutter stammten. Kreß telegraphierte an Djemal Pascha: »Militärisch kann ich auch jetzt noch einstehen. Aber gebt uns zu essen.«[24] Theodor

Wiegand schrieb am 14. Februar 1917 aus Damaskus an seine Frau:[25]

>»Die Leute ergeben sich mit leerem Magen, schlechten Kleidern, ohne Geld und mit türkischen Offizieren, die kein Arabisch lernen wollen, weil sie die Araber verachten. Wie mag das ermunternd auf die englische Seite wirken. Jetzt ist viel neues türkisches Militär gekommen, gute Kavallerie, tadellose Artillerie mit glänzender Ausrüstung. Alles reichlich spät!«

Im März mußte Kreß auch die Schellale-Stellung aufgeben, weil er nicht genügend Reserven besaß, um einen befürchteten Kavallerievorstoß in die Flanke abzuwehren. Eine neue Verteidigungsstellung wurde in der Linie Gaza-Tel Scheriah-Birseba eingenommen. Im gleichen Monat traf der Vizegeneralissimus Enver Pascha an der Front ein. Er versprach eine Verstärkung der Palästina-Truppen. Eine Konsolidierung hätte aber nur erreicht werden können, wenn die Türkei den Hedschas geräumt hätte, wo osmanische Einheiten noch immer Medina gegen die arabischen Insurgenten hielten. Aus innenpolitischen Gründen konnte sich der türkische Ministerrat aber bis Kriegsende nicht zu einer Aufgabe des Hedschas durchringen.

VI. Der Kampf um die Dardanellen

Dardanellen und Bosporus bilden die einzige Verbindung zwischen dem Schwarzen Meer und dem Mittelmeer. Die Dardanellen, die Meerenge zwischen Ägäis und Marmarameer, sind rund 33 sm lang und im Durchschnitt 2 sm breit. An der schmalsten Stelle, bei Chanak, verengen sie sich auf 1300 m. Die Wassertiefe schwankt zwischen 45 und 100 m. Die strategische wie auch verkehrs- und wirtschaftspolitische Bedeutung der Meerengen hatte die Türkei bewogen, die beiden Ufer – in Kleinasien und auf der Halbinsel Gallipoli – durch Küstenbatterien und Küstenforts zu befestigen. Bis September 1914 floß durch die Wasserstraße die Ein- und Ausfuhr Südrußlands. Nach der Sperrung der Dardanellen durch die Pforte war nicht nur die zaristische Wirtschaft abgedrosselt worden, auch die Versorgung Petersburgs durch London und Paris mußte nun über Wladiwostok, Archangelsk oder über Persien erfolgen und litt an den wenig leistungsfähigen Verbindungen. Für die Türkei war die Herrschaft über die Meerengen die Voraussetzung für die Sicherung der Hauptstadt, in der alle Lebensnerven des Reiches zusammenliefen.

Die Meerengenverteidigung wurde im September 1914 Admiral von Usedom und seinem Sonderkommando übertragen. Mannschaften seiner Matrosen-Artillerie-Abteilungen bildeten eine Lehrbatterie und übernahmen die Forts Hamidie und Orhanie auf dem asiatischen Ufer. Die Verteidigungsanlagen, zumeist veraltet und nicht auf dem neuesten Stand, waren in mehreren Linien gestaffelt, beginnend mit vier Außenforts am Eingang der Dardanellen. Die meisten Forts lagen an der Enge bei Chanak.[1] Insgesamt verfügten die Festungen über 101 Geschütze, die allerdings nur wenig Munition besaßen. Die 56 kurzen schweren Kanonen hatten außerdem nur eine Schußweite von 7000 m. Die Feuerkraft der Meerengenverteidigung wurde erhöht, nachdem deutsche Artillerie eintraf: ein schweres Haubitz-Bataillon (Hauptmann Wilhelmi) und das schwere Feldhaubitz-Regiment Nr. 8 unter Oberstleutnant Wehrle. Am 18. März 1915 beliefen sich die Geschütze der Verteidiger schließlich auf 220 Kanonen, Mörser und Feldhaubitzen. Auch die Minenfelder in der Meerenge waren zwischenzeitlich trotz Materialmangels verstärkt worden.

Die Furcht vor einem alliierten Angriff, die Türken und Deutsche zu einem Ausbau der Dardanellenbefestigungen trieb, war nur zu berechtigt. Bereits am 1.11.1914 hatte der Erste Lord der Admiralität, Winston Churchill, der Flotte befohlen, die Außenforts zu beschießen. Die Aktion fand zwei Tage später statt und dauerte nur 20 Minuten. Auch in der Folgezeit war Churchill einer der energischsten Befürworter eines Angriffs auf die Meerengen. Da Kriegsminister Lord Kitchener für diese Aktion vorerst keine Landstreitkräfte zur Verfügung stellen wollte, verrannte sich Churchill in die Idee, eine solche Offensive sei allein mit Kriegsschiffen möglich. Eine Forcierung der Dardanellen verband er mit der naiven Hoffnung einer Kapitulation der türkischen Regierung in Konstantinopel und des Kriegseintritts der Balkanstaaten auf seiten der Entente. Bedenken wischte der kühne Seelord vom Tisch. Die türkische mobile Feldartillerie etwa sei – so Churchill – »nur eine Unbequemlichkeit« für die Royal Navy.[2] London verstärkte die Vorbereitungen für eine Dardanellenaktion, nachdem Rußland unter dem vorübergehenden Eindruck einer türkischen Bedrohung an der Kaukasusfront[3] Anfang Januar 1915 um eine britische Entlastungsdemonstration ersuchte. Der englische Kriegsrat (War Council) beschloß am 13. Januar, die Admiralität solle »Vorbereitungen treffen für ein Flottenunternehmen im Februar, um mit Konstantinopel als Endziel die Halbinsel Gallipoli zu beschießen und einzunehmen.«[4] Die endgültige Entscheidung für diese Aktion fiel am 28. Januar.

Die Alliierten stellten eine imposante Streitmacht für die Operation zusammen.[5] Der Flottenverband bestand aus 13 englischen Linienschiffen, 1 Schlachtkreuzer, 4 kleinen Kreuzern, 16 Zerstörern sowie 21 Minensuchern und 6 U-Booten. Die Franzosen stellten vier Linienschiffe und 21 kleinere Einheiten. Als Stützpunkt diente die griechische Insel Lemnos. Am 19. Februar begann der Angriff auf die vier Außenforts. Die alliierten Schiffe überschütteten die Festungen mit 800 bis 1000 Granaten, aber die Verluste auf deutsch-türkischer Seite waren nur sehr gering. Am 25. Februar wiederholte die Flotte die Beschießung. Diesmal hatten die Angreifer Erfolg. Fast alle Kanonen der veralteten Werke wurden außer Gefecht gesetzt. Die Türken räumten die vier Forts, da sie annahmen, der Gegner würde ihnen keine Zeit zur Instandsetzung lassen. Der alliierte Flottenbefehlshaber Admiral Carden, der später durch Vizeadmiral John de Robeck ersetzt wurde, beabsichtigte nun, die weiteren Befestigungsanlagen methodisch und systematisch niederzukämpfen. In der nächsten Phase, vom 26. Februar bis 4. März, versuchten die Schiffe der Entente, das Fort Dardanos, das innerhalb der Meerenge die asiatische Küste schützte, auszuschalten. Der Flottenangriff blieb ohne positives Resultat, denn die Verteidigungsanlagen wurden nicht ernsthaft getroffen oder beschädigt. Die türkischen Artilleristen harrten aus. Der amerikanische Botschafter Morgenthau besuchte eine ihr Stellungen:[6]

»Alles lief schnell und flink ab; die Deutschen waren offensichtlich hervorragende Instrukteure gewesen; aber das war noch mehr als nur deutsche militärische Präzision, denn das Gesicht der Männer erleuchtete der [religiöse] Fanatismus, der die Moral des türkischen Soldaten stärkt ...«

Kleinere alliierte Landungsunternehmen, die zum Ziel hatten, die noch intakten Geschütze der Außenforts zu zerstören, schlugen die Türken zum Teil zurück. In der dritten Phase, vom 5. bis 17. März, nahmen sich die Kriegsschiffe die Forts bei Kilid Bahr an der engsten Stelle der Dardanellen vor. Ihr Feuer war ungenau und die Beschädigungen und Verluste auf türkischer Seite hielten sich in Grenzen. Auch das mit Nachdruck betriebene Minenräumen beseitigte die Gefahr für die angreifenden alliierten Einheiten nicht, wie sich schon bald zeigen sollte.

Am 18. März setzten die Alliierten alles auf eine Karte.[7] Beteiligt waren auf britischer Seite fünf Linienschiffe und ein Schlachtkreuzer. Die Franzosen traten mit vier weiteren Linienschiffen an. Nach vier Stunden sollte der französische Verband durch britische Linienschiffe abgelöst werden. Auch ein Austausch von zwei alten englischen Kriegsschiffen war vorgesehen. De Robecks Plan sah vor, nach zwei Stunden massiven Artillerieeinsatzes die Forts so weit ausgeschaltet zu haben, daß eine Lücke in den Minensperren geschaffen und der Vorstoß ins Marmarameer angetreten werden konnte. Um 10.30 Uhr drangen die Schiffe in die Meerengen ein. Eine Stunde später begann die Beschießung der Festungsanlagen bei Kilid Bahr. Aber die türkische Artillerie konnte nicht zum Schweigen gebracht werden. Gegen 15.00 Uhr kenterte das französische Linienschiff *Bouvet* nach einer Explosion und nahm 600 Mann mit in die Tiefe. Höchstwahrscheinlich fiel das 1896 vom Stapel gelaufene Schiff einer Mine zum Opfer. Etwa um 17.00 Uhr lief der Schlachtkreuzer *Inflexible* auf eine Mine und mußte bei Tenedos auf den Strand gesetzt werden. Auch *Irresistible*, das zu den ablösenden Schiffen gehörte, erhielt einen Minentreffer und sank am Abend. De Robeck brach das verlustreiche Gefecht um 17.50 Uhr ab und befahl den Rückzug. Keine halbe Stunde später gab es eine Minenexplosion am Rumpf des britischen Linienschiffs *Ocean*, das in der Nacht unterging. Da auch die französischen Schiffe *Galois* und *Suffren* schwer beschädigt worden waren, hatten die Angreifer ein Drittel der eingesetzten Streitkräfte eingebüßt. Auf deutsch-türkischer Seite waren die Personalverluste in den Festungen demgegenüber verhältnismäßig gering: 24 Mann, darunter drei Deutsche, fielen; 79 Offiziere und Soldaten, unter ihnen 19 Deutsche, wurden verletzt. Von 176 Geschützen der Mittelmächte, die etwa 2000 Granaten verfeuert hatten, waren sogar nur 8 getroffen worden.

Nach dieser Niederlage mußten die Alliierten ihre Taktik ändern. Die Prognose, die Helmuth von Moltke bereits 1836 gemacht hatte, war durch die Ereignisse blutig bestätigt worden:[8]

> »Wenn das Artilleriematerial in den Dardanellen geordnet sein wird, so glaube ich nicht, daß irgendeine feindliche Flotte der Welt es wagen dürfte, die Straße hinauf zu segeln; man müßte immer genötigt sein, Truppen zu debarkieren und die Batterien in der Kehle anzugreifen.«

Bereits vor dem gescheiterten Flottendurchbruch hatte die Entente Truppen auf Lemnos konzentriert. Am 20. Februar informierte Churchill Kriegsminister Lord Kitchener, man benötigte 50 000 Mann in der Ägäis, »entweder, um die Halbinsel Gallipoli nach ihrer Räumung zu nehmen, oder Konstantinopel zu besetzen, wenn dort eine Revolution stattfindet.«[9] Dies war irreales Wunschdenken, denn gebraucht wurden keine Garnisonstruppen, sondern Frontverbände. Ende März fiel schließlich die Entscheidung zugunsten einer amphibischen Operation. Die Armee sollte die Landung versuchen und die Marine Feuerschutz geben. Die Mediterranean Expeditionary Force unter General Sir Ian Hamilton entstand. Sie umfaßte schließlich 80 000 Mann: 50 000 Briten, Inder, Australier und Neuseeländer sowie ein 30 000 Mann starkes französisches Korps (Corps expéditionnaire d'Orient) unter General d'Amade, den später General Gouraud ablöste. Die Moral der alliierten Soldaten war hoch. Für viele schien die Türkei ein Traumland, ein Märchenland, ein Land, in dem man andere tötete, ohne selbst getötet werden zu können. Der französische Schriftsteller Pierre Drieu la Rochelle (1893–1945), der im Rahmen des 176. Infanterieregiments auf Gallipoli kämpfte, berichtet in seiner Novelle *Le voyage des Dardanelles*: »Die Türken schienen uns malerische, entspannende Gegner zu sein – und durchlässige.«[10] Auch britische Soldaten waren beflügelt von romantischen und schwärmerischen Vorstellungen.[11] Das große Abenteuer lockte. Man glaubte an einen schnellen und glorreichen Sieg.

Die Türken trafen ihre Vorbereitungen zur Abwehr der Invasion. Vizegeneralissimus Enver Pascha faßte für die Dardanellenverteidigung 6 Divisionen (die 3., 5., 7., 9., 11. und 19. ID.) und die verstärkte 1. Kavallerie-Brigade zur 5. Armee zusammen und übertrug den Oberbefehl am 24. März Liman von Sanders. Der deutsche General ging vom Prinzip der starren Küstenverteidigung ab. Er reduzierte die vorderste Linie auf einen dünnen Sicherungsschleier und bildete aus seinen 60 000 Soldaten drei Einsatzgruppen, die er so verteilte, daß sie angegriffene Frontabschnitte in kürzester Zeit erreichen konnten. 2 Divisionen standen am asiatischen Ufer, zwei weitere am Sarosgolf, die restlichen im Südteil der Halbinsel bzw. bei Maidos. Liman intensivierte die Ausbildung der Verbände der 5. Armee, ließ Verteidigungsstellungen und Unterstände an den potentiell gefährdeten Küstenpunkten anlegen und die Wegeverbindungen auf der etwa 80 km langen Halbinsel Gallipoli verbessern, die gekennzeichnet ist

»durch ein ödes, karstähnliches Bergland, unfruchtbar, zerrissen, zerklüftet, mit schroffen Schluchten, steilen Felsen, felsigem Geröll, das bis über 300 m ansteigt und mit steilen Hängen nach der Küste abfällt.«[12]

Viel Zeit blieb den Verteidigern nicht. Der Angriff des Expeditionskorps, das von 200 Kriegs- und Handelsschiffen geschützt und transportiert wurde, erfolgte am 25. April. Die erste Landung fand im Morgengrauen ohne Artillerieunterstützung bei Ari Burnu (Bienenkap) an der Nordseite der Halbinsel statt. Hier waren ANZAC-Truppen (Australian and New Zealand Army Corps) eingesetzt, von denen sich bis 6.00 Uhr schon 4000 Mann an Land befanden. Nur zwei türkische Kompanien verteidigten den Abschnitt. Oberstleutnant Mustafa Kemal, der spätere türkische Staatspräsident, übrigens durchaus kein Befürworter der deutsch-türkischen Allianz[13], rettete die Situation. An der Spitze des 57. Regiments trat er zum Gegenangriff an. Unterwegs traf er auf zurückflutende türkische Soldaten, die ihm mitteilten, sie hätten keine Munition mehr. »Wenn ihr keine Munition mehr habt, so habt ihr noch eure Bajonette«[14] war die kühle Antwort des Divisionskommandeurs. Mit dem Blut seiner Soldaten ging er nicht sparsam um: »Ich befehle euch nicht anzugreifen, sondern ich befehle euch zu sterben. In der Zeit, bis wir sterben, können andere Streitkräfte unseren Platz einnehmen.«[15] Der Feind wurde zurückgedrängt, 2000 tote und verwundete alliierte Soldaten säumten den Strand. Der örtliche Befehlshaber der Angriffsstreitkräfte wollte den Rückzug antreten, aber General Hamilton verbot jede Evakuierung. Am Abend bildeten sich zwei Frontlinien heraus. »Auf beiden Seiten schwerste Verluste, Erschöpfung, heilloses Durcheinander.«[16]

Der Hauptstoß der Entente traf die Südspitze der Halbinsel bei Kap Helles. Hier ging nach heftiger Artillerievorbereitung die englische 29. Division an Land, der die Royal Naval Division und eine französische Division folgen sollten. In insgesamt fünf Landungszonen setzten sich die Alliierten fest (von den Briten als Zone S, V, W, X und Y bezeichnet). An zwei Abschnitten kam es zu äußerst blutigen Kämpfen. Bis zum Abend verlor die 29. Division von 9000 Mann ein Drittel durch Tod oder Verwundung. Besonders verlustreich waren die Kämpfe im Raum Sedd-ül-Bahr (das Schloß am Meeresdamm), die 48 Stunden mit äußerster Heftigkeit andauerten. Die Regimenter 25 und 26 der 9. osmanischen Division hatten 2000 Mann Ausfälle und mußten sich am Abend des 26. April zurückziehen. Am gleichen Tag räumte die MEF den Abschnitt Y. Kämpfe fanden auch auf dem asiatischen Ufer statt, wo bei Kum Kaleh (Sandschloß) 3000 Franzosen anlandeten. Bereits in der Nacht vom 26. auf den 27. April schifften sie sich wieder ein. Sie hatten Verluste von über 600 Mann erlitten, aber sie nahmen 500 türkische Gefangene mit auf die Schiffe.

Es mußte nun von türkischer Seite alles getan werden, um die Entente-Truppen, die an zwei verschiedenen Stellen der Halbinsel Fuß gefaßt hatten, wieder ins Meer zu werfen, ehe sie ihre Positionen konsolidieren und die beherrschenden Höhen einnehmen konnten. Wegen der geringen eigenen Kräfte war es aber unmöglich, an beiden Fronten gleichzeitig offensiv zu werden. Liman beschloß den Angriff bei Sedd-ül-Bahr im Süden, wo der Feind 5 km Boden gewonnen hatte, während der bei Ari Burnu nur 1200 m vorangekommen war. Aber zuerst stürmten die Alliierten. Am 28. April versuchte die MEF, mit 14 000 Mann den Ort Krithia im Inneren der Halbinsel *coute que coute* einzunehmen. Der Angriff erreichte sein Ziel nicht und Hamiltons Verlustliste verlängerte sich um 3000 Namen. In der Nacht vom 1. auf den 2. Mai wurden dann die Türken offensiv. Rund 18 000 Mann, darunter die 11. Division, die vom asiatischen Ufer herangezogen worden war, standen bereit. Oberstleutnant von Sodenstern führte die Angriffstruppen. In drei aufeinanderfolgenden Nächten stürmten die osmanischen Soldaten mit verzweifelter Tapferkeit in ein verheerendes Feuer des Gegners, ohne einen entscheidenden Durchbruch erzielen zu können. Dann war ihr Elan gebrochen. Allein die aus Konstantinopel herbeigeeilte 15. Division verlor 4000 Mann. Die Franzosen, die zum Teil fluchtartig ihre Gräben verlassen hatten, büßten nahezu die Hälfte ihres Personalbestandes ein.

Vom 6. bis 8. Mai kam es zu einer erneuten Offensive der MEF und zur zweiten Schlacht um Krithia. Inzwischen hatte Oberst Weber anstelle des verletzten Oberstleutnants von Sodenstern die Südgruppe übernommen. Die Alliierten gewannen 500 m Gelände um einen Preis von 6000 Mann, das war ein Drittel der eingesetzten Effektivstärke. Auch bei Ari Burnu hatten zwischenzeitlich heftige Kämpfe stattgefunden. Ein türkischer Angriff am 1. Mai, durchgeführt von der 19. und 5. Division, war nicht durchgedrungen. Ein englischer Offizier der 1st Royal Munster Fusiliers gab folgendes Bild der Schlacht:[17]

»Der Angriff dauerte von 10.30 Uhr bis zur Dämmerung. Die Türken griffen wieder und wieder an und riefen: Allah! Allah! ... Wir mähten sie nieder und nur einmal kamen sie uns so nahe, daß wir in der Lage waren, sie mit dem Bajonett zu bekämpfen. Als der Morgen heraufdämmerte, sahen wir, wie sie sich zu Hunderten zurückzogen und mähten sie einfach nieder. Wir nahmen 300 gefangen und hätten 3000 Gefangene machen können, aber wir zogen es vor, sie zu erschießen.«

Ein Offensivversuch der ANZAC-Verbände in der Nacht vom 2. auf den 3. Mai scheiterte ebenfalls. Die Truppen beider Seiten waren erschöpft, zusammengeschmolzen und am Ende ihrer physischen und moralischen Kraft. In den fünf Wochen nach der Landung hatten die Alliierten 60 000 Mann Ausfälle, die Engländer und Dominion-Einheiten beklagten allein 40 000 Verwundete und Tote.[18] Pierre Drieu la Rochelle schrieb später:[19]

>»Konstantinopel ist zum Teufel und seitdem wir gelandet sind, wissen wir sehr gut, daß wir dort niemals ankommen werden. Wir werden nirgendwo mehr ankommen.«

Die Soldaten gruben sich ein. Weitverzweigte Grabensysteme und Unterstände entstanden, der Bewegungskrieg ging in den Stellungskrieg über, eine Phase, die bis Anfang August dauerte. In dieser Zeit spielten die Alliierten ihre gewaltige artilleristische Überlegenheit aus. Die osmanische 5. Armee konnte nur verhalten antworten. Zum Teil verschoß die türkische Artillerie Manövermunition, um der eigenen Infanterie wenigstens die Illusion einer Unterstützung zu geben. Aus dem Armeemuseum in Kostantinopel schaffte man 100 Jahre alte Möser herbei, Ungetüme, die den Türken mehr zu schaffen machten, als den Alliierten. Daß überhaupt noch Munition verfügbar war, verdankte die Front dem deutschen Kapitän zur See Pieper, der in der Nähe Konstantinopels eine mit bescheidenen Mitteln arbeitende Munitionsfabrik aus dem Boden stampfte. Engländer, Franzosen, Australier, Neuseeländer und Inder waren den Türken in allen Belangen der Ausrüstung und Verpflegung überlegen. Der osmanische Hauptnachschub lief über das Marmarameer und wurde dort durch feindliche U-Boote erheblich gestört. Was die Truppe an Nahrungsmitteln erhielt, reichte oft weder von der Qualität noch von der Menge her aus. Als Folge trat bei der türkischen Truppe Unterernährung auf. Der deutsche Pionierleutnant Vincenz Müller[20] berichtet über das Essen der türkischen Grabenkämpfer:[21]

>»Ihre tägliche Verpflegung bestand im allgemeinen aus grobem Maisbrot und einer Handvoll Oliven. Statt der wenigstens noch nahrhaften Oliven erhielten sie manchmal übelriechende kleine Fische, die in Kisten oder Fässern mit feuchtem feinen Sand konserviert waren.«

Der genügsame und bescheidene türkische Soldat verwendete Sandsäcke dazu, um seine schadhafte Uniform auszubessern. Er klagte nicht, stellte die Autorität seiner Vorgesetzten nicht in Frage und nötigte dem Gegner großen Respekt ab: »Die Türken ... waren zähe Kämpfer, verbissen und tapfer in der Verteidigung, wild und selbstmörderisch heldenhaft im Angriff« charakterisiert sie ein britischer Historiker.[22]

Einheiten der deutschen und türkischen Marine versuchten trotz der alliierten Überlegenheit, der bedrängten türkischen Infanterie auf Gallipoli Entlastung zu verschaffen.[23] Bereits am 30. April hatte das Torpedoboot *Sultan Hissar* Erfolg, als es das australische U-Boot AE 2 im Marmarameer zum Auftauchen zwang. Im Mai kam das Torpedoboot *Muavenet i Millije*[24] zum Schuß. Am 13. Mai entdeckte der deutsche Kommandant, Kapitänleutnant Firle, in der Morto-Bucht zwei vor Anker liegende Linienschiffe. Mit drei Torpedos versenkte er die 13 500 BRT große *Goliath*, über 600 britische Soldaten ertranken. Auch U 21 unter Kapitänleutnant Hersing pirschte in den vom Feind kontrollierten Gewässern.[25] Am 25. Mai torpedierte er bei Gaba Tepe die von Torpedonetzen gesicherte 12 000 BRT große *Triumph,* die in die Tiefe ging. Zwei Tage später fand er ein neues Opfer an der Südspitze der Halbinsel: das Linienschiff *Majestic,* das 15 150 BRT verdrängte.

Muavenet i Millije
Stapellauf: 1909
Bauwerft: Schichau, Elbing
Verdrängung: 620 BRT
Bewaffnung: 2–8,8 cm Geschütze;
3–45 Torpedorohre
Geschwindigkeit: 33,6 sm
Länge: 72,1 m
Besatzung: 3 Offiziere und 81 Unteroffiziere und Matrosen

Der Verlust dieser beiden Kriegsschiffe bewog die Alliierten, ihre Einheiten vorerst hinter die schützenden Netze der Basis auf den Inseln Lemnos und Imbros zurückzuziehen. Aber bereits Ende Juni hatten die britischen Schiffe ihre Positionen an den Dardanellen wieder eingenommen, nachdem die U-Bootsicherung verstärkt worden war. Anschließend gab es nur noch drei deutsche U-Booterfolge gegen die Invasionsflotte.

Zurück zur Landfront. Auch in der Periode des Stellungskrieges bemühten sich die Gegner, ihre jeweiligen Positionen zu verbessern. Am 19. Mai kam es zu einem Massenangriff bei Ari Burnu, an dem vier osmanische Divisionen mit 42 000 Mann teilnahmen. Der Sturmversuch scheiterte unter entsetzlichen Verlusten. Allein die 2. Division ließ 9000 Tote und Verwundete auf dem Schlachtfeld zurück. Liman hatte den taktischen Fehler begangen, an der gesamten Front anzugreifen, anstatt sich auf einen Angriffsschwerpunkt festzulegen. Im Anschluß an das Massaker vereinbarten die Gegner eine Feuerpause, um die im Niemandsland liegenden Leichen zu bestatten. Die Briten und Franzosen unternahmen an der Südspitze, bei Sedd-ül-Bahr am 4. (3. Schlacht um Krithia), 21. und 28. Juni sowie am 12. Juli erhebliche Anstrengungen, durchzubrechen, konnten die türkische Front aber nicht überwinden und nur geringe Geländegewinne verbuchen. Am 4. Juni bezahlten die Alliierten einen besonders hohen Preis für die Einnahme von 200 bis 450 m: 6500 Mann fielen oder wurden verwundet.[26] Paris und London konnten nicht zufrieden sein. Drei Monate nach der Landung hatte die MEF bei Ari Burnu nur einen Geländestreifen von 3 km Tiefe und 1,5 km Breite in Besitz, bei Kap Helles an der Südspitze hatten ihre Verbände nur 5 km zurücklegen können.[27] Churchill, den so viel Verantwortung für das Desaster trifft, hielt am 5. Juni allerdings eine Rede, in der er einen überwältigenden Sieg ankündigte:[28]

»Die Armee Sir Ian Hamiltons und die Flotte Admiral de Robecks trennen nur ein paar Meilen von einem Sieg, wie man ihn in diesem Krieg noch nicht erlebt hat. Ich spreche hier von einem Sieg, der die Zukunft der Nationen in andere Bahnen lenkt und die Dauer des Krieges verkürzt ... Es hat niemals eine Operation auf einem Nebenkriegsschauplatz gegeben, bei der die zu erringenden strategischen, politischen und wirtschaftlichen Vorteile besser übereinstimmten und die mit den auf den Hauptkriegsschauplätzen zu erringenden Entscheidungen besser abgestimmt gewesen wäre. Über die Meerengen der Dardanellen und die Hügel von Gallipoli hinweg führt einer der kürzesten Pfade zu einem triumphalen Frieden.«

Es war eine mit Engagement vorgetragene rhetorische Meisterleistung, die nur den einen Nachteil hatte, daß sie keinen Bezug zur Realität besaß.

Die Personalsituation der türkischen 5. Armee verbesserte sich dank herangeführter Reserven trotz der außergewöhnlich hohen Verluste. Im Juli verfügte sie etwa über 100 000 bis 120 000 Mann. Auch der geringe Anteil deutscher Offiziere und Soldaten auf dem Kriegsschauplatz nahm zu. Ende 1915 dienten dort etwa 500 Mann.[29] Im Juni war die einzige deutsche Verstärkungstruppe auf Gallipoli eingetroffen, eine Pionierkompanie, deren Personalstärke wegen Krankheit, Verwundung und Tod binnen kurzem auf 40 Köpfe zurückging. Auch die Mittelmeer-Division kam der Landfront zur Hilfe. Besatzungsangehörige von SMSS *Goeben* und *Breslau* bildeten eine Landungsabteilung. Sie befand sich Ende Juli mit 3 Offizieren, 150 Matrosen und 12 Maschinengewehren an der Nordfront im Einsatz.[30] Der Sommer setzte den Soldaten aller Nationalitäten sehr zu. Man litt »unter der furchtbaren Hitze, dem pestilenzialischen Geruch der unbestatteten Leichen, den Milliarden von Fliegen« und – insbesondere auf Seiten der Entente – »unter dem peinigenden Wassermangel ...«[31]

General Hamilton, der in den beiden bisherigen Landungsabschnitten auf Gallipoli nicht vorangekommen war, bereitete zwischenzeitlich eine neue Landung vor. Mit einer erneuten Invasion rechnete man auch in der osmanischen Hauptstadt. Gerüchte drangen zu Liman, daß in Konstantinopel bereits Fenster für den erwarteten Einzug der Alliierten vermietet würden. Liman konterte kühl, man möge ihm einen Fensterplatz reservieren.[32]

Die zweite amphibische Operation begann am 6. August. Am Abend dieses Tages landeten starke alliierte Verbände in der Suvla-Bucht nördlich von Ari Burnu. Die Lage war für die Verteidiger äußerst kritisch, denn nur 2000 Mann unter Major Willmer standen den Invasionsstreitkräften gegenüber. Im Hinterland befanden sich keine eigenen Truppen. Die Nord- und Südgruppe waren in schwere Abwehrkämpfe verwickelt und konnten kaum Reserven abgeben. Besonders heftig waren die Kämpfe am rechten türkischen Flügel bei Ari Burnu, wo MEF-Verbände nach Norden ausbrechen wollten, um sich mit den Einheiten in der Suvla-Bucht zu vereinigen. Wieder war es Mustafa Kemal, inzwischen Oberst und ab dem 8. August Befehlshaber der Nordgruppe, der entscheidend zur Stabilisierung der Lage beitrug. Er ließ von eineinhalb Bataillonen eine wichtige Höhenstellung besetzen.

Es kam zu viertägigen, erbitterten Kämpfen, bei denen die Höhen wiederholt den Besitzer wechselten. Die Schlacht kulminierte am 10. August, als Mustafa Kemal persönlich den entscheidenden Gegenangriff führte, mit dem die Türken die Höhenstellungen ein für allemal sicherten.

An der Suvla-Bucht hatte der Feind überraschenderweise keine Anstalten gemacht, energisch vorzugehen. Volle 48 Stunden standen den alliierten Verbänden keine nennenswerten türkischen Truppen gegenüber, aber sie nutzten diesen Vorteil nicht aus, sondern schienen sich sogar friedensmäßig einzurichten: »Die Strände sahen aus, als wären sie von Touristen bevölkert.«[33] Liman und Mustafa Kemal blieb daher Zeit, Reserven heranzuführen. Erst am Morgen des 9. August kam es zu größeren Kämpfen. Den alliierten Soldaten gelang es nicht, aus dem Suvla-Brückenkopf auszubrechen. Ihre Verluste waren schwer. Im Bereich von Ari Burnu und der Suvla-Bucht waren 50 000 Mann eingesetzt. Im Verlauf von nur drei Tagen entstanden 18 000 Mann Ausfälle.[34] Vom 6. bis zum 13. August mußten 22 000 Kranke und Verwundete von der Halbinsel evakuiert werden. Ähnlich sah es auf türkischer Seite aus. Zwischen dem 22. und dem 26. August ließ Liman 26 000 Verwundete abtransportieren, da die auf Gallipoli stationierten Lazarette zur Betreuung aller Opfer nicht ausreichten.

Der Monat August brachte der osmanischen Armee bei schwersten Verlusten einen vollen Abwehrerfolg an allen Fronten. Aber mittlerweile waren auch 22 Divisionen auf der Halbinsel konzentriert, also mehr als die Hälfte des gesamten türkischen Heeres. Es begann eine erneute Zeit des Stellungskrieges. Ab November tobten Herbststürme über die Halbinsel, der Winter setzte früh ein. Soldaten ertranken in ihren Schützengräben oder erfroren in ihren vereisten Stellungen. Im Bereich der Suvla-Bucht traten auf alliierter Seite 12 000 Fälle von Krankheiten und Erfrierungen auf, 3000 bei Ari Burnu und 1000 an der Südspitze. Zudem hatte sich die Lage für die Türkei erheblich verbessert, da Serbien nun niedergekämpft war und eine gesicherte Landverbindung zwischen Deutschland und dem Osmanischen Reich bestand. Werfen wir einen Blick auf die Entwicklungsgeschichte des Serbienfeldzuges:[35]

Anfang Mai 1915 unternahmen die Mittelmächte eine Entlastungsoffensive an der Ostfront im Raum Tarnow-Gorlice, die erfolgreich verlief. Reichskanzler von Bethmann Hollweg drängte nun bei Generalstabschef von Falkenhayn auf eine Aktion gegen Serbien, um die Verbindung zur Türkei herzustellen und die Position auf dem Balkan zu sichern. Falkenhayn machte die Operation gegen Serbien allerdings von einer Teilnahme Bulgariens abhängig, die im Mai noch nicht erreichbar war. Somit wurde die Offensive gegen Rußland fortgesetzt, der Feldzug gegen Serbien vertagt. Am 30. Juni meldete der deutsche Botschafter aus Konstantinopel, der Fall der Dardanellen sei unvermeidlich, wenn nicht umgehend Munition geliefert werden könne. Obwohl dieser Bericht einer realistischen Grundlage entbehrte, legte Bethman Hollweg dem Generalstabschef erneut ein Vorgehen gegen Serbien nahe. Für die Reichsleitung hatte die Niederwerfung Belgrads und die damit verbundene Sicherung der Dardanellen eine konkrete politische Funktion: Rußland, so hoffte man, würde Frieden schließen, wenn es einsehen mußte, daß die Meerengen unerreichbar waren. Ende Juli signalisierte Sofia Bereitschaft, sich an einem Angriff gegen Serbien zu beteiligen. Falkenhayn schwenkte nunmehr auf die Linie des Reichskanzlers ein und beschloß die Durchführung einer Offensive zur Öffnung des Balkanweges. Die Operationen begannen am 6. Oktober unter Beteiligung deutscher, bulgarischer und österreichisch-ungarischer Verbände. Bereits Anfang November waren die Ziele der Mittelmächte erreicht. Die serbische Armee war entscheidend geschlagen und der Landweg nach Konstantinopel offen.

Die Alliierten bereiteten sich darauf vor, die Halbinsel zu räumen, zumal die am 5. Oktober angelaufene Landung englischer und französischer Truppen in Saloniki Kräfte der Gallipolifront beanspruchte. General Hamilton wurde abberufen und durch General Munro ersetzt, weil er eine Evakuierung als »unthinkable« bezeichnete.[36] Selbst der britische Generalstab rechnete für den Fall einer Räumung mit 50000 Ausfällen. Der Evakuierungsbefehl erging am 7. Dezember. In der Nacht vom 19. auf den 20. Dezember verließen 83000 alliierte Soldaten heimlich den nördlichen Abschnitt von Ari Burnu und der Sulva-Bucht und schifften sich wieder ein. Die Beute der Türken war ungeheuer, aber der Gegner war entschlüpft. Zumindest bei Sedd-ül-Bahr wollte Liman den Feind nun am Abzug hindern. Aber das Expeditionskorps nützte eine der langen Januarnächte zur nahezu ungestörten Evakuierung. Vom 8. auf den 9. Januar räumten 35 000 Mann das mit Blut getränkte Schlachtfeld von Kap Helles.

Das Drama von Gallipoli war zu Ende, über der ganzen Halbinsel wehte nun wieder der türkische Halbmond. Aber Gallipoli war ein Leichenfeld. Die Höhe der Verluste (Verwundete, Kranke, Vermißte und Gefallene) spricht für sich:[37]

Türken:	251 000 Mann, darunter 68 000 Tote,
Deutsche:	120 Mann, darunter 40 Tote,
Briten und Inder:	120 000 Mann, darunter 28 000 Tote,
Franzosen:	47 000 Mann, davon 3700 Tote,
Australier:	27 000 Mann, davon 8700 Tote,
Neuseeländer:	7500 Mann, darunter 2700 Tote.

Die türkische Armee war nach der Schlacht von Gallipoli nicht mehr dieselbe. Aus dem Heer der Verwundeten kehrten nur rund 42 000 Soldaten in den aktiven Dienst zurück. Hans von Seeckt schrieb 1918, die osmanische Armee sei »letzten Endes erfolgreich, aber in Trümmern aus dem Dardanellenkampf« hervorgegangen.[38]

VII. Deutsche U-Boote greifen ein

Im Februar 1915 erhielten die Zentralmächte verstärkt Nachrichten über die Bildung alliierter Konvois im Mittelmeer. Zu Recht zog der deutsche Admiralstab hieraus den Schluß, daß die Entente einen Durchbruchsversuch durch die Dardanellen plante. Hier bot sich ein gutes Betätigungsfeld für U-Boote, aber die Türkei besaß keines und deutsche Boote operierten nicht im Mittelmeer. Admiral Souchon bat daher den österreichischen Flottenchef um die Entsendung von in der Adria stationierten k.u.k. Booten. Admiral Anton Haus lehnte jedoch ab, denn zum einen benötigte er seine wenigen Unterseeboote zur Verteidigung der Straße von Otranto und der Basen von Pola und Cattaro, zum anderen waren von den sieben österreichischen U-Booten nur zwei verwendungsfähig, die zudem noch über einen zu geringen Aktionsradius verfügten.[1] Auch der Ankauf österreichischer Boote durch die Türkei wurde von Wien verworfen. Admiral Souchon telegraphierte nunmehr am 1. März 1915 an den Admiralstab der Marine in Berlin: »Mitwirkung von U-Booten bei der Verteidigung der Dardanellen wäre sehr aussichtsreich und wertvoll.«[2] Der deutsche Botschafter in Konstantinopel und Enver Pascha drängten ebenso auf deutsche U-Bootunterstützung. Das Reichsmarineamt beschloß am 15. März, die kleinen Boote UB 7 und UB 8 (127 Tonnen) zu entsenden, die allerdings einen eingeschränkten Operationsradius besaßen und nur zwei Torpedos an Bord hatten. Während die kleinen Boote zerlegt mit der Bahn nach Istrien transportiert werden sollten, würde außerdem ein großes Boot auf dem Seeweg nach der Türkei durchbrechen. UB 8 (Oberleutnant von Voigt) rollte am 20. März ab, traf in Pola nach fünf Tagen ein, wurde zusammengebaut und ließ sich Anfang Mai von dem österreichischen Kreuzer *Novara* durch die Straße von Otranto ziehen. Am 17. Mai erreichte das Boot wohlbehalten Smyrna an der kleinasiatischen Küste. UB 7 (Oberleutnant zur See Werner) bekam ebenfalls k.u.k. Schützenhilfe. Der Zerstörer *Triglav* schleppte das Boot in der Nacht vom 15. auf den 16. Mai durch die 75 km breite Meeresstraße zwischen Apulien und Albanien. UB 7 machte anschließend erfolglos Jagd auf feindliche Schiffe und lief am 21. Juni im Goldenen Horn ein. UB 8 war nur wenig erfolgreicher, konnte aber am 30. Mai den britischen Dampfer *Merion* versenken. Auch die deutsche U-Bootwaffe beklagte im Mai einen Verlust. UB 3 war wie die anderen beiden Boote auf dem Schienenweg nach Pola befördert worden und hatte den Stützpunkt am 23. Mai verlassen. Mit österreichischer Unterstützung passierte UB 3 die Straße von Otranto. Dann blieb das Boot verschollen.

U 21

Stapellauf: Oktober 1913, Kaiserliche Werft Danzig
Wasserverdrängung: 650 Tonnen
Länge: 64,2 m
Geschwindigkeit unter Wasser: 9,6 sm
Geschwindigkeit über Wasser: 15,5 sm
Bewaffnung: 1 Geschütz 8,8 cm, 9 Torpedos,
 4 Torpedorohre, 1 MG
Besatzung: 4 Offiziere, 3 Decksoffiziere, 10 Unteroffiziere,
 19 Matrosen und Heizer

Daß UB 7 und UB 8 bei ihren ersten Einsätzen kaum ein feindliches Schiff gesichtet hatten, lag daran, daß die Alliierten ihre Dickschiffe nach den Erfolgen von U 21 (Kapitänleutnant Hersing) von der Dardanellenküste zurückgezogen hatten. U 21 war am 25. April, dem Tag der Landung bei Kap Helles und Ari Burnu, in Wilhelmshaven ausgelaufen. Frech marschierte Hersing bei hellem Tageslicht durch die Straße von Gibraltar und erreichte nach einer Fahrt von 4000 sm am 13. Mai Cattaro zur Brennstoffübernahme. Bei der Weiterfahrt nach Kleinasien stieß U 21 auf den russischen Kreuzer *Askold*, ließ diesen aber ungeschoren, um den Feind nicht zu früh auf die Anwesenheit eines großen deutschen U-Bootes aufmerksam zu machen. Am 25. Mai kam Hersing an der Invasionsfront bei Gaba Tepe zum Schuß: Er torpedierte das britische Linienschiff HMS *Triumph*.[3] Nach 12 Minuten war das englische 12000 Tonnen Schiff gekentert. In den Schützengräben hatten die Infanteristen beider Seiten den Untergang verfolgt. Das Schießen verstummte und die türkischen Soldaten brachen in Begeisterungsrufe aus. Zwei Tage später griff Hersing das 1895 vom Stapel gelaufene britische Linienschiff HMS *Majestic* an. Der an Bord des U-Bootes befindliche Marinearzt Dr. Olshausen hat den erfolgreichen Angriff beschrieben:[4]

»Am Morgen des 27.V.1915 wurde ich um 4 Uhr mit den Worten des Kommandanten geweckt: ›Vorderen Torpedo bewässern.‹ Ich jonglierte mich aus meiner Hängematte, die im Bugraum zwischen 2 Torpedos auf engstem Raume ausgespannt war, heraus und zog mich rasch an. Waschen war die ganze Reise aus Mangel an Wasser verboten, so daß ich fertig war, als die Antwort kam: ›Vorderer Torpedo ist bewässert.‹ Über uns keucht langsam ein Dampfer vorbei; es kommt Befehl, die Schleuse vom Torpedo zu schließen. Wir gehen auf Tiefe. Im Bugraum liegen 6 Mann, lesen oder räumen auf. Im Funkenraum wird angefragt, ob die Schraubengeräusche noch zu hören seien. Antwort: ›Ganz schwach‹. Fahren auf 17 m. Werden langsam achterlastig. Das Rattern der Geräusche der Schrauben des Steamers oben wird wieder lauter ...

Plötzlich kommt Befehl: Schleuse wieder auf. Auf 35 kg füllen. Winkeleinstellung 0%. Es ist 5 Uhr 32 morgens. Meldung: Erstes Rohr ist fertig! 5 Uhr 34 dann 35. Das Sehrohr wird ausgefahren. – Die Spannung wächst im Boot ganz momentan ungeheuer. Mein Puls 108 in der Minute, fliegende Atmung. Ich nehme die Uhr, um genau zu sehen, wie lange der Torpedo bis zur Detonation läuft. Denke gerade an die enorme Anforderung an die Nerven des Kommandanten und des anderen verantwortlichen Personals. Da plötzlich Kommando: ›Achtung-Fertig-Los!‹ 5 Uhr 37 morgens. 10 Sekunden verstreichen, 20–30–40 Sekunden, da erfolgt eine riesige Detonation. Ein Hurra dem Kommandanten! Er hat das Linienschiff auf 750 m abgeschossen.«

Am 29. Mai geriet U 21 bei der Insel Imbros in ein Netz, das das Boot mehrere Stunden mitschleppte, bis der kaltblütige Kommandant die eisernen Fangarme abschütteln konnte. Am 5. Juni, 40 Tage nach Verlassen des Heimathafens, lief U 21 unter dem Jubel der Bevölkerung in Konstantinopel ein. Kapitänleutnant Hersing erhielt die höchste Auszeichnung des Kaiserreichs, das Pour le Mérite, die Besatzung das Eiserne Kreuz erster Klasse.

Aber nicht nur die deutschen U-Bootfahrer waren aktiv. Britischen U-Booten gelang es immer wieder, ins Marmarameer vorzudringen und türkische Schiffe zu versenken, die Nachschub für die 5. osmanische Armee transportierten.

Zwischen dem 25. April 1915 und dem 3. Januar 1916 befand sich, mit Ausnahme des Zeitraums vom 8. bis 12 Juni, immer mindestens ein englisches Boot im Marmarameer.[5] Auch die Netzsperren an der Enge von Nagara konnten nicht verhindern, daß alliierte U-Boote den lebenswichtigen Nachschubverkehr erheblich behinderten. Britische Submarines (E 11 und E 7) drangen sogar bis in den Hafen von Konstantinopel vor, wo sie ihre Torpedos abschossen. E 11 wurde auch einem türkischen Dickschiff zum Verhängnis. Nach der alliierten Landung in der Suvla-Bucht sollte das 22 Jahre alte Linienschiff *Chaireddin Barbarossa* (ex *Kurfürst Friedrich Wilhelm*) den bedrängten Erdtruppen zur Hilfe kommen. Der Veteran lief mit ungenügendem Gleitschutz am Abend des 7. August 1915 aus und wurde im Morgengrauen des folgenden Tages von E 11 torpediert. Das türkische Schiff kenterte nach 7 Minuten, 253 Seeleute fanden den Tod. Die U-Bootgefahr war schließlich so groß, daß die türkischen Truppentransporte über das Marmarameer eingestellt werden mußten. Wenn die britischen U-Boote ihre Versenkungserfolge des Monats August hätten fortsetzen können, wäre die Widerstandskraft der 5. Armee gebrochen worden. General Liman von Sanders, Kommandeur der türkischen Dardanellenstreitkräfte, schrieb in seinen Erinnerungen, bei einer gänzlichen Unterbindung der Schiffstransporte »wäre die 5. Armee verhungert.«[6] Aber im September versenkten die Engländer kein Schiff. Zudem hatten die britischen und französischen Unterseeboote erhebliche Verluste. AE 2 ging bereits am 30. April verloren, E 7 geriet am 4. September in die Nagara-Netzsperre und sank, die Crew wurde von Türken gerettet. Am 30. Oktober brachte die türkische Marine das französische U-Boot *Turquoise* auf. Insgesamt verloren die Briten und Franzosen je vier Boote im Marmarameer oder bei dem Versuch, die Meerenge zu durchbrechen. Dem stehen Erfolge gegenüber, die in ihrer Höhe jedoch umstritten sind.[7] Nach deutschen Angaben versenkten die alliierten Boote 25 Dampfer mit zusammen 26 000 BRT, beschädigten 10 weitere Dampfer (27 000 BRT) schwer und zerstörten darüber hinaus noch zahlreiche Segler und Fischerboote mit einer Tonnage von rund 3000 BRT. Das letzte britische Boot im Maramarameer, E 2, wurde am 2. Januar 1916 zurückgerufen.

Nach der Versenkung der beiden Linienschiffe durch U 21 verstärkten die Alliierten ihre Sicherungsmaßnahmen, so daß die deutschen Boote nicht mehr zum Schuß gegen größere Einheiten kamen. Auf Hersings zweiter Mission die am 3. Juli 1915 begann, konnte er nur den französischen Dampfer *Carthage* (5275 BRT) versenken. Mit beschädigten Tauchtanks mußte das Boot anschließend für 6 Wochen ins Dock von Konstantinopel. Damit war das einzige große Boot im Mittelmeer ausgefallen. Souchon plädierte für eine erhebliche Verstärkung und die Einrichtung einer U-Bootflottille in Konstantinopel mit drei großen und vier kleinen Booten. Der Berliner Admiralstab entschied, zwei neue Unterseeboote zu entsenden: U 34 und U 35. Beide liefen am 4. August aus Helgoland aus. Von Pola kam weitere Verstärkung. UC 15 (Oberleutnant von Dewitz) verließ den k.u.k. Flottenstützpunkt am 7. Juli. Das Boot transportierte wichtige Versorgungsgüter für die Türkei und verfügte über keine Angriffswaffe. Am 15. Juli folgte UB 14 (Oberleutnant von Heimburg), am 17. August UC 13 (Oberleutnant Kirchner), das ebenfalls als Transporter ausgerüstet war. UB 14 gelang am 13. August ein erfolgreicher Angriff auf den 11 117 Tonnen großen Truppentransporter *Royal Edward*, der 900 alliierte Soldaten mit in die Tiefe nahm. Anfang September torpedierte von Heimburg den Transporter *Southland* (2091 BRT), der jedoch nicht sank.

Ende August schickte die deutsche Marine weitere U-Bootverstärkungen durch die Straße von Gibraltar: U 39 und U 33. Im September waren somit fünf große und acht schmale Boote an die Mittelmeerfront abgegeben worden. Eine weitere Verstärkung kam für den Moment nicht in Frage, wollte man nicht den Kampfraum in der Nordsee und im Baltischen Meer völlig vernachlässigen.[8] Bereits im September operierten U 34, U 35 und U 39 erfolgreich. Sie versenkten acht feindliche Schiffe, U 35 unter Kapitänleutnant Kophamel allein drei Schiffe mit 10 596 BRT. Der verstärkte Handelskrieg begann im Oktober 1915. U 33 und U 39 wilderten auf den Schiffahrtswegen der Ägäis. U 33 schickte dreizehn Dampfer (35 000 BRT) und U 39 acht Dampfer (27 000 BRT) auf den Grund des Meeres. Kophamels Feindfahrt vom 12. Oktober bis zum 18. November wurde zu einem wahren Aderlaß für die alliierte Schiffahrt. Er versenkte 12 Schiffe mit einer Gesamttonnage von 48 813 BRT. Und noch ein weiterer grauer Wolf traf auf dem Kriegsschauplatz ein: U 38 unter Kapitänleutnant Max Valentiner, einem der erfolgreichsten Kommandanten des Krieges. Er hinterließ auf seiner Fahrt von Helgoland nach Cattaro entlang der nordafrikanischen Küste einen Pfad der Zerstörung. 14 Schiffe mit 47 460 BRT fielen ihm zum Opfer. Als sich die letzten alliierten Truppen im Januar 1916 bei Kap Helles wieder einschifften, war dieser Abwehrerfolg auch den deutschen U-Booten zuzuschreiben, die die Nachschubwege der Entente nachhaltig gestört hatten. Enver Pascha dankte Admiral Souchon in einem Schreiben für die Unterstützung der Flotte bei der Vertreibung der Alliierten von türkischem Boden.[9]

Im Schwarzen Meer boten sich den Unterwasserstreitkräften nicht so gute Versenkungsmöglichkeiten wie im Mittelmeer. Gleichwohl unternahmen deutsche U-Boote zahlreiche Feindfahrten in diesem Seegebiet, um die russische Flotte zu belästigen, Unterstützung für *Goeben* und *Breslau* zu leisten und den Feind davon abzuhalten, die wichtigen Kohleminen von Sunguldak zu bombardieren. Als erstes Boot lief UB 7 am 5. Juli 1915 aus dem Bosporus aus. Da an der Donaumündung überhaupt kein Schiffsverkehr beobachtet wurde, kehrte das kleine Boot nach 17 Tagen zum Stützpunkt Konstantinopel zurück. Bessere Angriffsmöglichkeiten boten sich im September. UB 8 (Oberleutnant von Voigt) operierte vor der Krimküste und setzte vier Schoner in Brand. UB 7 (Oberleutnant Werner) kreuzte vor Odessa und konnte am 15. September den englischen Dampfer *Patagonia* versenken. Bulgarien machte am 23. September mobil und trat unter dem Eindruck der sich abzeichnenden alliierten Niederlage von Gallipoli an der Seite der Zentralmächte in den Krieg ein. Neben der U-Boothalbflottille in Konstantinopel entstand eine weitere Halbflottille in Varna. Der U-Bootkrieg im Schwarzen Meer weitete sich aus. UB 14 gelang im Oktober die Versenkung von zwei russischen Dampfern. Als am 27. Oktober die Schwarzmeerflotte Varna angriff, wurde sie von UB 7 und UB 8 attackiert. UB 7 feuerte aus 9000 m Entfernung einen Torpedo auf das russische Linienschiff *Panteleimon* ab, der traf und das Schiff so schwer beschädigte, daß es Monate nicht eingesetzt werden konnte. Am 12. November lief UC 13 aus Konstantinopel aus, um vor Tuapse und Sotscha Handelskrieg durchzuführen. Das Transportunterseeboot verfügte nicht über eine Torpedowaffe und mußte den Gegner mit einer 5,7 cm Kanone bekämpfen. Bei der Rückfahrt geriet UC 13 in einen schweren Sturm mit Windstärke 11. Das Boot strandete an der türkischen Küste und war für die weitere Kriegführung verloren.

Gegen die dauernde Blockade der Kohlenküste von Sunguldak durch russische Kriegsschiffe wurden im Januar und Februar 1916 UB 8, UB 14 und UB 7 angesetzt. Die kleinen Boote mit ihren geringen Offensiveigenschaften konnten jedoch nicht wirkungsvoll eingreifen. Zur Entlastung der Türkei auf dem östlichen Kriegsschauplatz setzte der deutsche Admiralstab daher Anfang März U 33 von Cattaro nach den Dardanellen in Marsch. U 33 (Kapitänleutnant Gansser) hatte bei der ersten Feindfahrt im Schwarzen Meer Erfolg. Am 27. März torpedierte Gansser den 5358 BRT großen Dampfer *Portugal*, der in der Mitte durchbrach und sank. Die nächsten Opfer waren zwei kleine russische Küstensegler und ein russischer Dampfer von etwa 1500 BRT. Am 4. April aber wurde U 33 bei einem Angriff auf einen Geleitzug von einem feindlichen Zerstörer beschädigt. Kaum wiederhergestellt, verließ das Boot bereits am 18. April die Basis Konstantinopel, erlitt aber Beschädigungen am Ölbunker und mußte nicht nur das Unternehmen im östlichen Schwarzen Meer abbrechen, sondern auch für längere Zeit in Reparatur.

Im Mai 1916 bat Enver Pascha dringend um deutsche und österreichische Hilfe für die Kaukasusfront, wo die Russen weiter vordrangen.[10] Als Ersatz für U 33 entsandte der Admiralstab U 38 unter dem legendären Valentiner, dem »Schrecken der Meere«.[11] Während UB 14 und UB 7 im Mai und Juni erfolglos operierten, hatte Valentiner wieder Jagdglück. Auch auf der Fahrt vom 26. Juni bis zum 13. Juli kam U 38 zum Schuß und versenkte drei Dampfer. Ein Angriff auf ein Linienschiff mißlang. Am 12. August kehrte Valentiner ins Mittelmeer zurück. Unterstützt wurden die deutsch-türkischen Flottenverbände im Schwarzen Meer im Sommer 1916 durch Luftschiffe, die zur Aufklärung und zur Minensuche eingesetzt wurden. Das Armee-Luftschiff SL 10 blieb jedoch bereits auf einer der ersten Fahrten vermißt. Als Ersatz traf LZ 101 ein.

Von den sechs neuen U-Booten vom Typ BII (UB 42–47), die in Pola von deutschen Arbeitern gebaut wurden, setzte der Admiralstab Anfang August drei (UB 42, UB 44 und UB 45) noch Konstantinopel in Marsch. UB 44 (Oberleutnant Wegner) blieb überfällig, nach unbestätigten Meldungen versenkte ein britisches Torpedoboot den deutschen grauen Wolf. UB 14, U 33, UB 7 und UB 45 kreuzten im August im Schwarzen Meer. Die Ergebnisse im Handelskrieg waren mager. Am 28. August schloß sich Rumänien der Entente an. Bei der Tätigkeit zweier deutscher Boote vor der rumänischen Küste erwies es sich, daß das Seegebiet zwischen Konstanza und dem St. Georgs Donauraum wegen geringer Wassertiefe für U-Bootkriegsführung sehr ungünstig war. Die letzten Monate des Jahres 1916 wurden die verlustreichsten für die U-Bootwaffe im Schwarzen Meer. UB 7 fiel Anfang Oktober vor Sewastopol wahrscheinlich den Bomben eines Wasserflugzeuges zum Opfer. Am 6. November ging UB 45 vor Varna in die Tiefe, als es auf eine Mine lief. Mitte November blieb UC 15 mit der gesamten Besatzung verschollen. Dann war die Reihe an UB 46, das erst am 7. Oktober in Konstantinopel eingelaufen war. Nach einer Minenexplosion sank das Boot 30 Meilen vom Bosporus entfernt in Sichtweite der Küste. Alle Besatzungsmitglieder kamen ums Leben. Diesen Verlusten stand nur die Zuführung von UC 23 gegenüber, einem verbesserten Minen-U-Boot, das am 5. Dezember im Hafen von Konstantinopel vor Anker ging.

Im Februar 1917 erreichte die deutsche Marineleitung ein Hilferuf von der Palästinafront. Enver Pascha und Freiherr Kreß von Kressenstein ersuchten um die Entsendung von U-Booten in das Gebiet zwischen Port Said und Gaza.[12] Die Boote sollten bei einem britischen Offensivvorstoß gegen Gaza den feindlichen Nachschub über See abfangen. Beirut wurde mit Öl versorgt und als provisorischer U-Bootstützpunkt hergerichtet. UB 42 erschien vor der syrischen Küste, konnte auch einen britischen Kreuzer torpedieren, hatte aber keinen Erfolg im Handelskrieg. Erst im Juni gelang UB 42 die Versenkung eines größeren Handelsschiffes, des 8900 BRT großen englischen Dampfers *Cestrian*. Auch ein anderes Boot der U-Boothalbflottille Konstantinopel war im Mittelmeer aktiv. UC 23 führte von Juli bis Oktober drei Minenunternehmungen im Orphani-Golf und im Golf von Saloniki durch. Im Herbst 1917 operierten UB 42 und UB 14 im Schwarzen Meer, kamen aber kaum zum Schuß. Kurz vor Weihnachten 1917 lief UC 23 noch einmal in die Ägäis aus und legte Minen auf den Dampferstraßen.

Im Mittelmeer stationiert waren Mitte 1917 28 deutsche Boote, die dem dortigen Führer der Unterseeboote unterstanden. Die Flottille war im Herbst Adressat eines erneuten Hilferufs von der bedrängten Palästinafront. Am 30. Oktober teilte die türkische Armee die Konzentration von Transportschiffen südwestlich von Gaza mit, die auf einen unmittelbar bevorstehenden Angriff hindeutete. Der Admiralstab schickte mehrere Boote. Während UC 23 und UB 51 kaum Angriffsmöglichkeiten vorfanden, überwand UC 38 (Oberleutnant Wendlandt) die feindliche Abwehr und versenkte am 11. November in der Nähe von Gaza den Monitor *M 15* und den Zerstörer *Staunch*.

Die feindliche Offensive konnten die wenigen Boote nicht stoppen. Allenby nahm Gaza am 9. November und Jaffa am 16. November. UC 38 kehrte von der nächsten Feindfahrt nicht zurück. Aber bevor französische Zerstörer sein Boot unter Wasser drückten, vernichtete Wendlandt den alten französischen Kreuzer *Chateaurenault*, der Truppen transportierte, am 14. Dezember in der Nähe des Golfes von Korinth.

Der mit Rußland Mitte Dezember abgeschlossene Waffenstillstand sollte sich auf das gesamte Schwarze Meer erstrecken. Ein wirklicher Friede in dem Seegebiet trat jedoch nicht ein. Im März 1918 erging der Befehl, bolschewistische Schiffe unter der roten Fahne anzugreifen, Schiffe der Ukraine unter blau-gelber Flagge aber als Freund anzusehen.[13] So verließen UC 23, UB 42 und UB 14 weiterhin ihren Stützpunkt in Richtung Odessa und Sewastopol. Die letzten Unternehmungen der Halbflottille in Konstantinopel wurden von UB 42 in der Zeit vom 3. bis zum 18. September und von UC 23 vom 29. September bis 19. Oktober durchgeführt. Operationsziel war das Gebiet zwischen dem Golf von Saloniki und der Insel Lemnos. UB 42 schoß aus einem gesicherten Geleitzug je einen 3000 BRT und 3500 BRT großen Dampfer heraus. UC 23 vernichtete zwei feindliche Handelsschiffe mit zusammen 8500 BRT und außerdem 16 griechische Segler. Nach britischen Angaben gehen auf das Konto der U-Boothalbflottille Konstantinopel mit ihren wenigen Booten im Jahr 1918 folgende Schiffsversenkungen:[14]

	Versenkte Schiffe	BRT
Januar	6	12 408
Februar	5	161
März	1	2 891
April	5	4 221
Mai	1	97
Juni	–	–
Juli	–	–
August	19	3 904
September	1	1 833
Oktober	19	7 315
November	–	–

VIII. Nachschub für Libyen

Deutsche U-Boote führten nicht nur Kampfaufträge aus, sie unternahmen auch wichtige Versorgungsfahrten für die Unterstützung der türkischen Position in Libyen, das seit mehreren Jahren Kriegsgebiet war. Ende September 1911 hatten die Italiener den Kampf gegen das Osmanische Reich eröffnet, nachdem sich der Sultan weigerte, Tripolis und die Cyrenaika an Rom abzutreten. Den Ambitionen des italienischen Königreichs kam entgegen, daß die Pforte die Provinz von Tripolis über Jahre hinaus vernachlässigt und den Schutz des Gebietes allein einer schwachen Nizamdivision anvertraut hatte.[1] Nur 13 Bataillone konnten die Türken gegen die Invasoren ins Feld führen. Zudem bestand in Tripolis keine allgemeine Dienstpflicht, so daß es weder Reservisten noch Rekruten gab, um die türkischen Verluste auszugleichen.[2] Auch vermochte es die schwache osmanische Flotte nicht, Ersatz über See heranzuschaffen. Aber immerhin konnte Enver, damals noch Bey, zusammen mit Mustafa Kemal den Widerstand der einheimischen Beduinen erfolgreich organisieren. Enver berichtet hierüber in einem Schreiben vom 28. November 1911:[3]

>»Alle Araberstämme schicken mir Krieger. In kleinen Trupps kommen sie an. Jeder hat ein altes Gewehr auf der Schulter, die Patronen sorgsam eingewickelt und einige Kilo Mehl mit sich. 10 Kriegern folgt gewöhnlich immer ein Kamel. Es ist mit einem Zelt beladen, das ihnen gemeinsam dient. Zwei Frauen ihres Stammes begleiten Sie, um ihnen das Brot zu backen, die Kleider zu nähen und die Waffen zu reinigen. Sie folgen ihnen aber auch in den Kampf, feuern sie an, schaffen die Verwundeten weg und verbinden sie; sie stimmen die Klagelieder für die Gefallenen an. Unter den Neuankommenden sind auch Greise mit weißen Bärten und 15jährige Knaben. Ihr Alter hindert sie nicht, mit den anderen in Todesverachtung zu wetteifern.«

Nach dem Frieden von Lausanne vom 18. Oktober 1912 fand der Konflikt sein vorläufiges Ende. Der Sultan erkannte die Autonomie von Libyen an und verpflichtete sich, Tripolis und Benghasi zu räumen. Die Italiener, die der Krieg 1432 Gefallene, 1948 an Krankheit

Verstorbene und 4220 Verwundete gekostet hatte[4], sollten ihres Sieges nicht recht froh werden, denn sie konnten die neue Kolonie erst 1932 endgültig »befrieden«. Die Türken spielten vorerst auf Zeit, ihre Truppen und treue Senussi zogen sich in den Süden zurück und warteten auf eine Wiederaufnahme des Kampfes gegen die Italiener. Außer ihrer bescheidenen militärischen Macht verfügten die Türken noch über eine politisch-religiöse Trumpfkarte: Der Sultan war zwar nicht mehr Souverän von Libyen, ihm verblieb aber als Kalif die religiöse Oberhoheit.

Nach dem Kriegseintritt an der Seite der Mittelmächte proklamierten die Türken in der Oase Kufra den Heiligen Krieg gegen die Engländer und Italiener. Ende 1914 brach in Südwest-Tripolitanien ein Aufstand aus, der sich rasch ausbreitete und die Italiener zur Aufgabe des gesamten inneren Tripolitaniens zwang.[5] Allerdings scheiterte der Plan, durch einen koordinierten Angriff der Senussi auf Westägypten und den gleichzeitigen Vorstoß türkischer Verbände gegen den Suezkanal die britische Position in Ägypten zum Einsturz zu bringen und das Land für die Pforte zurückzuerobern. Die Leitung der arabisch-türkischen Operationen in Nordafrika übernahm im Februar 1915 Nuri Bey, der jüngere Bruder Enver Paschas. Schließlich erklärte Rom der Türkei am 20. August 1915 den Krieg, beschränkte sich in Libyen aber praktisch auf die Verteidigung von einigen Küstenpunkten. Bei ihrem Feldzug gegen die Engländer hatten die Senussi anfangs durchaus Erfolge. Im November 1915 räumten die Briten Sollum und Sidi Barrani in der westlichen Wüste und zogen sich nach Marsa Matruk zurück.[6] Im Februar 1916 besetzten die Beduinen die Oase Bahariya 200 Meilen südwestlich von Kairo. Die Engländer gingen zum Gegenstoß über und eroberten Sollum am 14. März 1916 zurück. Es sollte jedoch noch bis zum Februar 1917 dauern, bis die Senussi-Truppen unter Sayidd Ahmed in Westägypten besiegt waren und die Oase Siwa aufgeben mußten. Die Senussi stellten auch eine Bedrohung für die französische Garnison in der Oase Djanet dar und nahmen die gesamte Truppe nach neuntägigen Kämpfen gefangen. Unterstützung fanden die libyschen Beduinen bei einigen Tuareg-Stämmen, die sich gegen die Pariser Kolonialherrschaft auflehnten.

Die Versorgung der Truppen in Afrika stellte die Türkei vor nicht unerhebliche Probleme. Nur gelegentlich kämpften sich Blockadebrecher aus Konstantinopel bis zur libyischen Küste durch. Das deutsche Kaiserreich sprang auch hier helfend für den Verbündeten ein. Zwar mißlang der Plan der Sektion Politik des Generalstabes des Feldheeres, den anti-italienischen Freiheitskampf der Senussi durch einen deutschen Agenten koordinieren zu lassen, denn der Unruhestifter, der Reserveoffizier Dr. Otto Mannesmann von den Württemberger Ulanen, wurde bereits 1916 in Tripolis von Einheimischen erschossen.[7] Wirksame Hilfe für die Insurgenten aber brachte die kaiserliche Marine. Deutsche Unterseeboote beförderten Nachschubgüter.

Enver Pascha hatte die Deutschen bereits Ende Oktober 1915 um den Einsatz eines Versorgungsunterseebootes gebeten, das Munition, Geschenke und einen Brief des Kalifen an die von den Senussi kontrollierte Küste bringen sollte. U 35 (Korvettenkapitän Kophamel) war das erste U-Boot, das Kriegsgerät und Soldaten nach Bardia transportierte. Auf der Orak-Insel in der Nähe von Bodrum übernahm Kophamel zehn türkische Offiziere sowie Munition und machte sich auf den Weg nach Nordafrika. Soweit die Wetterverhältnisse es zuließen, nahm er zwei türkische Schoner, beladen mit 120 Soldaten und Munition, in Schlepp. Der Konvoi erreichte wohlbehalten Bardia, wo U 35 seine Ladung löschte.[8] Am 5. November versenkte Kophamel im Golf von Sollum den bewaffneten britischen Dampfer *Tara* und drang anschließend in den Hafen von Sollum ein, wo er ein Kanonenboot zerstörte und ein anderes beschädigte.

Weitere Versuche, durch U-Boote Segelschiffe ziehen zu lassen, sollte es nicht mehr geben. Ein derartiger Konvoi war zu gefährdet, sollten feindliche Seestreitkräfte auftauchen. Aber auch die nächste Aktion der Marine zur Versorgung der Senussi war ausgefallen genug: Am 9.12.1915 verließ U 38 (Korvettenkapitän Max Valentiner) Cattaro mit dem schmalen Transport-U-Boot UC 12 im Schlepp. In der Otranto-Straße zwangen feindliche Überwasserstreitkräfte die Boote, die Trosse zu lösen. Die beiden Unterseeboote konnten sich anschließend nicht wiederfinden und U 38 setzte die Fahrt allein nach Bardia fort.[9] Am 13. Dezember nahm U 39 das kleine UC 12 in Schlepp und brachte es glücklich zur nordafrikanischen Küste. Eine Woche später entschied der Admiralstab, daß auch U 34 als Munitionstransporter eingesetzt werden sollte. U 34 erhielt weiter den Auftrag, dem auf dem Rückmarsch befindlichen UC 12 zur Hilfe zu kommen. Die Boote trafen sich im Ionischen Meer, aber eine Inschleppnahme erwies sich in dem von der Entente kontrollierten Seegebiet als unmöglich. Die beiden grauen Wölfe mußten die Fahrt getrennt fortsetzen.

Für die nächsten Monate stockte der Nachschubverkehr mit Unterseebooten. Er hatte einen großen Teil der deutschen U-Boot-Präsenz im Mittelmeer gebunden und die Unterwasserstreitkräfte von ihrer eigentlichen Aufgabe, der Führung des Handelskrieges, abgehalten. Nun sollten die Österreicher den Senussi zur Hilfe kommen. Der türkische Botschafter in Wien bat dringend um die Entsendung eines kleinen Adriadampfers oder eines Schoners nach Nordafrika. Das in Aussicht genommene Schiff, die 952 BRT große *Graf Wurmhold,* schied jedoch aus, weil es zu langsam und sein Aktionsradius zu gering war. Damit war die U-Bootwaffe wieder gefordert. Am 10. April 1916 verließ U 21 unter Kapitänleutnant Otto Hersing Pola. An Bord war eine kleine Landungsgruppe mit Oberleutnant Freiherr von Todenwarth und vier türkischen Offizieren und Unteroffizieren. U 21 hatte weiter Munition, Waffen und ein drahtloses Funkgerät geladen. Aber es gelang Hersing nicht, die Operation abzuschließen und die Passagiere an Land zu setzen.[10] Die Todenwarth-Gruppe wurde schließlich von U 39, das am 5. Juli auslief, nach Nordafrika gebracht. U 39 transportierte auch im Oktober neue Nachschubgüter in die umkämpften Provinzen. Im Sommer war U 21 ebenfalls erfolgreich gewesen. Der hochdekorierte Kommandant Hersing, der nach seinen Gallipoli-Erfolgen am 8. Februar 1916 vor Beirut noch den französischen Panzerkreuzer *Admiral Charner* versenkte, hatte Karabiner und Gewehrmunition an Bord. U 21 ging hinter Korallenriffen vor Anker und löschte die Ladung mit Hilfe eines handgezimmerten Floßes, ein langwieriges und schwieriges Unternehmen, das drei Tage dauerte.[11]

Im Februar 1917 operierten 10 deutsche U-Boote im Mittelmeer, im April 14 und im Mai sogar 28. Aber eine dauernde gesicherte Verbindung mit Nordafrika, wo für die deutschen Boote keine Hafeneinrichtungen zur Verfügung standen, war nicht zu erreichen, zumal nicht während der Winterstürme. 1917 hielten UC 20 und UC 73 die lose Verbindung zwischen Nordafrika und den Adriahäfen aufrecht. UC 20 war eigentlich als Minenleger konzipiert, wurde aber zum U-Transporter umgebaut. Es verdrängte bei Überwasserfahrt 400 Tonnen und lief mit seinen beiden 500 PS MAN-Dieselmotoren 11,5 Knoten. Unter Wasser reichten die beiden 460 PS starken Brown,

Boverie & Cie. Elektromotoren aber nur für eine Fahrleistung von 6,5 sm. Am 29. März verließ UC 20 mit zwanzig Tonnen Fracht an Bord, darunter vier kleinen Feldgeschützen und fünf Maschinengewehren, den sicheren Hafen Pola. Kommandant war Oberleutnant zur See Franz Becker. In der Großen Syrte südlich von Ras Khara wurde die Ladung gelöscht. Becker nahm Kontakt zu General Nuri Pascha auf, der ihm die militärische Situation schilderte: Die Italiener hatten sich in die Küstenregion zurückgezogen und behaupteten nur noch die Städte Benghasi, Tripolis, Homs mit der antiken römischen Ruinenstadt Leptis Magna und die Oase Suara unweit der tunesischen Grenze. Bis 1921 sollte sich an dieser für Rom ungünstigen strategischen Lage kaum etwas ändern. Becker mußte auf Depeschen des türkischen Generals warten und nutzte die Zeit für Operationen an der tripolitanischen Küste. UC 20 versenkte die Dau *Abd Razik* und nahm deren Besatzung und Passagiere, darunter einen Säugling, an Bord. Die Mannschaft kümmerte sich rührend um das Baby und am Turm des Bootes flatterten bald Windeln wie Siegeswimpel. Als Becker ein auf der Reede von Suara ankerndes Schiff angriff, erteilte er den wohl ungewöhnlichsten Befehl der kaiserlichen Marine während des Krieges: »Klar zum Tauchen! Windeln von Deck!«[12] Obwohl das Boot auf Grund lief, konnte der englische Frachter *Candia* (1045 BRT), der Munition geladen hatte, torpediert und versenkt werden. Anschließend nahm UC 20 mit der Bordkanone eine feindliche Landbatterie und Kasernen in Homs unter Beschuß. Auf der Rückreise, die Becker mit sechs lebenden Hammeln an Bord antrat, versenkte er noch die italienischen Segler *Cinque Ottobre*, *Alessio Cocco* und den Schlepper *Progresso* mit einem Munitionsleichter. Am 27. April machte UC 20 nach einer Fahrt von 3102 Seemeilen wieder in Pola fest.

Die zweite Tripolisfahrt unternahm UC 20 im Mai 1917 unter einem neuen Kommandanten, Kapitänleutnant Oskar von der Lühe. Im Ionischen Meer versenkte er den 3563 BRT großen britischen Dampfer *Milicent Knight*. In der Großen Syrte traf das Boot auf einen weiteren deutschen Versorger, UC 73. Nach dem Löschen der Ladung führten beide Unterseeboote Handelskrieg durch und schickten einige Segler mit Bannware auf den Grund des Meeres. Am 27. Mai stand UC 20 vor dem Golf von Hammamet und griff einen gesicherten Gleitzug an. Der 3118 BRT große Frachtdampfer *Bladwell* aus London wurde auf 36° 12' Nord und 13° 24' Ost ein

Opfer von Lühes Torpedos und Granaten. Nach 36 Seetagen lief UC 20 schließlich wieder in Pola ein.

UC 20 und UC 73 wurden zu Trampdampfern. Sie mußten die Durchführung des Handelskrieges zurückstellen und sich fast ausschließlich der Aufgabe widmen, die Verbindung zwischen dem türkisch-arabischen Heer und den Mittelmächten aufrechtzuerhalten. Es war weniger der Feind, der den deutschen Matrosen zusetzte, als die Hitze, denn im Sommer fiel das Thermometer an Bord kaum unter 55°. Exotische »Passagiere« brachten Kurzweil in den Bordalltag. Auf den Rückfahrten nahmen die Boote lebende Fettschwanzschafe mit, einmal sogar ein junges Reitkamel, das ein hoher arabischer Würdenträger dem deutschen Kaiser schenken wollte. Das Tier gelangte aber nie bis nach Berlin, sondern wurde im Tierpark von Brioni untergebracht.

Im Oktober 1918 unternahmen UC 20 und UC 73 ihre letzte Fahrt zur Versorgung der tripolitanischen Mudjaeddins. Da die beiden Boote von italienischen Bewachern angegriffen wurden, mußten sie beschleunigt wegtauchen und ließen Vizesteuermann Paul Kutzner an Land zurück. Kutzner erhielt keine Nachricht vom Kriegsende. Er avancierte zum Führer einer Maschinengewehrabteilung der Beduinen und geriet erst im Herbst 1919 in italienische Gefangenschaft. Im Herbst 1920 wurde er in die Heimat entlassen. Insgesamt hatte sich die Unterstützung der libyschen Kämpfer für die Zentralmächte mehr als ausgezahlt. Obwohl nur unzureichend ausgerüstet und bescheiden bewaffnet, war es den Senussi gelungen, 35 000 Mann britische und Empire-Truppen, 15 000 Franzosen und zeitweilig sogar 60 000 italienische Soldaten zu binden.[13]

Als UC 20 und UC 73 von ihrer letzten Versorgungsfahrt nach Triest zurückkehrten, hatte die österreichische Flotte rote Fahnen gesetzt und meuterte. Die vierzehn verbliebenen Boote der U-Boot-Flottille im Mittelmeer wagten schließlich den Durchbruch in die Heimat. Am 9. November 1918, als Philipp Scheidemann vom Balkon des Reichstags die Republik ausrief, passierten die U-Boote die Enge von Gibraltar. U 34 ging verloren und UB 50 (Oberleutnant zur See Heinrich Kukat) versenkte vor Kap Trafalgar das letzte Schiff der Royal Navy in diesem Krieg, das 16 350 BRT große Linienschif HMS *Britannia*.

IX. Der Landungszug von SMS *Emden*

Die Kämpfe auf der Halbinsel Gallipolli hatten die osmanische Bevölkerung, besonders in der Hauptstadt, außerordentlich beunruhigt. Aber zumindest Ende Mai 1915 hatten die Einwohner Konstantinopels und die dort lebenden Deutschen und Österreicher Grund zum Jubeln. Die Odyssee eines Teils der *Emden*-Besatzung war glücklich zu Ende gegangen.

Der wohl berühmteste deutsche Auslandskreuzer des 1. Weltkrieges, SMS *Emden,* gehörte zum Kreuzergeschwader der ostasiatischen Station mit dem Stützpunkt Tsingtau. Emden war auf der kaiserlichen Werft in Danzig gebaut worden und lief am 26.5.1908 vom Stapel. Das Kriegsschiff verdrängte 3600 BRT, erreichte eine Höchstgeschwindigkeit von 23,5 Seemeilen und war mit zehn 10,5 cm Geschützen bewaffnet. Seit 1910 tat der Kreuzer in tropischen Gewässern Dienst. Am 14.8.1914 wurde SMS *Emden* unter Fregattenkapitän Karl Friedrich Max von Müller zum Kaperkrieg im Indischen Ozean entlassen. Begleitet von einem Kohledampfer – Emden verbrauchte bei einer Marschgeschwindigkeit von 12 Knoten 48 Tonnen Kohle pro Tag, bei Höchstgeschwindigkeit sogar 376 Tonnen – und isoliert von jeder deutschen Station, griff der kleine Kreuzer die für Großbritannien lebenswichtigen Schiffsverbindungen an. Insgesamt brachte der »Schwan des Ostens« 22 feindliche Handelsschiffe auf, von denen 15 versenkt wurden. Diese Kapertätigkeit hatte erhebliche Auswirkungen auf die britische Handelsschiffahrt. Die Alliierten hielten ihre Schiffe in den Häfen zurück und stellten den Verkehr auf der Route Colombo-Singapur zeitweilig ein. In den 70 Tagen, in denen der deutsche Korsarenkreuzer im Indischen Ozean operierte, wurde das Schiff zur Legende, nicht zuletzt, weil der Kommandant den Kampf gegen die feindlichen Handelsschiffe mit bemerkenswerter Fairness und Menschlichkeit führte. Bei den Aktionen der *Emden,* die nach der *hit and run* Taktik erfolgten, kam nur ein gegnerischer Handelsmatrose ums Leben.[1] Die Briten gaben dem Schiff schon bald den rühmenden Beinamen *Gentleman-of-War.* Der Gespensterkreuzer, der überall und nirgends zu sein schien und schließlich von 78 Schiffen gejagt wurde, bombardierte am 22.9.1914 Öltanks in Madras im Golf von Bengalen, wobei der psychologische Erfolg allerdings größer war als der materielle Scha-

Die Erfolge von SMS *Emden* im Indischen Ozean 1914

Datum	Schiff	Nationalität	BRT	
4. 8.	*Rjäzon*	russisch	3500	gekapert*
9. 9.	*Pontoporos*	griechisch	?	gekapert**
10. 9.	*Indus*	britisch	3413	versenkt
11. 9.	*Lovat*	britisch	6012	versenkt
12. 9.	*Kabinga*	britisch	4657	gekapert***
13. 9.	*Killin*	britisch	3544	versenkt
13. 9.	*Diplomat*	britisch	7615	versenkt
14. 9.	*Trabboch*	britisch	4028	versenkt
14. 9.	*Clan Matheson*	britisch	4775	versenkt
25. 9.	*King Lud*	britisch	3650	versenkt
25. 9.	*Tymeric*	britisch	3314	versenkt
26. 9.	*Gryfevale*	britisch	4437	gekapert***
27. 9.	*Buresk*	britisch	4350	gekapert****
28. 9.	*Ribera*	britisch	3500	versenkt
28. 9.	*Foyle*	britisch	4147	versenkt
16.10.	*Clan Grant*	britisch	3948	versenkt
16.10.	*Ponrabbel* (Bagger)	britisch	478	versenkt
16.10.	*Benmohr*	britisch	4806	versenkt
18.10.	*Troilus*	britisch	7562	versenkt
18.10.	*St. Egbert*	britisch	5596	gekapert***
18.10.	*Exford*	britisch	4542	gekapert*****
19.10.	*Chilkana*	britisch	5220	versenkt
28.10.	*Schemtschug* (Kreuzer)	russisch	3180	versenkt
28.10.	*Mousquet* (Zerstörer)	französisch	310	versenkt

* Zum Hilfskreuzer *Cormoran II* umgerüstet. Ende 1914 in Guam interniert.
** Am 12.10.1914 von HMS *Yarmouth* aufgebracht.
*** Als »Lumpensammler« mit den Besatzungen der versenkten Handelsschiffe entlassen.
**** Am 9.11.1914 selbst versenkt.
***** Am 11.12.1914 von *Empress of Japan* aufgebracht.

den. Am Morgen des 28. Oktober drang die *Emden* in den Hafen von Penang ein, wo der russische Kreuzer *Schemtschug,* 3180 BRT groß und mit acht 12 cm Geschützen ausgestattet, ahnungslos vor Anker lag. Nach zehn Minuten war der gegnerische Kreuzer vernichtet. Nur wenig später fiel auch der kleine französische Zerstörer *Mousquet* den Granaten des deutschen Schiffes zum Opfer. Aber das Glück sollte dem Fliegenden Holländer unter der kaiserlichen Kriegsflagge und seinen 398 deutschen und drei chinesischen Besatzungsmitgliedern nicht mehr lange treu bleiben.

Fregattenkapitän von Müller beschloß, die Kokos-Inseln anzulaufen, um die dort befindliche Kabel- und Funkstation zu zerstören. Am 9. November ankerte die *Emden* vor Direction Island. Ein Landungszug in Stärke von 3 Offizieren, 6 Unteroffizieren und 41 Mann[2] ging an Land, um die Überseekabel zu zerstören. Geführt wurde das Kommando von dem Ersten Offizier, Kapitänleutnant Hellmuth von Mücke. Als ein feindliches Kriegsschiff auftauchte, blieb der *Emden* keine Gelegenheit mehr, den Landungszug an Bord zu holen. Der deutsche Kreuzer nahm das Gefecht mit dem Gegner auf. Es war der 5700 Tonnen große, mit acht 15,2 cm und vier 4,7 cm Geschützen bewaffnete australische Kreuzer HMAS *Sydney*. Bei der stärkeren Armierung und Panzerung der *Sydney* konnte der Ausgang des Kampfes nicht zweifelhaft sein.[3] Kommandant von Müller setzte sein völlig zusammengeschossenes Schiff auf einem Riff vor der North Keeling Insel auf. SMS *Emden,* die über 30 000 Seemeilen zurückgelegt hatte, war nicht mehr als ein Wrack und strich die Flagge. Die Besatzung hatte mehr als ihre Pflicht getan. Die englische Presse überschlug sich in ehrenden Nachrufen auf den »letzten Korsaren«. Der *Daily Telegraph* schrieb: »Es stimmt uns beinahe traurig, zu vernehmen, daß die *Emden* vernichtet ist ...«[4]

Auf Direction Island erkannte von Mücke, daß die *Emden* zumindest schwer beschädigt war und nicht zu der Insel zurückkommen würde. Was tun? Sein Landungszug befand sich Tausende Meilen von der Heimat entfernt isoliert auf einer winzigen Insel. Aber die Idee aufzugeben, scheint von Mücke nicht gekommen zu sein. In einer Lagune lag ein ausgemusterter Dreimaster vor Anker, der früher Kobra nach Batavia transportiert hatte. Der 97 Tonnen große Schoner war nach der Lieblingsfrau des Propheten Mohammed

Ayesha benannt. Von Mücke ließ das Schiff beschlagnahmen und auftakeln. Die Matrosen nahmen Wasser für einen Monat und Proviant für zwei Monate an Bord, setzten die deutsche Flagge und stellten SMS *Ayesha* als jüngstes Kriegsschiff der kaiserlichen Flotte in Dienst. Noch vor Einbruch der Dunkelheit lief das 30 m lange Segelschiff aus, Kurs Norden. Der Kommandant beabsichtigte, in den Bereich des Nordwest-Monsuns zu gelangen. Die Reise ins Ungewisse verlief nicht ohne Schwierigkeiten. Der Schiffsboden war morsch und der Schoner machte Wasser. In drei von den vier kleinen Wassertanks verfaulte das Trinkwasser. Tropische Regengüsse füllten die Süßwasserreserven auf. Erstes Ziel der Reise war das holländische Padang auf Sumatra, wo ein deutscher Konsul residierte und deutsche Handelsschiffe vor Anker lagen. Inzwischen machten die Briten Jagd auf des Kaisers kleinstes Kriegsschiff.« Sie [die *Ayesha*] ist eine Bedrohung für den Handel, bis sie gefaßt ist«[5] schrieb ein britischer Seeoffizier an die Admiralität. Das war viel Ehre für ein Segelschiff, dessen Besatzung nur über wenige Waffen verfügte: vier wassergekühlte Maxim-Maschinengewehre (je 2000 Schuß), 29 Gewehre (je 60 Schuß) und 10 Pistolen (je 24 Schuß Munition).

Nach mehr als zwei Wochen unter Segeln war die erste Etappe der Heimreise erreicht. Am 27. November geleitete ein niederländischer Zerstörer SMS *Ayesha* in den Hafen von Padang. Die neutralen Holländer unternahmen alles, um das Schiff festzuhalten und die Besatzung zu internieren. Aber von Mücke ließ sich nicht einschüchtern, *Ayesha* lief am Abend des 28. wieder aus, nachdem sie Proviant an Bord genommen hatte. Die Besatzung sang die »Wacht am Rhein«. Dem deutschen Kapitänleutnant glückte es, seinem Konsul einen Zettel in die Hand zu drücken, auf dem ein Treffpunkt auf hoher See mit einem der im Hafen liegenden deutschen Dampfer vereinbart war. Tatsächlich traf der Schoner am 14. Dezember auf der vorgesehenen Warteposition auf den kleinen Dampfer *Choising* vom Norddeutschen Lloyd. Wegen eines Sturms konnte der Landungszug erst zwei Tage später auf die *Choising* umsteigen. SMS *Ayesha* wurde versenkt, um sie nicht in die Hand des Gegners fallen zu lassen. 1709 Meilen hatte der Schoner die *Emden*-Männer der Freiheit nähergebracht.

Von Mücke beschloß, mit dem 1700 BRT großen Dampfer, der nur 7–8 Knoten laufen konnte, durch die Perimstraße ins Rote Meer vorzudringen und in Hodeida an Land zu gehen. Irrtümlich nahm er an, die Hedschasbahn sei bis zu dieser Hafenstadt im türkischen Jemen fertiggestellt worden. Am frühen Morgen des 9. Januar 1915 ging *Choising* nordöstlich von Kap Mujamela vor Anker. Der Landungszug der *Emden,* inzwischen durch einige Männer der *Choising* und des Dampfers *Rheinland* verstärkt, ruderte in vier Booten an Land. Als es hell wurde, erkannten die Matrosen, daß vor der Küste der französische Panzerkreuzer *Desaix* auf der Lauer lag. Auf dem Boden des Jemen wurden die Deutschen von bewaffneten Beduinen erwartet. Freund oder Feind? Eine Verständigung scheiterte an Sprachschwierigkeiten. An ihren Uniformen konnte man die Deutschen kaum erkennen, denn wie Angehörige der kaiserlichen Marine sahen sie nun wirklich nicht mehr aus. Sie trugen einen aus Segeltuch selbstgemachten Hut nach Südwesterart, weiße Hosen, weiße Stewardsjacken, braune Segeltuchgamaschen und schwarze Schnürschuhe; als Mäntel dienten Wolldecken von der *Choising*.[6] Erst als von Mücke ein goldenes Zwanzig-Mark-Stück mit dem Bild des deutschen Kaisers vorzeigte, erkannten die Beduinen, daß sie Waffenbrüder aus dem fernen Deutschland vor sich hatten. Im Triumphzug marschierte die Kolonne nach Hodeida, wo sie von türkischem Militär begrüßt wurde. Nun begannen schwierige Verhandlungen mit den Türken. Da der Seeweg für eine Weiterreise nach Norden nicht sicher schien, entließ von Mücke die *Choising* in den neutralen Hafen Massaua in Italienisch-Somaliland. Die Türken zeigten keine Eile, den Deutschen den Weitermarsch zu ermöglichen. Höchstwahrscheinlich wollten sie den *Emden*-Landungszug als willkommene Verstärkung in die eigene Garnisonstruppe integrieren. Von Mücke wehrte aber alle Versuche ab, seine mittlerweile in türkische Uniformen gekleideten Männer unter osmanischen Oberbefehl zu stellen.[7] Nachdem mehrere Matrosen krank wurden, entschloß sich der deutsche Offizier, in die Hauptstadt Sanaa aufzubrechen, wo das Klima für Europäer angeblich besser sein sollte. Am Kaisergeburtstag, dem 27. Januar, rückte die Truppe auf Pferden, Maultieren und Eseln ab. Von Mücke gab die ungewöhnliche Order: »Zum ersten Mal, daß ich eine reitende Truppe der Marine kommandiere. Ich gebe daher den nicht marinemäßigen Befehl: Aufsitzen!«[8] Die Männer fanden sich bald mit den störrischen Reittieren ab. Nachdem sie das 3400 m hohe Gebirge passiert hatten, gelangten sie am 6. Februar nach Sanaa. Die Bevölkerung nahm sie herzlich auf. Aber auch in der Hauptstadt stieß von Mücke auf Inkompetenz und Indifferenz der türkischen Behörden. Er mußte schließlich erkennen, daß es nicht zuletzt wegen feindlicher Beduinen unmöglich war, auf dem Landweg die Hedschasbahn zu erreichen. Die Matrosen hatten zwischenzeitlich andere Probleme. Sie klagten über die zahlreichen Wanzen in der Kaserne. Als einige findige Mariner daran gingen und die Bettgestelle in mit Wasser gefüllte Blechbüchsen stellten, fanden sie trotzdem keinen Schlaf: Die Wanzen ließen sich von der Decke hinunterfallen. Auch stimmten die türkischen Angaben über das »gesunde« Klima nicht. Die Truppe erkrankte in Sanaa, Malaria, Typhus und Dysenterie forderten ihre Opfer. Von Mücke berichtet: »Wenige Tage nach unserem Eintreffen hatte ich achtzig Prozent marschunfähige Fieberkranke, insbesondere litten wir stark unter plötzlich auftretenden Magenkrämpfen und Erkältungserscheinungen.«[9] Er befahl den Rückmarsch nach Hodeida. Dort mietete der Kommandeur zwei Sambuks, lokale Segelboote, mit denen der Landungszug am 14. März in See stach. Glücklich durchbrachen die Deutschen die alliierte Blockadelinie. Aber schon drei Tage später lief das Sambuk mit den Kranken auf ein Korallenriff und sank. Das verbleibende Segelboot nahm alle Schiffbrüchigen an Bord, auch konnte ein Teil der Ladung, darunter Munition und zwei Maschinengewehre, geborgen werden. Am Abend des 18. März landete der Sambuk, den eine steife Brise weit nach Norden gebracht hatte, in Kunfidda, wo von Mücke ein weiteres Segelboot anmietete. Bei der Weiterfahrt peinigte die Hitze die Männer in den offenen Booten. Das Klima im Roten Meer war so mörderisch, daß zwei Monate später britische Matrosen in einem Geleitzug an Hitzschlag sterben sollten.[10] Am 24. März erreichten die Deutschen Lidd. Hier endeten die Korallenriffe, die der *Emden*-Gruppe bisher Schutz vor einer Entdeckung durch alliierte Schiffe geboten hatten. Der Landungszug beklagte seinen ersten Toten, einen an Typhus verstorbenen Matrosen, der auf See beigesetzt wurde.

Da eine Weiterfahrt auf dem Roten Meer ausgeschlossen schien, stellte von Mücke in Lidd mit Hilfe des örtlichen Scheichs eine Karawane zusammen. Insgesamt 110 Kamele wurden aufgeboten. Am 28. März verließ die deutsche Kolonne, die von arabischen Treibern und einigen türkischen Gendarmen begleitet wurde, die kleine Stadt Lidd. Die Truppe marschierte wegen der Hitze meist nachts und saß oft 14–18 Stunden im Sattel. Aus dem Landungszug der *Emden* war eine reitende Wüstenmarine geworden. Das Klima, das ungewohnte Essen und die Strapazen setzten den Männern zu:[11]

»Krankheiten aller Art machten uns schwer zu schaffen, mit hohem Fieber saßen die Kameraden auf dem Rücken des Kamels und banden sich fest, um nur nicht herunterzufallen. Der Schüttelfrost durchraste den Körper, Fieber und wahnsinnige Kopfschmerzen wechselten ab.«

Das Wasser aus den spärlichen Brunnen war häufig ungenießbar und vergiftet, da Aas in den Wasserstellen schwamm. Nur noch eine Tagesreise von Dschidda entfernt wurde die Karawane von Beduinen angegriffen. Aber die Maschinengewehre verschafften den Deutschen, die sich von etwa 300 Wüstenbewohnern umzingelt sahen, Respekt. Von Mücke ließ seine Männer eine Burg aus Kamelsätteln, Vorratssäcken und Sand errichten, hinter der sie sich verschanzten. Es gab die ersten Verluste, die meisten Araber und türkischen Gendarmen rissen aus. Nach zwei Tagen Belagerung wurde das Wasser knapp. Einzelne Männer tranken ihren Urin, andere schnitten aus den toten Kamelen die Wassermägen heraus und schluckten die stinkende Jauche. Die Munition ging langsam zur Neige. Einige Matrosen hatten mit dem Leben abgeschlossen und verabredeten, sich mit der letzten Patrone gegenseitig zu erschießen. Trotz der verzweifelten Situation lehnte von Mücke Verhandlungen mit den Räubern ab. Am dritten Tag des Gefechts kam Hilfe in Gestalt von Abdullah, eines Sohnes des Scherifen von Mekka. Die Beduinen verschwanden. Von Mücke aber, auf den die Briten ein hohes Kopfgeld ausgesetzt hatten, hegte den Verdacht, daß der türkenfeindliche Abdullah den Angriff gegen den Landungszug selbst organisiert hatte und sich nun als Retter aufspielte, nachdem die Deutschen drei Tage tapfer ausgeharrt, keine Neigung zur Aufgabe gezeigt und den Arabern schwere Verluste (40 Tote und 36 Verwundete) beigebracht hatten. Von den deutschen Matrosen waren drei gefallen. Ein Verrat Abdullahs scheint glaubhaft, denn er hatte bereits vor Kriegsausbruch Kontakt zu den Engländern gesucht und um Maschinengewehre und Unterstützung für einen antitürkischen Aufstand gebeten.[12] Später bot er den Engländern eine führende Rolle im politischen Ränkespiel des Hedschas an. Offen die Fronten wechseln sollte Abdullah aber erst im Juli 1916, beim Beginn des arabischen Aufstandes.

Der angeschlagenen deutschen Truppe verblieb nur wenig Zeit, sich in Dschidda, wo eine türkische Garnison lag (die bei dem Beduinenangriff nicht interveniert hatte), zu erholen. Von Mücke wollte fort aus diesem Land mit seinen doppelbödigen Spielregeln, Schmeicheleien, ritualisierten Freundschaftsbekundungen und nicht gehaltenen Versprechungen. Die Wüste mit ihren eigenen Gesetzen entsprach nicht der Tradition und dem Reglement eines preußisch-deutschen Marineoffiziers. Aber von Mücke lernte schnell. Er flunkerte seinen Gastgebern vor, er wolle zu Land weiter reisen, verschaffte sich heimlich einen großen Sambuk und lief mit seiner Mannschaft in der Nacht vom 8. auf den 9. April aus. Nach drei Wochen Seereise erreichte der Landungszug El Weg, die letzte Etappe vor der Hedschasbahn. Noch einmal mußte eine Karawane zusammengestellt werden. Mit dem freundlichen örtlichen Scheich Suleiman verließ sie am 2. Mai die kleine Küstenstadt. 400 Mann stark war die Kolonne. Trotz des mächtigen Begleitdetachements ließ von Mücke jede Nacht ein befestigtes Lager anlegen. Aber es erfolgten keine Überfälle mehr. Nach vier Tagen näherte sich die deutsch-arabische Karawane El Ula. Vier Monate nach der Landung im Jemen sahen die Deutschen endlich die Schienen der Hedschasbahn.

»Ich kann kaum den Eindruck beschreiben, den der auf dem Bahnhof stehende Zug auf uns machte. Nie werde ich es vergessen, wie ich zum letztenmal vom Kamel rutschte und den Zug besteigen konnte«

schrieb Rudolf Wolff vom Landungszug.[13] Der letzte Wüstenritt war zu Ende. Die *Emden* – Männer erfuhren, daß ihnen allen das Eiserne Kreuz 2. Klasse verliehen worden war, von Mücke auch das EK I. Der deutsche Kapitänleutnant traf in El Ula auf den bekannten deutschen Journalisten Emil Ludwig, wobei sich ein klassischer Dialog entwickelte. Ludwig: »Ein Bad oder Rheinwein?« Von Mücke: »Rheinwein!«[14] *Se non è vero, è ben trovato.*

Mit der Eisenbahn ging es über Maan und Damaskus nach Konstantinopel. Die wackeren Matrosen mußten zahlreiche Feiern über sich ergehen lassen, bis der Zug am Pfingstmontag, dem 23. Mai 1915, auf dem Bahnhof von Haidar Pascha einlief. Mücke meldete seine inzwischen wieder in deutsche Marineuniformen gekleidete Truppe Admiral Souchon: »Melde gehorsamst, Landungszug der

Emden in Stärke von fünf Offizieren, sieben Unteroffizieren und siebenunddreißig Mann zur Stelle.«[15] Ein großes Abenteuer hatte einen glücklichen Abschluß gefunden. Eine Handvoll Matrosen hatte sich unter unvorstellbaren Bedingungen aus den Tropen zurückgekämpft. Der Indische Ozean, das Rote Meer, das Jemen-Gebirge, die Wüste und feindliche Beduinen hatten sie nicht aufhalten können.

Die *Emden*-Männer waren nicht die einzigen, die den Durchbruch in die Heimat über Arabien wagten. Aber sie waren die einzigen, denen diese Odyssee gelang. Kapitänleutnant von Möller, ehemaliger Kommandant des Flußkanonenbootes SMS *Tsingtau*, wurde nach Kriegsausbruch in Batavia von den holländischen Behörden interniert. Mit einem kleinen Zweimastschoner von kaum 40 Tonnen und einer aus fünf Deutschen und einem Türken bestehenden Besatzung verließ von Möller heimlich Surabaya, um die arabische Küste zu erreichen. Mehr als 5000 Seemeilen lagen vor den Männern. Nach 82 Seetagen und Abwettern eines Mauritius-Orkans gelangte das Boot schließlich in türkische Gewässer in der Nähe der Stadt Lahadsch im Jemen. In Hodeida schifften sich die Deutschen erneut ein, um nach Dschidda zu gelangen, von wo sie die Hedschasbahn nach Konstantinopel bringen sollte. Schon südlich von Kunfidda aber mußte die kleine Crew die Küste ansteuern, da alliierte Kanonenboote den Durchbruch nach Norden verwehrten. Nun sollte es auf dem Landweg weitergehen, aber in unmittelbarer Nähe von Dschidda fiel die Gruppe in die Hände von aufständischen Beduinen. Das syrische Armeekorps meldete am 3. Juni 1916: »Wir haben zu unserem Bedauern erfahren, daß Kapitänleutnant von Möller und seine Begleiter neun Stunden von Dschidda entfernt von Arabern ermordet wurden.«[16]

X. Sanitätsprobleme

Der Kampf auf den verschiedenen Schlachtfeldern des Nahen und Mittleren Ostens stellte besondere Anforderungen an den Sanitätsdienst der einzelnen Armeen. Bereits nach dem Ägypten-Feldzug hatte Napoleon geäußert, daß der Orientkrieg mit Ärzten und Ingenieuren geführt werden muß: Die Ingenieure sorgten dafür, daß die Truppen Marschstraßen erhielten, die Ärzte verhinderten, daß die Heere Opfer von Infektionskrankheiten und Seuchen wurden. Die Prognose des Korsen hatte auch noch Gültigkeit für den technischen Krieg des 20. Jahrhunderts. Türken und Bulgaren mußten im Balkankrieg schrecklich darunter leiden, daß der Truppensanitätsdienst äußerst mangelhaft war. Auf türkischer Seite wüteten Seuchen im Heer und in der Zivilbevölkerung. Zehntausende starben an Cholera, Fleckfieber, Rückfallfieber, Skorbut, Unterleibstyphus, Influenza, Blattern, Rotlauf, Genickstarre und auch an der Pest. Eine effektive Behandlung und Bekämpfung der Epidemien gab es nicht. Türkische Ärzte beschränkten sich auf die Diagnose »Influenza« und verkannten das wahre Ausmaß der Kriegsseuchen.[1] Das osmanische Kriegsministerium vernachlässigte selbst die primitivsten Anforderungen der Fürsorge und Hygiene. Erst nach langem Zögern bewilligte es Strohsäcke für Verwundetenzüge (offene Viehwaggons), nachdem der Kriegsminister zuerst die Auffassung vertreten hatte, »es genüge Pferdemist«.[2] Enver Pascha befahl eine Reorganisation des türkischen Sanitätsdienstes und beauftragte den bayerischen Professor Dr. Georg Mayer mit der Realisierung. Dieser führte eine moderne Seuchenbekämpfung ein. Seuchenlazarette und Seuchenstationen entstanden. Die Lazarette erhielten Krankenwagen (Fuhrwerke). Die Truppen wurden wiederholt entlaust und gegen Blattern, Typhus und Cholera geimpft. Diese Maßnahmen waren erfolgreich und die Armee konnte im März 1914 als seuchenfrei gelten.[3] Aber die Türkei blieb vorerst medizinisch ein rückständiges Land mit einem mangelhaft organisierten und äußerst lückenhaften Gesundheitssystem. In großen Gebieten gab es überhaupt keine Ärzte und nur sehr wenige Städte verfügten 1914 über ein modernes Kanalisationssystem. Malaria und Syphilis waren weit verbreitet und die Kindersterblichkeit lag bei rund 40 %.[4] Die osmanischen Sanitätsoffiziere – es handelte sich um 1202 aktive Ärzte und

1353 Reserveoffiziere[5] – waren schon zahlenmäßig zu schwach, um die vielfältigen Aufgaben der Vorsorge, Krankenversorgung und Heilung bewältigen zu können. Zudem entsprachen ihre Ausbildung und der Umfang ihrer Fachkenntnisse oft nicht neuzeitlichen Anforderungen. Als während des Krieges 163 aktive Ärzte und 186 Reserveärzte an der Front fielen oder an Krankheiten starben, wurden die Fehlstellen häufig mit völlig ungeeigneten Veterinärmedizinern oder Apothekern besetzt. Das türkische Ärztekorps wurde zusätzlich noch durch die Armenierverfolgungen geschwächt, denen 76 Ärzte, 45 Apotheker, 10 Zahnärzte und 5 Medizinstudenten zum Opfer gefallen sein sollen.[6]

Das Kaiserreich schickte deutsche Ärzte zur Unterstützung des Bundesgenossen an den Bosporus. Das deutsche Flottenkommando in Konstantinopel forderte bereits im August 1914 zur hygienischen Überwachung der türkischen Streitkräfte deutsche Marineärzte an. Die eintreffenden Mediziner wurden den Armeen an den Dardanellen, in Syrien, Mesopotamien und an der Kaukasusfront als beratende Hygieniker und Feldärzte zugewiesen.[7] Zur Mittelmeer-Division und zum Oberkommando der Meerengen waren allein 64 Marinesanitätsärzte abgeordnet.[8] Den deutschen Ärzten bot sich ein weites Betätigungsfeld. Als hauptsächliche Infektionskrankheiten auf dem osmanischen Kriegsschauplatz fanden sie typhöse Erkrankungen, Cholera, Malaria, Ruhr, Rückfallfieber, Pest, Pappatazifieber, Pocken, Syphilis und Gonorrhoe vor.

Typhöse Erkrankungen waren in der gesamten Türkei endemisch. Ein deutscher Marinestabsarzt entwickelte gegen den Paratyphusbazillus den kombinierten Typhusschutzimpfstoff P. Wegen Auftretens starker Impfreaktionen lehnten zahlreiche Truppenärzte die Anwendung dieses Impfstoffes allerdings ab. Besonders hoch war die Mortalität bei Flecktyphus. In Jaffa (Zivilbevölkerung) und in Birseba (Seuchenhospital) betrug sie jeweils 30%, in Nablus 25%. Übertragen wurde Flecktyphus durch die Kleiderlaus. Die religiöse Vorschrift, keine Tiere zu töten, behinderte die Seuchenbekämpfung bei den Mohammedanern außerordentlich. Zwar suchten die türkischen Soldaten ihre Uniformen sehr sorgfältig nach Läusen ab, töteten diese aber nicht, sondern setzten sie vorsichtig auf den Boden, wo sie den nächsten Rastenden infizierten. Erst ein Armeebefehl des Sultans erlaubte im Verlauf des Krieges die Läusevernichtung. Besonders betroffen vom Flecktyphus waren die Kaukasusarmee 1914/15 und die arabischen Arbeitsbataillone an der Sinaifront 1916. Typhus grassierte auch in Aleppo, einer Stadt, die gekennzeichnet war durch Korruption, Laster, Ausschweifungen und Seuchen. Allein im zweiten Halbjahr 1916 starben dort 35 000 Menschen an der schweren Infektionskrankheit.[9]

Auch der Cholera war nicht überall Herr zu werden. Der Bahnknotenpunkt Afule wurde kurzerhand niedergebrannt, da man die Krankheit sonst nicht ausrotten konnte. In Palästina hatte auch der deutsche Divisionskommandeur Hans von Kiesling, Chef der 54. ID., 1917 Probleme mit der Cholera. Zwar erhielt er von deutschen Spezialisten die schönsten Ratschläge, wie man der Seuche zu Leibe rücken müsse. Er hatte allerdings außer einigen Kilo Chlorkalk keinerlei Mittel, die Epidemie einzudämmen. Kiesling entschied sich daher für eine radikal-barbarische Methode, die man schon im Mittelalter angewendet hatte. Er ließ um die Zelte der Kranken und vermutlich Angesteckten Stacheldraht ziehen und schloß sie hermetisch von der Umwelt ab. »Wer drinnen war, starb entweder, oder er wurde gesund.«[10] Nahezu aufgerieben von einer Choleraepidemie wurde die osmanische 59. Division, die im Oktober 1917 von der Kaukasusfront zur 7. Armee nach Palästina verlegte. Es blieben so wenig kriegsverwendungsfähige Soldaten übrig, daß die Einheit aufgelöst werden mußte.

Als Verbreiter der Malaria trat die Anopheles (Fiebermücke) auf. Zur Vorbeugung führte der Sanitätsdienst bei der Truppe die Chininprophylaxe durch. Diese war jedoch häufig mit zahlreichen Beschwerden wie Ohrensausen, Übelkeit, Zittern und Augenflimmern verbunden. Die Chininration erfreute sich daher keiner großen Beliebtheit bei den Soldaten und die Truppenärzte mußten ihre ganze Überzeugungskraft aufwenden, damit die Medizin tatsächlich eingenommen wurde. Aber die Mediziner konnten nicht verhindern, daß viele Deutsche ihre Ration wegwarfen oder verkauften. 10 Pfennig zahlte man im Sommer 1918 für eine Tablette an der Palästinafront. Die Ergebnisse dieser mangelnden Disziplin und Vorsorge beim Deutschen Asienkorps ließen nicht lange auf sich warten. Oft war die Hälfte einer Kompanie fieberkrank und im August 1918 befanden sich allein von einem Bataillon des masurischen Infanterieregiments Nr. 146 150 Mann wegen Malariaerkrankung in Revierbehandlung.[11] Die Krankheit trat als Malaria Tertiana (Dreitage), Quartana (Viertage) oder Tropica (Tropische) auf, wobei letztere am häufigsten anzutreffen war. Auch der Landungszug von SMS *Emden* unter Kapitänleutnant von Mücke blieb von der mit Fieberanfällen verbundenen Erkrankung nicht verschont. Als die kleine Truppe in Homs eintraf, war fast die Hälfte der Männer infiziert. Der bekannte schwedische Forscher Sven Hedin (1865–1952), der 1916 eine ausgedehnte Orientreise unternahm, erkrankte im Juli in Damaskus an Malaria und beschrieb die typischen Symptome:[12]

»Ich schlief auch bald ein, erwachte aber plötzlich unter den heftigsten Fieberschauern. Ich zitterte vor Kälte, meine Zähne klapperten, und rasende Kopfschmerzen peinigten mich ... Den ersten Tag über lag ich meist in Fieberphantasien. Die Temperatur schwankte zwischen 37 und 40 Grad. Am Vormittag war das Fieber am schwächsten, am Abend am stärksten ... Während der heißen Nachmittagsstunden, in denen das Geräusch der Straße fast nächtlicher Stille zu weichen pflegt und jedermann ruht, lag ich lange Zeit völlig bewußtlos und erwachte erst wieder, als das Fieber auf 40,5 Grad gesunken war ... In meinen Phantasien fabelte ich stets von einer Karawane, die nach Süden zu einer Oase aufbrechen müsse, wo eine Quelle unter Palmen riesele. Am Abend war ich wieder ganz klar bei Verstand, konnte aber vor Mattigkeit kein Glied rühren.«

Bei den türkischen Verbänden existierten häufig keine ausreichenden Chininvorräte. Für die gesamte, rund 60 000 Mann starke Dardanellenarmee gab es Ende 1916 nur 8 kg Chinin. Um eine achtmonatige Prophylaxe durchzuführen, hätte man 3840 kg Chinin benötigt ...[13]

Die Ruhr war sowohl in bazillärer Form als auch als Amöbenruhr verbreitet. Es fehlte zumeist an geeigneten Nahrungsmitteln, um die Krankheit zu stoppen. Die Pest trat glücklicherweise nur vereinzelt auf. Der Schwarze Tod wütete im Winter 1914 in Bagdad. Da man die Rattenvernichtung energisch praktizierte und auch zum Mittel der Zwangsimpfung griff, konnte die Seuche bei 100 Kranken zum Stillstand gebracht werden.[14] Weitere Pestfälle wurden im Februar 1918 aus einem Gefängnis in Trapezunt gemeldet.

Die Gesundheit und Kampfkraft der Truppe beeinträchtigte auch das Pappatazifieber, das kleine Stechmücken übertrugen und das zu großer nervöser Unruhe, Schmerzen in den Augäpfeln und tiefer Abgeschlagenheit führte. Selbst Moskitonetze schützten nicht vor den Pappataziefliegen, da diese durch die engen Maschen schlüpfen konnten. Ihre Stiche schmerzten wie Brandwunden und verursachten ein hohes Fieber von 40–41 Grad, das nach 4 bis 6 Tagen wieder verschwand. Im Juni 1918 wurde SMS *Goeben* in Sewastopol von einer Epidemie heimgesucht, die täglich 100 Besatzungsmitglieder erfaßte. Nach wenigen Tagen war die Massenerkrankung abgeklungen.

Eine weitere Sorge bereitete den Ärzten die rasche Ausbreitung der Geschlechtskrankheiten Syphilis und Gonorrhoe, die auf eine mangelhafte Kontrolle der zahlreichen Prostituierten und unterbliebene Schutzmaßnahmen der Soldaten zurückzuführen war. Deutsche, Türken, Österreicher und Türken litten gleichermaßen unter der Lustseuche. In Nsebin an der Bagdadbahn war eine k.u.k. Kraftfahrkolonne wegen Geschlechtskrankheiten fast durchweg nicht mehr dienstfähig. Eine Gesundheitskontrolle des Ortes ergab,

»daß Nsebin ein gänzlich verseuchter Ort war. Die Stadt, völlig verschmutzt, besaß weder Aborte, Rinnsteine noch Müllgruben. Aller Kot wurde seit Jahren auf die Straße geworfen. Überall türmten sich hohe Schmutzberge auf, die einen pestartigen Gestank verbreiteten.«[15]

Zumindest die deutsche Marine aber hatte das Problem einigermaßen im Griff. So hatten sich im Jahr 1916 auf SMS *Goeben* 5,05 % der Besatzung eine Geschlechtskrankheit zugezogen, auf SMS *Breslau* 5,71 %. Diese Ansteckungsrate hielt sich durchaus im Rahmen der kaiserlichen Gesamtmarine von 5,7 % in Friedenszeiten.[16]

Mit den beschriebenen Krankheiten ist die Liste des Schreckens aber bei weitem noch nicht vollständig. Es traten auf Schwarzwasserfieber und Maltafieber, Lepra, Skorbut und die Aleppo (Jericho) beule. Die Aleppobeule wurde durch blutsaugende Fliegen übertragen. Zumeist im Gesicht traten mehrere Knoten auf, die sich im Verlauf mehrerer Monate zu großen, schmerzenden Eiterbeulen entwickelten. Dieser Eiterprozeß dauerte rund ein halbes Jahr. Danach blieben häßliche Narben zurück. Skorbut kam bereits im März 1915 bei der türkischen Armee auf Gallipoli vor. Die Epidemie, die etwa 1000 Mann erkranken ließ, konnte erstickt werden, nachdem sich die Ernährungslage gebessert und grüne Gemüse und Salate ausgeteilt worden waren.

Das türkische Sanitätswesen war bei der Fülle der auftretenden Epidemien und Krankheiten überfordert. Es fehlte an Medikamenten und Sanitätsmaterial, an Entlausungsanstalten und Desinfektionsmöglichkeiten. Hinzu trat ein mangelndes Verständnis weiter Bevölkerungskreise und auch zahlreicher osmanischer Dienststellen für Hygieneprobleme, das heißt für die Reinhaltung der Brunnen und Zisternen, für die Pflege und Sauberkeit in Häusern, Kasernen und Krankenhäusern, für die Beseitigung von Abfällen und Fäkalien. Die Nachlässigkeit und fahrlässige Selbstgefährdung nahm für Mitteleuropäer unvorstellbare Ausmaße an. So war ein Zisternenbrunnen an einer Karawanenstraße in Palästina choleraverseucht und entsprechend durch eine Holztafel mit deutschen und türkischen Warnhinweisen gekennzeichnet. Der Armeearzt in Palästina, Dr. Steuber, traf an dem Brunnen eine türkische Reitergruppe an. Die Offiziere hatten das Verbotsschild in einen Feldtisch umgewandelt und ließen sich das verseuchte Wasser schmecken.[17]

Verschärft wurde die Situation im Gesundheitsbereich noch zusätzlich durch die mangelhafte Ernährung, Unterbringung und Bekleidung der türkischen Soldaten, Faktoren, die sie besonders anfällig für Krankheiten machten. Schon zur Zeit der 3. Schlacht um Gaza lag die Verpflegungsrate für den geschundenen türkischen Infanteristen unter dem Existenzminimum, waren seine Lebensbedingungen erbärmlich:[18]

»Die in dieser Zeit in Palästina konzentrierten türkischen Soldaten hatten nicht genug Brot, um bei Kräften zu bleiben. Sie erhielten beinahe kein Fleisch, keine Butter, keinen Zucker, kein Gemüse, keine Früchte. Nur ein dünnes Zelt gab den Anschein eines Schutzes vor der heißen Sonne bei Tag und der Kälte bei Nacht. Sie waren elend gekleidet. Sie hatten überhaupt keine Schuhe, was sie stattdessen trugen, war so schlecht, daß es die Füße verletzte. Soldaten waren seit Jahren ohne Nachricht von zu Hause. Wegen der schlechten Verkehrsverbindung wurde ihnen kein Urlaub gewährt. Sie hatten keinerlei Unterhaltung, keinen Tabak, keinen Kaffee. Und diese Männer konnten ihre deutschen Kameraden an der gleichen Front sehen, die wohl genährt waren und jede Art von Komfort und Unterhaltung genossen.«

Soweit eine türkische Stellungnahme. Aber auch die deutschen Soldaten genoßen durchaus nicht »jede Art von Komfort und Unterhaltung«. Dies beleuchtet ein Bericht des diensttuenden Sanitätsoffiziers bei den deutsch-türkischen Maschinengewehrkompanien vom Mai 1917:[19]

> »Die Maschinengewehrkompanien 601/608 befinden sich seit 14 Monaten in der Türkei und seit 13 Monaten an der Sinaifront. Die ungünstigen örtlichen und klimatischen Verhältnisse haben bewirkt, daß kein einziger Angehöriger der Formation von Krankheiten (vorwiegend Amöbenruhr und Malaria) verschont blieb. Trotzdem inzwischen eine gewisse Gewöhnung an das Klima eingetreten und eine große Anzahl von Mannschaften als tropendienstunfähig heimgesandt worden sind, erreicht der augenblickliche Krankenstand eine erhebliche Höhe. Von den noch hier befindlichen 114 deutschen Unteroffizieren und Mannschaften der Formation befinden sich zur Zeit 24 im Lazarett, 2 im Genesungsheim, 3 in Revierbehandlung und 3 auf Erholungsurlaub. Der Ausfall durch Krankheit beträgt also zur Zeit 28 Prozent. Mit einer Erhöhung dieses Prozentsatzes im Herbst muß gerechnet werden.
>
> Als Folgen überstandener Krankheiten sind fast bei allen Leuten Magen- und Darmkatarrhe, Blutarmut, Störung der Herztätigkeit, Nervosität und Schlaflosigkeit festzustellen. Die Folgen des langen Aufenthalts im heißen Klima machen sich bemerkbar durch allgemeine Erschlaffung und verringerte geistige und körperliche Leistungsfähigkeit, an die durch die anstrengende Ausbildungstätigkeit hohe Anforderungen gestellt werden.
>
> Bei vielen Leuten wäre ein längerer Heimaturlaub zur Wiederherstellung der Tropendienstfähigkeit dringend erwünscht. Leider muß aber wegen Mangels an Personal von längeren Beurlaubungen Abstand genommen werden.«

In jedem Fall aber waren die deutschen Soldaten besser gekleidet, ausgerüstet, versorgt und betreut als ihre türkischen Waffenbrüder. Man kann sich nur wundern, woher die unterernährten Türken, deren einzige Mahlzeit häufig monatelang aus einer Mehlsuppe bestand, die physische und psychische Kraft hernahmen, den haushoch überlegenen Briten Widerstand entgegenzusetzen. In der offiziellen Geschichte der Australischen Streitkräfte ist vermerkt, daß

die Australier und Neuseeländer, hätten sie im Sommer 1918 unter denselben miserablen Bedingungen vegetieren müssen wie die Türken, durch Seuchen vernichtet worden wären.[20]
Wurde der türkische Infanterist krank oder verwundet, so kam er – mit Glück – in ein Lazarett. Aber dort mangelte es, besonders in den letzten Kriegsjahren, regelmäßig an den allernötigsten Arzneien, Verbands- und Hilfsmitteln. Gravierende chirurgische Eingriffe mußten ohne Narkotika vorgenommen werden, Wäsche und Bettzeug fehlten, viel zu wenig Ärzte mußten sich um zu viele Patienten kümmern. Kranke lagen zum Teil auf dem Fußboden, 30 Mann teilten sich einen einzigen Trinkbecher und 500 Pflegebedürftige mußten mit drei Fieberthermometern auskommen. In den Lazaretten Aleppos gab es Krankenstuben ohne Türen und Fenster. Die türkischen Militärärzte taten zum größten Teil ihr Bestes, aber es gab auch Fälle von Ignoranz, Indolenz und Schlamperei. Der deutsche Mediziner Otto Lawetzky berichtet von drei türkischen Soldaten, von denen einer an Harnröhrenkatarrh, ein weiterer an Ruhr und der dritte an Malaria litt. Alle zusammen erhielten im türkischen Lazarett von Es Salt ein einziges Arzneifläschchen zweifelhaften Inhalts. Die drei Kranken sollten die gleiche Medizin einnehmen, wenn auch in unterschiedlicher Dosierung.[21] Auch verschoben Ärzte und Krankenpfleger die Medizin und Verpflegung der Kranken, um ihren kärglichen Sold aufzubessern. Bei angesagten Inspektionen fanden Ärztekommissionen die Lazarette allerdings meist in mustergültiger Ordnung vor. Das osmanische Sanitätspersonal präsentierte ein »potemkinsches Krankenhaus« mit Paradekranken. Die genügsamen türkischen Patienten beschwerten sich trotz dieser erheblichen Mißstände kaum und litten schweigend. Ein deutscher Marine-Stabsarzt schrieb über verwundete türkische Soldaten:[22]

»Klagen oder gar Weinen gab es nicht. Jeden Eingriff ließen sie ohne Sträuben mit sich vornehmen. Obwohl sie natürlich Schmerzen empfanden, äußerten sie diese nicht.«

Je länger der Krieg dauerte, je schlechter die Versorgungslage der Türkei wurde, desto größer wurden die Engpässe im medizinischen Bereich. Wie Theodor Wiegand in Erfahrung brachte, lag die Sterberate in türkischen Lazaretten in Konstantinopel im Januar 1918 bei 40%.[23] Die deutschen Lazarette verfügten auch zu dieser Zeit in aller Regel noch über genügend qualifiziertes Fachpersonal und hinreichende Arzneireserven. Aber sie hatten ja nicht nur eine medizinische, sondern durchaus auch eine propagandistisch-politische Funktion, wie Kreß von Kressenstein in seinen Erinnerungen freimütig einräumt:[24]

»Der Türke, Araber oder Armenier aber, dem der deutsche Arzt geholfen und Medikamente verabreicht hat oder der in einer deutschen Schule aufgezogen und unterrichtet worden ist, der ist und bleibt in den meisten Fällen ein Deutschenfreund. In seinem Bekanntenkreis verbreitet er das Lob des deutschen Arztes oder Lehrers und damit des Deutschen im allgemeinen.«

Zu den wohl schlimmsten Szenen auf dem Sanitätssektor kam es möglicherweise in Damaskus nach der Einnahme der Stadt durch die Alliierten im Oktober 1918. Die Lazarette in der syrischen Hauptstadt waren überfüllt mit toten, sterbenden und leidenden türkischen Soldaten. T. E. Lawrence besichtigte einen zum Krankenhaus umfunktionierten Kasernenkomplex. In diesem völlig verkommenen und verschmutzten Gebäude stieß er auf in Verwesung übergehende, von Ratten zerfressene Leichen, auf 700 Kranke und 200 Sterbende, die nicht versorgt wurden. Die osmanische Ärzte waren derweil damit beschäftigt, »sich türkisches Zuckerwerk zu bereiten«.[25] Die türkische Tragödie erreichte in Damaskus ihren Höhepunkt. Die Veteranen von Gallipoli und Gaza hatten sich bis Damaskus 150 km kämpfend zurückgezogen und waren durch die Hölle gegangen. Sie litten an Dysenterie, Typhus und Cholera, waren halb verhungert und erschöpft, aber sie waren durchgekommen. Nun, in den Händen britischer Ärzte und damit in relativer Sicherheit, gaben sie sich auf. Während das Osmanische Reich zerfiel, resignierten seine gefangenen Söhne in Damaskus. Sie hatten ihren Lebenswillen verloren und setzten den Krankheiten keinen Widerstand mehr entgegen. So starben von 20 000 gefangenen Soldaten des Sultans 3000 bis 4000 Mann. Die meisten an psychischer Erschöpfung und Verzweiflung.[26]

Zieht man die Bilanz des Schreckens, so erhält man folgende Zahlen für die Kriegsjahre 1914–1918:
3 515 471 türkische Soldaten erkrankten, von denen 466 759 starben; 763 753 türkische Soldaten wurden verwundet; von ihnen erla-

gen 68378 ihren Verletzungen. Die türkischen Truppen in Galizien und Mazedonien, die den deutschen Lazarettstandard übernehmen konnten, hatten dabei die relativ geringsten Verluste. Bei den Krankheiten waren es Typhus und Dysenterie, die die meisten Opfer forderten.[27]

Schätzungen, wonach der Krieg und die mit ihm verbundenen Verpflegungs- und Versorgungsmängel das Leben von 1,5 bis 2,5 Millionen Zivilisten und Soldaten kostete, dürften nicht zu hoch gegriffen sein. Am schlimmsten traf es die wehrfähige männliche Bevölkerung aus dem anatolischen Kernland. Von den Männern, die an der Front eingesetzt waren, kehrten nur 10 bis 20 % in ihre Heimatdörfer zurück.

XI. Die Bagdad- und Hedschasbahn

Entscheidend für ein militärisches Durchhalten der Türkei war die Frage des Nachschubes und der Mobilität der Truppen. Das Osmanische Reich kämpfte an insgesamt sieben Fronten:

- an der Ostfront, die vom Schwarzen Meer bis zum Iran reichte,
- an der Front im Irak (Mesopotamien),
- an der Front im Iran,
- in Palästina und am Suezkanal,
- an den Dardanellen (Gallipoli),
- im Jemen und im Hedschas,
- an der europäischen Front auf dem Balkan (Galizien, Mazedonien, Rumänien).

Zu allen diesen Punkten mußten Versorgungsgüter und Truppen transportiert werden. Zudem war die Türkei in einigen Bereichen (Kohlen, Munition, Waffen) fast völlig vom Import abhängig. Das Land verfügte bei Kriegsausbruch über keine Fabriken, die in der Lage gewesen wären, auch nur einen Teil der erforderlichen Munition für Infanteriegewehre und Feldgeschütze herzustellen.[1] Da ein ausgebautes und flächendeckendes Straßennetz auch nicht in Ansätzen vorhanden war, der Seeweg wegen der alliierten Überlegenheit kaum genutzt werden konnte, bildeten die Eisenbahnen die wichtigsten Schlagadern für den Transport von Nachschub und die Verlegung von Soldaten. Aber das Eisenbahnnetz war südlich der Donau nur eingleisig, wies innerhalb der Türkei erhebliche Lücken auf und verschiedene Spurbreiten hemmten die Flüssigkeit des Verkehrs. Während innerhalb des Osmanischen Reiches die Anatolische Bahn, die Bagdadbahn, die Hedschasbahn und syrische Privatbahnen in den Dienst des Krieges gestellt wurden, lief der Hauptnachschub von Deutschland in die Türkei über die Orientbahn (Balkanzüge). Truppen, Verpflegung, Kohlen, Heeresgerät und Baumaterialien rollten von Cosel-Hafen, Oberschlesien über Österreich-Ungarn, Nisch, Sofia und Adrianopel (Edirne) nach Konstantinopel. Die Entfernung betrug rund 2200 km. In der türkischen Hauptstadt mußten Fracht und Passagiere ausgeladen und auf Fähren zum kleinasiatischen Haidar Pascha, wo die Anatolische Bahn begann, über-

Zeitgenössische Postkarte zur Erinnerung an die Eröffnung des Schienenweges Berlin–Konstantinopel nach der Niederwerfung Serbiens und an den ersten Balkanzug, der die türkische Hauptstadt am 17. Januar 1916 erreichte
(Archiv Autor)

gesetzt werden. Die Strecke der Orientzüge wurde erst nach der Niederwerfung Serbiens im November 1915 frei. Der erste Zug aus Deutschland erreichte Konstantinopel nach zweitägiger Fahrt am 17. Januar 1916. Diese lebenswichtige Verbindung diente nicht nur der Zufuhr für das Osmanische Reich, sondern auch der Ausfuhr nach Deutschland. Die Türkei gab Öle, Faserstoffe, Erze, Metalle, Gerbstoffe, Gummi, Lebens- und Futtermittel ab.[2] Eine einschneidende, wenn auch nur zeitweilige Einschränkung erlitt der Zugverkehr im September 1917. Am 5.9. flog der Bahnhof von Haidar Pascha zusammen mit dem Benzin und den Munitionsvorräten für die Heeresgruppe Jildirim in die Luft. Auch wurden etwa 290 Eisenbahnwaggons zerstört. Menschliches Versagen, der schlampige Umgang mit Zündern, dürfte die Ursache für diese Katastrophe gewesen sein. Auch ohne die Explosion von Haidar Pascha waren die Abnutzung und der Verschleiß des türkischen rollenden Materials während des Krieges erheblich. Die Deutschen unterstützten ihre Bundesgenossen hier nur mäßig, denn die 600 Waggons und 16 Lokomotiven, die sie leihweise der Anatolischen Bahn und Bagdadbahn überließen[3], haben die Verluste sicher nicht ausgeglichen. Insgesamt erreichten die Türkei während des Krieges etwa 100 000 bis 120 000 Waggons mit einem Volumen von 1¼ bis 1½ Millionen Tonnen Nachschub an Verpflegung, Betriebsstoffen, Kohlen und militärischem Gerät.[4] Allein ¾ Millionen Tonnen entfielen auf Kohle. Selbst wenn die Ressourcen der blockierten Mittelmächte größer gewesen wären, muß bezweifelt werden, ob diese Menge bei dem schon überlasteten Schienenverkehr noch hätte gesteigert werden können. Das Bahnnetz war sowohl von seiner Ausdehnung als auch der Kapazität, der Bahnbetrieb von seinem organisatorischen Aufbau her kaum in der Lage, den weitverzweigten Fronten auch nur das Nötigste an Nachschub zukommen zu lassen. Die türkischen Bahnhöfe hatten nur eine geringe Aufnahmefähigkeit und Verkehrsstaus, Unfälle und Zugzerlegungen bestimmen den Alltag.

Rückgrat des Eisenbahnwesens innerhalb der Türkei war die außenpolitisch so befehdete und umstrittene Bagdadbahn, von Wilhelm II. als »meine Bahn«[5] bezeichnet. 1888 erteilte die Pforte einer von der Deutschen Bank geführten Finanzgruppe unter Georg von Siemens die Konzession, die bereits bestehende Eisenbahnlinie Haidar Pascha – Ismid bis nach Angora (heute Ankara) zu verlängern. Ein Jahr später gründete die Deutsche Bank die Anatolische Eisenbahngesellschaft (Société du Chemin de Fer Ottoman d'Anatolie). Bereits 1893 erreichte die Eisenbahnlinie Angora. Die Anatolische Gesellschaft erhielt die weitere Genehmigung, eine Strecke von Angora über Kayseri, Siwas, Diarbekir nach Bagdad und eine zweite Linie von Eskisehir nach Konya zu bauen. Diese letzte Verbindung wurde 1896 fertiggestellt. Nun wurde Konya als Anfang für die Bagdadbahn festgelegt und Angora als Ausgangspunkt fallengelassen. Die Strecke sollte über Adana nach Aleppo führen mit Stichbahnen nach Mersin und Iskenderun an der Mittelmeerküste. Die Hauptstrecke an der Küste entlangzuführen, verbot sich aus militärischen Gründen, da man sie nicht Angriffen von See her aussetzen wollte. Die deutsche Finanzgruppe bekam 1899 eine entsprechende Vorkonzession und schloß 1903 einen endgültigen Vertrag für den Bau der Bagdadbahn von Konya bis Basra mit dem Osmanischen Reich ab. Das deutsche Auswärtige Amt hoffte, die wechselseitigen Rivalitäten Englands und Rußlands für das Projekt ausnutzen zu können. Unterstaatssekretär von Mühlberg schrieb[6],

> »daß wir bald mit einer Verbeugung vor dem britischen Löwen, bald mit einem Knicks vor dem russischen Bären unsere Bahn bis Kuweit am Persischen Golf hindurchschlängeln.«

Den Bau übernahm die neugegründete Bagdad-Eisenbahn-Gesellschaft. Die erste Teilstrecke führte von Konya über Eregli nach Bulgurlu und wurde im Oktober 1904 dem Verkehr übergeben. Dann stockte der weitere Ausbau für mehrere Jahre. Erst 1910 wurden die Arbeiten wieder aufgenommen, ein Jahr später war die Strecke bis Ulukischla vorangetrieben. Damit war vorerst eine Gesamtlänge von 237 km erreicht. Auch Meißner Pascha, der 1909 zur Anatolischen Bahnbaugesellschaft übertrat, stellte sein Können in den Dienst des gewaltigen Vorhabens. Er übernahm die Leitung der Bauabteilung Bagdad. Seine Prognose, Mosul von Bagdad aus in drei Jahren und Aleppo in vier Jahrn zu erreichen, erwies sich allerdings als zu optimistisch. Zunächst aber verlief die Erweiterung des Streckennetzes äußerst zügig. Bis Ende 1912 standen 606 km Schienen zur Verfügung. Dann kam es wegen des Balkankrieges und finanzieller Schwierigkeiten zu Verzögerungen. Bis Kriegsausbruch wuchs die Linie schließlich auf 885 km an.[7] Fertig war fast der gesamte nördliche Abschnitt von Konya nach Aleppo, aber sowohl im Taurus als

Offiziersschüler der Reserve von verschiedenen osmanischen Waffengattungen 1914. V. l. n. r.: Infanterist, Kavallerist, Nachrichtentruppe (Ullstein Bilderdienst)

Bei Kriegsausbruch verfügte die türkische Armee über 4 Kavalleriedivisionen (Ullstein Bilderdienst)

Landung britischer Truppen auf Gallipoli. Angriff der Royal Naval Division im April 1915 (Ullstein Bilderdienst)

Türkische Infanterie vor dem Abtransport zur Front (Ullstein Bilderdienst)

Das zusammengeschossene Wrack von SMS Emden bei den Cocos-Inseln (Ullstein Bilderdienst)

Der Kommandeur des Landungszuges von SMS Emden, Kapitänleutnant Hellmuth von Mücke, nach der Ankunft in Haidar Pascha im Mai 1915 (Ullstein Bilderdienst)

Mustafa Kemal Pascha, der spätere Atatürk, spielte eine entscheidende Rolle bei der Verteidigung von Gallipoli 1915 (Ullstein Bilderdienst)

Freiherr Kreß von Kressenstein war an den beiden Vorstößen gegen den Suezkanal 1915 und 1916 beteiligt (Ullstein Bilderdienst)

Sinai-Front: Türkische Artillerie auf dem Weg zum Suezkanal 1915 (Ullstein Bilderdienst)

auch im Amanusgebirge fehlten die wichtigen Tunnelverbindungen. Insgesamt waren 722 km der Strecke Konya-Bagdad 1914 noch nicht gebaut.[8]

Das Streckennetz wuchs während des Krieges nicht in dem Maße, wies es für eine Versorgung der Truppen in Mesopotamien, Persien und im Kaukasus notwendig war. Immerhin gab es kleine Fortschritte. Die Brücke über den Euphrat bei Dscherablus (heute Grenzort zwischen der Türkei und Syrien) wurde am 30. April 1915 fertiggestellt, die Bahnlinie bis zum vorläufigen Endpunkt Ras-el-Ain am 15.1.1916 in Betrieb genommen. Von Bagdad aus schob sich auch ein Schienenstrang vor und erreichte im Oktober 1915 das 118 km entfernte Samarra. Aber für den großen und raschen Ausbau fehlte es an Menschen, Material und Initiative. Vergeblich versuchte Ernst Jäckh 1915 den Chef des Generalstabes des Feldheeres, General von Falkenhayn, für eine beschleunigte Fertigstellung der Bagdadbahn zu gewinnen. Dieser lehnte ab, weil er glaubte, der Krieg würde bereits binnen kurzem im Westen zugunsten Deutschlands entschieden. Als sich Jäckh von dem preußischen Kriegsminister, der soeben eine verhängnisvolle Entscheidung getroffen hatte, verabschiedete, machte er eine prophetische Bemerkung:[9]

»Exzellenz, so wahrhaftig wir uns jetzt die Hand zum Abschied reichen, so wahrhaftig werden Sie in zwei Jahren Bagdad und Jerusalem verlieren durch ihre heutige Entscheidung, den Bagdadbau nicht mit allen Mitteln zu beschleunigen!«

Noch andere Faktoren verzögerten eine kontinuierliche Erweiterung der Bahntrassen. Der Tunnelbau im Taurusgebirge etwa lag 1915 ein halbes Jahr still, weil die armenischen Arbeiter deportiert worden waren.[10] Es bedurfte einer energischen Intervention Djemal Paschas in Konstantinopel, daß der Verschickungsbefehl der armenischen Fachkräfte rückgängig gemacht wurde. So blieb die Bagdadbahn, eingleisig wie die Hedschasbahn, ein Torso. Besonders störend waren die großen Lücken im Amanus und Taurus, weil das dort erforderliche Umladen auf Kamel-, Ochsenkarawanen und Autokolonnen erhebliche Verzögerungen mit sich brachte. Die Situation entspannte sich geringfügig, als im Taurus – hier erreichte die Bahn mit 1478 m ihre höchste Stelle – von Karapunar nach Dorak und im Amanus von Mamure nach Islahie Feldbahnen mit 60 cm Spurbreite verlegt wurden. Zwar konnte am 1.12.1917 die Vollbahn Islahie-Mamure in Betrieb genommen werden[11], aber die Strecke durch den Taurus wurde erst im Oktober 1918 fertig, zu einem Zeitpunkt also, als der Waffenstillstand unmittelbar bevorstand. Dieser Abschnitt war technisch sehr schwierig zu bewältigen, denn auf 64 km mußten 44 Tunnels mit zusammen 10,5 km Länge gebohrt und ausgebaut werden.[12] Die deutschen Soldaten, die das Taurusgebirge und die dortige Kilikische Pforte passierten, gerieten wegen der landschaftlichen Schönheit und der historischen Bedeutung des Ortes ins Schwärmen. Durch die Kilikische Pforte auf der alten Paßstraße, einem kaum 20 m breiten Felsentor, waren schon Semiramis, Xerxes, Darius, Alexander der Große, Harun el Raschid und der Kreuzfahrer Gottfried von Bouillon mit ihren Heeren gezogen. Bis Kriegsende war auch die Gleisspitze Ras-el-Ain in Richtung Nsebin vorangetrieben worden, aber immer noch klaffte eine Lücke von 280 km bis zum Anschluß an die von Bagdad ausgehende Linie.

Die Anatolische und die Bagdadbahn – bis Aleppo – trugen auch die gesamte Last des Nachschubes der in Syrien, Palästina und in Arabien eingesetzen Armeen. Für den Militärbetrieb standen 1914 in Syrien zusätzlich folgende Privatbahnen mit verschiedenen Spurbreiten zur Verfügung:[13]

Jaffa-Jerusalem	87 km
Beirut-Rajak-Damaskus-Muzerib	249 km
Beirut–Marmalthain	19 km
Rajak-Homs-Aleppo	332 km
Homs-Tripolis	102 km

Der wichtigste Schienenstrang von Damaskus aus war der legendäre »Reitesel des Sultans«: Die Hedschasbahn.[14] Sultan Abdul Hamid II. beschloß 1900 den Bau einer Pilgerbahn von Damaskus über Medina nach Mekka. Eine derartige Bahnverbindung würde die »Hadsch«, die Wallfahrt für die Mekkapilger, erheblich erleichtern, die Heiligen Städte des Islam enger an Konstantinopel anbinden und die Erschließung der fernabliegenden Provinzen beschleunigen. Auch konnte die Strecke benutzt werden, um rasch Truppen zur Bekämpfung aufrührerischer Beduinenstämme nach Arabien zu verlegen. Und schließlich würde ein derartiges Unternehmen das Ansehen des Sultans und Kalifen erheblich steigern. Der Bahnbau hatte somit sowohl religiöse, politische, wirtschaftliche als auch militärische Gründe. Dieses Prestigeobjekt sollte nicht in fremde Hände gelegt, sondern als rein türkisch-islamisches Bauvorhaben durchgeführt werden. Die Finanzierung erfolgte durch Steuern und Spenden aus der gesamten islamischen Welt. Mit der Bauleitung beauftragte Konstantinopel den deutschen Ingenieur Heinrich August Meißner, da ein geeigneter einheimischer Techniker nicht zur Verfügung stand. Die Bahnlinie mit einer konzipierten Länge von 1700 km führte überwiegend durch Gebiete ohne Ansiedlungen und Wasserstellen. Die westliche Welt verfolgte das großartige Projekt mit einer Mischung aus Skepsis und Spott, aber Meißner sollte bald alle seine Kritiker widerlegen.

Das osmanische 5. Armeekorps stellte dem Deutschen die erforderlichen Arbeitskräfte – maximal 9500 Mann – zur Verfügung. Die Streckenführung legte Meißner eigenverantwortlich fest. Er folgte dabei der alten Karawanen- und Pilgerstraße von Damaskus nach Arabien. Da er das Territorium südlich von Maan aus religiösen Gründen nicht betreten durfte, wurde dieses Gebiet durch moslemische Ingenieure vermessen. Meißner entwickelte eine Arbeitsteilung, die sich bewähren sollte: Die türkischen Infanteristen übernahmen die Erdarbeiten, die Eisenbahntruppen führten die Arbeiten am Oberbau durch und verlegten die Schienen, während die Pioniere für den Bau der Telegraphenleitung verantwortlich waren. Vornehmlich ausländische Zivilarbeiter hatten den Auftrag, Brücken und Stationsgebäude zu errichten. Als den Firmen diese Arbeiten nach Vorantreiben des Gleisbaus in die unwirtlichen Wüstenzonen zu gefährlich erschienen, wurden für diese Tätigkeiten Handwerkskompanien herangezogen. Hinsichtlich der Spurbreite übernahm Meißner von den bereits vorhandenen, französisch finanzierten Bahnen in Syrien und Palästina die Schmalspurbreite von 1050 mm. Zwar verfügten die Anatoliche und Bagdadbahn über eine Spurbreite von 1435 mm, der deutsche Ingenieur hielt ein Abweichen hiervon jedoch für vertretbar, weil eine Schmalspurbahn billiger und schneller zu bauen war.

Dem Vorhaben stellten sich gewaltige Widerstände in den Weg. Aber Wassermangel, das Fehlen geeigneter Transportwege und -möglichkeiten, aufständische Beduinen und eine Hitze bis zu 55° im Hedschas konnten die Bahn nicht aufhalten. Meißner ließ vorhandene Zisternen instandsetzen, neue Brunnen bohren und Pumpen mit Windbetrieb aufstellen. In wasserlose Gebiete rollten Zisternenzüge mit Wassertankwagen. Entlang der Bahnlinie entstanden 96 Stationen, die in der Wüste festungsartig ausgebaut wurden. Um von der französischen Bahn Damaskus-Beirut und den französischen Hafenanlagen in Beirut unabhängig zu werden, erhielt die Hedschasbahn auch einen Zugang zum Mittelmeer. Es war die durch das enge Jarmuktal gelegte Zweigbahn Haifa-Dera, die eine erhebliche Zahl von Kunstbauten erforderte. Im Oktober 1905 war die neue Linie mit einer Gesamtstrecke von 161 km sowie 443 Brücken und Durchlässen, 6 Viadukten und 8 Tunnels fertig.[15] Auch auf der Hauptstrecke der Hedschasbahn machte der Bau kontinuierliche und von der Fachwelt nicht für möglich gehaltene Fortschritte. Bereits am 1.9.1904, als Abdul Hamid den 28. Jahrestag seiner Thronbesteigung feierte, wurde der Abschnitt Damaskus-Maan mit einer Länge von 459 km eröffnet. Das Bautempo in den letzten drei Jahren steigerte sich auf 120, 287 und schließlich sogar auf 323 km. Die letzten drei Etappen waren jedoch nur feldbahnmäßig und nicht so sorgfältig wie der Nordabschnitt ausgebaut, Züge konnten dort nicht schneller als 15 km fahren. Einen Rückschlag erlitt Meißner bei seinem Vorhaben, Maan mit dem Hafen Aqaba zu verbinden. Diese Zweigbahn wäre ein wirksames Mittel gewesen, einen Anschluß an das Rote Meer zu finden und den Suezkanal zu umgehen. Großbritannien, dem daran gelegen war, die Sinaiwüste als verkehrsarme Pufferzone zwischen Palästina und dem Suezkanal zu erhalten, erhob schärfsten Protest gegen das Projekt. 1906 kam es zur Aqaba-Krise, London stellte der Pforte ein Ultimatum. Die Türkei gab nach, und der Bau der Aqaba-Bahn wurde aufgegeben. Während des Krieges, als Deutsche und Türken die Linienführung erneut diskutierten, scheiterte das Vorhaben an der Haltung von Liman von Sanders, der den Ausbau wegen technischer und wirtschaftlicher Schwierigkeiten ablehnte. So sollte es noch mehr als ein halbes Jahrhundert dauern, bis eine deutsche Firma die Bahnlinie endlich in Angriff nahm.

Am 1. September 1908 hatte man die durchweg eingleisige Hedschasbahn bis Medina fertiggestellt.[16] Die Hauptstrecke wies 1532 Brücken und Durchlässe auf. 44 Stationen waren zur Wasserabgabe für Lokomotiven eingerichtet, für das rollende Material standen Werkstätten in Damaskus, Dera, Maan und Haifa bereit. Das noch fehlende Stück Medina-Mekka wurde nie gebaut. Die an die Macht gekommenen Jungtürken zeigten wenig Interesse an einer Komplettierung der Hedschasbahn. Schlampige Unterhaltungs- und Wartungsarbeiten sowie dauernde Beduinenüberfälle führten dazu, daß die Bahn langsam verfiel. Ab 1911 nahm sich der deutsche Eisenbahnbaurat P. Dieckmann der Linie an und sorgte für die notwendige Reorganisierung und Instandsetzung. Bei den Reparaturen im Hedschas herrschte Alarmzustand, denn kein Bautrupp war vor Beduinenüberfällen sicher:[17]

»Zur Arbeit begeben sie sich in Trupps von zwanzig bis fünfzig Mann, selbstverständlich alle bewaffnet. Auf den höher liegenden, sehr klug und umsichtig angelegten Beobachtungsposten beziehen dann einige Soldaten Posten und überwachen das Gelände sorgfältig, während der Arbeitstrupp mit der Draisine losfährt und bei Gefahr sofort in die Station zurückkehrt.«

In den Jahren vor Kriegsbeginn entstanden noch andere Bahnlinien, die von der Hedschasbahn abzweigten, so die Strecke Afule-Nablus und Dera-Bosra-eshki-Scham. Im Jahr 1913 rollten auf der Hedschasbahn 96 Lokomotiven, 103 Passagierwagen und 1065 Gepäck- und Güterwagen. Das Material stammte zumeist aus Deutschland und Belgien. Im gleichen Jahr benutzten 230 000 Fahrgäste die Bahn, unter ihnen etwa 40 000 Soldaten und mehr als 30 000 Pilger.[18] Durchgehende Züge verkehrten nicht häufig. Während Güter- und Materialzüge je nach Bedarf abgefertigt wurden, gab es auf der Strecke Damaskus-Maan-Medina wöchentlich nur drei Personenzüge in jeder Richtung. In der Pilgersaison zur traditionellen »Hadsch« aber verließen täglich drei bis fünf Züge die syrische Hauptstadt in Richtung Mekka. Die Fahrtdauer betrug im Durchschnitt 50 bis 60 Stunden, konnte sich bei Verzögerungen aber auch auf vier Tage erhöhen. Die Durchschnittsgeschwindigkeit der Züge lag bei 23,5 km pro Stunde. Für die Mekkapilger, die im Gegensatz zu den sonstigen Reisenden umsonst befördert wurden, war die Fahrt im Vergleich zu der bisherigen Karawanenreise, die bis Mekka oft 40 Tage dauerte, eine Erholung.

Nach Kriegsausbruch wurde Meißner Pascha dem Oberbefehlshaber der osmanischen 4. Armee, Djemal Pascha, unterstellt. In seinem Auftrag errichtete der Deutsche zahlreiche Kriegsbahnen. Zur Unterstützung des türkischen Aufmarschs gegen den Suezkanal entstand die Sinaibahn von Sileh über Ludd nach Birseba. Für die Schienen griff Meißner auf Material zurück, das ursprünglich für den Weiterbau der Hedschasbahn in Richtung Mekka bestimmt war. Außerdem ließ er verschiedene, insbesondere französische Streckenabschnitte in Syrien und Palästina abbauen. Der rastlose Meißner trieb den Bahnbau über Birseba weiter in die Zentralsinai auf Audscha vor. Im Sommer 1916 war die Strecke bereits über Audscha hinaus fertiggestellt, als die türkische Niederlage bei Romani den Weiterbau unmöglich machte. Die Türken verwendeten die Schienen der Linie Audscha-Birseba im Frühjahr 1917 schließlich für eine neue Zweigbahn, die der Versorgung der Gazafront diente. Insgesamt errichtete Meißner Pascha in den Kriegsjahren rund 365 km neue Bahnlinien. Berücksichtigt man die geographischen, personellen und materiellen Schwierigkeiten, so war sein Werk eine organisatorische Meisterleistung und Pioniertat ersten Ranges.

Die Hedschasbahn litt in den ersten Kriegsjahren weniger unter unmittelbaren Kampfeinwirkungen als an einem Mangel an Kohle. Bereits 1915 mußte auf Holzfeuerung übergegangen werden, wodurch sich die Zugleistung um 30% verminderte. Der Gesamtbedarf an Holz für die Hedschasbahn betrug 150 000 Tonnen jährlich.[19] Nachdem man den Baumbestand in der Nähe der Eisenbahn abgeholzt und verfeuert hatte, sah man sich 1916 gezwungen, auch Nutzbäume wie Oliven- und Obstbäume zu fällen, was besonders in Syrien zu einem Anwachsen des Grolls gegen die Türken beitrug. Auf den Wüstenstrecken verwendete man Dorngebüsch als Heizmaterial. Die Holzfeuerung brachte einen erheblichen Funkenflug mit sich, und mancher Versorgungszug ging in Flammen auf. Als Schmiermaterial gebrauchte man Olivenöl, Sesamöl und Rhizinusöl. Bis 1917 lief der Verkehr einigermaßen störungsfrei. Dann setzte die Offensive der Beduinen gegen den »Reitesel des Sultans« ein. Den ersten erfolgreichen Angriff führte ein Kommando von Arabern im Februar 1917 durch, als ein Zug zum Entgleisen gebracht und eine Brücke zerstört wurde.[20] Einen Monat später schlug T. E. Lawrence zu. Aber sein Anschlag auf eine Lokomotive bei Aba el Naam scheiterte. Zwar beschädigte die Mine die Vorderräder der Lok, die Fahrer konnten den Schaden jedoch notdürftig reparieren und mit der Maschine die Gefahrenzone verlassen.[21] Auch ein zweites Attentat blieb folgenlos. Lawrence hatte im April bei Kilometer 1121 der Hedschasbahn eine Mine gelegt, die nicht detonierte, als ein mit Frauen und Kindern besetzter Zug darüber fuhr. Die Sprengkommandos der Aufständischen machten keinen Unterschied zwischen Militär-, Verwundeten- und Zivilistenzügen. Häufig kam es zu regelrechten Massakern unter den Passagieren. Lawrence, der die Türken verachtete, war durchaus nicht darauf aus, alle umzubringen, allerdings nur, wie er überheblich schrieb, »um uns diesen peinlichen Anblick zu ersparen.«[22] Im September 1917 führte Lawrence mit einem Arabertrupp bei Haret Hammar östlich Aqaba in der Nähe der heutigen Grenze zwischen Jordanien und Saudi-Arabien seinen wohl berühmtesten Zugangriff durch.[23] Er zündete eine elektrische Mine unter einem Zug mit 10 Waggons und 2 Lokomotiven. Alle Waggons entgleisten, die zweite Maschine war nur noch ein Trümmerhaufen. Die Araber stürzten sich auf die Überlebenden, unter ihnen auch eine Gruppe Österreicher, und plünderten sie aus. Mit ihrer Beute – Lawrence sicherte sich einen Gebetsteppich – und 90 Gefangenen verließen sie das Schlachtfeld.[24] Am 19. September wurde ein deutscher Reisender, der von Medina aus nordwärts fuhr, Opfer eines Zuganschlags. Sein Bericht gibt einen guten Einblick in die Kriegsführung der aufständischen Beduinen:[25]

»Der Ort zum Überfall konnte nicht besser gewählt werden. Denn hier befindet sich östlich der Bahnstrecke ein weites völlig ebenes Gebiet, während westlich zum Verstecken ausgezeichnetes Hügelland vorherrscht, und in diesem waren Schützengräben mit Maschinengewehren angebracht worden. Zudem macht die Bahn dort eine Krümmung und führt über eine kleine Steinbrücke, unter welcher man eine Sprengladung mit elektrischer Leitung bis zu den Schützengräben angebracht hatte. Im Augenblicke, wo der Zug vorüberfuhr und die beiden Lokomotiven desselben (eine wurde nur kalt mitgeführt) sich über der Brücke befanden, erfolgte die Sprengung und damit die größte Verwirrung unter dem nichtsahnenden Zugpersonal, Soldaten und Fahrgästen. Zuerst fielen nur vereinzelte Schüsse seitens der Beduinen. Ich selber stürzte aus dem mir zur Verfügung gestellten Dienstwagen heraus, und ein zur Hand stehendes Gewehr ergreifend glaubte ich, es nur mit einzelnen räuberischen Beduinen zu tun zu haben. Nun aber arbeiteten auch die Maschinengewehre und Handgranaten, und die ganze Meute der Beduinen stürzte sich zum Morden und Plündern auf die Wagen. Kaum hatte ich einige Schüsse auf die zunächst stehenden getan, da fühle ich plötzlich einen fürchterlichen Schmerz im Rücken und falle an der Bahnböschung zu Boden. Ich fühle das Blut in Strömen am Leib herunterrieseln. Aber man läßt mich in Ruhe, und alles Sinnen und Trachten der Räuber ist nur auf das Plündern gerichtet, nachdem man etwa 40 Männer, Frauen und Kinder erschossen und die übrigen zu Gefangenen gemacht hatte.«

Lawrence gibt an, Sprengkommandos hätten allein von Aqaba aus in den Monaten September bis Dezember 17 Loks gesprengt.[26] Gleichgültig, ob diese Zahlenangabe zutrifft, die Attentate zeigten Wirkung:[27]

»Reisen wurde für den Feind unsicher und lebensgefährlich. In Damaskus rissen sich die Leute um die Sitze in den letzten Waggons und bezahlten sogar einen Aufschlag dafür. Die Lokomotivführer streikten. Der Zivilverkehr hörte nahezu auf ...«

Aber nicht immer waren die Angriffe ein voller Erfolg. Am 6. Oktober 1917, bei der Sprengung eines Verpflegungszuges bei Kilometer 500,4, koppelte ein Türke kaltblütig die letzten vier Waggons ab, die zurückrollten und der Plünderung entgingen. Bei einem Überfall auf den Zug Djemal Paschas zerstörte Lawrence zwar die Lokomotiven, aber den Arabern gelang es nicht, die Trümmer des Zuges, den die Türken hartnäckig verteidigten, einzunehmen. Die abgenutzten oder zerstörten Loks konnten die Türken kaum ersetzen, denn die Deutschen lieferten 1917 nur 20 Lokomotiven der Firmen Hartmann, Henschel und Borsig.[28] Zur Unterstützung ihrer Verbündeten schickten sie im Winter 1917/18 schließlich zwei Eisenbahnbetriebskompanien.

Trotz aller Anschläge und Sabotageaktionen brach der Zugverkehr zwischen Damaskus und Medina vorerst nicht zusammen. Die Türken reparierten die Schäden und Zerstörungen innerhalb weniger Tage, obwohl Meißner Pascha den täglichen (!) Verlust an Schienen im November 1917 auf 600 schätzte.[29] So rollten bis zum Frühjahr 1918 pro Woche zwei türkische Züge nach Medina. Aber im April setzte ein konzentrischer Angriff von arabischen regulären Truppen, Beduinenformationen und einer kleinen englischen Abteilung auf die Eisenbahnstützpunkte zwischen Maan und Mudewwere ein. Die Türken konnten die zwei Positionen zwar halten, aber die Beduinen unterbrachen die Hedschasbahn in einer Länge von 80 km.[30] Medina war damit für den Rest des Krieges abgeschnitten[31], wenn auch General Fahkri Pascha noch bis Januar 1919 unbesiegt in Medina ausharrte. Maan fiel erst am 23. September nach sechsmonatiger Belagerung.

Lawrence und seine arabischen Freischärler arbeiteten sich nördlich vor. Bis September 1918 will der englische Oberst allein 79 Brükken gesprengt haben. Aber die in türkischer Hand verbliebenen Reststrecken der Bahn funktionierten noch – trotz Schlampereien, Diebstählen, Korruption, Unfällen, Verspätungen und Luftangriffen. Ein deutscher Augenzeuge charakterisierte im Frühjahr 1918 den osmanischen Eisenbahnbetrieb wie folgt: »grenzenlose Unpünktlichkeit, Unordnung und Gleichgültigkeit.«[32] Weil türkisches Betriebspersonal das Brennholz verkaufte, blieben Züge auf offener Strecke stehen und die Passagiere mußten aussteigen und Holz schlagen, damit die Fahrt weitergehen konnte. Unfälle wegen schadhafter Bremsen oder sonstiger technischer Mängel waren an der Tagesordnung. Im Frühjahr entgleiste auf der Strecke Damaskus-Beirut ein Zug und stürzte die Böschung hinunter. 16 Soldaten starben oder wurden verletzt.[33] Aber erst im Sommer 1918 war ein deutliches und gravierendes Absinken der Transportkapazitäten zu verzeichnen, wie ein Vergleich der durchschnittlichen Tagesleistungen in den Monaten Mai und August auf der Strecke Damaskus-Dera erkennen läßt:[34]

8.–14. Mai	627,1 Tonnen	14.–20. August	231,4 Tonnen
15.–21. Mai	697,5 Tonnen	21.–27. August	236,4 Tonnen
22.–28. Mai	670,1 Tonnen	28.8.–2.9.	239,1 Tonnen

Wenige Wochen später brach die Palästinafront zusammen. Die gesprengten und zerbombten Lokomotiven konnten jetzt keine Waggons mehr ziehen und keine Truppen mehr transportieren. Aber die zurückflutenden deutschen und türkischen Soldaten waren gleichwohl froh, wenn sie auf die geborstenen Dampfkolosse stießen. Sie tranken das Kesselwasser aus den Wracks.

XII. Die Georgische Legion

Zusammen mit dem Auswärtigen Amt bemühte sich die von Rudolf Nadolny geleitete Sektion Politik des Generalstabs des Feldheeres, die Freiheitsbewegungen in Irland, Finnland, Georgien und Marokko zu unterstützen, sowie die Inder gegen das britische Kolonialjoch und die Senussi in Libyen[1] gegen die noch ungefestigte italienische Herrschaft aufzuwiegeln.[2] Ziel der georgischen Aktion war die Revolutionierung des Kaukasus, die Loslösung der dortigen Randvölker von Rußland und damit eine erhebliche Schwächung der zaristischen Südflanke. Die Deutschen fanden Verbündete unter georgischen Exilpolitikern und Nationalisten, die in Berlin ein Nationalkomitee gründeten. Ihre Führer waren Fürst Mačabeli und Michael Tsereteli. Die Kaukasier hofften, mit deutscher Hilfe die nationale Unabhängigkeit erreichen und einen Staat in den Grenzen des längst untergegangenen Königreichs aufbauen zu können. Auftrieb gab ihnen die Erklärung von Freiherrn von Wangenheim, der sich im Namen der Reichsregierung am 14.9.1914 verpflichtete, für einen souveränen georgischen Staat einzutreten.[3] Als Envers Winteroffensive im Kaukasus 1914/15 unter entsetzlichen Verlusten erstarrte, war die erste Chance zur Einnahme Georgiens durch die Mittelmächte dahin. Die Deutschen begannen nun mit dem Aufbau einer landeseigenen Georgischen Legion, die »zur Hauptwaffe einer eigenständigen deutschen Kaukasuspolitik«[4] wurde und damit zwangsläufig in Konflikt mit weitreichenden türkischen Ambitionen geriet. Für die Angehörigen der Georgischen Legion griff man zum einen auf Freiwillige aus deutschen Kriegsgefangenenlagern zurück. Die angeworbenen georgischen Offiziere gelangten im Februar 1916 nach Trapezunt, dem ersten Standort der Legion. Neben Kriegsgefangenen rekrutierte man ab Sommer 1915 in der Mehrzahl georgische Flüchtlinge, die seit dem Scheitern von Envers Offensive in Lagern an der türkischen Schwarzmeerküste untergebracht waren. Fürst Mačabeli ging davon aus, insgesamt 7500–8500 Freiwillige für die neue Einheit zusammenbringen zu können, eine Zahl, die die Legion nie erreichte. Ihre Personalstärke wuchs vielmehr nur langsam:[5]

November 1915: 600 Mann
Januar 1916: 835 Mann
Februar 1916: 1000 Mann
März 1916: 1200 Mann

Erster Kommandeur der Legion war Leo Kereselidze, ein Revolutionär aus dem Kaukasus, der bereits vor Kriegsausbruch in die Schweiz geflohen war. Er wurde im Februar 1916 durch den deutschen Leutnant Schliephack ersetzt.

Der ärgste Feind der Georgischen Legion waren nicht, wie man vermuten sollte, die zaristischen Russen, sondern die Türken, die dem Aufbau des Verbandes zahlreiche Hindernisse in den Weg legten. Die jungtürkischen Kreise, die sich die Eroberung und Annexion Transkaukasiens zum Ziel gesetzt hatten, begegneten einer georgischen Nationaltruppe mit dem größten Mißtrauen. Sie hielten der kleinen Einheit Lebensmittel und Waffen vor, behinderten die Werbung unter den moslemischen Flüchtlingen und versuchten – wenn auch ohne Erfolg – die Legion in das türkische Heer zu überführen. Widerstände zu überwinden und Mißverständnisse aufzuklären half Graf von der Schulenberg, der im Mai 1915 zum Verbindungsoffizier für den Kaukasus ernannt worden war und dem Berlin auch die Leitung des Konsulats Erzurum anvertraute. Zu seinen Aufgaben gehörten insbesondere Maßnahmen zur Insurgierung des Kaukasus. Tatsächlich setzten deutsche U-Boote mehrfach georgische Nationalisten an der kaukasischen Schwarzmeerküste ab.[6] Am 31. Mai 1916 verließen drei Georgier an Bord von U 38 Konstantinopel und wurden am 3. Juni bei Anakria, rund 45 Seemeilen nördlich von Batum, an Land gesetzt. Am 26. Juni folgten drei weitere Landsleute, unter ihnen Fürst Mačabeli, sowie ein Tschetschene und ein Aserbaidschaner. Nach drei Tagen Fahrt konnte Kommandant Valentiner die kaukasische Sondermission unentdeckt bei Anakria ausschiffen. Mačabeli gelang es, sich bis nach Tiflis durchzuschlagen und Verhandlungen mit nationalseparatistischen Gruppen aufzunehmen. Die Aufwiegelung des Kaukasus konnte er allein jedoch nicht in die Wege leiten, zumal türkische Waffenerfolge ausblieben. Im August 1917 kehrte der Fürst nach abenteuerlicher Reise über Japan und die USA in den Bereich der Mittelmächte zurück. Das Absetzen georgischer Agenten an der Schwarzmeerküste ging weiter. Am 30. Mai 1917 nahm UB 14 (Oberleutnant zur See Ulrich)

Kurs auf die kaukasische Küste und setzte dort drei Georgier ab. Die letzten Fahrten unternahm UB 42 im Oktober und November 1917. Oberleutnant zur See Schwarz hatte am 9.10. nicht nur 5 Agenten an Bord, sondern auch Gewehre, Patronen und 370000 Rubel. Im November aber war dem Gegner die Landungsstelle bekannt und zwei georgische Nationalisten fielen in die Hände der Russen.

Die Entwicklung der Georgischen Legion war zwischenzeitlich nicht erfolgreich verlaufen. Sie hatte im Fall einer erneuten türkischen Offensive als Werbefaktor für ein souveränes Georgien dienen und weitere Freiwillige anziehen sollen. Daher machte man bei der Uniformierung deutliche Zugeständnisse an den Nationalstolz der Kaukasier. Ihre Uniform war der adžarischen Nationaltracht nachempfunden und ein äußerst dekorativer, im Januar 1916 eingeführter Orden der Königin Tamara[7] appellierte an den Patriotismus der georgischen Freiheitskämpfer. Aber eine türkische Offensive war nicht zu erwarten, statt dessen stieß die russische Kaukasusarmee im Januar 1916 auf Erzurum vor. Die Legion, der die Türken unter dem Eindruck der russischen Bedrohung 300 alte Mausergewehre und 50000 Patronen überließen, sollte Trapezunt gegen armenische Banden schützen. Für eine erfolgreiche Abwehr gegen reguläre Truppen war die unvollkommen ausgebildete und ausgerüstete Legion jedoch nicht geeignet. Graf von der Schulenburg bemühte sich, seine Schützlinge vor der sicheren Vernichtung zu bewahren. Als die Türken die bedingungslose Einordnung der Georgier in die Front forderten und die Deutschen dies ablehnten, nahm man den Legionären die Waffen wieder ab. Die Truppe mußte Trapezunt räumen und zog sich kampflos nach Samsun zurück.[8] Im April 1916 fand man endlich einen passenden Einsatz für rund 150 Mann der Einheit. Sie beteiligten sich mit Erfolg an einer Operation gegen griechische Räuber und Deserteure.

Bis Juni 1916 hatte die Legion den Steuerzahler die stolze Summe von 1,66 Millionen Mark gekostet. Trotzdem befanden sich die Legionäre, die mangels einer ausreichenden türkischen Versorgung in den Bazaren der Städte einkaufen mußten, in permanenter Geldverlegenheit. In Samsun gab die deutsche Legionsführung daher Notgeldscheine aus, die heute begehrte Raritäten sind.

Im Sommer 1916 erhielt das schwache georgische Bataillon – seine Gefechtsstärke betrug im August 14 Offiziere und 700 Mann – den ersten wirklichen Kampfauftrag. Im Juli trafen russische Beutewaffen ein, und einen Monat später wurde die Einheit nach Giresun an

In Samsun 1916 hergestelltes Notgeld für die Georgische Legion.
Es existieren Geldscheine zu 5 und 10 Piastern
(Archiv Autor)

der Schwarzmeerküste verlegt, wo sie erwartete russische Landungsversuche abwehren sollte. Die deutschen Offiziere aber hatten zwischenzeitlich die Lust an ihrer Aufgabe verloren. Schliephack und Schulenburg traten aus Gesundheitsgründen Heimaturlaub an, und das Kommando über die Legion übernahm der fähige Georgier Murad Bey Magalov. Das Fehlen der beiden deutschen Offiziere scheint sich eher positiv auf die Legionäre ausgewirkt zu haben, denn ihr Ausbildungsstand wuchs und die Disziplin festigte sich. Nach erfolgreichen Patrouillengängen erhielten Ende November sechs Georgier den Eisernen Halbmond.

Das Schicksal der Legion aber war zwischenzeitlich entschieden. Der deutsche Militärbevollmächtigte in Konstantinopel, Otto von Lossow, sprach sich für eine Auflösung der teuren Einheit aus, die ihre Daseinsberechtigung verloren habe, da die Türken scheinbar keine reale Chance mehr besaßen, in Georgien einzudringen und sich die Front immer weiter auf türkisches Gebiet verschoben hatte. Das Auswärtige Amt äußerte vorerst jedoch noch politische Bedenken gegen die sofortige Liquidierung des Verbandes. Es wurden Pläne erwogen, einen Teil der Legion zu beurlauben, einen anderen

Teil an der deutschen Ostfront einzusetzen. Für eine Übergangszeit blieb die Einheit, die nach erneutem Kommandowechsel Ende November nun Oberleutnant Graf von der Galen führte, noch bestehen. Aber es war nur eine Gnadenfrist. Obwohl die Legion an der Tirebolu-Front, wo sie unmittelbar den Russen gegenüberlag, einen guten Eindruck machte und ihre Personalstärke wieder auf 1000 Mann anwuchs, wurde sie nach Abstimmung mit den Türken und dem Georgischen Komitee am 17. Januar 1917 aufgelöst. Die osmanischen Georgier traten in das türkische Heer ein, die übrigen Legionsangehörigen – es handelte sich nur noch um 140 Mann – verlegte man ins Reichsgebiet. Zuerst arbeiteten die Georgier in der Landwirtschaft, dann wurden die Mannschaften im Wachdienst ausgebildet. Im Sommer 1917 transferierten die deutschen Militärbehörden die »Georgische Kompanie« nach Rumänien, wo die Legionäre, in Landsturmuniformen gekleidet, moslemische Kriegsgefangene bewachten.[9] Es war ein ruhmloses und schmachvolles Ende für eine Einheit, deren Freiwillige davon geträumt hatten, siegreich in die Heimat vorzustoßen und dem eigenen Volk die Freiheit zu bringen. Im Juli 1918 schließlich wurde den Georgiern die Rückkehr in ihr Heimatland befohlen, das im Mai seine Unabhängigkeit erklärt hatte.

Das Scheitern der Georgischen Legion hatte viele Ursachen. Zu nennen sind hier interne Schwierigkeiten, die nahezu permanente Obstruktion der Türken, das Verhalten der deutschen Offiziere, die kaum das notwendige Interesse und Verständnis für ihre Schutzbefohlenen aufbrachten[10], sowie die militärische Lage, die es der Türkei erst 1918, nach dem Zusammenbruch des Zarenreiches, ermöglichte, nach Batum und Baku vorzustoßen. Zu diesem Zeitpunkt hätte Berlin Verwendung für die Legion gehabt, und nun rächte sich die 1917 vollzogene Auflösung.

Die Georgische Legion war nicht der einzige ausländische Freiwilligenverband in der Türkei. In Deutschland hatten sich aus den Gefangenenlagern zahlreiche französisch-arabische Freiwillige zur Teilnahme am Heiligen Krieg gemeldet. 1000 Mann bildeten schließlich 1915 im Lager Wünsdorf bei Berlin ein Bataillon, das Dr. Fritz Grobba im März 1916 in die Türkei überführte und den Türken zur Verfügung stellte.[11] Enver hatte jedoch wenig Vertrauen in die neuen Verbündeten, die statt zum Fronteinsatz zum Straßenbau herangezogen wurden. Die Angehörigen der Einheit, die auch als Heilige

Legion und Afrika-Bataillon bekannt wurde, konnten sich in der Türkei nicht einleben. Sie klagten darüber, daß man sie schlecht behandele, ihren Sold unterschlage und sie hungern lasse.[12] Als die Legion im Mai 1916 in Bagdad eintraf, war sie nur noch »eine wilde, zuchtlose Horde«.[13] Mangelnde türkische Fürsorge hatte dazu geführt, daß aus den ursprünglich motivierten Glaubensstreitern eine Schar von undisziplinierten und unzuverlässigen Streunern wurde.

Ein Vierteljahrhundert später sollten georgische Nationalisten nochmals auf die deutsche Karte setzen, um die Freiheit und Unabhängigkeit ihres Vaterslandes durchzusetzen. Aktivisten des 1. Weltkrieges waren wieder involviert. Graf Schulenburg, der von 1934 bis 41 die deutschen Interessen als Botschafter in Moskau vertrat und anschließend dem Rußland-Gremium des Auswärtigen Amtes angehörte, versuchte, Hitlers wahnsinnige Ostpolitik durch den Einsatz von Exilpolitikern zu korrigieren. Er lud zahlreiche von ihnen, darunter auch Georgier, im April/Mai 1942 zu Gesprächen nach Berlin ein.[14] Im Sommer 1942 konstituierte sich ein Georgischer Nationalausschuß. Aber auch diese deutsch-georgische Zusammenarbeit brachte die kaukasischen Nationalisten ihrem Ziel einer Befreiung der Heimat keinen Schritt näher. Zumindest bei der Aufstellung von georgischen Freiwilligenverbänden aber wurden Erfolge erzielt: in der Ukraine und in Polen stellten die Deutschen nicht weniger als 13 georgische Feldbataillone und 30 georgische Feldzeug-, Nachschub-, Baupionier-Eisenbahnbaupionier- und Straßenbaupionierkompanien sowie Tragtierkolonnen und sonstige Einheiten auf.[15] Auch der Sonderverband Bergmann der Deutschen Wehrmacht verfügte über ein georgisches Bataillon. Einige hundert Georgier trugen die Uniform der Waffen-SS, so in der georgischen Waffengruppe des kurzlebigen Kaukasischen Waffen-Verbandes der SS. Insgesamt stellten die Völker des Kaukasus (Georgier, Armenier, Aserbaidschaner und Nordkaukasier) mindestens 110 000 Freiwillige[16] für die kämpfenden Truppen von Wehrmacht und Waffen-SS, Nachschubeinheiten nicht mitgerechnet. Etwa 100 000 Kaukasier wurden von den Westmächten an die Sowjetunion ausgeliefert, wo sie Gefängnis, Straflager und Tod erwartete.

XIII. K.u.k. Truppen in der Wüste

Die Türkeipolitik Österreich-Ungarns, das den deutsch-türkischen Geheimverträgen vom 2.8.1914 und 11.1.1915 in Form eines Notenwechsels beigetreten war, zielte darauf ab, neben dem deutschen Bündnispartner eine gleichberechtigte Rolle auf wirtschaftspolitischem Gebiet zu erreichen.[1] Bei der Durchsetzung ökonomischer Interessen waren Berlin und Wien durchaus Konkurrenten, was etwa die Ausbeutung der Bodenschätze (Kupfer, Blei, Silber), die Erschließung des Kohlebeckens von Eregli und der Petroleumvorkommen zwischen Mosul und der persischen Grenze sowie die Lieferung von Kriegsmaterialien anbetraf. Zur Stärkung ihres politischen Einflusses im Osmanischen Reich entsandte die Doppelmonarchie kleinere Truppenverbände auf den asiatischen Kriegsschauplatz. Es handelte sich um Artillerieeinheiten, technische Truppen und Autokolonnen, die dazu beitragen sollten, »das Prestige der Monarchie im Orient [zu] heben.«[2]

Bevor noch Waffenhilfe aus Wien eintraf, war eine k.u.k.-Mission zu den Stämmen Innerarabiens unterwegs, um diese auf den Sultan einzuschwören und zum Kampf gegen die Engländer zu motivieren. Der Prälat Professor Dr. Alois Musil, der bereits vor dem Krieg mehrere Expeditionen in arabisches Gebiet durchgeführt und gute persönliche Kontakte zu einflußreichen Beduinenfürsten hatte, unternahm im Auftrag von Kaiser Franz Joseph die gefahrvolle Aufgabe, die untereinander zerstrittenen Stämme zur Ergebenheit gegenüber Konstantinopel anzuhalten. Seine Reise dauerte von Dezember 1914 bis Juni 1915. Unter den Beduinen hatte die so großartig proklamierte Idee des Heiligen Krieges nicht recht gezündet. Für die Stämme war jeder Krieg heilig, solange er es ihnen ermöglichte, Beute zu machen. Viele Wüstenbewohner sahen in den Türken eher Unterdrücker als Glaubens- und Waffenbrüder. Die Loyalität zum Sultan war brüchig. So erklärte ein Beduinenfürst Musil: »Wir gehorchen dem, dem wir gehorchen wollen. Das einzige Gesetz, dem wir folgen, ist das Gesetz der Wüste.«[3] Musils Zwischenbericht über die innerarabische Situation vom Dezember 1914 war daher alles andere als optimistisch:[4]

»Die Stämme fliehen vor der Requisition der Regierung ... Von einer Begeisterung für den Islam keine Rede. Der Krieg zwischen England und der Türkei interessiert die Stämme wenig. Englische Agenten arbeiten tüchtig vor.«

Der lange Schatten des britischen Agenten Lawrence fiel über Arabien. Aber Musil, der nur über geringe materielle Mittel – Bestechungsgelder wäre wohl treffender – verfügte, die mit dem Gold der Engländer nicht konkurrieren konnten, war geschickt und genoß hohes Ansehen. Seine Mission hatte schließlich Erfolg. Er konnte die nordarabischen Stämme miteinander aussöhnen und zur Hilfeleistung, zumindest aber zur Neutralität gegenüber Konstantinopel verpflichten. Musils Arbeit hat dazu beigetragen, den Abfall der arabischen Stämme vom Osmanischen Reich entscheidend zu verzögern.

Die erste militärische Aufgabe in der Türkei übernahm der Forscher Dr. Victor Pietschmann, der ein beeindruckendes Buch über die österreichische Armenienexpedition 1914 verfaßt hat.[5] Er führte eine Skimission, die von April bis Juni 1915 bei Erzurum tätig war und türkische Soldaten für den Krieg im Hochgebirge ausbildete. Die Tiroler Offiziere der Mission hatten aus ihrer Heimat die Angewohnheit mitgebracht, im Freien Schneebäder zu nehmen, was die Osmanen sichtlich beeindruckte. »Groß war das Erstaunen der braven Muselmanen über diese neue europäische Wunderlichkeit«[6] berichtet ein Augenzeuge. Pietschmann verfolgte den ehrgeizigen Plan, die russischen Naphtalager bei Baku zu zerstören. Der gegnerische Vormarsch verhinderte jedoch die Operation.

Das Rückgrat der österreichisch-ungarischen Hilfe für die Türkei waren Artillerieverbände. Am 15. November 1915 traf die k.u.k. 24 cm Mörserbatterie Nr. 9 in der Türkei ein. Sie wurde auf der Halbinsel Gallipoli an der Anaforta-Front eingesetzt. Vier Wochen später ging auch die k.u.k. 15 cm Haubitzbatterie Nr. 36 auf der Halbinsel in Stellung. Liman von Sanders, Kommandeur der osmanischen 5. Armee, war voll des Lobes für seine österreichischen Artilleristen.[7] Nach dem Rückzug der Entente-Truppen wurden beide Batterien erst im Abschnitt von Smyrna (heute Izmir) verwendet und dann nach Rumänien verlegt. 1917 kehrten sie in die Türkei zurück. Die Haubitzbatterie Nr. 36 übernahm einen Küstenabschnitt gegenüber der Insel Tenedos, die 24 cm Mörserbatterie wurde im Februar 1917 in Konstantinopel in die zweigeschützige 24 cm Mörserbatterie Nr.

9 und die ebenfalls zweigeschützige Kanonenbatterie Nr. 20 umgewandelt.

Im Mai 1915 bat Enver Pascha auch um die Entsendung von Gebirgshaubitzen für einen erneuten Vorstoß gegen den Suezkanal, eine Idee, die von dem deutschen Oberst Kreß von Kressenstein unterstützt wurde. Der k.u.k. Militärattaché in Konstantinopel, Joseph Pomiankowski, beantragte daher in Wien, eine Division (zwei Batterien) 10 cm Gebirgshaubitzen zur Verfügung zu stellen. Diese Division traf jedoch erst im April 1916 im Aufmarschgebiet in Palästina ein. Auf Kreß von Kressenstein machte die Einheit einen ausgezeichneten Eindruck:[8]

»Die österreichischen Batterien waren ungewöhnlich stark an Offizieren und Mannschaften – fast 1000 Köpfe für acht Geschütze. Sie brachten eine kleine Blechmusik und eine Zigeunerkapelle mit sich, worüber allgemeine Freude herrschte. Wir lechzten geradezu nach Musik. Die Mannschaften waren ausschließlich Ungarn, mit denen man sich leider auch wieder nur durch Dolmetscher verständigen konnte.«

Kaiser Franz Joseph hatte wegen der klimatischen und für den Europäer in Südpalästina ungünstigen Lebensverhältnisse erhebliche Bedenken gehabt, die Batterien auf den entfernten Kriegsschauplatz abzugeben. »Na, ich glaub doch, die sehen wir nimmer!« meinte er resigniert zu Pomiankowski.[9] Der greise Monarch sollte sich irren. Die beiden Batterien mit ihren zerlegbaren Gebirgsgeschützen machten den Vormarsch durch die Wüste mit und marschierten 200 km in fünf Tagen. Der türkische Vorstoß scheiterte bei Bir Romani, als die Alliierten zum Gegenangriff ansetzten. Aber es war dem präzisen Schnellfeuer der Ungarn zu verdanken, daß sich die türkische Infanterie vom Feind lösen konnte. Nach Abschluß des Rückzuges befand sich die Haubitzdivision Ende Oktober in Bethlehem, anschließend fand sie auf dem rechten Frontflügel Verwendung.

Die freundliche und ausgeglichene Art der Soldaten der Vielvölkermonarchie beeindruckte die Türken. Bei den Österreichern und Ungarn war nichts von deutscher Besserwisserei und Arroganz zu spüren. Sie kamen als Vertreter einer übernationalen Reichsidee und als Angehörige einer Monarchie, unter deren Dach 12 Nationalitäten lebten, wesentlich besser mit den osmanischen Zivil- und Militärbehörden zurecht als ihre deutschen Bundesgenossen, die häufig so wenig Zugang zu der Psyche der Türken fanden.[10] Daß die Deutschen sich durch ihre schroffe Art viele Türken zum Feind gemacht hatten, mußte auch Musil erfahren, den der türkische Militärkommandant von Bagdad äußerst kurzangebunden abfertigte, weil er ihn für einen »Preußen« hielt. Als der Türke erkannte, daß er einen Österreicher vor sich hatte, wandelte sich seine Schroffheit in äußerste Herzlichkeit.[11] Auch sonst wußten die Österreicher zu gefallen. So, als sie Holzmodelle ihrer Geschütze an die Kinder in der osmanischen Hauptstadt verschenkten oder in Konstantinopel eine populäre Klinik eröffneten, wo Einheimische kostenlos medizinisch versorgt wurden.[12] An der Front beeindruckten die k.u.k.-Offiziere nicht allein durch ihre artilleristische Treffsicherheit, sondern auch durch ihr Bemühen, selbst in kritischen Lagen durch fesche Monturen und eine kultivierte Küche auf sich aufmerksam zu machen. Der Venezolaner Rafael de Nogales, der auf seiten der Türken focht, traf auf einige dieser Chevaliers an der Gazafront:[13]

»Die österreichischen Offiziere ... hielten weiter auf elegante Uniformen, augenfälligen Ordensschmuck, Zigeunerkapellen und vor allem auf die ›Menage‹, also alles was die Küche betrifft. Das ist der Grund, warum die Orientalen mehr mit den malerisch aussehenden österreichischen, als mit den ernst blickenden deutschen Offizieren zu sympathisieren pflegten ...«

Die ihnen entgegengebrachte Sympathie nützte den Österreichern bei ihren Wirtschaftsbeziehungen mit der Türkei. Auf einem Sektor der Kriegswirtschaft waren die Produkte der Monarchie ohnehin konkurrenzlos. Es handelte sich um die Gebirgskanonen und Gebirgshaubitzen der Skodawerke in Pilsen. Allein im Jahr 1916 lieferte Österreich-Ungarn achtzig Geschütze für zwanzig Batterien.[14] Insgesamt wurden während des Krieges etwa 50 türkische Batterien mit k.u.k.-Material ausgestattet. Für die Unterweisung des türkischen Personals bildete man Instruktionsabteilungen für Gebirgsartillerie, die ihre Ausbildungsaufgaben mit viel Geschick lösten. Eine Gruppe österreichischer Instrukteure wurde am 19. September 1917 bei der Bahnstation Mudewwere das Opfer eines Anschlages von T. E. Lawrence auf die Hedschasbahn. Lawrence brachte den Zug durch eine Mine zum Entgleisen. Die österreichischen Offiziere und Unteroffiziere überstanden den Angriff zumeist unbeschadet und ergaben sich. Dann aber kam es zu einem Streit zwischen den Artilleristen und der Leibgarde von Lawrence, der mit einem Massaker endete. »Meine Leute wurden wütend« schreibt Lawrence[15] »und machten sie bis auf zwei oder drei nieder, bevor ich zurück war und mich ins Mittel legen konnte.«

Die im Raum Gaza eingesetzte Haubitzdivision stand bei der ersten Schlacht um die Stadt im März 1917 im Mittelpunkt der Kämpfe. Die Tapferkeit der Kanoniere der Haubitzbatterie Nr. 2/4 trug entscheidend dazu bei, daß der englische Angriff scheiterte. Nachdem die Batterie die letzte Granate verschossen hatte, kämpfte die Mannschaft mit Handfeuerwaffen weiter. Als die Engländer in die Stellung eindrangen, zogen sich die Ungarn zurück. Die Geschützverschlüsse nahmen sie mit. Der Batteriechef befahl den Gegenangriff, der im zweiten Anlauf durchschlug. Die Kanonen waren wieder in der Hand der k.u.k.-Truppe. Sie bezahlten diesen Einsatz mit dem Verlust von sieben Offizieren und 43 Mann. Im Juni 1917 verstärkte die in Konstantinopel neu aufgestellte 10,4 cm Kanonenbatterie Nr. 20 die Front bei Gaza. Da die Zugtiere an Entkräftung und Unterernährung eingingen, erhielt die Batterie die k.u.k.-Kraftwagenkolonne Türkei I zugewiesen, so daß die Einheit mobil blieb.

Im Sommer 1917 wurde auch Hofrat Musil wieder aktiv. Er begann am 1. September seine zweite Orientmission, auf der ihn Erzherzog Hubert begleitete. Das k.u.k. Kriegsministerium gab ihm unter anderem folgende Instruktion mit: »Es soll von militärischer Seite verhindert werden, daß aus der deutschen Arbeit in der Türkei ein Monopol des Deutschen Reiches werde.«[16] Unterschwellig spielte bei der Reise auch die Hoffnung Wiens mit, die Doppelmonarchie könne Frankreich als Sachwalter und Garanten der Christen in Syrien ablösen. Das starke Interesse der Monarchie an der Türkei wurde zusätzlich durch den Besuch des Kaiserpaares in Konstantinopel unterstrichen, der vom 19. bis 21. Mai 1918 stattfand.

Bei der 3. Gazaschlacht im November 1917 waren die k.u.k. Batterien wieder ein Rückhalt der Verteidigung. Die Kanoniere mußten aber den Rückzug antreten, nachdem feindliche Kavallerie östlich von Gaza durchbrach und eine Einkreisung drohte. Zum Jahresende durften sich die Österreicher und Ungarn in Damaskus erholen. Der nächste Angriff im Ostjordanland im April 1918 stieß wieder auf die k.u.k. Artilleristen. Diesmal war es die Batterie 2 der

Haubitzdivision, der auch eine 10 cm Kanone unterstellt war. Die Batterie wurde völlig eingeschlossen und wehrte sich nach Verbrauch sämtlicher Artilleriemunition verbissen mit den verbliebenen leichten Waffen. Vor der völligen Vernichtung bewahrte sie nur ein Stoß zweier türkischer Divisionen in den Rücken des Gegners, der sich auf das Westufer des Jordan zurückzog.

Im Sommer 1918 befanden sich insgesamt 6 k.u.k. Batterien an der Palästinafront.

- eine 7,5 cm Gebirgskanonenabteilung (2 Batterien),
- eine 24 cm Mörserbatterie (im August fielen beide Geschütze aus),
- die Gebirgs(Feld)Haubitzendivision (2 Batterien), die Ende 1917 auf 10 cm Feldhaubitzen umgerüstet worden war,
- eine 10,4 cm lange Kanonenbatterie.

Auch zusammen mit den türkischen und deutschen Geschützen war die österreichische Artillerie zu schwach, um den erwarteten feindlichen Großangriff abwehren zu können. Jetzt fehlte das Orientkorps, das das k.u.k. Oberkommando im Dezember 1917 projektiert hatte und das ein Pendant zum Deutschen Asienkorps darstellen sollte. Mit 400 Offizieren und 8000 Mann wäre es für die Palästinafront eine willkommene und notwendige Verstärkung gewesen. Das Orientkorps war auch tatsächlich in Belgrad aufgestellt worden, gelangte jedoch nie in die Türkei, sondern fand in Albanien Verwendung.

Als die Alliierten am 19. September ihre Offensive eröffneten, die bald zu einem wahren Blitzkrieg wurde, gerieten auch die k.u.k. Batterien in den Strudel des Rückzugs und der Niederlage. Über Straßen, gesäumt von Trümmern, weggeworfenen Ausrüstungsgegenständen und Waffen, zerstörten Kraftfahrzeugen und Geschützen, Kadavern und Leichen, hasteten die Kanoniere in Richtung Damaskus. Batteriechef k.u.k. Oberleutnant Robert Hofman berichtet:[17]

»Wir marschieren hastig, die Hitze ist fürchterlich, Schweiß rinnt in Strömen. Wir blicken von der Höhe gegen Besan, sehen Sprengwolken und wie das deutsche Asienkorps im Feuer der Engländer den Jordan überschreitet. Wir müssen durch Räubernester, den Stutzen feuerbereit, wir überschreiten auf mühsamen Saumpfaden Felsenhöhen, wir treffen auf ganze Beduinenhorden und geben uns für Engländer aus, um durchzukommen. Wohl uns, daß wir ein paar arabische Brocken gelernt haben – wir wären sonst verloren gewesen.«

Der Rückzug war qualvoll. Die gesamte arabische Bevölkerung befand sich in Aufruhr. Jeder Soldat, der von der Marschkolonne abkam, wurde von den Arabern beraubt oder getötet. Die beiden in Syrien stationierten k.u.k. Feldspitäler hatten das Glück, in die Hand der Engländer zu fallen. Als einzige Artillerieabteilung konnte die Gebirgskanonenbatterie Nr. 1 alle Geschütze nach Aleppo zurückbringen. Sie unterstützten dort die neugebildete türkische 7. Armee. Einige Österreicher wurden auf dem Rückmarsch Zeugen oder Opfer einer Massenschlächterei. Im Kampfgebiet von Dera, im Dorf Tafas, entdeckten vorrückende arabische Insurgenteneinheiten unter Lawrence von Arabien Ende September ein Massaker, das eine zurückweichende türkische Kolonne an der Zivilbevölkerung verübt hatte. Lawrence befahl den Angriff und gab die Order aus: »Keine Gefangenen!« Die arabischen Irregulären wüteten wie Besessene, als sie die große, 2000 Mann starke türkische Marschkolonne attackierten. Bei der Kolonne befanden sich auch deutsche und österreichische Soldaten. Die Araber machten sie fast alle bis auf den letzten Mann nieder, es war ein unvorstellbares Gemetzel. Nur ein Teil der Kolonne entzog sich kämpfend dem sicheren Tod. Lawrence berichtet hierüber in seinem Buch *Die Sieben Säulen der Weisheit:*[18]

»Der dritte und schwächste Teil bestand zumeist aus Deutschen und Österreichern, um ihre Maschinengewehre geschart, nebst einer Handvoll berittener Offiziere und Mannschaften. Sie verteidigten sich geradezu großartig, und trotz unseres kühnen Draufgehens wurden wir immer wieder zurückgeworfen ... Schließlich ließen wir von dieser trotzigen Abteilung ab und machten uns an die beiden anderen Teile der auseinandergerissenen Kolonne.«

Nach dem Waffenstillstand vom 30. Oktober sammelten sich die k.u.k. Verbände in der türkischen Hauptstadt. Auch dem an der Mesopotamienfront eingesetzten Instruktionsdetachement für türkische Kraftwagenkolonnen in Stärke von 100 Mann gelang es, sich über Samsun nach Konstantinopel abzusetzen. Der Gefangenschaft entgangen war ebenfalls ein k.u.k. Ski-Ausbildungstachement, das seit Februar 1918 auf Wunsch Envers in Sivas und Erzurum die Skiausbildung für die türkische Kaukasusarmee betrieb. Bereits im September kehrte es in die Heimat zurück. Als die Nachricht vom Zusammenbruch und Auseinanderfallen der Donaumonarchie die k.u.k. Soldaten in Konstantinopel erreichte, blieb dies nicht ohne Auswirkungen auf ihre Disziplin und die Einstellung zu den Offizieren. 200 Mann des Kraftfahrersatzdepots versuchten am 4. November einen rätedemokratischen Umsturz. Pomiankowski ließ die Meuterer ohne Blutvergießen durch ein türkisches Halbbataillon entwaffnen und auf dem Seeweg nach Odessa abschieben. Auch unterstellten sich einige Tschechen, Jugoslawen und Rumänen der Entente. Aber die Haltung des überwiegenden Teils der k.u.k. Verbände blieb loyal. Im November mußten sie auf das asiatische Ufer des Marmarameeres übersiedeln. Es handelte sich noch um 1050 Mann und 200 Offiziere. Zwar waren der Dampfer *Stella* und das Kohlenschiff *Iris* mit Angehörigen der Monarchie ins Schwarze Meer ausgelaufen, aber die Mehrzahl der Soldaten wartete noch bis Januar 1919 auf die Repatriierung. Schließlich lichtete der 4000 BRT große Truppentransporter *Reschid Pascha* am 6. Januar die Anker. Die letzten Soldaten ihrer apostolischen Majestät verließen den Orient. Selbst einen nüchternen Soldaten und Diplomaten wie Pomiankowski überkam ein Gefühl der Wehmut, als das Schiff von Haidar Pascha ablegte und seine Reise nach Triest antrat:[19]

»In melancholischer Stimmung betrachteten wir die immer undeutlicher werdende, uns so wohlbekannte Silhouette Stambuls, sowie die langsam verlöschenden Lichter Konstantinopels. Im Geiste nahmen wir Abschied von dem heldenmütigen, edlen und treuen türkischen Volk, zum letztenmal grüßten wir die Schatten der vielen Kameraden, welche bei der Verteidigung des türkischen Vaterlandes ihr Leben gelassen hatten und in der Erde der Dardanellen, Syriens und Mesopotamiens ruhen. Und als das letzte Licht verschwunden war und die Dunkelheit uns von allen Seiten umfangen hatte, gingen wir langsam und still auseinander.«

XIV. Die Flieger

Bei Kriegseintritt besaß die Türkei keine Fliegerwaffe. Enver Pascha bat daher die deutsche Oberste Heeresleitung um die Entsendung von Fliegerabteilungen. Dies war dem Kaiserreich nicht möglich, da sich die Fliegerverbände noch im Aufbau befanden. Schließlich waren bei der Mobilmachung nur 246 deutsche Maschinen und 254 ausgebildete Flugzeugführer vorhanden. Berlin stellte dem Bundesgenossen jedoch den erfahrenen Fliegeroffizier Oberleutnant Serno[1] zur Verfügung und sagte die Lieferung von Albatros-B Flugzeugen zu. Serno wurde zur deutschen Militärmission in Konstantinopel abkommandiert. Er trat als Hauptmann in die türkische Armee ein und übernahm als Kommandeur der noch nicht existierenden Osmanischen Fliegertruppe die mühevolle Aufgabe, aus dem Nichts eine neue Teilstreitkraft zu bilden. Serno ließ den Platz von San Stefano 25 km westlich von Konstantinopel, der während des Balkankrieges Zivilpiloten als behelfsmäßige Piste gedient hatte, zum Feldflughafen ausbauen. Gleichzeitig reisten Anfang Dezember 1914 zwölf türkische Offiziere nach Deutschland, um dort zu Flugzeugführern ausgebildet zu werden.

Als sehr schwierig erwies sich der Transport der zugesagten Flugzeuge. Getarnt als Zirkusgerät oder Rot-Kreuz-Sendung sollten sie mit der Bahn durch das noch neutrale Bulgarien und Rumänien herangeschafft werden. Anfang März 1915 traf die erste deutsche Maschine mit einem Piloten und zwei Monteuren in der Türkei ein. Das Flugzeug wurde umgehend an die Dardanellenfront verlegt, wo die Türken bei Chanak/Canakkale auf dem asiatischen Ufer einen behelfsmäßigen Flugplatz hergerichtet hatten. Schon bald lieferte der einsame deutsche Doppeldecker wichtige Aufklärungsergebnisse über die Stärke und Absichten der gegnerischen Flotte. Zwischenzeitlich gelangten drei weitere deutsche Flugzeuge nach San Stefano. Das Flugpersonal trat in türkische Dienste über. Die drei Maschinen bildeten die Fliegerabteilung Dardanellen und wurden in Galata auf Gallipoli stationiert. Dann stockte der Flugzeugnachschub. Bulgarien ließ zwei, Rumänien eine der falsch deklarierten Flugmaschinen beschlagnahmen. Obwohl die deutsche Botschaft in Sofia die beiden von den Bulgaren zurückgehaltenen Flugzeug frei bekam, mußten andere Transportwege gesucht werden. Die Apparate – nunmehr mit 150 PS statt mit 120 PS Motoren und mit Beobachtermaschinengewehren ausgerüstet – sollten über serbisches und bulgarisches Gebiet nach Adrianopel geflogen werden. Diese Art der Überführung bewährte sich. Bis Mitte Oktober 1915 hatten die Türken 30 Maschinen erhalten.[2] Sie lösten die unbewaffneten und kaum noch zu gebrauchenden Flugzeuge der Dardanellenabteilung ab. Diese hatten den Feind, der zahlenmäßig stark überlegen war, kaum belästigen können.[3] Die Alliierten besaßen neben Flughäfen auf der Insel Imbros Plätze auf der Insel Tenedos, wo eine Staffel des RNAS (Royal Naval Air Service) und eine französische Staffel stationiert waren. Das Rückgrat der alliierten landgestützten Flugzeuge bildeten Maurice Farman Maschinen. Ende September 1915 verfügte die französische Staffel über 18 Apparate dieses Typs.

Mit der wachsenden Zahl eigener Maschinen erweiterte sich das Aufgabengebiet der osmanischen Luftwaffe. Eine Halbabteilung zur Überwachung des Golfs von Alexandrette wurde aufgestellt und zwei Flugzeuge übernahmen am Bosporuseingang Sicherungsaufgaben. Auch waren im Juli die ersten drei Seeflugzeuge eingetroffen, die den Grundstock für eine deutsche Wasserflieger-Abteilung abgaben. Es handelte sich vorerst um unbewaffnete Gotha-Doppeldecker mit 100 PS Motoren, die keine Bombenabwurfeinrichtung besaßen.[4] Der Motor war so schwach, daß die Maschinen etwa 45 Minuten benötigten, um die über den Dardanellen übliche Flughöhe von 2000 m zu erreichen. Bomben mußten von Hand abgeworfen werden. Leutnant Karl Dönitz saß während einer Reparaturzeit der *Breslau* als Beobachter und MG-Schütze in einem der einmotorigen Doppeldecker und machte dabei erfolglos Jagd auf englische U-Boote:[5]

»Die alte Konstruktion des Rumpfes unseres Flugzeuges gestattete es nicht, daß Löcher für den Bombenabwurf eingeschnitten wurden. Ich mußte daher zum Bombenwerfen auf die Tragfläche hinausentern und die kleine Bombe zwischen meinen Beinen fallen lassen. Von einer Präzision des Wurfes konnte daher gar keine Rede sein.«

Im Herbst verfügte die Wasserflieger-Abteilung über acht Seeflugzeuge. An ihrer Unterlegenheit gegenüber den feindlichen Maschinen änderte sich nichts.

Nach dem Sieg über Serbien beschloß Berlin eine weitere Verstärkung der türkischen Fliegertruppe. Das Osmanische Reich sollte bevorzugt 30 mit je einem MG bewaffnete Rumpler- und Albatrosdoppeldecker, eine aus drei Fokker-Maschinen bestehende Jagdstaffel, Ersatzteile und Werkmaschinen erhalten.[6] Die Fokker-Jagdstaffel mit vier Flugzeugen erreichte Gallipoli in der Schlußphase der Kämpfe. Sie erstritt sich bald die Luftherrschaft. Oberleutnant Buddecke, der von der Westfront kam, schoß vier feindliche Flugzeuge ab, die anderen Piloten blieben in fünf Luftkämpfen erfolgreich. Buddecke, dem die Türken den Beinamen Schahin (Falke) gaben, berichtet über ein Luftgefecht:[7]

»So flog ich also seitlich zu seinem Kurs, ließ ihn feuernd dicht herankommen, dann warf ich ihm meine Mündung entgegen, riß die Maschine so hoch sie gehen wollte und schoß, bis er über mich weg war. Wir hatten uns auf zwanzig Meter unsere Mündungen auf den Bauch gehalten.

Der Fokker hielt sich in der darauf folgenden Kehrtkurve nur knapp, da er allen Schwung durch das Reißen verloren hatte. Dann aber sah ich, daß mein Gegner bereits genug hatte. In Spiralen, mit einigen Warnungsschüssen, begleitete ich ihn nach unten, wo der Führer im Gewirr der Gräben seine Maschine landete und sich bei dem Überschlag das Genick brach.«

Die Osmanische Luftwaffe stellte neue Abteilungen auf, um die Bodentruppen an den einzelnen Fronten zu entlasten und Feindaufklärung durchzuführen. Eine Staffel mit sechs Maschinen und türkischem Personal kam in Siwas an der Kaukasusfront zum Einsatz. Eine andere war für den unruhigen Hedschas bestimmt. Bereits Ende November 1915 verlud man auch Flugzeuge für die Front in Mesopotamien, darunter eine Fokker. Das Kommando über die Abteilung hatte Hauptmann von Aulock. Die Briten verfügten in Mesopotamien Anfang 1916 über die 30. Squadron des RFC (Royal Flying Corps) und zwei Schwärme des RNAS. Insgesamt handelte es sich im Frühjahr 1916 um 25 Maschinen fünf verschiedener Fabrikate, die allerdings wegen Motorschäden nicht alle einsatzbereit waren. Im April begannen die Engländer mit Versorgungsflügen für ihre in Kut-el-Amara eingeschlossene Division. Insgesamt flogen sie zwischen dem 15. und 29. April 140 Einsätze, die jedoch nicht ausreichten, General Townshends Truppen zu verpflegen. Im Januar war die Abteilung von Aulock an der Irakfront eingetroffen. Sie operierte von dem Flugfeld Shumran Bend, sechs Meilen nordwestlich von Kut aus.[8] Die Deutschen unternahmen Aufklärungsflüge und bombardierten die belagerte Stadt und das Hauptquartier des Ersatzkorps. Im April freuten sich die Aviatiker über neue Flugzeuge, die nach dem Ende des Dardanellenkampfes in Marsch gesetzt worden waren. Am 24.4. kam es zu einem ersten Luftgefecht, als sich der Pilot eines Fokker-Eindeckers mit dem Flugzeugführer einer britischen Versorgungsmaschine ein Revolverduell lieferte. Zwei Tage später gab es für die Engländer eine böse Überraschung. Eine Fokker griff ein Short Seeflugzeug an und zwang es zum Landen hinter den türkischen Linien. Die von Oberleutnant Schüz geflogene Maschine verfügte über ein synchronisiertes Maschinengewehr, das durch den Propellerkreis schießen konnte. Die deutschen Apparate waren jedoch bald abgenutzt, da Ersatzteile fehlten und der Nachschub aus Konstantinopel meist zwei Monate benötigte, wobei auf dem Transport noch manches Flugzeug zu Bruch ging. Als Serno sieben Flugzeuge in den Irak verschickte, kam nur eines heil in Bagdad an. Aber die Mechaniker in Mesopotamien verstanden zu improvisieren. Aus den Trümmern einer englischen Maschine bastelten sie ein neues Flugzeug, das sich tatsächlich in die Luft erheben konnte. Die Briten reagierten sportsmanlike und warfen bei den Deutschen ein Paket mit alten Flugzeugersatzteilen und einen Brief ab: »Wir gratulieren zu dem wohlgelungenen Vogel. Anbei einige Ersatzteile, die sie doch wohl bald brauchen werden.«[9] Trotz des Eigenbaus benötigten Deutsche und Türken dringend Ersatzmaschinen. Sie warteten vorerst vergeblich. Im November 1916 waren die Flugzeuge der beiden Abteilungen nahezu schrottreif:[10]

»Die Tragflächen verzogen, Höhenmesser und Tourenzähler nur Begriffe, deren man sich noch dunkel entsann. Von Pneus keine Spur. Statt dessen hatte man die Laufräder mit Lumpen umwickelt. Mit diesen Flugzeugen nahmen die Besatzungen todesmutig den ungleichen Kampf auf.«

Anfang 1917 reiste Oberleutnant Schüz nach Deutschland, um nachdrücklich auf Materialersatz zu drängen. Er kehrte im April 1917 mit neuen Jagdmaschinen zurück.

Bereits 1916 hatte sich das Schwergewicht der Fliegertätigkeit an die Kanalfront verlagert. In Ägypten verfügten die Alliierten Anfang 1916 über zwei Staffeln des RFC. Eine war in Kantara und Ismailia stationiert, die andere in Heliopolis. Im Juni wurde eine britische Staffel nach Saloniki verlegt und durch die 1. Squadron des AFC (Australian Flying Corps) ersetzt. Wie bereits erwähnt, traf im Frühsommer 1916 die Fliegerabteilung 300 mit 14 Rumpler CI Maschinen und einem Abteilungsführer, einem Offizier zur besonderen Verwendung, zehn Flugzeugführern und sechs Beobachtern in Palästina ein.[11] Das aus zwei Maschinen bestehende Vorkommando hatte Birseba bereits am 31. März erreicht. Die Flugzeuge unterstützten den Angriff auf Katia, zumindest Leutnant Hans Henkelburg aber hatte vorher noch bange Stunden durchzumachen. Bei einer Notlandung auf dem Weg von Birseba nach Jerusalem hätten die Einheimischen ihn und seinen Beobachter fast totgeschlagen. Sie hielten die beiden Deutschen für Engländer.[12] Die Abteilung 300 blieb trotz zahlenmäßiger Unterlegenheit bis Herbst 1917 im Besitz der Luftherrschaft über dem Sinai und Palästina. Die wenigen Flugzeugführer waren auf allen Gebieten aktiv und betätigten sich als Aufklärer, Bomber, Schlachtflieger und Jäger. Nach dem verlorenen Gefecht von Romani im August 1916 lobte Kreß von Kressenstein seine kleine Fliegerabteilung in den höchsten Tönen:[13]

»Vorzügliches hat wieder unsere Fliegerabteilung 300 geleistet. Sie hatte mich dauernd gut mit Feindmeldungen bedient, hatte 21 Luftkämpfe bestanden, in denen drei feindliche Flugzeuge abgeschossen worden waren, hatte 363 Bomben auf unseren Gegner abgeworfen und ihn mit 5500 Schuß aus ihren Maschinengewehren belegt.«

Die Meinung von »Experten« in Deutschland, die Flugzeuge könnten im Sommer in der Sinaiwüste überhaupt nicht fliegen, weil die durch die Hitze verdünnte Luft einen Start nicht zulasse[14], war damit wirkungsvoll widerlegt worden.

Als sich die türkische Infanterie aus dem Sinai zurückzuziehen begann, mußten auch die Flieger ihre Feldflugplätze weiter ins Hinterland verlegen. Schon im Herbst wurde El Arisch als Einsatzstandort aufgegeben und der Flughafen von Birseba in Betrieb genommen. Eine Maschine unternahm im November 1916 einen Fernflug nach Kairo und flog einen Bombenangriff auf den dortigen Bahnhof. Die Flugstrecke betrug mit Zwischenlandung in El Arisch rund 800 km. Im Januar 1917 räumten die Deutschen auch Birseba und bezogen ihren neuen Einsatzflughafen in Ramleh. Drei Maschinen blieben wegen Treibstoffmangels in Birseba zurück und wurden bei einem feindlichen Luftangriff zerstört. Das Stärkeverhältnis in der Luft betrug zumeist 1:5 zuungunsten der deutschen Flieger, Anfang März wegen Personalwechsels sogar 1:12.[15] Vor der zweiten Schlacht von Gaza standen sechs deutsche 25 alliierten Flugzeugen gegenüber. Während der Kämpfe um Gaza erschwerten die wenigen deutschen Maschinen den gegnerischen Artilleriefliegern ihre Aufgabe so sehr, daß sich die feindliche Artillerie nicht voll entfalten konnte. Im Monat April nahmen auch die Luftkämpfe zu, aber die Briten und Australier zogen regelmäßig den kürzeren. Die deutschen Piloten fanden sogar noch die Zeit zu verwegenen Einzelaktionen. So landeten die Besatzungen Oberleutnant Felmy[16] – der jüngere Bruder des Kommandeurs der Fliegerabteilung – und Oberleutnant Falke im April und Mai weit hinter den feindlichen Linien und sprengten die Wasserleitung, die die englische Front mit gefiltertem Nilwasser versorgte.

Noch im Sommer 1917 waren die deutschen Flieger fast stets die Angreifer. Am 7. Juli etwa attackierten zwei Flugzeuge der Abteilung 300 in der Nähe von Gaza eine Patrouille von drei Maschinen der 1. Squadron AFC und schossen einen Australier ab und zwangen einen weiteren zur Landung. Anschließend erwies es sich, daß die deutschen, australischen und britischen Flieger einen gemeinsamen Ehrenkodex hatten, der Grenzen, Sprachen und politische Differenzen überwand.[17] Oberleutnant Felmy, ein Vertreter der Brüderschaft der stählernen Romantiker, schrieb den Alliierten einen Brief über den Ausgang der Luftkämpfe und ließ ihn beim Gegner abwerfen. Die Australier erwiderten die Botschaft, und der Pilot Murray Jones flog mit der Antwort und einem Paket mit den Kleidern des gefangenen Kameraden über die Frontlinie:[18]

»Felmy und andere deutsche Flieger erwarteten ihn auf dem Flugplatz von Huy. Jones ging bis auf 50 Fuß herunter und warf das Päckchen zwischen sie, umrundete den Flughafen, erwiderte das Winken des Gegners und flog wieder heim. Kein Schuß wurde auf ihn abgegeben.«

Auch sonst sind mehrere Beispiele von Flieger-Courteosie und ritterlichen Handlungen der Kavaliere der Lüfte überliefert.[19] Abgeschossene Flieger wurden in der Offiziersmesse fürstlich bewirtet, der Gegner über das Schicksal vermißter Piloten unterrichtet. Der totale Krieg des Jahres 1918 aber ließ nicht mehr viel Raum für den Austausch von Höflichkeiten.

Im Rahmen von Jildirim wurde die deutsche Fliegertruppe in der zweiten Hälfte des Jahres 1917 erheblich verstärkt. Aufgestellt und den Anforderungen des Gefechtsfeldes entsprechend ausgerüstet wurden:

– die preußischen Fliegerabteilungen 301, 302 und 305 in Breslau,
– die preußische Fliegerabteilung 303 in Altenburg und
– die bayerische Fliegerabteilung 304 b in Schleißheim.

Für die neuen Fliegerabteilungen (Pascha II) waren Flugzeuge vom Typ Albatros D III und AEG C IV vorgesehen:

	Albatros D III	AEG C IV
Typ	Jagdeinsitzer	Aufklärer, Artillerieflugzeug
Einsatzzeitraum	ab Januar 1917	Frühjahr 1916–August 1918
Besatzung	1	2
Motor	160 PS Mercedes D III a Reihenmotor	200 PS Benz Bz IV Reihenmotor
Spannweite	9 Meter	13,30 Meter
Länge	7,33 Meter	7,87 Meter
Fluggewicht	885 kg	1430 kg
Höchstgeschwindigkeit	175 km in 1000 m Höhe	155 km in 1000 m Höhe
Steigfähigkeit	in 12 Minuten auf 3000 m	in 22 Minuten auf 3000 m
Dienstgipfelhöhe	5500 m	6400 m
Reichweite/Flugdauer	330 km	4,5 Stunden
Bewaffnung	2 Spandau MG	1 Parabellum MG, 1 Spandau MG
Bombenladung	–	100 kg

Der Kommandeur der Flieger der Heeresgruppe F, von Heemskerck, machte mit Befehl vom 7. Mai 1917 deutlich, daß die einzelnen Abteilungen so ausgestattet werden sollten, daß sie über einen längeren Zeitraum autonom operieren konnten:[20]

»Die Ausrüstung jeder Abteilung soll so reichlich sein, daß sich die Abteilung ohne Nachschub mehrere Monate unter ungünstigsten allgemeinen Bedingungen flug- und gefechtsfähig erhalten kann.«

Die Piloten mußten in Nieder-Neuendorf bei der Firma AEG auf das C IV Flugzeug umschulen. Nachdem Schwierigkeiten bei der Materialbeschaffung überwunden werden konnten, rollten die Abteilungen 301–304 b ab August im Eisenbahntransport nach Südosten, die Abteilung 305 folgte allerdings erst im Frühjahr 1918. Die bayerische Fliegerabteilung 304 b, die von Hauptmann Walz geführt wurde, hatte einen Personalbestand von 250 Mann, darunter neun Flugzeugführer und sieben Beobachter. Der von der Einheit belegte Flugplatz Arak el Manchije mußte bereits im November geräumt werden, da der Gegner die Front der 8. Armee durchbrochen hatte. Gerüchte vom Herannahen feindlicher Kavallerie machten die Runde. Es herrschten Desorganisation und Chaos, Panik lag in der Luft. Oberleutnant Berthold drohte sogar damit, den Bahnhof von Arak el Manchije unter MG-Feuer zu nehmen, falls dort kein Transportraum für die Abteilung zur Verfügung gestellt würde. Es spielten sich turbulente Szenen ab, ehe sich die Teile der Fliegerabteilung 304 b am 20. November auf dem Flughafen Afule wieder gesammelt hatten.[21] Der Einstand für die bayerischen Flieger konnte kaum unglücklicher ausfallen. Zudem waren sie zu einem Zeitpunkt im Nahen Osten eingetroffen, als die Initiative endgültig auf die alliierte Seite übergegangen war. Die Briten hatten zwischenzeitlich mit den Staffeln 111 und 113 RFC eine wirkungsvolle Verstärkung erhalten. Deutsche und Türken fürchteten besonders die neuen Bristol Fighters. Die Albatros D III Jäger, an der Westfront von den Elitejagdstaffeln 11 und Jasta Boelcke geflogen, waren den Bristol Fighters an Geschwindigkeit unterlegen. Zudem besaß der deutsche Doppeldecker einen äußerst schwachen Unterflügel.[22]

Am 8. Oktober fiel die erste Albatros-Maschine einem Bristol Fighter zum Opfer. Eine Woche später schoß die 111. Squadron eine weitere Albatros ab. Im November verloren die Deutschen bei der Bombardierung und Räumung der Flugplätze von Arak el Manchije und Et Tineh weitere acht Maschinen. Die fünf neuen deutschen Staffeln mit ihren 65 Flugzeugen sowie die von Kutrani operierende osmanische 14. Staffel vermochten die feindliche Luftoffensive weder zu stoppen noch zu verlangsamen. Das Jahr 1917 ging für die preußischen und bayerischen Flieger im Nahen Osten traurig zu Ende. Am 12. Dezember schoß ein australischer Captain allein drei Albatros D III Flugzeuge vom Himmel.

Das fünfte Kriegsjahr brachte einen weiteren Verfall der deutschen Fliegerstreitkräfte mit sich, zumal die Alliierten mit der 142. Squadron RFC noch eine zusätzliche Staffel ins Feld führen konnten. Auch der deutsche Jäger Pfalz D III, der neu auf dem Kriegsschauplatz eintraf, brachte keine wirksame Entlastung. Aus australischer Sicht war die Moral der deutschen Piloten zerbrochen.[23] Selbst türkische Prämienversprechungen, nach denen jeder Pilot 40 Pfund und jede Flakbedienung 30 Pfund für einen Abschuß erhalten sollte, zeigten nicht die erhoffte Wirkung. Die deutschen und türkischen Grabenkämpfer blieben ohne Luftschirm und sahen sich dauernden Attacken der Alliierten ausgesetzt. Resigniert konstatierte Hauptmann Simon-Eberhard im April 1918:[24]

»Die Fliegerverhältnisse sind hier trostlos. Die Engländer sind nicht nur zahlenmäßig, sondern auch durch bessere, schneller fliegende Maschinen so überlegen, daß die Deutschen nichts dagegen unternehmen können.«

Die Türken hatten in Palästina nur wenige Flugzeuge stationiert, da das Schwergewicht der Osmanischen Luftwaffe in den beiden letzten Kriegsjahren in Mesopotamien lag. Auch die deutschen Flakeinheiten verfügten nicht über die notwendige Stärke, um der gegnerischen Apparate Herr zu werden. Sieben Flakzüge und eine Flakbatterie befanden sich an der Palästinafront im Einsatz. Ihr Zustand ließ jedoch erheblich zu wünschen übrig. So waren im Frühjahr 1918 an der gesamten Front nur fünf Geschütze kriegsverwendungsfähig.[25] Die alliierten Piloten zeigten allerdings Respekt vor den wenigen Geschützen, die so »unangenehm genau« schossen.[26] Als untauglich erwies sich weiter der Versuch, aus den einzelnen Abteilungen die besten Flieger herauszuziehen und damit im Januar und Februar 1918 die Jagdstaffeln F und Jasta 1 zu formieren. Das an der Westfront eingeführte Verfahren der Bildung von Eliteeinheiten bewährte sich in Palästina nicht.

Im Sommer 1918 waren die deutschen Abteilungen wie folgt disloziert: Fliegerabteilung 302 und 304 b in Afule, Fliegerabteilung 301 und Jasta 1 in Jenin, Fliegerabteilung 300 in Sannakh und Fliegerabteilung 305 in Dera. Englische und australische Luftsiege gehörten zur täglichen Routine, wobei sich die Australier ein Vergnügen daraus machten, auch die Piloten und Beobachter notgelandeter deutscher Maschinen zu erschießen. Die RAF (Royal Air Force)[27] besaß eindeutig die absolute Luftherrschaft. Alliierte Piloten nahmen Bahnhöfe, Züge, Truppentransporte, Karawanen, Kavallerie, Fahrzeuge, Artilleriestellungen und Depots unter Feuer. Besonderer Beliebtheit erfreuten sich MG-Angriffe auf ungeschützte Infanterie. Sie machten den Fliegern einen »Heidenspaß« (»excellent fun«), wie in der offiziellen Kriegsgeschichte Australiens freimütig vermerkt ist.[28] Der Gentleman's War war endgültig zu Ende.

Die deutsche Fliegertruppe mußte schwere Verluste hinnehmen. Die Zahl der frischen Gräber auf dem Friedhof von Nazareth wuchs. Von Frühjahr bis Herbst fielen 59 Flugzeugführer und Beobachter. Die Aufklärungsflüge gingen fast auf Null zurück. Oberst von Oppen, Chef der linken Gruppe der 8. Armee, bat Liman von Sanders sogar, über seinem Frontabschnitt die Luftaufklärung gänzlich einzustellen. Er wollte vermeiden, daß der Anblick der für die Deutschen fast regelmäßig negativ endenden Luftkämpfe die Moral seiner Soldaten weiter untergrub.[29] Vor Allenbys Schlußoffensive soll die Heeresgruppe F nur noch über fünf einsatzfähige Flugzeuge verfügt haben[30], eine Schätzung, die höchstwahrscheinlich zu niedrig liegt. Der alliierte Großangriff vom 19. September ließ nur Trümmer von den deutschen Fliegerabteilungen übrig. Die in Dera stationierte Fliegerabteilung 305 wurde durch drei Bristol Fighters dezimiert, die zur Unterstützung der arabischen Aufständischen im Hauptquartier von Lawrenc in Um el Surab gelandet waren.[31] Die Fliegerabteilung 304 b beabsichtigte am 20. September die Verlegung von Afule nach Samach. Tatsächlich konnten drei Maschinen auf den Ausweichplatz gebracht werden, wo allerdings eine bei der Landung zu Bruch ging. Der Kommandant Hauptmann Walz, der am 10. August das Pour le Mérite erhalten hatte, flog mit zwei Flugzeugführern noch einmal nach Afule, um die dort noch verbliebenen

Maschinen dem Zugriff der Alliierten zu entziehen. Die Briten aber waren schneller und nahmen Walz und 35 Mann gefangen.[32] Außerdem fielen ihnen drei Flugzeuge in die Hände. Die deutschen Flieger setzten Allenbys Verbänden kaum noch Widerstand entgegen. Unbehelligt zerschlug die feindliche Luftwaffe die osmanische 7. Armee im Wadi Fara. Die zusammengeschmolzenen Abteilungen 300 und 304 wurden im Oktober zur Fliegerabteilung Fleischfresser, 301 und 302 zur Fliegerabteilung Begoulin zusammengefaßt. Als die Briten Rajak besetzten, fanden sie 32 zum Teil verbrannte deutsche Flugzeuge vor, einige vom neuesten Typ. Dies war das endgültige Ende der deutschen Fliegerwaffe im Nahen Osten. Bei Kriegsende verfügte sie in Syrien noch über sechs einsatzfähige Maschinen.

Die Luftstreitkräfte in Palästina 1918

Deutsche	Alliierte
Kommandeur der Flieger »Jildirim«	5th (Corps) Wing
Hauptmann von Heemskerck	Oberstleutnant Burnett
Fl. Abt. 300	No. 14 Squadron, RAF
Fl. Abt. 301 Hauptmann Bieneck	No. 113 Squadron, RAF
Fl. Abt. 302 Hauptmann Elias	No. 142 Squadron, RAF
Fl. Abt. 303 Hauptmann Schumburg	*zusammen 54 Maschinen*
Fl. Abt. 304 b Hauptmann Walz	40th (Army) Wing
Jasta F bzw. Jildirim*	Oberstleutn. Williams, AFC
Jasta 1 (später 300)	No. 111 Squadron, RAF
Armee-Flug-Park F	No. 144 Squadron, RAF
	No. 145 Squadron, RAF
	No. 1 Squadron, AFC
	No. 21 Balloon Company
	zusammen 72–84 Maschinen

* Errichtet im Januar 1918. Ende Mai 1918 wieder aufgelöst und Personal der Jasta 1 überwiesen.

Als die deutschen Flugzeugführer, Beobachter und Mechaniker in Haidar Pascha auf ihre Repatriierung warteten, besaßen sie genügend freie Zeit, um Bilanz zu ziehen, auch was die türkischen Formationen anbetraf. Das Kaiserreich hatte der osmanischen Luftwaffe insgesamt rund 460 Flugzeuge zur Verfügung gestellt, weiter für die türkischen Staffeln 600 Mann, darunter 150 Mann fliegendes Personal und 250 Monteure und Techniker.[33] Von den in türkischen Diensten stehenden deutschen Fliegern waren 34 ums Leben gekommen. Mit den Personalstämmen der Verbündeten und dem übernommenen Material konnten die Türken insgesamt 23 Fliegerabteilungen und fünf Jagdstaffeln aufstellen. Hinzu kamen vier Abteilungen Marineflieger.

Die erfolgreichsten deutschen Jagd- und Kampfflieger auf dem Gebiet des Osmanischen Reiches waren:[34]

– Hauptmann Hans-Joachim Buddecke mit 13 Luftsiegen,
– Oberleutnant Hans Schüz mit 10 Luftsiegen,
– Hauptmann Franz Walz mit 7 Luftsiegen, und
– Oberleutnant Theodor Croneiß mit 5 Abschüssen.

Die in Haidar Pascha internierten deutschen Flieger wurden zum überwiegenden Teil mit dem Dampfer *Asgard* nach Hause gebracht, der am 4. März 1919 auslief. An Bord befanden sich auch die Bayern der Fliegerabteilung 304 b. Oberleutnant Fritz Berthold führte immer noch das Kriegstagebuch. Seine letzten Eintragungen lauten:[35]

»*30.3.1919*
Gegen 6 Uhr abds. wurde in der Nähe der Doggerbank ein deutscher Lotse an Bord genommen.
31.3.1919
Der Transport fährt am heutigen Tag unter deutscher Flagge, außerdem sind noch die türkische Flagge und der Heimatwimpel gehißt, ferner die oldenburgische Flagge am Bug ...
1.4.1919
... 10 Uhr Vorm. Begrüßung des Transports durch den Stationschef von Wilhelmshaven, die Hptm. Schmidt erwiderte. 2 Damen verteilen Blumen und die 1. Heimatpost.«

Die bayerischen Aviatiker brachten kulturhistorisch und zeitgeschichtlich wichtiges Material mit nach Hause, das den gesamten langen Rückzug mitgemacht und vor den Angriffen der Briten und Australier geschützt worden war. Es handelt sich um 2662 Negative von Fliegeraufnahmen, die heute im Bayerischen Kriegsarchiv in München aufbewahrt werden.

XV. Romantische Expeditionen

Von den zahlreichen Expeditionen, die kleinere deutsche Gruppen in Asien unternahmen – so etwa die Expedition Klein im Irak und die Expedition Scheubner-Richter in Persisch-Aserbaidschan – sollen zwei wegen ihrer Bedeutung besonders behandelt werden: die Afghanistanexpedition und die unglückliche Mission von Stotzingen.

Der geistige Vater der deutschen Afghanistanexpedition war Enver Pascha, der bereits im August 1914 dem deutschen Botschafter in Konstantinopel mitteilte, Emir Habibullah sei zu Unternehmungen gegen England und Rußland bereit.[1] Berlin ging auf den Gedanken einer gemeinsamen deutsch-türkischen Mission in das schwer zugängliche asiatische Land sofort ein, schien es doch nicht unwahrscheinlich, daß sich der afghanische Herrscher der Fesseln des 1880 mit Großbritannien abgeschlossenen Knebelungsvertrages entledigen wollte. Dieser Vertrag sah vor, daß Afghanistan ohne englische Zustimmung keine Beziehungen zu dritten Mächten aufnehmen durfte und sich im Fall einer Aggression unter britischen Schutz stellen mußte. Auch machte man sich im Kaiserreich völlig unrealistische und von Wunschdenken geprägte Vorstellungen über die Wirkung des Heiligen Krieges, den die Türkei am 14.11.1914 proklamiert hatte. Man stellte sich vor, diese Idee würde wie ein Funke auf alle Länder des Islam, unter anderem auch auf Afghanistan, überspringen und sie in die Kampffront gegen England und Rußland einreihen.[2]

Die Federführung für die Expedition übernahmen das Auswärtige Amt und der Große Generalstab. Das Auswärtige Amt war verantwortlich für die politische Unterweisung und die Beschaffung der nötigen Finanzmittel, während die Bearbeitung der militärischen Fragen in den Zuständigkeitsbereich des Generalstabs fiel. Von Anfang an hafteten dem Projekt zahlreiche Organisationsmängel an. Nicht nur die Vorbereitungen waren ungenügend, auch verwendete man keine genügende Sorgfalt bei der Auswahl der Teilnehmer der Mission. Einige Abenteurer, die später in den türkischen Tavernen das große Wort führten und alle Geheimhaltungsregeln außer acht ließen, mußten schon bald entlassen werden. Trotzdem blieb die Expedition ein bunt zusammengewürfelter Haufen, zwar reichlich mit Geld versehen, aber weder über Land und Leute noch über die tatsächlichen Schwierigkeiten der Aktion besonders gut informiert. Ein Teilnehmer schrieb ernüchtert:[3]

»Leider war die ganze Expedition bereits in der Anlage verpfuscht. Wir zogen hinaus ..., jeder mit dem Gehalt eines Generals ... Hätte man sich in Berlin vorher im Frieden damit beschäftigt, Nachrichten zu sammeln und die über Afghanistan in England erschienenen Bücher zu studieren, so wäre den Herrn im Auswärtigen Amt und uns manche Enttäuschung erspart geblieben.«

Aufgabe der so unglücklich gestarteten Mission war es, wie das Auswärtige Amt an die Botschaft in Konstantinopel telegraphierte, den »Emir zum Losschlagen gegen Indien« zu veranlassen.[4] In mehreren Gruppen brachen die Teilnehmer ab September 1914 von Berlin auf. Die Expedition mußte längere Zeit in Aleppo auf ihr Gepäck warten. Es kam zu ersten Reibereien unter den Deutschen, insbesondere über die Frage, wer die Führung der Operation haben sollte. Berlin hatte anfangs eine fünfköpfige Kommission dafür ausersehen, eine völlig unsinnige Entscheidung, da im Kriegsgebiet nicht nach parlamentarischem Muster abgestimmt werden konnte. Dann war Konsul Waßmuß als einziger Leiter ausersehen, dem schließlich noch ein Ausschuß zur Seite treten sollte. Waßmuß aber fand nicht die Billigung und Unterstützung durch alle Expeditionsteilnehmer. Erst mit der Übernahme der Cheffunktion durch den bayerischen Offizier Ritter von Niedermayer, der am 13.12.1914 in Aleppo eintraf, hörten die vielen Querelen auf. Waßmuß beschloß, den Marsch nach Afghanistan nicht mitzumachen und sich statt dessen allein in das Operationsgebiet Südpersien durchzuschlagen. Dort sollte er den Engländern viele schlaflose Nächte bereiten.

Niedermayer reiste kurz vor Weihnachten nach Bagdad weiter, um dort mit dem Leiter der türkischen Afghanistanexpedition, Reuf Bey, das künftige Vorgehen zu besprechen. Die Türken erklärten jedoch, sie seien an einer Teilnahme an der Mission nicht mehr interessiert, da mit Afghanistan keine Verbindung mehr bestünde. Tatsächlich verfolgte Konstantinopel durchaus eigenständige Pläne. Zum einen waren es annexionistische Ziele in Persien, wo Reuf Bey mit einem Truppenkontingent eindrang. Zum anderen betrachtete die

Pforte Afghanistan als eigene Domäne und befürchtete deutsche imperialistische Absichten im Hinblick auf das Land im Grenzbereich zwischen Indien, Persien und Rußland. Genährt wurde dieser Verdacht durch die Tatsache, daß die Deutschen zeitweilig Kolonialuniformen trugen – die Montur der Polizeitruppe Südwest. Das Interesse der Türkei an Afghanistan wurde auch dadurch unterstrichen, daß Konstantinopel im April 1915 eine selbständige Expedition nach Kabul in Marsch setzte, die ihr Ziel allerdings nicht erreichte.

Ritter von Niedermayer mußte erhebliche Vorbehalte ausräumen und Widerstände überwinden. Osmanische Dienststellen untersagten zunächst die gesamte Expedition und beschlagnahmten die Waffen und Ausrüstung der Deutschen. Erst nach einer energischen Intervention der kaiserlichen Botschaft wurde das Reisegepäck zurückgegeben. Nach Wochen des Wartens und der Ungewißheit konnten zwei deutsche Vortrupps am 26. Februar 1915 endlich von Bagdad aus aufbrechen. Eine drei Mann starke Gruppe sollte in Kurdistan Erkundigungen einziehen, zwei andere Teilnehmer hatten die Aufgabe, in Isfahan/Persien die Hauptetappe aufzubauen. Die Hauptgruppe brach im März auf, getarnt als Gesandtschaftspersonal des nach Persien reisenden deutschen Botschafters in Teheran, des Prinzen Reuß. Erster Halt war in Kermanschah, wo die Deutschen begeistert empfangen wurden. Von hier zog das Gros der Expedition weiter in Richtung Isfahan, während Niedermayer und Oberleutnant Günther Voigt den Weg nach Teheran einschlugen, wo sie am 25. April eintrafen. Die übrige Expedition fand auch in Isfahan eine äußerst deutschfreundliche Stimmung vor.

Während sich im Mai in Isfahan ein persischer Patriotismus zugunsten des Deutschen Reiches vehement artikulierte, war bereits eine weitere deutsche Afghanistanexpedition in der syrischen Provinzhauptstadt Aleppo eingetroffen. Im Januar 1915 hatte sich der indische Professor M. Barakatullah, der angab, mit dem Bruder des Emirs von Afghanistan befreundet zu sein und der Kabul erreichen wollte, um von dort aus Indien zu revolutionieren, den deutschen Behörden zur Verfügung gestellt. Der indische Erbprinz Mahendra Pratap war bereit, seinen Landsmann zu begleiten. Das Auswärtige Amt rüstete daher eine Expedition aus, der neben dem Legationssekretär Werner Otto von Hentig noch sechs Inder und Afridis[5] angehörten, die sich aus deutschen Gefangenenlagern für diese gefahrvolle Aufgabe freiwillig gemeldet hatten. Zweck der Mission war es unter anderem, diplomatische Beziehungen zu Afghanistan herzustellen und in Kabul eine deutsche Vertretung zu installieren. Von Hentig erreichte Teheran am 15. Juni. Es war wohl seine Ankunft, die Ritter von Niedermayer bewog, nun endlich aktiv zu werden und das Ziel Afghanistan forciert anzusteuern. Vom ersten Zusammentreffen zwischen Hentig und Niedermayer an begannen die Differenzen der beiden Männer über die Funktion der jeweiligen Expedition und die tatsächlichen Befehlsverhältnisse. Es waren Auseinandersetzungen, die die beiden Kontrahenten noch Jahre und Jahrzehnte nach Kriegsende fortsetzten, wobei sie jeweils die Erfolge der Mission ihren eigenen Verdiensten zuschrieben. Aus der Rückschau kann man unschwer feststellen, daß die Widersacher derartig kleinliche und von Eifersucht gekennzeichnete Fehden nicht nötig hatten. Beide haben Erstaunliches geleistet.

Da ein Durchbruch durch die russischen Linien in Nordpersien unmöglich erschien, entschlossen sich die Expeditionen zu einem qualvollen Marsch durch die Kewir, die Salzwüste Mittelpersiens, die im Sommer eigentlich als unpassierbar galt. Von Hentig handelte in Isfahan die Mietpreise für die Kamele aus. Pro Tag mußten 2,40 Mark für ein Tier aufgebracht werden. Dazu kamen täglich 3,20 Mark für Fütterungskosten. Menschen waren mit einem Tagessatz von 1,60 Mark billiger zu verpflegen. An Nahrungsmitteln kaufte der deutsche Legationssekretär zunächst für 20 Tage Reis, getrocknete Aprikosen, Rosinen, Zucker und gemischtes Trockenobst mit Pistazien, Zuckermandeln und Nüssen. Von Hentigs Gruppe trat am 5. Juli den Wüstenmarsch an, die Gruppe Niedermayer folgte fünf Tage später. Bei der Wüste Kewir, die schon so mancher Karawane zum Grab geworden war, handelt es sich um eine ebene Lehmfläche mit einer hohen oberflächlichen Salzanreicherung. Zur Regenzeit entstehen hier flache Salzseen oder Sümpfe, im Sommer ist das Gebiet von breiten Trockenrissen durchzogen. Der Ritt unter der glühenden Sonne durch dieses menschenfeindliche Terrain wurde für die Männer zur Qual. Von Hentig berichtete über die Strapazen:[6]

»Wie Schnee knirscht der Salzboden. Ab und zu ist er von richtigen Salzbächen durchbrochen, die in schneeiger Weiße ihren Lauf ziehen. Manchmal schiebt sich das Salz in Schollen übereinander. Nichts gibt einen so vollkommenen Eindruck der Abgeschie-

denheit, des Ausschlusses alles organischen Lebens, mit einem Wort der Wüste – wie das ewige Salz.
Es scheint auch an unserem Leben zu fressen. Es dringt in die Haut, verkrustet leise Hände und Gesicht und bildet unter den Wirkungen der Tagessonne blutige Wunden an den Lippen. Mehr noch schmerzt der Brand, den es im ganzen Körper verursacht. Vor einer Wasserleitung zu stehen und zu trinken, immer weiter zu trinken, das ist die einzige Trostvorstellung, der einzige Wunsch solcher Nachtmärsche und Tage, wo die Sonne Lebensempfindung und Freudigkeit zu verbrennen droht.«

Ähnlich waren die Probleme bei der Expedition Niedermayer. Die Kolonne bestand aus ungefähr 200 Tieren. Neben den deutschen Expeditionsmitgliedern marschierten dreißig angeworbene persische Reiter und sechs aus russischer Kriegsgefangenschaft entflohene Österreicher mit. Aufgebrochen wurde täglich gegen 15.00 Uhr, der anschließende Marsch erstreckte sich über 10 bis 14 Stunden. Den Persern war die Reise trotz eines hohen Handgeldes zu gefährlich oder zu strapaziös. Nur ein halbes Dutzend von ihnen erreichte Afghanistan, der Rest blieb unterwegs zurück oder desertierte unter Mitnahme von Pferden, Waffen und Munition.

In der Oase Tschardeh bei der Stadt Tebbes trafen beide Expeditionen am 23. Juli zusammen. Hentig und Niedermayer beschlossen, den weiteren Weg gemeinsam fortzusetzen. Die Mission wurde neu organisiert. Für den Grenzübertritt nach Afghanistan stellten die Deutschen eine Maultierkarawane zusammen. Andere Abteilungen hatten Scheinmanöver durchzuführen, um den Feind über die wahre Marschrichtung der Karawane zu täuschen. Als neues Quartier wählte man die kleine Stadt Buschrujeh, sechs Tagesreisen östlich der Wüste aus. Hier blieb die Maultierkolonne acht Tage, ehe in der Nacht vom 7. zum 8. August der Marsch in Richtung afghanische Grenze begann. Die größte Marschleistung betrug 33 Stunden bei einer Rast von nur 2 Stunden. Niedermayer berichtet in seinen Kriegserinnerungen:[7]

»Die Karawane litt furchtbar unter Hitze und Erschöpfung. Immer mehr bröckelte ab, ein Tier und ein Mensch nach dem anderen legten sich in den durchglühten Wüstensand, nichts vermochte sie mehr weiterzubringen ... Wer zusammenbrach, mußte liegengelassen werden. Es gab nur einen Gedanken: Vorwärts um jeden Preis! Lieber in der Wüste verschmachtet, als dem Feind in die Hände gefallen.«

In der Nacht vom 19. auf den 20. August passierte die Kolonne die afghanische Grenze, ohne auf den Feind zu stoßen. Aber auch nach dem Verlassen Persiens fühlten sich die Männer nicht sicher. Das Gerücht ging um, afghanische Grenzwachen würden jeden Europäer umbringen. Es folgten:[8]

»drei weitere Tagesmärsche durch die Wüste ohne Futter für die Tiere – die einzige Konservenbüchse, für Notfälle mitgenommen, teilten wir uns unter sieben Europäern.«

Niedermayer entsandte zwei Moslems zum Gouverneur von Herat, um die Ankunft der Karawane zu melden. Am 23. August trafen die Expeditionsteilnehmer in der von Alexander dem Großen gegründeten Provinzhauptstadt ein, wo ihnen der Gouverneur ein Gartenschloß außerhalb der Stadt zuwies. Der Empfang war nicht unfreundlich, aber die Deutschen waren halb Gäste, halb Gefangene, bis der Gouverneur weitere Nachrichten aus der Hauptstadt erhalten hatte. Am 6. September erlaubte er den Weitermarsch nach Kabul. Eine Karawane der afghanischen Regierung stand für den Transport zur Verfügung. Obwohl die Mitglieder der Mission sehr gut untergebracht und verpflegt wurden, setzte ihnen der Marsch wegen der Höhenlage sehr zu, wie Oberleutnant Voigt anschaulich schildert:[9]

»In 23 Tagen legten wir die 30 Tagesreisen lange Strecke zurück, ständig durch hohes Gebirge, die Ausläufer des Hindukusch mit Pässen von 3000 bis 4000 m, marschierend. Über sechs Pässe mußten wir einmal an einem Tag überwinden; bei jeder Anhöhe pumpte das Herz von Mensch und Tieren fürchterlich von zu dünner Luft und Entkräftung. Vor sechs Wochen hatten wir noch über 50 Grad Celsius im Windschatten gemessen, jetzt war morgens der Boden knochenhart gefroren, dabei steckten wir noch immer in unseren alten, zerfetzten Khakisachen.«

Endlich, am 1. Oktober, kam Kabul in Sicht. Der Empfang war herzlich und wieder wurden die Expeditionsteilnehmer in einem Schloß untergebracht. Aber die Deutschen standen unter Bewachung, und Briefe an den Emir Habibullah blieben vorerst unbeantwortet. Die Enttäuschung der Emissäre aus dem fernen Kaiserreich, die auf der entbehrungsreichen Reise ihr Leben riskiert hatten, wuchs. Am 7. Oktober traten sie in den Hungerstreik. Ihr Protest hatte Erfolg, denn drei Tage später erhielten sie einen Brief des Emirs, der vage von einem Empfang im Palast sprach. Die erste Audienz fand am 26. Oktober statt. Der afghanische Herrscher machte nicht den Eindruck, als sei er für eine Beteiligung seines Landes am Heiligen Krieg und für ein Losschlagen gegen Indien zu gewinnen. Weder ein Handschreiben des deutschen Kaisers[10], noch ein Brief des Reichskanzlers[11] schienen großen Eindruck auf ihn zu machen. Aber es sollten weitere Gespräche stattfinden. Für den Emir war die deutsche Expedition eine willkommene Trumpfkarte im diplomatischen Spiel mit dem britischen Vizekönig in Indien. Mit der Mission, die die Alliierten stark beunruhigte, hoffte Habibullah die Briten unter Druck setzen und ihnen Zugeständnisse abtrotzen zu können. Diese taktisch kluge Schaukelpolitik des afghanischen Herrschers hatte das Berliner Auswärtige Amt nicht vorausgesehen.

Die nächsten Wochen verbrachten die Expeditionsmitglieder mit Erkundungsritten, dem Sammeln von Informationen und dem Anknüpfen von Kontakten. Als die Langeweile überhandnahm und die afghanische Regierung nicht erkennen ließ, daß sie als potentieller Verbündeter der Mittelmächte angesehen werden wollte, beschlossen Niedermayer und Hentig im Dezember die Abreise. Die Drohung blieb nicht ohne Wirkung. Nasrullah, Bruder des Königs und englandfeindlicher Anhänger der Idee des Heiligen Krieges, teilte Niedermayer mit, der Emir sei nach Beratung mit dem Kronrat bereit, in den Krieg einzutreten, wünsche aber eine vertragliche Absicherung und die Lieferung von Waffen, Munition und Gold. Am 1. Weihnachtstag des Jahres 1915 begannen zähe Verhandlungen der Deutschen mit Habibullah. Am Ende schwieriger Diskussionsrunden stand im Januar 1916 die Unterzeichnung eines Vertragsentwurfes zwischen dem Deutschen Reich und Afghanistan. In dem Entwurf verpflichtete sich Berlin zur kostenlosen Lieferung von 100 000 modernen Gewehren, 300 Geschützen, Kriegsmaterial und zur Zahlung von 10 Millionen Pfund.[12] Eine afghanische Zusage, in den Krieg einzutreten, enthielt der Vertragstext nicht, aus dem Zusammenhang war aber zumindest eine Kriegsbereitschaft Kabuls herauszulesen. Während sich ein Bote mit einer Kopie des Abkommens nach Persien auf den Weg machte, von wo das Dokument nach Deutschland weitergeleitet werden sollte, begannen die Deutschen mit der Reorganisation des 50 000 Mann starken afghanischen Heeres. Eine Mustertruppe wurde aufgestellt, eine Offiziersschule gegründet, und Felddienstübungen wurden abgehalten. Aber diese deutsch-afghanische Kooperation auf militärischem Sektor sollte nicht von langer Dauer sein. Britischer Druck auf den Emir wuchs und dieser erklärte, sein Land nur dann in den Krieg auf seiten der Zentralmächte führen zu wollen, wenn in Indien ein Aufstand ausbreche oder mindestens 20 000 Mann deutscher oder türkischer Truppen einen Angriff auf Belutschistan unternähmen. Von Hentig entschied sich nunmehr im März endgültig zur Heimreise. Niedermayer wollte die Arbeit in Afghanistan fortsetzen, aber Habibullah ließ mitteilen, entweder verließen alle Deutschen das Land oder alle blieben gemeinsam. Da die Lage der Expedition sich weiter verschlechterte, kamen Hentig und Niedermayer überein, abzureisen. Nicht zur Freude der Afghanen, die eine deutsche Mission mit stark reduziertem Aufgabengebiet gern als diplomatisches Druckmittel gegenüber den Briten behalten hätten.

Die Deutschen rechneten sich aus, in getrennten Gruppen bessere Durchbruchschancen zu besitzen. Niedermayer wollte Persien erreichen, während Hentig China ansteuerte. Er plante, über den Hindukusch und das Pamir-Plateau nach Chinesisch Turkestan vorzudringen, in Gebiete, die teilweise noch nie ein Europäer betreten hatte. Mit vier Begleitern, zwei Europäern, einem Inder und einem Perser, marschierte er am 21. Mai 1916 von Kabul los. Eine Strecke des Weges begleitete sie eine afghanische Eskorte. Nach ungeheuren körperlichen Strapazen gelangte die Gruppe Ende Juni ins neutrale China. Die Russen waren von Hentigs Männern dicht auf den Fersen gewesen, schlimmer als der Feind aber war das Gebirge mit seinen schroffen Pässen und kaum gangbaren Wegen gewesen. In Turkestan intrigierten der russische und englische Konsul gegen den deutschen Diplomaten, dessen Telegramme an die Botschaft des Kaiserreichs in Peking ohne Antwort blieben. Gegen den Befehl des Vizekönigs von Sinkiang zog von Hentig weiter nach Kaschgar, einer Oasenstadt am Westrand des Tarimbeckens. Die Behörden der Stadt waren uneins, wie man mit den ungebetenen Gästen verfahren sollte. Der russophile Militärgouverneur wußte ein probates Mittel: Erschießen. Sein Plan stieß aber auf den Widerstand der Zivilmandarine. Dem Mordkomplott seiner Gegner entging Hentig nur durch das Eingreifen eines schwedischen Missionars. Er konnte die Stadt lebend verlassen. Es folgten 130 Tage Marsch durch die nordchinesischen Wüsten. 130 zehn- bis zwölfstündige Märsche, bei denen schließlich Hunger, Müdigkeit und Erschöpfung zu ständigen Begleitern wurden:[13]

»Acht Tage schreitet man ja, von Hitze oder Kälte getrieben, freudig fürbaß. Vier Wochen kann man es, mit einem Ziel vor Augen, noch gut aushalten. Selbst zwei Monate wären noch keine Leistung. Aber dann auch noch nicht die Hälfte des Weges zurückgelegt zu haben, täglich weiter mit wunden Füßen, zerrissenen Händen, klappernden Sohlen, verschlissenen Kleidern, ohne etwas Rechtes im Magen, marschieren und frieren, frieren und wieder marschieren zu müssen, auch des nachts keine Ruhe zu finden und nur immer mit wunder Seele an einer ungelösten Rechnung zu rechnen, das darf man nicht vorher schon einmal durchgemacht haben, wenn man der sprungbereiten, gierig lauernden Verzweiflung entgehen will.«

Am Heiligabend zog die Gruppe in die Eisenbahnstation Miensche ein. Der Zug brachte sie weiter nach Hankau (heute Wuhan), wo der deutsche Konsul sich der kleinen Schar annahm. Drei Monate blieb Hentig in der Stadt, bis China die diplomatischen Beziehungen zu Berlin abbrach. Von Hentig setzte seine Flucht nunmehr allein auf einem chinesischen Dampfer fort und gelangte nach Nanking. Dort bestieg er den Zug nach Schanghai. In der exterritorialen internationalen und französischen Niederlassung gab es für den Deutschen legal kein Weiterkommen. Alle alliierten Konsuln verweigerten ihm den Paß. Aber ein Mann, den die Wüste Gobi nicht geschreckt hatte, ließ sich auch von bürokratischen Hindernissen nicht aufhalten. Von Hentig schmuggelte sich frech durch alle Kontrollen an Bord des amerikanischen Dampfers *Ecuador*, der am 1. April auslief. Österreichische Offiziere halfen ihm, sich zu verstecken, wobei ein Platz im Kabinenschrank sicher nicht allzu bequem gewesen sein dürfte. Bei Zwischenaufenthalten in Kobe und Yokohama entging von Hentig den japanischen Kontrollen. In Honolulu verließ er ille-

Die Odyssee des Legationssekretärs Werner Otto von Hentig

Hinweg

Ab Berlin	14. April 1915
Ab Konstantinopel	Mitte Mai 1915
Aleppo	20. Mai 1915
Bagdad	31. Mai bis 4. Juni
Überschreitung der persischen Grenze	8. Juni 1915
Kermanschah	13. bis 17. Juni 1915
Teheran	21. bis 24. Juni 1915
Isfahan	29. Juni bis 1. Juli 1915
Najin (Beginn des Wüstenmarsches)	4. bis 6. Juli 1915
Tebbes	23. bis 30. Juli 1915
Buschrujeh	4. bis 10. August 1915
Durchbruch durch die feindlichen Linien	18. August 1915
Jezdun	21. August 1915
Afghanische Grenze	22. August 1915
Herat	25. August bis 7. September 1915
Kabul	1. Oktober 1915

Heimreise

Ab Kabul	21. Mai 1916
Faisabad	5. Juni 1916
Chinesische Grenze	27. bis 30. Juni 1916
Narkent	7. bis 13. Juli 1916
Kaschgar	14. bis 19. Juli 1916

(Marsch durch die nordchinesischen Wüsten)

Wüste Gobi	Oktober 1916
Ansi (Altchinas Grenze)	17. Oktober 1916
Lantschou	Ende November 1916
Miensche (Eisenbahnstation)	24. Dezember 1916
Hankau	27. Dezember 1916 bis 27. März 1917
Schanghai	1. April 1917
San Francisco	1. bis 15. Mai 1917
New York	20. Mai 1917
Halifax	21. bis 25. Mai 1917
Bergen	4. Juni 1917
Berlin	9. Juni 1917

Quelle: W. O. von Hentig, Meine Diplomatenfahrt ins verschlossene Land, Berlin 1918, Kartenbeilage

gal das Schiff und schwamm an Land, wobei er nahezu sein gesamten Geld verlor. Inzwischen hatten die USA Deutschland am 6. April den Krieg erklärt. Der kaiserliche Legationssekretär gab sich den amerikanischen Behörden zu erkennen und berief sich auf seinen diplomatischen Status. Nach kurzer Internierung auf Angel Island wurde er freigelassen. Er erhielt freies Geleit (»safe conduct«) und konnte von New York aus über Halifax nach Deutschland ausreisen. Am 9. Juni 1917 traf Dr. Werner Otto von Hentig wieder in Berlin ein. Eine der abenteuerlichsten und kühnsten Expeditionen und Fluchten des Weltkrieges war zu Ende.

Wie war es zwischenzeitlich den anderen Expeditionsteilnehmern ergangen? Ritter von Niedermayer, der zusammen mit Hentig aufgebrochen war, überquerte den 4000 m hohen Chawakpaß und ritt über Tashkurghan nach dem Handelszentrum und bedeutenden schiitischen Wallfahrtsort Mazar-i-Scharif. Unterwegs nahm er sich noch die Zeit für kulturhistorische Studien. Er schlug den Weg nach Russisch-Turkestan ein und gelangte sicher durch die Kara-Kum Wüste. Beim Überschreiten der persischen Grenze verfolgte ihn ein Trupp Turkmenen, vor denen sich Niedermayer in Nomadenzelten versteckte. Ständig in Gefahr, verraten zu werden, traf er am 20. Juli in Teheran ein, wo es von russischen Spitzeln wimmelte. Siebenmal wechselte er aus Sicherheitsgründen die Wohnung. Am 17. August verließ Niedermayer Teheran wieder. Die Karawane, mit der er zog, geriet in einen Hinterhalt und wurde von Räubern ausgeplündert. Die nächste gefährliche Situation ließ nicht lange auf sich warten. Eine russische Patrouille hielt den Deutschen, der zwischenzeitlich in Kleidung und Gehabe von einem Perser nicht mehr zu unterscheiden war, an, durchschaute die Tarnung aber nicht. Wenige Tagesreisen später wurde Niedermayer in einer Karawanserei nochmals bestohlen. Er marschierte jetzt bettelnd weiter in der Hoffnung, bald auf türkische Truppen zu stoßen. Erneut schloß er sich einer kleinen Karawane an, die prompt auf die nächste Bande von Wegelagerern stieß. Diesmal ging es ohne Mord ab und die Banditen begnügten sich damit, von der Karawane »Wegezoll« zu erpressen. In den folgenden Tagen schlich sich die Kolonne durch die russischen Postenstellungen hindurch. Niedermayer war nach einer Reise von ungefähr 22 000 km, die ihn durch Wüsten, Steppen und über Gebirge geführt hatte, wieder am Ziel. Am 1. September 1916 meldete er sich im türkischen Hauptquartier in Hamadan.

Nicht alle Expeditionsteilnehmer kamen so glimpflich davon wie Hentig und Niedermayer. Oberleutnant Voigt brach am 22. Mai 1916 in Begleitung von zwei Indern von Kabul auf. Aus Tarnungsgründen reiste er als völlig verdreckter Kameltreiber. Die kleine Gruppe mied die königlichen Landstraßen. An der afghanischen Grenze waren es ausgerechnet die Reiter der Grenzwacht, die den Trupp überfielen. Vorerst konnten die drei Männer aber den Engländern, ihren Spionen und der persischen Kavallerie entkommen. Aber nach drei Wochen stellte sie ein britischer Captain mit einer Eskorte von 30 Mann. Die gründlich durchgeführte Gepäckkontrolle entlarvte die angeblichen Kameltreiber. Voigt geriet in Gefangenschaft, seine beiden indischen Begleiter wurden standrechtlich erschossen.[14]

Noch immer befand sich eine deutsche Etappe in Afghanistan. Oberleutnant zur See Curt Wagner hatte sie zusammen mit fünf österreichischen und zwei ungarischen Husaren im Sommer 1916 in Herat gebildet. Eine Nachrichtenverbindung mit den Deutschen in Persien kam jedoch nur sporadisch zustande. Auch war der Emir nicht bereit, den mit Hentig und Niedermayer abgeschlossenen Vertragsentwurf, der mittlerweile die Billigung des Berliner Auswärtigen Amtes erhalten hatte, zu vollziehen. Im Oktober 1917 war Wagner seit acht Monaten keine Nachricht aus Persien mehr zugegangen. Er entschloß sich daher zum Abmarsch. Obwohl auch seine Karawane von dem Räuberunwesen in Persien nicht verschont blieb, glückte es ihm, im Januar 1918 die türkische Grenze zu erreichen.

Der Unabhängigkeitskrieg Afghanistans gegen England, den die deutsche Expedition hatte fördern und auslösen sollen, brach aus, als der Erste Weltkrieg bereits zu Ende war. Emir Habibullah wurde im Februar 1919 ermordet. Sein Sohn Amanullah übernahm die Herrschaft und proklamierte die völlige Unabhängigkeit Afghanistans. Zu ersten Kämpfen kam es am 3. Mai 1919 am Khaiberpaß. Die afghanischen Krieger konnten sich gegen britische Panzer und Flugzeuge nicht durchsetzen, trotzten den Engländern aber im August 1919 einen Vertrag ab, der ihnen innen- und außenpolitische Souveränität sicherte.

Eine andere deutsche Expedition sollte niemals den Bekanntheitsgrad der Afghanistanmission erreichen. Ihre Existenz aber hatte entscheidende Folgen für das Osmanische Reich, denn sie löste unbeabsichtigt eine innerarabische Gegenreaktion aus, die die Grundfesten der Herrschaft des Kalifen erschütterte.

Ende 1915, als eine durchgehende Landverbindung zur Türkei bestand, beschloß die Oberste Heeresleitung die Entsendung einer deutschen Sondermission nach Südarabien.[15] Ein kleines Kommando sollte dort eine Funkstation einrichten und ein deutsches Propagandazentrum aufbauen. Diese Aktion stand ganz im Zeichen des – inzwischen gescheiterten – Heiligen Krieges, war doch beabsichtigt, die Stämme in Eritrea, im Sudan und in Somaliland gegen die Entente aufzuputschen. Weiter hatte die Mission die Aufgabe, eine funkentelegraphische Verbindung mit Deutsch-Ostafrika herzustellen. Zum Leiter der Expedition avancierte der arabisch sprechende Major der Reserve von Stotzingen. Das deutsche Detachement umfaßte nur fünf Mann, unter ihnen der Orientfahrer Karl Neufeld, der zwölf Jahre Gefangener des Mahdi gewesen, zum Islam übergetreten und von einem arabischen Patriarchen nicht mehr zu unterscheiden war.

Die Expedition verließ am 15. März 1916 mit dem Balkanzug die Reichshauptstadt. Sie führte zwar kistenweise englische Goldpfunde und silberne Maria-Theresia-Taler mit, aber diese Mittel nahmen sich im Vergleich zu den Millionen, die England zur Aufwiegelung der Araber einsetzten, eher bescheiden aus. Nach Zwischenaufenthalt in Konstantinopel, wo von Stotzingen mit Enver Pascha zusammentraf, erreichte die Gruppe am 26. März Damaskus. Der mächtige Djemal Pascha erwies sich als wenig kooperationsbereit und verbot von Stotzingen die Weiterreise. Die folgenden Verhandlungen zogen sich über Wochen hin. In der syrischen Hauptstadt traf der deutsche Major auch mit Emir Feisal, einem Sohn des Scherifen von Mekka, zusammen. Feisal, in Damaskus Auge und Ohr seines zum Aufstand gegen die Türken entschlossenen Vaters Hussein, war bestürzt über die deutsche Sondermission, schien sie doch gegen die eigenen Aufstandsvorbereitungen gerichtet. Er verhielt sich jedoch konziliant und gab dem Deutschen zahlreiche Empfehlungsschreiben mit. Die Türken gestatteten schließlich den Weitermarsch der deutschen Abteilung. Sie sollte sich einem 3500 Mann starken osmanischen Truppenkontingent anschließen, das zur Verstärkung im Jemen und zum Angriff auf Aden bestimmt war. Man machte den Emissären aber verschiedene Auflagen. Bereits in El Ula, wo das für Christen verbotene Gebiet begann, hatte die Mission die Hedschasbahn zu verlassen, um El Weg an der Küste zu erreichen, von wo die Weiterfahrt mit Sambuks nach Kunfidda südöstlich von Mekka angetreten werden sollte. Hier würde man erneut mit der türkischen Verstärkungstruppe zusammentreffen und gemeinsam den beschwerlichen Fußweg nach Sanaa antreten. Damit war eine Route vorgegeben, wie sie Kapitänleutnant von Mücke ein Jahr vorher in umgekehrter Richtung bewältigt hatte.

Türken und Deutsche bestiegen am 2. Mai die Hedschasbahn in Richtung Süden. Zwei Tage später traf man in El Ula ein und von Stotzingen verließ den Zug, der mit den Soldaten des Sultans und der funkentelegraphischen Anlage weiter nach Medina rollte. Unter dem Schutz einer türkisch-arabischen Gendarmerieeskorte zog die deutsche Karawane mit 37 Kamelen nach El Weg. Unterwegs erfolgte ein Beduinenangriff, ein erstes Zeichen dafür, daß es im Hedschas gärte. Ohne Verluste gelangte die Gruppe nach El Weg und anschließend mit Sambuks nach Umludj. Wegen der Bedrohung durch englische Kriegsschiffe mußte ab dort wieder der Landmarsch angetreten werden. Nach zweieinhalb Wochen erreichte die Karawane die Hafenstadt Jambo. Von Stotzingen erhielt die Nachricht, daß ein deutscher Marineoffizier mit sechs Begleitern und einer Eskorte aus Dschidda unterwegs sei. Es handelte sich um Kapitänleutnant von Möller, der sich aus Ostasien bis zu den türkischen Verbündeten durchgeschlagen hatte.[16] Stotzingen beschloß, die Ankunft der Kolonne abzuwarten, um dann mit der heimkehrenden Eskorte die Reise nach Dschidda fortzusetzen. Von Möller gelangte nie bis Jambo, wo sich die Gerüchte überstürzten. Der deutsche Marineoffizier sei ermordet worden, die Beduinenstämme bereiteten die Erhebung gegen den Sultan vor. Jambo wurde in Verteidigungszustand versetzt. Am 6. Juni erfolgte tatsächlich ein Angriff von 30 000 Stammeskriegern auf Medina, drei Tage später griffen die Insurgenten Dschidda an, am 12. Juni fiel ihnen die heilige Stadt Mekka bis auf zwei Forts in die Hände.[17] Die Mission von Stotzingen hatte den arabischen Aufstand ausgelöst. Feisal, aufs höchste alarmiert durch die deutsche Expedition und die türkische Verstärkungstruppe, hatte seinen Aufenthalt in Damaskus abgebrochen und sich umgehend in den Hedschas begeben. Der ursprünglich für Herbst 1916 vorgesehene Aufstandsbeginn wurde vorverlegt.

Die Araber mochten hoffen, mit britischer Unterstützung ihre Befreiung von türkischer Vorherrschaft und ihre staatliche Unabhängigkeit zu erreichen und konnten sich insoweit auf den Briefwechsel von Scherif Hussein mit dem britischen Hochkommissar von Ägypten, Henry McMahon, berufen, in dem gewisse Zugeständnisse im Hinblick auf den arabischen Unabhängigkeitskampf gemacht wurden. Tatsächlich dachte Großbritannien nie daran, den Arabern eine echte Selbständigkeit und Selbstbestimmung einzuräumen. Parallel zu dem Briefwechsel fanden bereits Verhandlungen mit den Franzosen über die Aufteilung des Nahen Ostens statt. Während Hussein der Traum eines arabischen Reiches vorgegaukelt wurde, »wurden die ihm zugesagten Territorien in der anderen Fassung unter den Alliierten aufgeteilt«.[18] McMahons Versprechen war nur der erste Teil eines widersprüchlichen Netzes aus Propaganda, Lügen und Geheimdiplomatie, das dazu diente, die Araber aus dem osmanischen Reichsverband zu lösen und auf die Seite der Entente zu ziehen, sich die jüdischen Sympathien in aller Welt für die Sache der Alliierten zu sichern und letztlich die britischen imperialistischen Interessen im Nahen und Mittleren Osten durchzusetzen. Das doppelzüngige Spiel mit dem Freiheitswillen der Araber stieß schließlich auch Lawrence ab, der mit den Beduinen 1917/18 einen sonnendurchglühten Bewegungskrieg führte:

»Wäre ich ein ehrlicher Ratgeber gewesen, so hätte ich den Leuten sagen müssen, nach Hause zu gehen und nicht länger ihr Leben für eine solche Gaukelei [wie britische Versprechungen] aufs Spiel zu setzen«,

schrieb er nach dem Krieg.[19] Tatsächlich ließen sich auch nicht alle Stämme von britischen Zusagen einlullen. Einige blieben neutral, andere, wie die Shammar unter Ibn Raschid, kündigten dem Sultan die Treue nicht auf.[20] Auch im Jemen, wo Ali Said Pascha bis Kriegsende Aden belagerte, wahrten zahlreiche Stämme ihre Loyalität gegenüber Konstantinopel.

Von Stotzingen ahnte von diesen komplizierten Verwicklungen nichts, als er am 8. Juni in Jambo den Befehl zur Rückkehr nach Damaskus erhielt. Die Karawane machte sich auf den Weg nach Norden. Es war höchst ungewiß, ob sie die Hedschasbahn je erreichen würde. Aber am 27. Juni lag El Ula vor den erleichterten Deutschen. Auf dem letzten Teil des Weges begleitete sie Scheich Suleiman, der bereits 1915 für ein sicheres Geleit der Landungsabteilung von SMS *Emden* gesorgt hatte. Nach der Ankunft der Mission in Damaskus machte Djemal Pascha seinem Ruf als Satrap von Syrien alle Ehre

Alliierte Diplomatie und arabischer Freiheitskampf		
Briefwechsel McMahon mit Scherif Hussein	Oktober 1915	Anerkennung und Unterstützung der arabischen Unabhängigkeitsbewegung
Sykes-Picot-Abkommen	3.1.1916	Aufteilung des Nahen Ostens in Interessensphären
Balfour-Erklärung	2.11.1917	Britische Sympathieerklärung für eine jüdische Heimstätte in Palästina
Franz.-brit. Erklärung für die nichttürkische Bevölkerung des Osmanischen Reiches	7.11.1918	Versprechen voller Emanzipation und der freien Wahl nationaler Regierungen

und beschlagnahmte die übriggebliebenen Gelder der Expedition. Erst nach energischen Protesten des Berliner Auswärtigen Amtes gab er die 5000 Pfund in Gold und 1500 Silbertaler wieder frei. Der unglückliche Major von Stotzingen machte schließlich noch den zweiten Angriff auf den Suezkanal mit, ein Unternehmen, das bei Romani blutig scheiterte.

XVI. Deutsch-türkische Spannungen

Reibereien und Meinungsverschiedenheiten in einer militärischen Allianz sind normal. Es gab sie zu allen Zeiten und in allen Koalitionen, in denen um Einfluß, Interessen und Vorteile gerungen wurde. Vor diesem Hintergrund ist es fast schon verwunderlich, daß Deutschland und die Türkei die meiste Zeit des Krieges auf militärischem Sektor gut und harmonisch zusammenarbeiteten, da Enver Pascha mit den strategischen Planungen der deutschen Obersten Heeresleitung zumeist konform ging.[1] Zu Auseinandersetzungen kam es stets dann, wenn Territorien angesprochen waren, die die Pforte zu ihrem eigenen Einflußbereich zählte, was etwa bei Persien und Transkaukasien der Fall war, wobei die Friktionen in der Kaukasusfrage 1918[2] zu der wohl schwerwiegendsten Belastung des deutsch-türkischen Verhältnisses während des Krieges führten. Auch innenpolitisch, so bei der Behandlung der Armenierfrage[3], ließ sich das jungtürkische Regime nicht beeinflussen.

Aber die auf der Führungsebene gute militärische Kooperation, die nur durch den Dauerstreit zwischen Liman von Sanders und Enver Pascha getrübt wurde, konnte nicht darüber hinwegtäuschen, daß sich mit dem Deutschen Kaiserreich und dem Osmanischen Reich zwei höchst unterschiedliche Systeme verbündet hatten. Ein technologisch und zivilisatorisch hochstehendes Land koalierte mit einem machtpolitisch im Niedergang befindlichen Entwicklungsland. Europa verband sich mit Asien, das Christentum mit dem Islam, der wilhelminische Imperialismus mit einem panislamisch oder auch panturanisch angehauchten Nationalismus. Zwei verschiedene Kulturen und Lebensanschauungen prallten aufeinander, was im täglichen Leben sofort erkennbar war.[4] Sagte der Deutsche: »Jeder ist seines Glückes Schmied«, so antwortete der Türke: »Inschallah – wie Allah will.« Berief sich der Deutsche auf den Grundsatz des »Zeit ist Geld«, so stieß er im Orient damit zumeist auf Unverständnis. Hier galt die Regel: »Alle Eile ist vom Teufel.« Ein frisch aus der Heimat eintreffender deutscher Soldat mußte tatsächlich annehmen, in Kleinasien sei alles anders als in Pommern oder im Rheinland. Der Osmane schrieb von rechts nach links, der Europäer von links nach rechts. Kopfnicken signalisierte in Deutschland Einverständnis, bei den Türken aber das Gegenteil. Der Deutsche nahm im Zimmer den Hut ab, der Orientale behielt die Kopfbedeckung an und zog die Schuhe aus. Zu diesen äußerlichen Unterschieden, die sich vermehren ließen, kam das Problem der Sprache – nur die wenigsten der im Orient eingesetzten Deutschen sprachen Türkisch – und einer völlig verschiedenen Zeitrechnung. Der Mohammedanische Kalender beruht auf einem 30jährigen Mondzyklus und kennt Jahre von 354 und 355 Tagen, wobei die Monate wechselnd 29 oder 30 Tage zählen. Der Kalender beginnt mit der Flucht Mohammeds von Mekka nach Medina (622 n. Chr.). Auch die Tageseinteilung differierte von der deutschen. In der Türkei wurden von Sonnenaufgang bis Sonnenuntergang 12 Stunden berechnet, »so daß je nach Jahreszeit die Stunden verschiedene Längen haben«.[5]

In diesem gänzlich anderen Umfeld mußten sich die deutschen Offiziere, Soldaten und Techniker zurechtfinden. Die Zahl des deutschen Armeepersonals in der Türkei stieg von etwa 2000 im Jahr 1914 auf rund 10 000 im Sommer 1916 und ungefähr 25 000 Mann im Jahr 1918.[6] Vier der neun türkischen Armeen wurden zeitweise von Deutschen geführt, ebenso die Heeresgruppe Jildirim.[7]

Die wahren Schwierigkeiten in den deutsch-türkischen Beziehungen ergaben sich auf der mittleren und unteren Ebene. Dies lag zum Teil daran, daß das deutsche Personal auf die Aufgaben und Besonderheiten des osmanischen Kriegsschauplatzes nur ungenügend vorbereitet worden war. Ernst Jäckh, der das Auswärtige Amt seit 1908 in türkischen Fragen beriet, schrieb am 15. September 1915 an den Reichskanzler und das Auswärtige Amt:[8]

> »... Nötig sind auch Instruktionen für deutsche Offiziere: in den vier Wochen während meines Aufenthaltes in Konstantinopel und in den Dardanellen habe ich zu meiner Verwunderung immer wieder erleben müssen, wie wenig deutsche Offiziere von den Zielen der deutschen Orientpolitik und den Grundlagen der türkischen Entwicklung kennen.«

Noch deutlicher wurde Marineattaché Human in Konstantinopel:[9]

> »Unter den Offizieren sind leider nicht durchweg taktvolle Leute, sie haben meist gar keine Auslandserfahrung und wenig Verständnis für den Verkehr mit Leuten einer anderen Nation. Wenn sie in Gegenwart der Türken laut über die Türken schimpfen ... oder rä-

sonnieren, daß der ›Kaiser sie nicht haben wolle und sie dafür in diesem Läuseland sitzen müßten‹, so scheint mir das nicht sehr glücklich.«

Wer von den Deutschen in den Orient mit romantischen Vorstellungen aus der arabischen Märchenwelt kam, mußte notwendig scheitern. Ebenso, wer als Vertreter einer »Herrenrasse« auftrat und eigentlich nichts anderes im Sinn hatte, als die Oberhoheit über die türkische Kriegsführung in die Hand zu bekommen.[10] Ein derartiges Auftreten potenzierte die türkische Angst vor deutschem Kolonialismus und wirtschaftlicher Ausbeutung und verdarb die Beziehungen. Aber das Eingehen auf fremde Sitten und Gewohnheiten, die Rücksicht auf fremde Anschauungen, war nicht eben die Stärke der Deutschen. Ihnen fehlte die Geschmeidigkeit des Österreichers, der in einem multinationalen Reich lebte, und die internationale Erfahrung und Weltläufigkeit des Engländers, dem menschliche Unzulänglichkeiten nicht fremd waren und der daran nicht hochmütig Anstoß nahm. Der Wilhelminismus hatte die deutsche Überheblichkeit häufig noch verstärkt. Der Ausspruch des deutschen Kaisers aus dem Jahr 1907 »Am deutschen Wesen wird einmal noch die Welt genesen«, und das darin zum Ausdruck kommende übersteigerte Sendungsbewußtsein war Gift für jede Art von internationaler Zusammenarbeit. Man konnte nicht Anmaßung und einen kommißigen Ton an die Stelle von Höflichkeit, Verständnis und Kooperation setzen, wollte man nicht riskieren, jede Achtung des Partners zu verlieren. Leutnant Hans von Hentig berichtet:[11]

»Man hat den Eindruck, daß wir den Türken nicht imponieren, ja daß sie nicht einmal viel Respekt haben. Wir unterschätzen die Osmanen und haben schlechte Manieren.«

Noch andere Faktoren spielten eine Rolle. Die deutschen Offiziere waren dem Bündnispartner zu Hilfe gekommen. Aus diesem Gefühl heraus entwickelte sich nur zu oft das falsche Selbstverständnis, auf einer höheren Stufe zu stehen als die Kameraden des Gastlandes. Arroganz und Besserwisserei stellten sich ein. Der Militärhistoriker Jehuda L. Wallach beschreibt die Folgen dieses Verhaltens:[12]

»Gepaart mit der Unkenntnis von Land und Leuten weitet sich

diese Überheblichkeit von der militärischen Sphäre auf alle Gebiete aus und führt zu einer Geringschätzung und zuweilen sogar zu einer Verachtung des Gastlandes, in dessen Dienst man getreten ist und von dessen Gehältern man seinen Unterhalt bestreitet. Auch diese Einstellung kann der Bevölkerung des unterstützten Landes auf die Dauer nicht verborgen bleiben und wird früher oder später zu Reibungen ... führen ...«

Neben Arroganz und Ignoranz, Sendungsbewußtsein und missionarischem Kolonialeifer traten noch andere deutsche Fehlvorstellungen. Eines der Grundübel war, daß man glaubte, deutsche Erfahrungen, Vorstellungen und Reglements ohne weiteres auf den osmanischen Kriegsschauplatz übertragen zu können. Türkische Besonderheiten wurden dabei ebensowenig in Rechnung gestellt wie die verschiedenen kulturellen und klimatischen Bedingungen. Liman von Sanders etwa wollte dem unterernährten türkischen Soldaten den gleichen Paradeschritt beibringen wie dem deutschen Infanteristen. Als Kreß von Kressenstein sich bei ihm in anderem Zusammenhang darüber beschwerte, daß man die deutschen Vorschriften nicht unbesehen ins Türkische übertragen könne, sondern sie dem Bildungsniveau des osmanischen Durchschnittsoffiziers anpassen müsse, erhielt er eine Antwort, die zweifeln läßt, ob Liman der geeignete Mann für den Posten des Chefs der Deutschen Militärmission war:[13]

»Glauben Sie denn, daß ich mir anmaße, etwas Besseres als das von meinem Obersten Kriegsherrn Genehmigte schaffen zu können?«

Zahlreiche Angehörige deutscher Verbände in der Türkei konnten sich auf die Unterschiede in Temperament und Lebensweise nur unvollkommen einstellen. Ein Punkt, der stets zu Reibereien und Divergenzen führte, war der Umstand, daß der Orientale die Form über die Sache stellte. Aus Höflichkeit machten die Türken Versprechungen und Zusagen, die sie später nicht einhalten konnten. Die Deutschen hielten dies für Insubordination, Sabotage oder Heuchelei, was in Wirklichkeit nur Ausdruck einer anderen Mentalität war.

Vielen der deutschen Instruktionsoffiziere fehlte es an Takt. Türkische Rekruten waren durch Kasernenhofton nicht zu motivieren.

Die kategorische Befehlssprache wirkte wie Peitschenhiebe auf sie. Schreien galt bei den Osmanen als Zeichen schlechter Erziehung. Deutsche Offiziere, die ihre türkischen Untergebenen anbrüllten, konnten feststellen, daß die Mannschaften sie auslachten.[14] Die darauf folgenden Bestrafungen provozierten neue Krisen in den diffizilen deutsch-türkischen Beziehungen. Die zusätzlich anzutreffende deutsche Angewohnheit, den Türken scharf zu belehren und undiplomatisch darauf hinzuweisen, welche Mängel das osmanische System im einzelnen aufwies, wurde türkischerseits als aufdringlich empfunden und bildete einen weiteren günstigen Nährboden für Unstimmigkeiten. Auch die deutsche Aufgeregtheit faßten die Türken als Unerzogenheit auf. Psychologische Ungeschicklichkeiten und Fehler verschärften im Einzelfall das schon gespannte Verhältnis. Was sollten die Türken davon halten, wenn die auf der Orientbahn zugeführten deutschen Versorgungszüge »Enverland«-Züge genannt wurden?[15] Galt die Hilfe nicht ihrem Vaterland, sondern nur dem Vizegeneralissimus und seinem System? Was mochte in den Türken vorgehen, wenn sie hörten, wie deutsche Offiziere im Hinblick auf die Türkei großspurig-alldeutsch von einem »deutschen Ägypten« faselten? Welche Vorstellungen von »Kultur« hatten die Deutschen, die einem ahnungslosen arabischen Zuckerbäcker auf dem Bahnhof Damaskus-Kadem beigebracht hatten, seine Waren wie folgt anzupreisen: »Süß wie Zucker, schmeckt wie Sch ...«?[16] Kreß von Kressenstein hatte durchaus Recht, als er in seinen 1938 veröffentlichten Memoiren ausführte:[17]

»Leider konnten wir ja nicht auf alle Landsleute, die im Lauf des Krieges auf unserem entlegenen Kriegsschauplatz auftauchten, stolz sein.«

Für einen gewissen Prozentsatz deutscher Militärangehöriger scheinen die Türken den Status eines minderwertigen Hilfsvolkes gehabt zu haben. In der Etappe breitete sich die Tendenz aus, den türkischen Infanteristen als »Banausen« zu bezeichnen, eine Unsitte, die die deutschen Kommandobehörden durch Befehl abzuschaffen versuchten.[18] Die mit diesem Schimpfwort zum Ausdruck kommende Verachtung mußte die Türken, die Bismarck einmal die einzigen Gentlemen des Orients genannt hatte, besonders empfindlich treffen.

Auch sonst gab es auf beiden Seiten genug Anlaß zu Irritationen. Deutsche Offiziere hatten Schwierigkeiten, sich türkischen Vorgesetzten unterzuordnen, die meist viel jünger waren. Enver Pascha war beispielsweise bei Kriegsausbruch 33 Jahre alt, Halil Pascha bei Übernahme der 6. Armee 35 Jahre, ebenso Mustafa Kemal, der spätere Atatürk, als er zum General ernannt wurde. Türkische Offiziere wiederum nahmen Anstoß daran, daß die deutschen Offiziere der türkischen Streitkräfte automatisch einen Dienstgrad höher eingestuft wurden. Sie fühlten sich zurückgesetzt, als 1916 deutsche Majore (!) zu Divisionskommandeuren in der osmanischen Armee avancierten.

Der Leser würde allerdings ein schiefes Bild von dem deutschen Verhalten gegenüber den Türken erhalten, wollte man dies allein mit Arroganz, mangelndem Einfühlungsvermögen und Überheblichkeit kennzeichnen. Es gab auch den deutschen Offizier, der versuchte, sich auf den Gesprächspartner und Frontkameraden einzustellen, der sich als Gast aufführte und den Unterschieden in Temperament und Lebensweise Rechnung zollte. Er trug keine Überlegenheit zur Schau und achtete den Bündnispartner als gleichberechtigt. Statt eines kompromißlosen Anordnens wählte er lieber das freundschaftliche Gespräch mit dem türkischen Kollegen, den Plausch bei Zigarette und Kaffee, wobei er auch liebenswürdige Worte für die Türkei fand. Dieser angenehme zwischenmenschliche Umgang, der allerdings auf den preußischen Kadettenanstalten nicht gelehrt wurde, war nicht nur für beide Seiten ersprießlicher, sondern führte auch zumeist zur Erfüllung der deutschen Bitten.[19] Aber der diplomatische deutsche Offizier mußte sich von seinen Landsleuten häufig den Vorwurf anhören, bereits völlig »vertürkt« zu sein, das heißt dem osmanischen Phlegma verfallen zu sein und die deutschen Forderungen nicht prononciert genug vorzutragen.

Die Irritationen und Spannungen im deutsch-türkischen Bündnis sind nicht allein den Deutschen anzulasten. Türkische Paschawirtschaft, passive Resistenz und mangelnde Bereitschaft, den Anforderungen des Krieges Rechnung zu tragen, mußten die ordnungsliebenden Deutschen aufbringen. So schrieb Feldmarschall Freiherr von der Goltz, der ein ausgesprochener Freund der Türken war, im Februar 1916:[20]

»Jedes Verständnis für den Krieg fehlt, alles Gefühl für die Gefahr, in der das Reich sich befindet. Nur Formalismus, enger Bureaukratengeist oder Rücksicht auf die persönliche Stellung herrschen, keine Spur von Vaterlandsliebe oder Gemeinsinn. Was soll daraus werden? Daheim denkt man, daß jeder Deutsche, der herkommt, mit offenen Armen empfangen würde. Hier aber hat man auf türkischer Seite das Gefühl, daß man jedem Deutschen eine Gunst erweist, wenn man ihm gestattet, etwas zu tun.«

Ungeschicklichkeit, Fremdenhaß und Überheblichkeit waren kein ausschließliches Monopol der Deutschen. Von türkischer Seite kamen ebenfalls Signale, die Deutsche und Österreicher befremdeten. Es waren dies ein übersteigertes Ehrgefühl, Inferioritätskomplexe und Mißtrauen und Argwohn gegenüber allen deutschen Aktivitäten. Nicht wenige der türkischen Offiziere waren der Auffassung, die Unabhängigkeit der Türkei sei nicht von den äußeren Feinden, sondern allein durch den deutschen Bündnispartner bedroht. Gesellten sich dann noch persönlicher Dünkel oder ein ausgeprägter jungtürkischer Chauvinismus hinzu, konnte diese explosive Mischung fürchterliche Folgen haben. So weigerten sich türkische Ärzte der 7. Armee, deutsche fachchirurgische Hilfe in Anspruch zu nehmen und ließen ihre eigenen Verwundeten lieber sterben.[21] Überhaupt kam es vor, daß türkische Offiziere deutsche Befehle auf Kosten der eigenen Leute konterkarierten. Diese Obstruktion trieb seltsame Blüten. Der Kommandeur der 14. osmanischen Division in Mesopotamien, Ludwig Schraudenbach, der nie ein persönliches Verhältnis zu den ihm anvertrauten Soldaten und Offizieren finden konnte, hatte bei einem Marsch einen zweistündigen Halt befohlen. Anschließend berichtete ihm sein ihm übelwollender osmanischer Generalstabsoffizier, die Leute seien reihenweise wegen Hitzschlags umgefallen. Er hatte den Befehl wörtlich weitergegeben und keine Rast befohlen. So mußten die Bataillone in glühender Hitze zwei Stunden mit »Gewehr über« stehenbleiben.[22]

Ein türkischer Chauvinismus entwickelte sich bald nach der gewonnenen Schlacht von Gallipoli. Nachdem die Alliierten eine offensichtliche Niederlage erlitten hatten, überschätzten viele Türken ihre eigene militärische Kraft und gaben sich der Illusion hin, auf deutsche Unterstützung nicht mehr angewiesen zu sein. Irreales Wunschdenken paarte sich mit nationalem Stolz und Arroganz. Die Devise »Die Deutschen sind uns zu Dank verpflichtet« mochte zutreffen, aber der hochmütige Ton, mit der sie vorgebracht wurde, störte die empfindlichen Bündnisverflechtungen.

Die größte Kluft zwischen den Verbündeten bestand wohl bei der in Mesopotamien eingesetzten 6. osmanischen Armee, wo zwischen deutschen und türkischen Offizieren ein äußerst gespanntes Verhältnis herrschte, speziell nach dem Tod von Feldmarschall von der Goltz. Auch hier konnten sich die meisten Deutschen nicht in die ihnen fremden Anschauungen einfühlen, beachteten die Landessitten nicht und brachten kaum den Willen auf, der fremden Umgebung näherzutreten und freundschaftliche Fühlung aufzunehmen.[23] Die türkischen Stabsoffiziere setzten daraufhin den deutschen Offizieren latenten Widerstand entgegen, behinderten ihre Aktivitäten und schnitten sie von wichtigen Informationen ab.[24] Daß es zu einem solchen Tiefpunkt kommen konnte, lag auch an Halil Pascha, dem Onkel Envers, der Nachfolger von Goltz Pascha wurde und dessen Ehrgeiz und Egoismus nur noch durch seinen militärischen Dilettantismus übertroffen wurde. Zu den Schikanen Halil Paschas gehörte es, die von deutschen Ärzten operierten türkischen Schwerverwundeten aus den Bagdader Lazaretten in völlig ungeeignete Unterkünfte zu verlegen, wo sie alle umkamen. Diese Maßnahme kostete das Leben osmanischer Soldaten, aber sie war eindeutig gegen die deutschen Ärzte gerichtet, die den Wink verstanden und die 6. Armee verließen.[25]

Trotz der geschilderten Schwierigkeiten, Vorurteile, Mißverständnisse und Divergenzen hielt das deutsch-türkische Bündnis bis zum letzten Augenblick. Deutsche und Türken mochten sich im Einzelfall auch nicht lieben, ja noch nicht einmal achten, aber sie kämpften solange zusammen und nebeneinander, bis die militärische Kraft des Osmanischen Reiches völlig erschöpft war. Deutsche und türkische Truppen litten unter derselben glühenden Sonne, tranken dasselbe brackige Wasser, verfluchten die Beduinen und versuchten, die Alliierten aufzuhalten. Dieses gemeinsame Kampf- und Leidenserlebnis verband, vor ihm verblaßten häufig die sonstigen Zwistigkeiten.

Viele hyperkritische deutsche Offiziere revidierten ihr einseitiges Türkeibild, als sie wieder in der Heimat waren. Sie rangen sich zu einer realistischeren und positiveren Sicht durch, nachdem sie selbst die Auswirkungen der Revolution und den Zusammenbruch des deutschen Heeres 1918 durchgemacht hatten. Jetzt konnten sie ermessen, was eine von Niederlagen und inneren Verwerfungen gezeichnete Türkei tatsächlich alles geleistet hatte. Freiherr Kreß von Kressenstein schrieb 1920:[26]

»Heute denken wir ganz anders darüber. Nicht nur wissen wir den ungeheuren Dienst voll zu würdigen, den uns die Türken durch die dauernde Sperrung der Meerengen und durch die Bindung starker feindlicher Kräfte im Kaukasus, in Mesopotamien, in Ägypten erwiesen haben, nicht nur bewundern und beneiden wir sie wegen des mannhaften Widerstandes, den sie auch jetzt, nach verlorenem Krieg, der Entente noch entgegenzusetzen vermögen, sondern vor allem haben wir nun am eigenen Leibe erlebt, was es für eine Nation heißt, einen Krieg verloren, eine Revolution durchgemacht zu haben. Keiner von uns ließ damals den Türken die Gerechtigkeit widerfahren, bei seiner Kritik dem Umstand Rechnung zu tragen, daß die Türkei eine Revolution hinter sich hatte und daß sie, ohne aufatmen zu können, nacheinander drei Kriege verloren hatte.«

Im Zweiten Weltkrieg waren etliche der 1914–1918 im Osmanischen Reich eingesetzten Offiziere wieder mit Aufgaben betraut, die sie in engen Kontakt mit verbündeten oder befreundeten Ausländern brachte. Der ultrakonservative Franz von Papen, 1918 Stabschef der türkischen 4. Armee in Palästina, war von April 1939 bis August 1944 deutscher Botschafter in Ankara. Oskar Ritter von Niedermayer kommandierte zwei Jahre lang die aus turkstämmigen Freiwilligen zusammengesetzte 162. Infanteriedivision der Wehrmacht. Wilhelm Hintersatz, Mitglied des türkischen Generalstabes und Mitkämpfer Enver Paschas, übernahm 1944 unter dem Namen Harun el-Raschid Bey als Standartenführer das Kommando über den Osttürkischen Waffenverband der SS. Wipert von Blücher, ehemaliger Angehöriger der deutsch-persischen Militärmission, diente seinem Land von 1935 bis 1944 als Botschafter in Finnland, nachdem er vorher Gesandter in Teheran gewesen war. Und der Flieger Hellmuth Felmy wurde 1941 Leiter der Militärmission (Sonderstab F) im Irak. Zumindest einige der ehemaligen Türkeikämpfer scheinen Ausländern unvoreingenommener und weniger überheblich entgegengetreten zu sein, als es die unselige hybride NS-Doktrin vorschrieb. Die Erfahrungen im Osmanischen Reich und ihre kritische Verarbeitung dürften hierfür mitentscheidend gewesen sein.

XVII. Deutsche und Armenier

Vergangenheit, die nicht vergehen will. Am 18. Juni 1987 rang sich das Europaparlament nach heftigen Debatten dazu durch, die Tragödie der armenischen Bevölkerung in der Türkei als Genozid einzustufen und forderte Ankara in einer Resolution auf, den an den Armeniern 1915–1917 verübten Volkermord anzuerkennen. Die Türkei, die bis heute nicht bereit ist, das damalige Geschehen als organisierten Massenmord zu bewerten, reagierte mit heftigen Vorwürfen gegen das Europaparlament und rief die Länder der Europäischen Gemeinschaft auf, der »schändlichen Resolution« zu widersprechen. Türkische Organisationen und Verbände legten ihre Auffassungen in ganzseitigen Anzeigen überregionaler deutscher Tageszeitungen dar.[1] Während kaum noch ein Historiker daran zweifelt, daß im Ersten Weltkrieg Hunderttausende von Armeniern einem Vernichtungsplan der Jungtürken zum Opfer fielen, spricht Ankara weiter von einer »Umsiedlung unter Kriegsbedingungen«. Im Januar 1989 aber hat auch der Rechtsnachfolger des Osmanischen Reiches einen ersten, wichtigen Schritt getan, um die schrecklichen Vorgänge abschließend aufzuklären: die osmanischen Archive wurden den ausländischen Historikern geöffnet.

Was wir bis heute wissen, ist schlimm genug. Massaker an der christlich-armenischen Minderheit hatte es im Osmanischen Reich des 19. Jahrhunderts häufig gegeben. Sultan Abdul Hamid erhielt aufgrund der von ihm angeordneten Metzeleien den Beinamen der »rote Sultan«. Das armenische Problem war nicht nur eine interne Frage der Türkei. In den Verträgen von San Stefano (März 1878) und Berlin (Juli 1878) wurden die Armenier erstmals in einem internationalen Abkommen erwähnt. Von nun an fürchtete die Türkei – nicht ganz zu Unrecht –, Rußland wolle die Armenierfrage zum Vorwand für eine Intervention nehmen. Die osmanischen Ängste führten zu einer verschärften Gangart gegenüber der christlichen Minorität. Statt der von den Großmächten erhofften Reformen kam es zu blutigen Unterdrückungsmaßnahmen. 1895 starben Zehntausende von Armeniern bei Metzeleien in Konstantinopel und den Vilayets (Provinzen) Erzurum, Bitlis, Harput, Diarbekir, Siwas, Aleppo, Adana und Angora. Ein Jahr später überfielen 25 armenische Extremisten die Osmanische Bank in Konstantinopel und nahmen 140 Angestellte als Geiseln. Sie wollten Europa auf die bedrohte Lage des armenischen Volkes aufmerksam machen. Kurdischer und türkischer Mob zog durch die Straßen der Hauptstadt und übte fürchterliche Rache. 6000 Armenier wurden abgeschlachtet, ohne daß Polizei oder Militär einschritten. Insgesamt forderten die scheußlichen Blutbäder der Jahre 1894–1896 mindestens 200000 Menschenleben.[2]

Für einen Moment schien es, als seien mit der jungtürkischen Revolution von 1908 die Leiden der Armenier zu Ende. Das Komitee für Einheit und Fortschritt hatte auf seine Fahnen geschrieben, allen Nationen und Religionen des Reiches die Freiheit zu bringen. Aber die armenische Freude über ein Leben ohne Todesnot, Zwang und Schikanen sollte nur von kurzer Dauer sein. Bereits im April 1909 waren die Armenier in Kilikien wieder Opfer einer großangelegten Ausrottungskampagne. 200 Dörfer wurden ausgelöscht, 20000 Menschen ermordet.[3] Hinter diesen Exzessen stand die hamidische Reaktion, deren konterrevolutionärer Putsch zur Wiederherstellung der Autorität von Sultan Abdul Hamid scheiterte. Aber auch die armenisch-jungtürkischen Flitterwochen waren unwiderruflich beendet. Die Jungtürken machten bis 1914 eine Wandlung durch. Ein exzessiver Chauvinismus löste die Ideale von Freiheit und Brüderlichkeit ab. Der auf dem Gedanken der Gleichheit beruhende Osmanismus wurde von der Idee des Türkismus, die für fremde Nationalitäten keinen Raum ließ, überlagert. Dieser Wandel ließ dem Gedanken eines multinationalen Staates im türkischen Kernland keine Chance. Besonders die panturanische Strömung im Komitee für Einheit und Fortschritt, die von der Zusammenfassung aller asiatischen Turkvölker unter der Ägide Konstantinopels träumte, erblickte in den Armeniern ein Haupthindernis auf dem Weg zur Realisierung ihres Zukunftsideals: Das armenische Gebiet schob sich wie ein Keil zwischen die türkischen Siedlungsräume in Kleinasien und das Territorium der Turkvölker im Kaukasus.

Bei Kriegsausbruch im Herbst 1914 hatte sicher ein nicht unbeträchtlicher Teil der armenischen Bevölkerung Sympathien für die Entente, was bei den historischen Erfahrungen nicht weiter verwunderlich ist. Zu diesem Zeitpunkt lebten etwa 1,5 bis 2 Millionen Armenier auf dem Gebiet des Osmanischen Reiches.[4] Die Spannung an der Ostgrenze entlud sich. Armenische Rekruten flohen aus der Armee des Sultans, Nationalisten betrieben Spionage und Sabotage zugunsten der Russen und griffen kleine Abteilungen des türkischen Militärs und der Gendarmerie an. Diese Aktionen können jedoch nicht als Vorbereitung eines allgemeinen armenischen Aufstandes gewertet werden. Vielmehr waren es Erscheinungen, die, wie es der deutsche Vizekonsul in Erzurum, von Scheubner-Richter, am 15. Mai 1915 nach Konstantinopel telegraphierte[5], »während des Krieges in einem Grenzgebiet mit gemischter Bevölkerung nichts außergewöhnliches darstellen«. Rußland warb unter armenischen Flüchtlingen, die entweder aus der Türkei oder dem sonstigen Ausland stammten, vier Legionen in Stärke von jeweils 1000 Mann an.[6] Aber die wohl überwiegende Zahl der Armenier stand loyal zum Sultan und zum osmanischen Staat, wenn auch ohne jede Begeisterung. Der Staat sollte ihnen die Loyalität nicht danken. Schon Ende Januar 1915 wurde die Entwaffnung der armenischen Soldaten und Gendarmen angeordnet, die in Arbeitsdiensteinheiten transferiert wurden. Die Zwangsdeportation von Armeniern begann Anfang April 1915 mit der Bevölkerung von Zeytun. Zwischen dem 15. und 18. April schließlich zerstörten die Türken 80 armenische Dörfer nördlich von Van und töteten die Bewohner. Die Stadt Van selbst zählte zu diesem Zeitpunkt etwa 50 000 Einwohner, unter ihnen rund 30 000 Armenier. Diese erhoben sich am 20. April gegen die türkische Armee. Es kam zu heftigen Kämpfen um die Stadt[7], die Türken vermochten es nicht, den armenischen Widerstand zu brechen. Am 19. Mai zogen russische Truppen und armenische Freiwillige in Van ein.

Bis heute stellen türkische Historiker und Publizisten die Verzweiflungstat von Van als illoyalen Aufstand dar, der die anschließenden Deportationsmaßnahmen fast der gesamten armenischen Bevölkerung rechtfertigen soll, wobei die ungeheuren Verluste der Armenier »kriegsbedingten Wirren« zugeschrieben werden.[8] Aber Van war kein vorbereitetes Komplott, sondern ein Akt der Selbstverteidigung, geboren aus der Angst vor türkischen Massakern.[9] Im zeitlichen Zusammenhang mit Van reagierten die sonst nicht so schnellen osmanischen Behörden so prompt, daß man annehmen kann, daß schon vor den Kämpfen um die Provinzhauptstadt Pläne bestanden, die armenische Frage zu »lösen«. Bereits am 24. April setzte in Konstantinopel die Verhaftung von rund 600 armenischen Intellektuellen und Prominenten ein, die anschließend fast alle getötet wurden. Die Deportierungen im großen Stil liefen im Mai 1915 an. Van war

Angehörige einer deutschen Fliegerabteilung vor ihrem »Palmenhaus« in der Wüste Sinai bei El Arisch im Juli 1916 (Ullstein Bilderdienst)

Die Pyramiden von Gizeh. Luftaufnahme eines deutschen Aufklärungsflugzeuges (Bayerisches Kriegsarchiv)

General Erich von Falkenhayn besichtigt die Flieger-Abteilung 304 (Bayerisches Kriegsarchiv)

Ein deutscher Doppeldecker überfliegt eine Kamelkarawane (Bayerisches Kriegsarchiv)

Hauptmann Hans Joachim Buddecke flog zeitweilig an der türkischen Front, wo er 1916 mit dem Orden Pour le Mérite ausgezeichnet wurde (Archiv Autor)

Jagdflugzeug vom Typ Albatros D III in Palästina (Archiv Autor)

Autokolonne der österreichisch-ungarischen Artillerie in der Türkei (Heeresgeschichtliches Museum Wien)

Österreichische 10 cm Gebirgshaubitze in Stellung bei El Arisch 1916 (Heeresgeschichtliches Museum Wien)

der Vorwand, nicht der Grund für die in Gang gesetzten Zwangsverschickungen. Was hatte sich die ruhig gebliebene Bevölkerung der Landesteile, die überhaupt nicht im Kriegsgebiet lagen, zu schulden kommen lassen? Nichts, außer der Tatsache, Armenier zu sein. Das Deportationsgesetz vom 27. Mai 1915 ermöglichte die Umsiedlung bereits beim Verdacht von Verrat und Spionage[10], ein Tatbestand, der wohl generell und pauschal auf alle Armenier angewendet wurde.

Die Deportationen verliefen nahezu nach dem gleichen Schema. Frauen, Kinder und Greise wurden zwangsweise abtransportiert, die Männer zumeist umgehend erschossen. Die Konvois der Unglücklichen schleppten sich in Richtung der syrischen und mesopotamischen Wüsten. Mord, Hunger, Seuchen und völlig unzureichende Versorgung dezimierten die Kolonnen. Die Armenier starben zu Zehntausenden, wurden lebendig verbrannt, vergiftet, erhängt, erschossen, erschlagen oder ertränkt. Das jungtürkische Komitee für Einheit und Fortschritt und die Regierung hatten die Ausrottung aller Armenier beschlossen. Von Innenminister Talaat, der den Deutschen gegenüber behauptete, die Armenier hätten der Türkei in den Rücken fallen wollen, und die Deportationen sollten sie vor Schlimmerem, nämlich Massakern, bewahren[11], ist ein aufschlußreiches Dokument vom 15.9.1915 überliefert, das den diabolischen Plan des Kollektivmordes beleuchtet:[12]

»An die Präfektur von Aleppo:
Wie bereits mitgeteilt, hat die Regierung auf Anordnung des Cemyet [Komitee für Einheit und Fortschritt] die Ausrottung aller in der Türkei lebenden Armenier beschlossen. Beamte, die sich dieser Entscheidung und diesem Befehl widersetzen, sind aus dem Dienst zu entfernen. So tragisch das Verfahren und die anzuwendenden Mittel auch sein mögen: Der Existenz der Armenier muß ohne Gewissenszweifel und ohne Rücksicht auf Frauen, Kinder und Kranke ein Ende gesetzt werden.«

Nicht verschwiegen werden soll, daß eine derartige Vernichtungspolitik nicht die Zustimmung aller führenden Männer des Regimes erfuhr. Es war besonders Djemal Pascha, der zwar nicht die Deportationen als solche verurteilte, von dem wir aber wissen, daß er sich in vielen Fällen dafür eingesetzt hat, Ausschreitungen zu verhindern und die Deportierten zu ernähren und zu versorgen.[13]

Den Anfangsdeportationen in den sieben östlichen Provinzen fielen schätzungsweise 600 000 Menschen – das war die Hälfte der armenischen Bevölkerung – zum Opfer. Nach den östlichen Provinzen kamen die Vilayets von Anatolien, Kilikien und Syrien an die Reihe. Talaat konnte zufrieden sein. Ende August 1915 erklärte er dem deutschen Botschafter: »La question arménienne n'existe plus.«[14] Aber das große Sterben ging weiter. Ende Dezember 1915 befand sich eine halbe Million Menschen im Dreieck Aleppo – Damaskus – Euphrat. Sie sollten nicht überleben. Es kam zu neuen Massenvernichtungen und Verschickungen, die ins Nichts führten. Ende 1916 war der Genozid größtenteils vollzogen, aber noch nicht ganz beendet. 1918 kam es zu neuen Greueln im Kaukasus. Ihnen vorangegangen waren Metzeleien der zurückgehenden armenischen Truppen und Irregulären an türkischen Zivilisten. Der Völkermord hat – nach neutralen Schätzungen – mindestens 1,2 Millionen Menschenleben gekostet.[15] Nach türkischen Angaben und den Ausführungen einzelner Publizisten beläuft sich die Zahl der Opfer der Zwangsumsiedlungen demgegenüber auf maximal 300 000.[16]

Wie stellten sich die deutschen Behörden zu den Armeniergreueln? Im Gegensatz zu den Bekundungen der alliierten Kriegspropaganda haben sie diesen Massenmord weder initiiert, gefördert oder sonst daran teilgenommen.[17] Nur in einem einzigen Fall spielte ein deutscher Offizier – Graf Wolf von Wolfskehl – eine aktive Rolle. Er befehligte die Artillerie, die armenische Befestigungen in Urfa unter Beschuß nahm.[18] Deutsche Offiziere, Journalisten, Ärzte und Techniker wurden in der Türkei bei ihrer Tätigkeit aber häufig mit dem Armenierproblem konfrontiert. Sie wurden zwar nur selten Augenzeuge von Massenerschießungen, trafen aber wiederholt auf die Elendszüge der Deportierten. Fast alle folgten in ihren Nachkriegserinnerungen und -berichten der türkischen Sprachregelung von einem allgemeinen »armenischen Aufstand«. Einige wenige – denen man allerdings unterstellen darf, daß sie das wahre Ausmaß und Grauen der Armeniervernichtung nicht kannten – vertraten so dezidiert die jungtürkische Position, daß sie sich zu Sätzen wie diesen hinreißen ließen: »In Wirklichkeit aber sind selbst die schärfsten Maßnahmen dem gegenüber, was diese [armenische] Bevölkerung sich geleistet hat, noch viel zu milde!«[19] So der Kriegsberichterstatter des *Berliner Lokal-Anzeigers* im Jahr 1915. Und der Offizier Hans von Kiesling meinte noch 1921: »Das Schicksal der Armenier war hart, aber nicht unverdient.«[20] Die meisten Offiziere hatten jedoch Mitleid mit ihren verfolgten christlichen Glaubensgenossen. Sie versuchten, falls dies überhaupt möglich war, das Los der dem Tode Geweihten durch Geld- und Sachspenden zu lindern. Zudem war es ihnen unverständlich, wie Konstantinopel mit den Armeniern gleichzeitig den Hauptträger von Handel und Gewerbe vernichten konnte, denn die Armenier gehörten zur Elite der Kaufleute, der Industriellen, Handwerker und Techniker. Und es überfiel sie Wut, wenn sie zu dem Schluß kamen: »Das war keine Kriegsführung gegen einen Feind oder Bestrafung von Verbrechern, sondern Ausrottung eines Volkes, mit radicalem Erfolge.«[21] Aber fast niemand machte offizielle Vorstöße bei den türkischen Stellen, niemand griff zur Pistolentasche, um unglückliche armenische Opfer aus den Fängen der Henker zu retten, auch wenn der Betreffende, wie der Divisionskommandeur Ludwig Schraudenbach, erkannte, daß er Augenzeuge eines Massenverbrechens wurde:[22]

»Selbst wenn ein Teil der armenischen Intelligenz die antitürkischen Ziele, deren man sie beschuldigte, verfolgt haben sollte: nie kann ich glauben, daß die Hunderttausende kleiner Leute, die in stillen, sauberen Dörfern wohnten oder in Adana, Aleppo, Mosul und anderen Städten ihrem Verdienst nachgingen, alle Staatsverbrecher gewesen seien.«

Fehlte den Offizieren die nötige Zivilcourage, waren sie durch den Krieg verroht oder wollten sie sich in die »inneren Angelegenheiten« des Bündnispartners nicht einmischen? Es war wohl eher die resignierende Erkenntnis, im großen und ganzen sowieso nichts verändern zu können, die die deutschen Offiziere von beherzten Schritten Abstand nehmen ließ. Gerold von Gleich schrieb:[23] »Wir Offiziere waren natürlich machtlos gegen die türkischen Zivilbehörden, die überdies versicherten, sie würden die von der Regierung befohlenen Maßnahmen so milde wie möglich durchführen.« Zumindest ein höherer Offizier bewies, daß man mit unbeugsamer Haltung durchaus Erfolge im Sinne der Menschlichkeit erzielen konnte. Der Oberbefehlshaber der 5. Armee, Liman von Sanders, erfuhr im November 1916 in Smyrna von Armenierdeportierungen. Er schickte seinen Stabschef zum Wali (Oberpräsidenten) und ließ diesem mitteilen, daß er keine weiteren Zwangsverschickungen dulden würde.

Eine Fortsetzung der Transporte würde er mit Waffengewalt verhindern. Diese Sprache wurde verstanden, die Türken stellten die Verhaftungen und Deportationen in Smyrna ein.[24] Das kleinasiatische Smyrna ist daher neben Konstantinopel die einzige Stadt, in der Armenierverschickungen nicht in größerem Umfang stattfanden.

Vor Ort bemühten sich auch die deutschen Generalkonsuln, Konsuln und Vizekonsuln zu helfen, die in 15 Städten des Osmanischen Reiches tätig waren. Die in der Provinz lebenden Diplomaten erkannten früher als der Botschafter in Konstantinopel, daß Massaker bevorstanden. Als erster wurde Vizekonsul von Scheubner-Richter in Erzurum aktiv.[25] Er bat am 18.5.1915 die Botschaft, beim türkischen Oberbefehlshaber Schritte zugunsten der Armenier unternehmen zu können. Bereits einen Tag später erhielt er die Genehmigung, seine Intervention blieb jedoch erfolglos. Aber der Vizekonsul gab nicht auf. Er erreichte, daß der Wali einer Gruppe ausgewiesener Armenier eine Eskorte von 100 Gendarmen mitgab, um zu verhindern, daß die Deportierten unterwegs totgeschlagen wurden. Auch Konsul Dr. Rößler in Aleppo ersuchte den deutschen Botschafter in Konstantinopel mehrfach, für die Armenier einzutreten.[26] Vizekonsul Holstein in Mosul brachte vor den örtlichen Behörden »seinen tiefsten Abscheu gegenüber diesen Verbrechen zum Ausdruck«.[27] Konsul Dr. Bergfeld in Trapezunt setzte sich besonders dafür ein, zumindest Frauen und Kinder von den Deportationen auszunehmen. Er legte bereits mit Telegramm vom 29. Juni 1915 eindeutig klar, was es mit den Transporten auf sich hatte: sie grenzten »an Völkermord«.[28]

Botschafter Wangenheim war nun ersichtlich, daß es sich bei den Tötungen nicht nur um örtliche Übergriffe und Ausschreitungen handelte, sondern um planmäßige Ausrottungsmaßnahmen, hatte Talaat Bey doch gegenüber einem Mitglied seiner Botschaft unverhüllt zugegeben:[29]

> »daß die Pforte den Weltkrieg dazu benutzen wollte, um mit ihren inneren Feinden (den einheimischen Christen) gründlich aufzuräumen, ohne dabei durch die diplomatische Intervention des Auslandes gestört zu werden.«

Wangenheim ergriff diplomatische Schritte. Am 4. Juli 1915 übermittelte er dem Großwesir ein Memorandum, das sich mit den türkischen Repressionsmaßnahmen gegenüber den Armeniern auseinandersetzte.[30] Aber seine Denkschrift war äußerst vorsichtig abgefaßt und stellte nicht die Zwangsdeportationen als solche in Frage, sondern führte nur Klage über Plünderungen und Metzeleien. Konstantinopel ließ sich hierdurch genausowenig beeindrucken wie durch ein weiteres Memorandum vom 9. August und beantwortete die deutschen Denkschriften erst am 22. Dezember.[31] In brüskem Ton wurde festgestellt, daß die Verschickungsmaßnahmen legitime Verteidigungsmittel bildeten und als innere Angelegenheiten des Osmanischen Reiches fremde Interessen nicht berührten. Tatsächlich war das deutsche diplomatische Eingreifen zu einem psychologisch ungünstigen Zeitpunkt erfolgt, denn die Türkei stand dem Druck an der Dardanellenfront allein, ohne nennenswerte deutsche Hilfe gegenüber und fühlte sich Berlin nicht verpflichtet. Die Deportationen und Massaker gingen weiter. In einer Eingabe an die kaiserliche Botschaft in Konstantinopel vom 16.8.1915 stellten Mitglieder der deutschen Kolonie in Konya fest:[32]

»Diese unmenschliche Behandlung bildet nicht nur für die Türken einen unauslöschlichen Schandfleck in der Weltgeschichte, sondern auch für uns Deutsche, falls wir der Sache untätig zusehen und die Vernichtung dieses Volkes zulassen.«

Zwar erließ Talaat im September 1915 einige an die Provinzbehörden gerichtete Befehle, um den Eindruck zu erwecken, die Regierung befürworte nun einen Kurs der Milde. Aber diese Befehle änderten an der blutigen Realität nichts. Sie waren nur ergangen, um die ausländische Öffentlichkeit irrezuführen. Das Konsulat Adana telegraphierte bereits am 10. September 1915, bei den angeblichen Fürsorgedepeschen handele es sich lediglich um »eine dreiste Täuschung«.[33]

Im Kaiserreich durfte die Presse über die armenischen Greuel nicht objektiv berichten. Aber Einzelheiten sickerten durch und beunruhigten Teile der deutschen Öffentlichkeit. Besonders der Theologe Dr. Johannes Lepsius (1858–1926) trat unermüdlich für die Armenier ein. Im Oktober 1915 sprachen sich namhafte Vertreter beider Konfessionen in getrennten Schreiben an den Reichskanzler dafür aus, die Deportationen und die drohende Ausrottung des armenischen Volkes zu beenden.[34] Ende 1915 wurde die Sprache der deutschen Diplomaten gegenüber dem Bündnispartner tatsächlich härter, nachdem Unterstaatssekretär Zimmermann den Eifer seiner Diplomaten in Konstantinopel bisher gebremst hatte. Zu Lepsius sagte er[35]:

>»Was sollen wir tun? Unser Bündnis mit der Türkei steht auf den sechs Augen von Talaat, Enver und Halil. Wenn die Drei nicht auf uns hören, bliebe uns nur, das Bündnis aufzulösen. Und das können wir nicht.«

Nun wies Reichskanzler von Bethmann-Hollweg den deutschen Botschafter in Konstantinopel am 10.11.1915 an, »bei jeder sich bietenden Gelegenheit und mit allem Nachdruck Ihren Einfluß bei der Pforte zugunsten der Armenier geltend zu machen ...«[36] In ähnlicher Weise äußerte sich Staatssekretär Dr. von Jagow vom Auswärtigen Amt. Botschafter Graf Wolff-Metternich zögerte nicht, diese Weisungen auszuführen und machte Vorstöße bei Enver, Halil und Djemal, wobei er eine scharfe Sprache führte.[37] Auch einzelne Reichstagsabgeordnete engagierten sich. Der Sozialdemokrat Karl Liebknecht (1871–1919) richtete am 18.12.1915 folgende Anfrage an den Reichskanzler:[38]

>»Welche Schritte hat der Herr Reichskanzler bei der verbündeten türkischen Regierung unternommen, um die gebotene Sühne herbeizuführen, die Lage des Restes der armenischen Türkei menschenwürdig zu gestalten und die Wiederholung ähnlicher Greuel zu verhindern?«

Im Februar 1916 hielt sich der Zentrumsabgeordnete Matthias Erzberger (1875–1921) in Konstantinopel auf und führte Gespräche mit Talaat und Enver, um das Los der Armenier zu erleichtern.[39] Er erhielt beruhigende Zusagen, aber die Jungtürken dachten nicht daran, sie einzulösen. Schließlich gab es ein neues Motiv für die Intransigenz gegenüber der christlichen Minderheit: Wenn schon die Türken selbst bei der Verteidigung des Reiches verbluteten, so sollte es auf dem Gebiet des Staates auch keine anderen Nationalitäten mehr geben. Im März 1916 machten drei deutsche Gesellschaften, unter ihnen die Deutsche Orientmission und die 1914 gegründete Deutsch-Armenische Gesellschaft, den Vorschlag, eine humanitäre

Hilfsexpedition mit Ärzten und Krankenschwestern nach Syrien und Mesopotamien zu entsenden, die sich dort vor allem der verbliebenen Frauen und Kinder annehmen sollte. Wie nicht anders zu erwarten, lehnte die osmanische Regierung auch diese Samariterarbeit ab. Die blutige Praxis der Deportationen und Vernichtung hatte zwischenzeitlich eine Eigendynamik entwickelt, die kaum noch gesteuert werden konnte. Graf Wolff-Metternich berichtete am 3. Juni 1916 dem Reichskanzler: »Es hat aber hier niemand mehr die Macht, die vielköpfige Hydra des Komitees, den Chauvinismus und Fanatismus, zu bändigen.«[40]

In der 86. Sitzung des Reichshaushaltsausschusses am 29. September 1916 gab Unterstaatssekretär Zimmermann einen Zwischenbericht zur Armenierfrage aus der Sicht der kaiserlichen Regierung:[41]

»Ich kann nur sagen, wir haben alles getan, was wir konnten. Das äußerste, was uns übrig bliebe, wäre, das Bündnis mit der Türkei zu brechen. Sie werden verstehen, daß wir uns dazu nicht entschließen können. Höher als die Armenier, so sehr wir vom rein menschlichen Standpunkt aus ihr Los beklagen, stehen uns unsere Söhne und Brüder, die ihr teures Blut in den schwersten Kämpfen vergießen müssen und die mit auf die Unterstützung der Türken angewiesen sind. Denn die Türken leisten uns zur Deckung der Südostflanke wesentliche Dienste.«

Die Realpolitik und der *sacro egoismo* siegten über die Moral. Aber hatte das kaiserliche Deutschland unterhalb der Schwelle der Bündnisaufkündigung wirklich alles getan, um den Armeniern zu helfen? Sicher kann man kaum von strafrechtlicher Schuld auf deutscher Seite sprechen. Deutschlands moralische Schuld liegt jedoch im Unterlassen, dem türkischen Verbündeten nicht energisch genug in den Arm gefallen zu sein.[42] Aufgrund seiner Passivität hat das Kaiserreich einen Teil Mitverantwortung zu übernehmen.[43] Insoweit hilft auch nicht der Verweis auf die Entente, die keinerlei ernsthafte Anstrengungen unternahm, den Armeniern beizustehen. In ihren imperialistischen Plänen, das Osmanische Reich in Einfluß- und Interessensphären zu parzellieren, war kein Platz mehr für einen unabhängigen armenischen Staat. Auch kann das Kaiserreich nicht exkulpieren, daß Österreich-Ungarn sich in noch bescheidenerem Rahmen für die Armenier verwendete und der k.u.k. Botschafter insoweit nicht eine einzige schriftliche Demarche an die Pforte richtete.[44] Schließlich war Deutschland der Hauptverbündete der Türkei und diese war, insbesondere was die Zufuhren und die Militärhilfe anbetrifft, von Berlin abhängig. Aber die deutschen Diplomaten drohten nicht mit der Einstellung der Munition- und Kohlentransporte, sie drohten nicht mit dem Abzug der *Goeben* und *Breslau* und der Suspendierung der Lieferung von Kriegsflugzeugen, sie drohten auch nicht damit, ein Weißbuch zu veröffentlichen und das jungtürkische Regime öffentlich an den Pranger zu stellen. Vielleicht hätte dies auch alles nichts genützt, und der k.u.k. Militärattaché in Konstantinopel, Pomiankowski, hat recht mit seiner Vermutung, daß auch größerer deutscher Druck die Armenierverfolgungen weder verhindert noch Grausamkeiten eingedämmt hätte, weil sich die Jungtürken in grundsätzlichen Fragen der Reichspolitik nicht hereinreden ließen.[45] Aber der Versuch hätte unternommen werden müssen. Die harte Sprache, die General Ludendorff im Juni 1918 gegenüber Enver an den Tag legte[46], als Deutschland seine Interessen im Kaukasus bedroht sah, hätte man sich 1915/16 gewünscht. So bleibt die kaiserliche Regierung mit dem Vorwurf belastet, daß sie sich dem moralischen Problem, das das Massaker an Hunderttausenden Armeniern aufwarf, nicht ernsthaft genug gestellt hat.[47]

Überlassen wir das Schlußwort in diesem traurigen und beschämenden Kapitel der Weltgeschichte und der deutsch-türkischen Beziehungen dem Zeitzeugen Friedrich Freiherr Kreß von Kressenstein:[48]

»Wir Deutsche alle – Soldaten und Zivilisten –, die dazu verdammt waren, das grausige Schauspiel mitzuerleben, fanden es unbegreiflich und waren darüber empört, daß die deutsche Regierung und die deutsche öffentliche Meinung, die durch zahlreiche Berichte von allen möglichen Seiten über die Vorgänge auf das genaueste unterrichtet waren, von den Türken nicht abrückten, sondern durch ihr Schweigen uns Deutsche gewissermaßen zu moralischen Mitschuldigen machten. Nicht mit Unrecht haben unsere Feinde und die Neutralen uns der stillschweigenden Duldung angeklagt, nachdem die deutsche Presse auch nicht den leisesten Protest gegen die Art und Weise, in der die Armenierverschickungen durchgeführt wurden, bringen durfte.«

XVIII. Abenteuer Persien

Persien war vor dem Krieg ein Spielball russisch-englischer Interessen. 1907 schlossen die beiden Mächte eine Konvention, die das Land in eine nördliche russische und eine südliche englische Einflußsphäre aufteilte. England und Rußland nützten die innere Zerrissenheit Persiens konsequent für ihre Ziele aus. Zaristische Truppen besetzten 1911 wichtige Positionen in Nordpersien und übten dort eine wahre Schreckensherrschaft aus, Großbritannien stationierte Kavallerieverbände in Schiraz. Teheran mußte dem tatenlos zusehen, denn das Land verfügte über keine eigene Armee. Eine Gendarmerietruppe mit schwedischen Offizieren befand sich erst seit 1911 im Aufbau. Nationalgesinnte Perser, die der Fremdherrschaft ein Ende machen wollten, sammelten sich in der Partei der Demokraten.

Bei Kriegsausbruch war die persische Neutralität durch die Anwesenheit russischer Truppen und die drückende Dominanz Londons und Petersburgs verletzt und ausgehöhlt. Iranische Versuche, den Abzug der starken zaristischen Verbände aus Aserbeidschan zu erreichen, scheiterten. Die Türkei stellte in Erzurum die 3. Armee auf, die auch den Nordosten gegen russische Angriffe sichern sollte. Die Mittelmächte begannen eine Politik der Insurgierung Persiens, die das Land an ihre Seite führen sollte. Die Deutschen rüsteten eine Expedition unter Hauptmann Klein aus, die für die Zerstörung der Ölanlagen und Raffinerien der Anglo-Persian Oil Company bei Abadan und die Gewinnung der Schiiten für den Heiligen Krieg vorgesehen war. Die Expeditionsmitglieder sammelten sich im Dezember 1914 in Aleppo. Die Türken zeigten sich jedoch an einer eigenständigen deutschen Aktion nicht interessiert und vereinnahmten die Mission Klein für die osmanische Armee. Nachdem britische Truppen Basra einnahmen, war das Abadan-Unternehmen zudem vorerst unmöglich geworden. Hauptmann Klein gelang es jedoch, in Karbala, dem bedeutendsten schiitischen Wallfahrtsort, die Zustimmung schiitischer Würdenträger zur Unterstützung des Heiligen Krieges zu erreichen, nachdem er der hohen Geistlichkeit 50.000,– Mark gezahlt hatte. Erkennbare Erfolge brachten die schiitischen Aufrufe jedoch nicht. Erst im Frühjahr 1915 glückten Anschläge auf die fast 350 km lange Ölleitung, die von den Quellen am oberen Karun bis nach Abadan am Schatt-el-Arab führte. Sprengkommandos der Expedition Klein unter Führung von Leutnant Hans Lührs schlugen im März und April los und zerstörten die Pipeline unterhalb von Achwaz. Die Leitung war für Monate nicht mehr betriebsfähig. Den Briten entstand ein Schaden im Umfang von 320 Millionen Litern Petroleum, was einem Wert von 150 Millionen Mark entsprach.[1]

Im persischen Volk waren die Voraussetzungen für eine Aktion gegen die Entente und ihre Einrichtungen durchaus günstig. Bereits im November 1914 stellten sich zahlreiche kurdische Stämme aus dem Grenzgebiet den Türken zur Verfügung. Ende 1914 ergriffen osmanische Offiziere die Initiative und drangen mit kurdischen Stammesreitern in Persisch Aserbeidschan ein. Am 8. Januar 1915 erreichten sie den Verkehrs- und Handelsknotenpunkt Täbris. Hier wollte die Idee des Heiligen Krieges aber nicht recht zünden, und nur wenige Freiwillige meldeten sich zu den schwachen türkisch-persischen Verbänden, die schon drei Wochen später den Rückzug antreten mußten, der bald in eine regellose Flucht ausartete. Russische Truppen eroberten Aserbeidschan zurück.

Deutschland aktivierte seine Persienpolitik, da das geplante Afghanistanunternehmen eine gesicherte Landbrücke über Persien voraussetzte. Als erstes setzte man sich die Gewinnung der schwedischen Instruktionsoffiziere zum Ziel. Die persische Gendarmerietruppe bestand aus sieben Regimentern mit etwa 6000 bis 7000 Mann, 120 einheimischen und 34 schwedischen Offizieren.[2] Letztere hatten überwiegend prodeutsche Sympathien, so daß es nicht schwer fiel, sie zu Verbündeten zu machen. Insgesamt wurden ab Februar 1915 zwanzig schwedische Reserveoffiziere und vier Unteroffiziere in die preußische Armee übernommen. Sie sollten die Gendarmerie auf 12 000 Mann verstärken, die Stämme für den Befreiungskrieg gewinnen und im Falle des persischen Kriegseintritts die einheimischen Truppen kommandieren. Der deutsche Generalstab, der sich von den schwierigen Transportverhältnissen kein zutreffendes Bild machte, wollte Offiziere, Waffen und Geld zur Verfügung stellen.

In Berlin fielen zwischenzeitlich wichtige Entscheidungen. Auf Anregung des Chefs der Politischen Abteilung des Großen Generalstabes, Hauptmann Nadolny[3], beschloß das Auswärtige Amt im Februar, eine von den Türken unabhängige deutsche Persienpolitik zu betreiben. Tenor der deutschen Politik war dabei die nationale Idee und das Motto »Persien den Persern«.[4] Rivalitäten mit dem osmanischen Bundesgenossen, der zeitweise panislamische, dann verstärkt panturanische Ziele verfolgte, konnten nicht ausbleiben. In Berlin entstand ein persisches Comité unter Beteiligung iranischer Nationalisten und Exilpolitiker, das unter dem Patronat der Reichsregierung die Patrioten sammelte und den Befreiungskampf in der Heimat vorbereiten sollte. Auch bei der Entente stand Persien im Mittelpunkt politischer und diplomatischer Überlegungen. Das Land wurde im März erneut zum Teilungsobjekt. Das geheime Constantinople Agreement sah in klassischer imperialistischer Manier die unwiderrufliche Aufteilung des Landes unter Rußland und Großbritannien vor. In Persien wurde dieser Anschlag auf die bescheidenen Reste der eigenen Souveränität nicht bekannt, er hätte sonst die ausgeprägten Sympathien der Bevölkerungsmehrheit für Deutschland noch weiter verstärkt.

Nadolny hoffte, diese Sympathien in politische Vorteile ummünzen zu können. Sein Konzept sah eine Erhebung im Kaukasus, in Persien, Afghanistan und Indien vor. Würde es gelingen, »einen Brand vom Kaukasus bis Kalkutta zu entfachen«[5], so hätte dies die Alliierten vor kaum lösbare Probleme gestellt. Aber für ein solches Insurgierungsprogramm fehlten den Mittelmächten die personellen und technischen Voraussetzungen. Teilerfolge in Persien blieben allerdings nicht aus. Die Deutschen konnten in Kermanschah einen wichtigen Stützpunkt errichten, nachdem sämtliche Engländer und Russen die Stadt im April verließen. Weitere Etappenstützpunkte baute die deutsche Afghanistanexpedition auf: Isfahan, Schiraz und Kerman wurden Zentren für den Freiheitskampf des Iran. Einen Versuch des englischen und russischen Konsuls, wieder nach Kermanschah überzusiedeln, vereitelte Konsul Schünemann von der Afghanistanexpedition, der die Begleitmannschaften der Alliierten am 26. August mit Söldnertruppen überfiel und zum Rückzug zwang. In Isfahan erstarkte die deutsche Position so, daß die englische und russische Kolonie die Stadt im September aufgaben. Die größten Erfolge gegen den Einfluß und die Herrschaft der Entente errang ein Einzelkämpfer, der deutsche Konsul Waßmuß.[6] Er war nach seiner Trennung von der Afghanistanmission Ende Januar 1915 von Bagdad nach Südpersien abgereist. Waßmuß vertraute vergeblich darauf, daß die Briten seine Funktion und Rechtsstellung als amtlicher Konsul für Schiraz respektieren würden. Diese stellten ihm mit Hilfe befreundeter Stämme eine Falle, aus der der deutsche Diplomat jedoch entkommen konnte. Die Engländer besetzten Anfang März auch das deutsche Konsulat in Buschir am Persischen Golf und deportierten den dortigen Konsul. Waßmuß selbst gab dieser Bruch des Völkerrechts den nötigen Motivationsschub, um sich verbissen in die antienglische Agitationsarbeit zu stürzen. Die südpersische Bevölkerung, die größtenteils über den englischen Rechtsbruch empört war, wußte er auf seiner Seite. Am 13. März traf er in Schiraz ein. Im Hinterland von Buschir, in Tangistan, fand er zwei Khane, die zum Losschlagen gegen die Engländer bereit waren. Sie spekulierten auf materielle deutsche Hilfe – Geld, Waffen, Munition. Waßmuß konnte nichts dergleichen anbieten, aber er schaffte es, Vertrauen zu wecken und bindende Absprachen zu treffen. Der Deutsche verzichtete auf seine Stellung als Konsul und konzentrierte sich auf die Revolutionierung Südpersiens. Ihm schwebte nichts weniger vor, als »die Stimmung des leicht zu begeisternden Volkes so zu entflammen, daß die Regierung in Teheran mit fortgerissen, zu einer Entscheidung gezwungen und zum Eintritt in den Kampf gegen die Bedrücker des Landes gebracht werden würde.«[7] Die Stammeskrieger der Tangistani schlugen im Juli gegen Buschir los. Die Kämpfe eskalierten im August, als gelandete indische Truppen sich unter starken Verlusten zurückziehen mußten. Von nun an blockierte Waßmuß mit seinen Männern die wichtige Straße Buschir-Schiraz. Zur zweiten Schlacht am Buschir kam es im September. 2000 Stammeskrieger griffen an, die Gefechte waren für beide Seiten sehr verlustreich. Buschir fiel nicht, und in Schiraz etablierten sich die Engländer mit einer ihnen ergebenen persischen Truppe, den South Persia Rifles. Der von der Heimat völlig isolierte Waßmuß blieb trotz ausbleibender deutscher Hilfe für die Iraner ein geachteter Freiheitsheld, für die Briten ein gesuchter – und respektierter – Aufrührer. Englischen Truppen gelang es erst im Januar 1919, die Straße Buschir-Schiraz freizubekommen.

Zurück ins Jahr 1915. Im Gegenzug zu den Aktionen der Deutschen versuchten die Alliierten, beim Schah einen unpopulären, ententefreundlichen Günstling als Ministerpräsidenten durchzusetzen, erlitten damit im April aber Schiffbruch. Auch die Sache der Mittelmächte nahm Schaden, als Reuf Bey im Juni mit osmanischen Truppen, die sich durch zahlreiche Disziplinlosigkeiten bei den Einheimischen verhaßt machten, auf Kermanschah vorrückte. Sämtliche Grenzstämme machten gegen ihn Front, griffen die Türken an und fügten ihnen schwere Verluste zu. Während die Perser in den fernen Deutschen uneigennützige Verbündete sahen, vermuteten sie bei den Türken annexionistische Absichten.

Motor der deutschen Revolutionspolitik im Iran war der hyperaktive Militärattaché Graf Kanitz, der großartige, aber wenig realistische Pläne konzipierte. Die rund 50 000 in Russisch Turkestan gefangen gehaltenen k.u.k. Heeresangehörigen wollte er befreien und mit ihnen ganz Turkestan absperren. Gleichzeitig agitierte er zum Kummer des abwägenden deutschen Botschafters in Teheran, des Prinzen Reuß, überoptimistisch auf eine überstürzte Erhebung in Persien hin. Er verhandelte mit verschiedenen Stammesführern, denen er Geld und materielle Hilfe in Aussicht stellte. Die Stämme ihrerseits geizten nicht mit Versprechungen, so daß Graf Kanitz ein Opfer seiner eigenen Wunschvorstellungen wurde und glaubte, bei einer allgemeinen Erhebung mit insgesamt 100 000 Mann rechnen zu können. Aber der Orient kennt seine eigene Arithmetik. Zudem waren die Stammeskrieger zwar äußerst malerische Gesellen, ihr Geldhunger war jedoch unersättlich und stärker als ihr Patriotismus, und im Kampf gegen reguläre Einheiten konnte man sie kaum verwenden. Hans von Kiesling hat eine Parade irregulärer persischer Freiwilliger anschaulich beschrieben:[8]

»Auf einem Hochplateau südwestlich Kermanschah waren die Stammesreiter unter ihren Führern in langer, zweigliedriger Linie aufgestellt. Über Höhen und Mulden zog sich diese Reihe bunter, fantastisch aufgeputzter Bewaffneter hin. Die Stämme standen in Zwischenräumen voneinander getrennt. Vor der Front hielten die Häuptlinge meist auf prachtvollen Pferden, unmittelbar hinter ihnen die Fahnenträger mit einer riesigen, persischen Nationalfahne, die in dem leisen Winde wehte, der über die Höhen strich. Am rechten Flügel jedes Stammes die berittenen Kesselpauker; der helle Ton, den sie auf ihren kleinen Pauken hervorbrachten, klang weithin über das Blachfeld ...

Die Parade stand unter dem Kommando des Emirs Muasam-Kalhur, eines jungen Kalhurenhäuptlings in hellblauem Tuchkaftan mit nagelneuer Mauserpistole, eleganten gelben Ledergamaschen und hoher Kulah, um die ein schwarz-grün-rotes Tuch turbanartig gewunden war. Die Guranis führte ein achtjähriger Knabe, der Sohn Ilchanis, der durch Krankheit am Erscheinen verhindert war. Schnauzbärtige, wilde Gestalten in Filzmänteln, in Kaftanen, die Flinte vor sich, den krummen Dolch im Gürtel. Alte und junge Leute, wie sie der Häuptling gerade zusammentrieb. Für jedes moderne Gefecht infolge mangelnder Ausbildung, Unkenntnis der neuzeitlichen Feuerwaffen vollkommen unbrauchbar. Dabei kostet uns jeder dieser Reiter im Tage mindestens 10 Goldmark ...

Wilder Galopp, Flintengeknatter, Händeschütteln, begeisternde Worte, dann verschwand wie ein Spuk der letzte dieser bunten Gesellen in den engen Gängen der Stadt ...«

Einen wesentlich besseren Eindruck machten die auf deutscher Seite kämpfenden persischen Gendarmen:[9]

»Sie sahen sehr kriegerisch aus mit dem persischen Löwenwappen als Kokarde, die weiße Lammfellmütze schief aufs linke Ohr gedrückt. Die Khakiröcke mit hellblauen und gelben Besätzen, die blauen Hosen, Stiefel und Wickelgamaschen und die Karabiner über der Schulter schienen durchaus appellfähig.«

Graf Kanitz vernachlässigte die iranische Gendarmerie zugunsten der zweifelhaften Stammeskrieger. Die Kerntruppe erhielt Monate keinen Sold, was nicht ohne negative Folgen für ihre Moral blieb. Die Stammesreiterpolitik und impulsive Dynamik des Grafen stand zudem im Gegensatz zu der viel fundierteren und klügeren Vorgehensweise des deutschen Botschafters in Teheran, der der schwachen persischen Regierung nach Abstimmung mit dem Kaiser und dem Reichskanzler im Oktober 1915 mitteilen konnte, Deutschland garantiere die Unabhängigkeit und Integrität Persiens, wenn das Land an der Seite der Mittelmächte am Krieg teilnehme. In den Instruktionen, die Marschall Freiherr von der Goltz als neuer Kommandeur der osmanischen 6. Armee erhielt, war ebenfalls ausdrücklich festgelegt, daß »die künftige Freiheit und Unabhängigkeit Persiens sicher zu stellen« sei.[10] Das Kaiserreich reagierte auch auf wiederholte persische Bitten und setzte eine Offiziersmission unter Oberst Bopp in Marsch, die die verschiedenen militärischen und paramilitärischen Kräfte im Iran organisieren sollte. Bopp und von der Goltz trafen am 6. Dezember 1915 in Bagdad ein. Die Offiziere des Stabes brauchten, obwohl sie mit Vorrang reisten, 39 Tage für die rund 2500 km lange Strecke zwischen der türkischen Hauptstadt und Bagdad.

Zu dem von den Deutschen erhofften persischen Kriegseintritt sollte es nicht kommen. Während Teheran und Berlin noch verhandelten, preschte Graf Kanitz vor und bereitete eine gewaltsame Lösung vor. Russische Truppen waren bis in die Nähe von Teheran vorgerückt. Kanitz glaubte, mit der in der Metropole stationierten persischen Kosakenbrigade eine Revolte anzetteln und damit das Signal zur allgemeinen Erhebung setzen zu können. Der *coup de force* erwies sich als *coup de fou* und scheiterte. Während die nationalistischen Abgeordneten, die Demokraten und die meisten deutschfreundlichen Parteigänger die Hauptstadt am 15. November verließen, blieb der junge Schah in Teheran und damit unter dem Einfluß der Entente. »Das Kartenhaus brach zusammen: Ohne den Schah gab es keine Möglichkeit mehr für einen generellen Aufstand und noch weniger für Persiens Kriegseintritt.«[11] Graf Kanitz, der das kommende Unheil wohl ahnte, war rastlos bemüht, den Widerstand gegen die drohende russische Invasion von Westpersien anzufachen und zu lenken. In Hamadan unterstützte ihn Oberleutnant Hans Erdmann von der Expedition Klein, der für teures Handgeld persische Freiwillige anwarb, darunter auch Leute,

»die wohl geeignet waren, eine Kommission von Armenärzten und Kriminalisten oder auch leidenschaftliche Liebhaber altertümlicher Waffen lebhaft zu interessieren.«[12]

Tatsächlich gelang es ihm, zusammen mit persischen Gendarmen und Glaubenskriegern am 22. November den von den Russen gehaltenen Musalla-Berg zu stürmen und die Stadt Hamadan einzunehmen.[13] Aber der russische Vormarsch brachte die Position der Mittelmächte und persischen Nationalisten bald zum Einsturz. Am 9. Dezember mußte Hamadan geräumt werden. Stammeskrieger der Kurden und Luren[14] erwiesen sich als völlig unzuverlässige Kämpfer. Ihr Interesse galt primär dem Geld, nicht der Unabhängigkeit ihrer Heimat. In den Gefechten gegen reguläre Truppen versagten sie fast ausnahmslos. Als neues Aushängeschild für die persische Freiheitsbewegung griff Graf Kanitz auf den Provinzgouverneur Nizam-es-Saltaneh zurück. In einem schriftlichen Abkommen verpflichtete sich dieser, bis Januar 1916 4000 Soldaten zu stellen. Kanitz sicherte ihm ein fürstliches Monatsgehalt von 80.000,– Mark zu.[15] Zur Verstärkung der brüchigen Persienfront entsandte Goltz Pascha drei türkische Bataillone, eine Gebirgsbatterie sowie eine MG-Abteilung. Im Januar besuchte er persönlich Kermanschah. Oberst Bopp, der mitgereist war, übernahm das Kommando an der Front. Östlich von Kermanschah konnte nur dank des Eintreffens der von Goltz abkommandierten türkischen Verstärkungen eine dünne Verteidigungslinie gehalten werden. Als die Luren bei den Kämpfen am 15. Januar 1916 völlig enttäuschten, mußte Graf Kanitz den kompletten Zusammenbruch seiner Insurgierungspolitik erkennen. Er suchte den Freitod. Auch der wichtige Kengawer-Paß ging trotz des verbissenen Widerstandes der türkischen Truppen und der persischen Gendarmerie verloren und Kermanschah mußte aufgegeben werden. Feldmarschall von der Goltz übermittelte am 16. Februar der deutschen und türkischen Heeresleitung einen Bericht über die Lage im Iran, der an Pessimismus nicht mehr zu überbieten war:[16]

> »In Persien ist das Kennzeichen der Lage die Anarchie ... Die allgemeine Verwirrung hat ein Auseinanderfallen des Reiches in Lokalherrschaften zur Folge gehabt, durch die eine einheitliche Aktion sehr erschwert wird ...
> Der persische Patriotismus ist zur Industrie geworden, die mit Erpressung eine vertrackte Ähnlichkeit hat ...«

Vier neu eingetroffene türkische Bataillone und eine Schnellfeuerbatterie errichteten bei Karind unweit der türkischen Grenze eine letzte Auffangstellung. Auch die deutschen Positionen in Schiraz und Isfahan, in das am 19. März die Russen einzogen, gingen verloren. Anfang Mai – die Stärke der persischen »Armee« betrug zu diesem Zeitpunkt noch 820 Mann[17] – wurde Oberst Bopp mit seinen Truppen von persischem Boden verdrängt. Die türkischen Einheiten bezogen eine Stellung bei Chanikin, die sie behaupten konnten. Trotz aller Rückschläge hatten die schwachen türkisch-persischen Verbände verhindert, daß das russische Ersatzkorps der in Kut-el-Amara eingeschlossenen britischen Division zu Hilfe kam. Die deutsche Persienpolitik aber war vorerst gescheitert, die deutsch-persische Militärmission wurde aufgelöst.

Die Kräfte der Mittelmächte in Persien im Februar 1916

Die Mittelmächte verfügten Mitte Februar 1916 über eine türkische Abteilung von rund 850 Mann, etwa 1000 iranische Gendarmen, 300 persische Milizangehörige und schätzungsweise 6000 Stammeskrieger. Die Kräfte verteilten sich wie folgt:

In *Nehawend:*
 Kommandeur Major Erikson (Schwede)
  400 berittene Gendarmen
  400 Gendarmen zu Fuß
  2000 Stammeskrieger
   6 Maschinengewehre
   2 Gebirgsgeschütze

In *Bitezorg:*
 Kommandeur Major Kaellstroem (Schwede)
  2 Kompanien Türken
  2 Kompanien persische Miliz (Silahori)
  4 Schneider-Geschütze
  1 Maschinengewehr

In *Sachna:*
 Kommandeur Major Schefket Bey (Türke)
  3 Kompanien Türken

In *Jarsineh* (bei Sachna):
 Kommandeur Major Raith (Deutscher)
  3 Kompanien Türken
  700 Sendschabireiter

In *Songhur:*
 Kommandeur Major Soneson (Schwede)
  4 Kompanien Türken
  260 Gendarmen zu Fuß
  ca. 60 Gendarmen zu Pferd
  ca. 500 Stammesreiter

In *Kurweh:*
Kommandant Offiziersstellvertreter Schenker (Deutscher)
1400 Stammesreiter

In *Sinneh:*
Kommandeur Major Mehemed Taghi Khan (Perser)
1050 Stammesreiter
1050 Milizen (unausgebildet)

Quelle: H. von Kiesling, Mit Feldmarschall von der Goltz Pascha in Mesopotamien und Persien, Leipzig 1922, S. 152–153.

Im Mai 1916 fand auch eine deutsch-türkische Expedition nach Persisch Aserbeidschan ihr Ende. Geführt von dem deutschen Reserveleutnant Max von Scheubner-Richter und dem Türken Omer Nadji hatte die Mission[18] ursprünglich die Aufgabe gehabt, mit einem verstärkten Bataillon und angeworbenen Stämmen weit nach Nordpersien einzudringen, Kontakte zu den Stämmen im Daghestan aufzunehmen und den Aufstand gegen die russische Herrschaft vorzubereiten. Bei dem Detachement, das im Dezember 1915 die persische Grenze überschritt, befanden sich außer Scheubner-Richter noch einige Deutsche, unter ihnen die Gebrüder Paul[19] und Karl-Gustav Leverkuehn. Die Einheit nahm den wichtigen Straßenknotenpunkt Sautschbulak etwa 30 km südlich des Urmia-Sees ein, mußte die Stadt nach etwas mehr als drei Wochen aber wieder räumen. Die Expedition setzte sich anschließend in der kurdischen Stadt Bukan fest, die etwa 5000 Einwohner zählte, und verhinderte durch ihre Präsenz und kühne Vorstöße, daß russische Truppen von Täbris her sich mit den englischen Verbänden in Mesopotamien vereinigten. Zwei türkische Bataillone und rund 2000 bis 3000 Stammeskrieger verwickelten die Russen in Vorpostengefechte und unternahmen verschiedene Aufklärungsaktionen. Obwohl die Russen für Scheubner-Richter ein Kopfgeld von 10.000 Rubeln ausschrieben, für die Gebrüder Leverkuehn von je 5.000 Rubeln, fand sich unter den Kurden und Bergstämmen kein Verräter. Scheubner-Richter verließ die Expedition Anfang April 1916 und reiste nach Mosul. Bei der Übermacht der Russen konnte das Detachement in Aserbeidschan auf Dauer nicht erfolgreich operieren. Es zog sich daher im Mai auf türkisches Gebiet zurück.

Die Mittelmächte unternahmen im Frühsommer 1916 einen erneuten Anlauf, Persien in die gemeinsame Front einzureihen. Nachfolger des verstorbenen Goltz Pascha wurde der türkische Generalmajor Halil Pascha. Er aktivierte eine selbständige osmanische Persienpolitik, wobei immer deutlicher wurde, daß Berlin und Konstantinopel hinsichtlich des Landes divergierende Zielvorstellungen hatten. Während die Türken panturanisches Gedankengut propagierten, wohl auch auf eine Annexion Persisch Aserbeidschans reflektierten und die Hegemonie in Mittelasien anstrebten, befürwortete Berlin ein selbständiges und ungeteiltes Persien. Das Kaiserreich, ab Juli bei Nizam-es-Saltaneh durch Legationsrat Nadolny als Geschäftsträger vertreten, gab schließlich seine bisher führende Rolle in der Persienpolitik zugunsten der Türkei auf. Gleichwohl blieb die deutsch-türkische Zusammenarbeit wegen der unterschiedlichen Vorstellungen der Bündnispartner stark belastet.

Die Türken eröffneten ihre militärische Offensive im Juni 1916, als das von der 6. Armee abgezweigte XIII. Korps von Chanikin aus nach Persien eindrang. Die Schwächung der 6. Armee im Irak, der deutsche Offiziere energisch widersprochen hatten, sollte sich 1917 bitter rächen. Dem XIII. Korps waren auch einige deutsche Spezialformationen beigegeben:[20]

– drei deutsch-türkische MG-Abteilungen,
– eine leichte Batterie,
– 14 deutsche Pionieroffiziere,
– ein Pionierkommando,
– Nachrichten, Sanitätsabteilungen und einige Flieger.

Die deutschen Kräfte mit den bisherigen Expeditionen Niedermayer, Klein, Scheubner-Richter und sonstigem Personal wurden im September zur deutschen Irakgruppe unter General Greßmann zusammengefaßt.

Die türkische Offensive kam gut voran. Am 3. Juli fiel Kermanschah, am 13. August Hamadan. Nizam-es-Saltaneh etablierte sich in Kermanschah, wo er eine provisorische Regierung bildete. Die Finanzierung der gesamten Zivil- und Militärverwaltung übernahmen die Deutschen. Nadolny hatte in Berlin persische Silberkrans prägen lassen und vier Millionen Mark in Papiergeld mitgebracht, die mit dem persischen Gegenwert in Toman rot überdruckt waren. Am

Regierungssitz entstand ein kleines »Muster-Persien«. Die dortige Infrastruktur wurde verbessert, das Post- und Telegraphennetz konsolidiert, der Wegebau intensiviert, ein Krankenhaus eröffnet. Nizam stellte in den befreiten Gebieten eigene Streitkräfte auf, denen es allerdings im Anfangsstadium noch an der notwendigen Ausrüstung mangelte. Der deutsche Pionierleutnant Vincenz Müller[21] traf auf »armselige, zerlumpte Gestalten«, die einen lustlosen Eindruck machten. Immerhin standen Ende November 1916 4000 persische Infanteristen und 1500 Gendarmen unter Waffen.[22] Der Schah und die in Teheran verbliebene Regierung hätten es im übrigen nicht ungern gesehen, wenn diese Truppen gegen die Russen Erfolge gehabt hätten, denn der kümmerliche Rest der persischen Unabhängigkeit war durch englisch-russische Pressionen aufs äußerste gefährdet. Im Januar 1917 ließ der Schah die Reichsregierung bitten, auf die Türken Druck auszuüben, damit sie ihren Vormarsch wieder aufnähmen. Dazu sollte es nicht mehr kommen. Im gleichen Monat begannen die Briten ihre Offensive in Mesopotamien. Die Türken räumten Kut-el-Amara am 24. Februar. Zwei Tage später erhielt der türkische Befehlshaber in Persien den Befehl, das Land aufzugeben. Am gleichen Tag lief bei den Deutschen in Kermanschah ein lapidares Telegramm ein:[23] »Türkisches Korps mit deutschen Formationen räumt Persien. Schließt Euch Rückzug an.« Bei der allgemeinen Retraite schmolz die persische Armee dahin. Ende März war die Räumung Persiens abgeschlossen, aber das XIII. Korps kam zu spät, um die alte Kalifenstadt Bagdad zu retten. Das persische Abenteuer war zu Ende.

Mit dem geringen personellen Einsatz von rund 100 Deutschen, von denen sich einige Einzelkämpfer durch persönlichen Mut, Initiative, Improvisationskunst und diplomatische Klugheit auszeichneten, und mit dem massiven finanziellen Aufwand von rund 50 Millionen Mark hatte das Kaiserreich sein Ziel, Persien und Afghanistan als Aufmarschgebiet gegen Indien einzusetzen, zwar nicht erzwingen können. Aber die deutsch-türkischen Aktivitäten in Persien hatten die Entente immerhin so beeindruckt, daß nicht unwesentliche alliierte Truppen im Iran gebunden wurden. Der sekundäre Zweck, mit dem Persienunternehmen die Kräfte des Gegners aufzusplittern, war somit erreicht worden, ab Mitte 1916 aber zu Lasten einer unvertretbaren Schwächung der osmanischen Front im Irak.

XIX. Die Irakfront

Im Juni 1917 erhielt Franz von Papan den Versetzungsbefehl von der Westfront nach Mesopotamien. Er traute seinen Ohren nicht und fragte: »Mesopotamien? Wo in aller Welt ist das?«[1] Wie er wußten zahlreiche Deutsche nur wenig über die historische Region zwischen Euphrat und Tigris, die seit dem 16. Jahrhundert zum Osmanischen Reich gehörte und heute das Kerngebiet des Irak darstellt. Die vorwiegend steppenhafte Landschaft lud wie die extrem hohen Temperaturen weder zur Ansiedlung noch zur landwirtschaftlichen Nutzung ein. Fürst von Bülow (3.5.1849–28.10.1929) aber, von 1900 bis 1909 Reichskanzler und preußischer Ministerpräsident, sah in Mesopotamien unter »deutschem Einfluß und deutschem Unternehmungsgeist die ältesten und ergiebigsten Kulturgebiete der Erde, Gebiete, die an Fruchtbarkeit und großen Zukunftsmöglichkeiten kaum zu übertreffen sind.«[2] Diese fehlerhafte Analyse reizte die in Mesopotamien eingesetzten deutschen Offiziere, die unter dem Klima, den Fliegen und den räuberischen Beduinen litten, zu sarkastischen Kommentaren.[3] Nein, Mesopotamien war wirklich kein Paradies. Ein arabisches Sprichwort lautet: »Als Allah die Hölle schuf, fand er sie nicht schlecht genug. So erschuf er Mesopotamien – und dazu die Fliegen.«[4]

Der Unwirtlichkeit des Landes entsprachen die völlig unzureichenden Verkehrsverbindungen. Die Bagdadbahn war noch weit von ihrer Fertigstellung entfernt und wies vier Lücken auf: Im Taurus und Amanus hatten die Ingenieure die Berge noch nicht bezwungen. Außerdem fehlte die Strecke Ras-el-Ain (Gleisspitze)-Mosul-Samarra. Um nach Bagdad zu gelangen, boten sich verschiedene Wege an. Die Distanz zwischen Ras-el-Ain und Mosul betrug 300 km und konnte in Tagesmärschen bewältigt werden. Bei den meisten Karawanen, die diesen Streckenabschnitt zurücklegten, war die Angst vor räuberischen Beduinen und Tscherkessen ein ständiger Begleiter. Deutsche Kolonnen stellten nachts wie im Feindgebiet Posten auf. »... zu trauen ist hier Niemand«[5], schrieb ein deutscher Offizier. Von manchem kurdischen Dorf in der Nähe von Nsebin wird berichtet, daß die Einwohner jeden Fremden töteten, der ihnen in die Hände fiel. Von Mosul bis Bagdad konnte man weitere 800 km Landweg in Angriff nehmen oder sich dem Fluß anvertrauen. Mosul war der Ausgangspunkt der Tigris-Schiffahrt, für die Keleks Verwendung fanden, Flöße mit Ziegen- oder Hammelschläuchen, deren Ursprung auf die Assyrerzeit zurückging. Personenkeleks trugen ein oder zwei Schilfhütten, große Keleks beförderten bis zu 10 Tonnen Nutzlast. Je nach Wasserstand und Wind dauerte die Reise auf dem Tigris von Mosul nach Bagdad zwischen vier und vierzehn Tagen.[6] Reisende konnten teilweise auch den Euphrat befahren, der von den Quellen im inneren Taurus 2700 km bis zum Persischen Golf zurücklegt. Auch hier hatte der Fahrgast zahlreiche Unbequemlichkeiten in Kauf zu nehmen. Sein Transportmittel war der Schachtur, ein plumper Holzkahn, der zwischen Dscherablus und Feludscha (rund 700 km Luftlinie) verkehrte. Die Reisezeit belief sich auf mindestens zehn Tage, dehnte sich unter Umständen sogar bis auf zwei Monate aus. Der Euphrat stellte die Hauptnachschublinie für die deutschen und türkischen Verbände dar, die in Persien und Mesopotamien kämpften. Versorgungsgüter und Truppen gingen diesen Weg. Die Doppelschachture besaßen eine Ladekapazität bis zu 12 Tonnen. Selbst deutsche 15 cm Geschütze schwammen den Fluß hinunter. Feludscha erreichte man von Aleppo aus auch zu Pferd, allerdings auf schlechten Wegen, denen die Brücken fehlten, und man mußte für diese Etappe drei bis vier Wochen veranschlagen. Von Feludscha bis Bagdad bestand eine rund 40 km lange Feldbahnverbindung. Aber es gab keine Lokomotiven und so hatte der Transport den Charakter einer mittelalterlichen Fronarbeit. Arabische Arbeiter schoben und zogen die eisernen Waggons.[7] Jeweils Gruppen von 50 Mann, die auf der Strecke sechsmal ausgewechselt wurden, brachten die Eisenbahnwagen in die alte Kalifenstadt. Bei diesen insgesamt recht abenteuerlichen, in jedem Fall aber abwechslungsreichen Routen war es kein Wunder, daß eine Reise von Konstantinopel nach Bagdad kaum unter zwei Monaten zu schaffen war.

Den ersten Schachzug an der mesopotamischen Front unternahmen die Briten. Das Vereinigte Königreich hatte im südlichen Irak sowohl ökonomische als auch politische Ziele. Wirtschaftlich interessant waren die Ölvorräte im Tigris-Land und in Südwest-Persien. Nach ihrer Erschließung bot sich ein Abtransport auf dem Seeweg über den Persischen Golf an. Politisches Fernziel war die Herstellung einer Landbrücke Indien-Südpersien-Bagdad-Ägypten. Mit der Mesopotamien-Aktion verfolgte London darüber hinaus auch propagandistische Zwecke.[8] Um ihre Positionen in Ägypten und Indien halten zu können, glaubten die Briten den Nimbus ihrer angeblichen Überlegenheit aufrechterhalten zu müssen. Hierfür benötigten sie einen Erfolg und wollten nicht riskieren, daß die Türken die englische Vorherrschaft am Persischen Golf in Frage stellten. Besonders der Vormarsch auf Bagdad 1915 wurde von Faktoren wie Prestigedenken und Propaganda bestimmt. Die Inbesitznahme von Bagdad sollte das gescheiterte Dardanellen-Abenteuer aufwiegen und vergessen lassen, daß der Traum vom Einmarsch in Konstantinopel in den Schützengräben von Gallipoli gestorben war.

Bereits Anfang November 1914 landeten indische Truppen am Schatt-el-Arab. Am 22. November fiel Basra. Der Vorstoß der Indian Expeditionary Force ging weiter in Richtung Qurna am Zusammenfluß von Euphrat und Tigris, das am 9. Dezember eingenommen wurde. Die Türken verfügten im Irak bei Kriegsbeginn nur über schwache Kräfte. Sie bestanden aus der 38. Infanteriedivision mit 4 Bataillonen, 6 Grenzschutzbataillonen und 9 mobilen Gendarmeriebataillonen. Hinzu kam eine bescheidene Flußflottille mit dem Kanonenboot *Marmaris*, 6 bewaffneten Motorbooten und 6 Flußbooten.[9] Ein osmanisches Korps unter Suleiman Askeri Bey machte am 16. April 1915 einen verzweifelten Versuch, Basra zurückzuerobern. Der türkische Befehlshaber konnte auf etwa 10 000 Mann reguläre Truppen und 20 000 Stammeskrieger zurückgreifen. An Artillerie besaß er nur drei Batterien alter Krupp-Feldgeschütze. Der Angriff scheiterte, da die arabischen Hilfstruppen völlig versagten. Suleiman Askeri Bey beging Selbstmord. Der Weg nach Bagdad schien für die Briten offen und sie setzten ihren Vormarsch entlang des Tigris fort. Die englischen Kommandeure waren sich darüber im klaren, daß sie für die Einnahme von Bagdad eigentlich mehr Truppen benötigten, aber ihre Risikobereitschaft, verbunden mit einer Unterschätzung des Feindes, Ehrgeiz und Angriffslust, ließen sie die Offensive auch ohne Verstärkung wagen.[10] Zur Abwehr stellten die Türken in Bagdad ein schwaches Korps von drei Divisionen zusammen, das Oberst Nureddin befehligte. Die Briten sollten bei Kut-el-Amara, einem im Tigrisbogen gelegenen armseligen Nest, aufgehalten werden, das schwach befestigt wurde. Als die Engländer am 28. September 1915 auf Kut vorrückten, zog Nureddin seine Truppen auf Ktesiphon zurück. Am 22. November griff General Townshend die türkische Verteidigungsstellung an. Die Türken erhielten Verstärkung durch Oberst Halil Bey und seine 52. Division, die von der

Kaukasus-Front herangezogen worden war. Zuerst sah es nach einer Pattsituation aus, beide gegnerischen Kommandeure hielten sich für besiegt und befahlen den Rückzug. Als Nureddin feststellte, daß Townshend zurückwich, setzte er nach. Die britischen Verluste wogen schwer, sie betrugen 4600 Mann. Townshend schrieb in sein Tagebuch: »Kein Soldat in Europa kann sich in der Verteidigung mit den Türken vergleichen.«[11] Der englische General ging auf Kut-el-Amara zurück, wo ihn die Türken einschlossen. Zwar scheiterten zwei Versuche Nureddins, die Ansiedlung im Sturm zu nehmen und führten zu dem Verlust von jeweils 800 Soldaten. Aber die 6. Poona-Division saß in der Falle. Am 10. Dezember war Kut völlig eingekesselt.

Inzwischen traf der mit der Führung der 6. Armee betraute 73jährige Feldmarschall von der Goltz Pascha in Bagdad ein. Er kannte als ehemaliger Militärinstruktor Land und Leute und war bei den Türken hochangesehen. Goltz blieb nicht verborgen, daß die gegnerischen Stellungen bei Kut ohne schwere Artillerie und Drahtscheren nicht bezwingbar waren. Er untersagte daher weitere sinnlose Sturmangriffe. Die Belagerung sollte fortgesetzt, die Entsatzarmee unter General Aylmer aufgehalten werden. Die Stärke der 6. Armee betrug Ende 1915 25 656 Mann, darunter 20 000 Kombattanten. Nureddin nutzte jedoch die Abwesenheit des Feldmarschalls, der zum Jahreswechsel nach Persien reiste, für eine eigenmächtige Aktion und wagte einen neuen Sturmversuch auf Kut, der im feindlichen Abwehrfeuer zusammenbrach. Der türkische Oberst bewies auch bei seinem weiteren Vorgehen keine glückliche Hand. Die Hauptkraft der Türken stieß entlang des linken Tigrisufers auf das englische Entsatzkorps vor. Bei Scheich Saad entwickelte sich am 6. Januar ein Gefecht, das die Engländer für sich entschieden. Es war ein Pyrrhus-Sieg, denn die Briten kamen Kut zwar 10 Meilen näher, aber sie verloren wieder über 4000 Mann.[12] Nureddin wurde durch Halil Bey ersetzt, General Aylmer als Chef der Ersatzstreitkräfte durch General Gorringe abgelöst. Halil wartete am Wadi-Kilal auf den nächsten Vorstoß des Gegners. Dessen Angriff am 13. Januar wurde abgewehrt, aber Goltz ordnete unter dem Eindruck der numerischen Überlegenheit der Engländer den Rückzug auf die vorbereitete und befestigte Felahie-Stellung an. Die Briten überflügelten diese Position am südlichen Tigrisufer und zwangen die Türken zur Umgruppierung. Aber der erste alliierte Versuch, die Felahie-Riegelstellung am 21. Januar zu nehmen, scheiterte. Mitte Februar verteilten sich die nunmehr 15 000 Mann der schwachen osmanischen Irakarmee wie folgt: 4000 Türken schnürten Kut ein, 4000 lagen am Nordufer des Tigris, 3000 hielten das Südufer und 4000 Mann bildeten die Reserve. Eine zusätzliche Stammesreiterabteilung von 1000 Mann hatte nur geringen Kampfwert.

Die von der deutschen Marine unterstützte kleine osmanische Flotte in Mesopotamien erfüllte primär Defensiv- und Versorgungsaufgaben.[13] Ein 130 Tonnen großes Fahrzeug war bereits 1915 als Kanonenboot armiert und ausgerüstet worden. Das Schiff erhielt den Namen *Doghan* und wurde von dem deutschen Kapitänleutnant a. D. Engelking befehligt. Im Juli 1915 lieferte sich *Doghan* auf dem Tigris ein Duell mit vier englischen Kanonenbooten, von denen eins versenkt werden konnte. Anfang 1916 entstand eine eigenständige kleine Flottille auf dem Tigris. Zum Flottenchef avancierte Kapitänleutnant Ney, dem zwanzig deutsche Offiziere, Unteroffiziere und Matrosen zur Seite standen. Im Januar befahl die Flotte auch die Bildung einer Euphrat-Flußabteilung. In Dscherablus wurde eine Werft für Schachture eingerichtet. Der Verkehr auf dem Fluß sollte für den Nachschub der 6. Armee intensiviert werden, aus Deutschland trafen Motorboote ein. Ab Februar 1916 führte Kapitänleutnant von Mücke, der ehemalige Chef der Landungsabteilung von SMS *Emden*, die Flußabteilung. Zwei Prähme mit 10,5 cm Geschützen fanden als Artillerieträger Verwendung. Die Schlagkraft der Abteilung sank, nachdem im Spätsommer 1916 das deutsche Personal abgebaut wurde.

General Townshend machte im Frühjahr 1916 keine Versuche, den schwachen Einschließungsring zu durchbrechen. Er vertraute auf das Eingreifen der Entsatzstreitmacht und das Eintreffen russischer Truppen aus Persien, mit denen er in telegraphischer Verbindung stand. Die Russen aber kamen nicht voran und die Engländer rannten vergeblich gegen die Felahie-Stellung an. Der zweite Entsatzversuch vom 7. und 8. März führte zu britischen Verlusten von rund 4000 Mann, die türkischen Ausfälle beliefen sich auf etwa 1300 Tote und Verwundete. Zur Verstärkung der schwachen osmanischen Artillerie rückte von Konstantinopel die bayerische Haubitz-Batterie von Schrenck heran, die das Kampfgebiet jedoch erst nach dem Fall von Kut erreichte.

Nachschubschwierigkeiten, Versorgungsprobleme, Insektenpla-

Feldmarschall Freiherr von der Goltz (1843–1916) führte 1915/16 die türkische Irak-Armee und bereitete den Sieg von Kut-el-Amara vor (Archiv Autor)

gen und das Klima zehrten an den Kräften von Deutschen, Türken, Briten und Indern. Bei den hohen Temperaturen hatten die Europäer ein ständiges Fiebergefühl. Ein deutscher Artillerieoffizier berichtet:[14]

»Heiß, trocken, windig, staubig war es. Über den Sümpfen des ausgedehnten Überschwemmungsgebietes schwebten die Trugbilder der Fata Morgana ... Der feine Staub drang in alles ein, bis in die geheimsten Koffereecken und unter die Zifferblätter der Uhren. Die Gluthitze ließ Fleisch in wenigen Stunden verwesen, geöffnete Conservenbüchsen zu Stroh austrocknen; Kerzen schmolzen weg, ohne angezündet zu sein, Chokolade wurde zu braunem Brei, die Films [sic] zum Fotographieren lösten sich auf.«

Die Engländer unternahmen eine erneute Anstrengung, das Drama von Kut zu beenden. Diesmal sollten unorthodoxe Mittel zum Erfolg führen. Captain T. E. Lawrence und sein Agentenkollege Aubrey Herbert erhielten den Auftrag, Halil Pascha mit einer Million Pfund zu bestechen, um die Garnison freizubekommen. Ende März trafen sie in Basra ein. Sie fanden in Halil Pascha aber keinen käuflichen Offizier. Obwohl die Briten das Bestechungsangebot auf 2 Millionen Pfund erhöhten, wies Halil die Offerte kühl und verächtlich zurück.[15]

Im April wagte General Gorringe noch zwei Angriffsoperationen, um den Ring um Kut aufzubrechen. Die weit unterlegen Türken vereitelten in der Felahie-Stellung jeden Durchbruchsversuch. In Kut selbst gingen die Lebensmittelvorräte zu Ende. Englische Flieger warfen über ihren eingeschlossenen Kameraden Verpflegungsbehälter ab. Es war das erste Mal in der Geschichte, daß eine eingekreiste und belagerte Stadt aus der Luft versorgt werden sollte.[16] Die eingeflogenen Rationen reichten jedoch nicht aus, um die Versorgung der 6. Poona-Division sicherzustellen. Die Briten rüsteten daher ein Verpflegungsschiff aus, das Townshend allerdings nie erreichte, sondern in türkische Hände fiel und den Speisezettel der osmanischen Soldaten aufbesserte. Für die eingekesselten Engländer und Inder gab es keine Hoffnung mehr auf Durchhalten und Entsatz. Am 29. April übergaben sie die Stadt den Türken. 13 330 Mann, unter ihnen fünf Generale und 476 Offiziere, gingen in Gefangenschaft. Es war eine der größten Niederlagen, die Großbritannien je im Orient hinnehmen mußte. Die englischen Entsatzversuche in den Monaten Januar bis April hatten allein 23 000 Tote und Verwundete gekostet.[17] Von den Gefangenen sollten nur 30 Prozent überleben, der Rest verhungerte oder starb an Überanstrengung und Entkräftung. Die gefangenen Offiziere wurden von den Türken jedoch äußerst zuvorkommend behandelt. Goltz Pascha hat den Triumph von Kut nicht mehr erlebt. Er starb am 19. April an Fleckfieber. Sein Leichnam wurde vorübergehend in Bagdad bestattet, dann nach Konstantinopel überführt und am 24. Juni 1916 in Therapia im Garten der deutschen Botschaft beigesetzt.

Durch die Einnahme von Kut waren auf türkischer Seite nur 1600 Mann frei geworden. Da das XIII. Korps in Richtung Persien abrückte und sich damit der Operationsschwerpunkt verlagerte, erwiesen sich die osmanischen Kräfte als zu schwach, um die Niederlage der Engländer auszunutzen und auf Basra vorzudringen, besaß das XVIII. Korps im Herbst doch nur 12 000 Gewehre. Im Sommer wurde, wie bereits an anderer Stelle erwähnt, die deutsche Irakgruppe gebildet. Der hochtrabende Name sollte wohl darüber hinwegtäuschen, daß diese Einheit nur über 34 Offiziere und 280 Mann verfügte.[18] Den Einsatz bei der Irakgruppe verstanden viele Deutsche als Himmelfahrtskommando. Bei den Mannschaften kursierte ein bitteres Scherzwort:[19]

»Wir, die Irakgruppe, sind die deutsche Fremdenlegion, und es kommt niemand aus diesem Lande, es sei denn im Zinksarg.«

Die Briten nutzten die Zeit zur Verstärkung ihrer Truppen und traten im Januar 1917 mit überlegenen Kräften zur Gegenoffensive an. Der Schwerpunkt lag auf dem rechten Tigrisufer. Die türkischen Verbände wehrten sich verbissen und mit bewundernswerter Tapferkeit bei Mohammed Abdul Hassan, wurden aber geschlagen. Es kam zu verbissenen Kämpfen in ausgedehnten Schützengrabensystemen, in denen die Engländer Sieger blieben. Die Türkische Oberste Heeresleitung beurteilte die Lage anfangs durchaus positiv. Aber die Kraft der osmanischen Verbände erschöpfte sich und Kut mußte am 24. Februar aufgegeben werden. Halil Pascha rief das in Persien operierende XIII. Korps zur Unterstützung nach Mesopotamien zurück. Bevor es auf dem Schlachtfeld eintraf, rückten die Briten am 11. März in Bagdad ein. Damit erreichten sie mit ihren auf 147000 Mann verstärkten Truppen ein Ziel, das sie 1915/16 mit nur 28000 bis 30000 Mann verfehlt hatten. Der Fall von Bagdad bedeutete nicht nur einen schweren Schlag für das türkische Prestige, auch die deutschen Träume von einer Eisenbahnlinie und Einflußzone Berlin-Bagdad und einem »Platz an der Sonne« waren endgültig zerbrochen. Die Briten konsolidierten ihre Position und schoben ihre Front Ende April bis 150 km nördlich der alten Kalifenstadt vor. Die Kämpfe um die Gleisspitze Samarra verursachten dabei auf britischer Seite Verluste in Höhe von 2000 Mann. Anfang Mai stand das geschwächte XVIII. Korps bei Tekrit am Tigris, das XIII. Korps bei Kifri. Bis September fanden kaum noch Kämpfe statt. Jetzt waren die sommerliche Hitze, die Fliegen und der Staub die wahren Feinde der erschöpften Soldaten. Die Briten glaubten allerdings, in der Gluthitze des Juli einen erfolgreichen raid mit motorisierter Infanterie auf Ramadi durchführen zu können. Der Vorstoß endete mit einer schweren Niederlage, und die Ausfälle der Angreifer beliefen sich auf 566 Mann, von denen 321 Opfer der Hitze wurden.[20] Einige starben an Hitzschlag, einige verdursteten und andere wurden wahnsinnig.

Das Projekt, mit der Heeresgruppe F Bagdad zurückzuerobern, blieb auch den Briten nicht verborgen. Sie zeigten wenig Respekt vor Jildirim, dem »Blitz«. Englische Flieger warfen Flugblätter ab, die sich über die deutsch-türkischen Bemühungen zur Wiedereinnahme von Bagdad lustig machten:[21]

»Wann kommt der Blitz? Der Blitzableiter ist schon fertig.«

Das Bagdad-Unternehmen mußte schließlich zugunsten einer Stützung der brüchigen Palästina-Front aufgegeben werden. Die deutsche Irakgruppe wurde im Sommer aufgelöst und ging in der Heeresgruppe F auf. Demgegenüber machten die Deutschen erhebliche Anstrengungen zur Verstärkung der in Mesopotamien eingesetzten Marineverbände.[22] Die Euphrat-Flußabteilung, die auch über eine Tigris-Gruppe verfügte, entstand neu. Ihre Aufgabe war die Sicherung des Etappendienstes, die Steigerung des Schachturbaus und die Durchführung von Flußtransporten. Die Führung der Abteilung übernahm Kapitänleutnant von Cappeln. Für den Flußkampf wurden zwei Kampfgruppen aufgestellt, von denen eine vier Kanonenschachture mit 10,5 cm Geschützen erhielt. Im Vordergrund aller Aktivitäten der Flußabteilung stand die Lösung der Transportfragen. Die Matrosen erfaßten auch Getreide und Brennholz und sorgten in Dscherablus für das Umladen auf die Eisenbahn. Im Oktober 1917 gab die Abteilung mehrere Geschütze und Maschinengewehre mit deutschem Personal für die Küstensicherung im Raum von Adana ab. Selbst auf dem See Genezareth kam ein Euphrat-Motorboot zum Einsatz. Als starke Kampfformation bildete man im Januar 1918 noch die Euphrat-Flottille unter Oberleutnant zur See Raspel. Sie gliederte sich wie folgt:

– zwei 10,5 cm Geschütze auf eisenen Leichtern,
– drei 6 cm Geschütze auf Motorbooten,
– drei 6 cm Geschütze auf Kanonenschachturen,
– vier Maschinengewehre und eine Anzahl Minen,

und war taktisch der osmanischen 50. Infanteriedivision unterstellt. Ende März zerschlug ein englischer Angriff die Flottille. Zu einer Neuaufstellung kam es nicht. Auch das deutsche Personal der Euphrat-Flußabteilung wurde nach und nach verringert.

An der Landfront hatte sich die Situation für die Mittelmächte im Herbst 1917 noch weiter verschlechtert. Die Briten nahmen Ramadi ein, wo die gesamte türkische Garnison mit 3500 Mann kapitulierte. Bei Kämpfen im Dezember leisteten einzelne osmanische Truppenteile nur noch symbolischen Widerstand. Die Türken waren erschöpft, unterernährt und apathisch. Im Winter 1917/18 sollen 17000 Mann der 6. Armee ein Opfer der allgemeinen Hungersnot und schlechten Versorgung geworden sein.[23] Die Mannschaften gingen in Lumpen, oft fehlte das Schuhzeug. Am 9. März 1918 eroberten die Alliierten die Stadt Hit am Euphrat, am 26. März machten sie bei Khan Bagdadi 5000 türkische Gefangene. In diesem Monat besaß das XVIII. Korps noch eine Gefechtsstärke von 3332 Mann, wegen Unterernährung waren 1895 Soldaten aber nicht dienstfähig. Von Seeckt gab im Juli 1918 die Stärke der 6. Armee mit 3500 Mann an[24], damit hatte die gesamte Armee nur noch die Größe eines Regiments. Die Engländer konnten die osmanische »Front« nach Belieben eindrücken. Zwar rafften sich die Türken Mitte Oktober bei Kerkuk noch einmal zu einem Gegenangriff auf, aber dann war ihr Widerstandsgeist endgültig erloschen. Der britische Triumph blieb verhalten, denn der Mesopotamienfeldzug hatte Opfer gekostet, die in keinem Verhältnis zu seinem Erfolg standen: Die Empire-Truppen verloren nahezu 100000 Mann, von denen ein Drittel gefallen oder an Verwundungen verstorben war.[25]

Trotz der Auflösung der deutschen Irakgruppe existierte noch eine deutsche Abteilung bei der osmanischen 6. Armee. Sie setzte sich aus Kraftfahrformationen, Spezialtruppen und deutschen Piloten und Mechanikern der gemischten Fliegerabteilungen 2 und 13 zusammen. Werfen wir einen Blick auf das Schicksal dieser Formation im Augenblick des Zusammenbruchs.[26]

Die deutsche Abteilung bei der 6. Armee begann am 15. Oktober mit den Vorbereitungen für den Rückzug. Der Chef des Generalstabes im Türkischen Großen Hauptquartier telegraphierte am 22. Oktober, die deutsche Einheit sollte, wenn es die politische Lage erforderte, im Landmarsch den Weg über Siwas nach Ulukischla an der Bahnlinie antreten und von dort mit dem Zug nach Konstantinopel fahren. Am gleichen Tag griffen die Engländer an der Tigris- und Kerkuk-Front an. Binnen weniger Tage erwies sich ein Bahntransport als kaum mehr möglich, da die Alliierten am 24. Oktober kurz vor Aleppo standen. Der Oberbefehlshaber der 6. Armee und Nachfolger Halil Paschas, Ali Ishan Pascha, genehmigte am 28. Oktober den Abmarsch der deutschen Abteilung und verabschiedete sich sichtlich bewegt von seinen Verbündeten, an die er zahlreiche Eiserne Halbmonde und Liakat-Medaillen verteilte. Während die deutschen Kraftwagen-Kolonnen sowie das k.u.k. Autogruppenkommando T.2 in Richtung Siwas abrückten, fiel Mosul bereits am 31. Oktober in die Hände der Engländer. Über die Gleisspitze Mohamedije fuhr die Abteilung nach Osmanije, wo sie ein Telegramm der Militärmission darüber informierte, daß eine Hilfsexpedition mit Kraftfahrzeugen, Betriebsstoff, Bekleidung und Verpflegung von Ulukischla nach Siwas unterwegs sei.

Ab Osmanije traf die deutsche Abteilung auf sehr schlechte Wegverhältnisse. In den engen Gebirgsstraßen im Tigristal mußte die geschlossene Marschform der Kolonnen aufgelockert werden. Besondere Schwierigkeiten bereitete das Überschreiten des Euphrats. Der Belag der 600 m breiten Holzbrücke bei Isolü war so schadhaft, daß Lastwagen einbrachen. Sämtliche Kraftfahrzeuge mußten vor dem Befahren der Brücke entladen, die Gepäckstücke über die Holzkonstruktion getragen und anschließend wieder aufgeladen werden. So dauerte der Euphratübergang eine ganze Woche. Mitte November behinderte heftiger Regen das Vorwärtskommen der einzelnen Staffeln, die im Straßenschlamm steckenblieben. Am 18. November erhielt die deutsche Abteilung den Befehl, von Siwas aus den Weg nach Samsun am Schwarzen Meer fortzusetzen und wegen der schlechten Transportlage nicht Ulukischla anzusteuern. Die Vorhut erreichte Siwas am 20. November, wo sich die Kolonnen mit der Hilfsexpedition vereinigten. 18 PKW, 93 LKW und 3 Sanitätskraftwagen waren aus Mesopotamien durchgekommen, die letzte Kolonne fuhr allerdings erst am 13. Dezember in Siwas ein. 1379 km Landweg lag hinter ihnen. Die Abteilung mit den angeschlossenen Verbänden wies jetzt eine Stärke von 1350 Personen auf, unter ihnen 10 Krankenschwestern. Hinzu kam das k.u.k. Autogruppenkommando T.2 mit 107 Mann. Die 75 Kraftfahrzeuge der Hilfsexpedition hatten so viel Betriebsstoff verbraucht, daß eine Mitnahme aller Fahrzeuge unmöglich war. Die einzelnen Staffeln setzten sich ab dem 25. November wieder in Marsch und wurden unterwegs in Gefechte mit Räuberbanden verwickelt. Anfang Dezember machten Schneeverwehungen den Tschamil-Bel-Paß für Lastwagen unpassierbar, so daß die südlich des Passes befindlichen Kolonnen auf andere Transportmittel ausweichen mußten. Trotz der Schwierigkeiten trafen bis zum 20. Dezember zwei Drittel der deutschen Abteilung in Samsun ein. Der Frachtdampfer *Kerkyra* der Deutschen Levante-Linie sollte die Truppe nach Nikolajew bringen. Aber zuerst hieß es warten, denn der Abtransport zu dem russischen Schwarzmeerhafen wurde zunächst verschoben, dann zugunsten einer Ausschiffung in Konstantinopel aufgegeben. Eine Grippeepidemie forderte 29 Opfer unter den Deutschen. Es waren die letzten toten Irakkämpfer des Krieges. Am 12. Januar 1919 machte *Kerkyra* die Leinen los und ging drei Tage später auf der Reede von Haidar Pascha vor Anker.[27]

XX. Jildirim und das deutsche Asienkorps

Am 11. März 1917 war Bagdad, die alte Kalifenstadt, verloren gegangen. Die osmanische Führung beschloß, diesen schweren Prestigeverlust nicht hinzunehmen. Enver Pascha reiste nach Deutschland, um die Möglichkeit einer Gegenoffensive in Mesopotamien vorzutragen. Die entscheidenden Gespräche fanden am 20. März im Großen Hauptquartier in Kreuznach statt. Feldmarschall von Hindenburg faßte in einem Telegramm an Enver die Bilanz der Konsultationen wie folgt zusammen: »Als Ergebnis der Besprechung mit Euer Exzellenz stelle ich in bezug auf die Operationen fest, daß ... durch sofort in Angriff zu nehmende Ausgestaltung der rückwärtigen Verbindungen eine Herbstoffensive gegen Bagdad vorzubereiten ist ...«[1]

Die Rückeroberung von Bagdad hatte eine neu zu schaffende Heeresgruppe F durchzuführen. Türkischerseits erhielt das Unternehmen den symbolträchtigen Namen Jildirim – der Blitz. Der Heeresgruppe sollten nicht nur verschiedene osmanische Armeen, darunter eine noch aufzubauende 7. Armee angehören, sondern auch eine deutsche Kerntruppe, das Asienkorps (Pascha II). An der Spitze der Heeresgruppe würde ein deutscher Offizier mit einem deutschen Stab stehen. Mit dieser Konzeption verließ das Kaiserreich seine bisherige Linie einer zurückhaltenden militärischen Unterstützung des Verbündeten, denn nunmehr griff Deutschland nachhaltig in das Gefüge des türkischen Heeres ein.[2] Die Operation krankte von vornherein an verschiedenen Mängeln. Es fehlte jede Abstimmung mit der landeskundigen deutschen Militärmission in Konstantinopel, und Jildirim stieß wegen der offenkundigen deutschen Präponderanz auf ein erhebliches Mißtrauen des türkischen Offizierskorps, ein Mißtrauen, das häufig von passivem Widerstand osmanischer Stellen begleitet war.

Als Kommandeur der Heeresgruppe schlug der deutsche Militärbevollmächtigte, General von Lossow, den ehemaligen preußischen Kriegsminister und Chef des deutschen Generalstabes des Feldheeres, General Erich von Falkenhayn, vor. Enver willigte ein. Es war eine unglückliche Wahl, denn der starre und eigensinnige Falkenhayn, Erfinder der mörderischen »Ermattungsstrategie« von Ver-

Erich von Falkenhayn wurde im Sommer 1917 zum Oberbefehlshaber der osmanischen Heeresgruppe F berufen. Sein Führungsstil und seine taktischen Entscheidungen boten Anlaß zu heftiger Kritik (Zeitgenössische Postkarte, Archiv Autor)

dun, brachte kaum Verständnis für den neuen Kriegsschauplatz und seine Besonderheiten auf. Wie überhaupt festzustellen ist, daß die Deutschen die technischen Schwierigkeiten des Bagdad-Unternehmens völlig verkannten. Wenig durchdacht war auch die Zusammensetzung des Heeresgruppenkommandos, dem 64 deutsche, aber nur 11 osmanische Offiziere angehörten. Dies provozierte neuen Unmut der Osmanen, zumal die Deutschen überwiegend von mitteleuropäischen Kriegsschauplätzen kamen und glaubten, ihre dortigen Erfahrungen unbesehen auf Asien übertragen zu können.

Falkenhayn traf bereits Anfang Mai in Konstantinopel ein. Anschließend trat er eine Erkundungsfahrt nach Mesopotamien an. Als Ergebnis seiner Rekognostizierung meldete er der OHL, daß die Bagdad-Offensive unter gewissen Bedingungen, wie einer Steigerung des Nachschubs und der Entsendung deutscher Elitetruppen, »zwar ungemein schwierig, aber doch mit Hoffnung auf Erfolg zu führen ist.«[3] Hatte der deutsche Stratege und türkische Marschall übersehen, daß die Nachschublinien noch nicht einmal reichten, um der Sinaifront ausreichend Verpflegung und Munition und die notwendigen Ersatzmannschaften zuzuführen? War ihm entgangen, daß die anatolische Bahn und die Bagdadbahn nur eingleisig waren, daß Truppen und Nachschub im Taurus auf eine schmalspurige Feldbahn umgeladen werden mußten, die von Karapunar bis Gelebek führte, wo wieder die Vollbahn begann? Daß ein Expeditionskorps, war es erst einmal bis Meskene am Euphrat gelangt, noch ein 800 km langer Landmarsch durch die mesopotamische Wüste bis in die Nähe des Operationsziels erwartete?[4] Daß nicht genügend Holz für Transportflöße auf dem Euphrat verfügbar war und 25 000 Kamele angeschafft werden mußten, die als Transporttiere unverzichtbar waren?[5] Noch hörte Falkenhayn nicht auf die Warnungen von Kreß und Djemal Pascha, die dringend von dem mesopotamischen Abenteuer abrieten. Djemal sandte ein prophetisches Telegramm an den Großwesir: »Jetzt, wo wir versuchen wollen, Bagdad wiederzugewinnen, fürchte ich, daß wir in einer sehr naheliegenden Zukunft genötigt sein könnten, für die Erhaltung von Jerusalem, vielleicht sogar von Damaskus zu kämpfen.«[6] Auch Kreß erkannte, daß die Türkei nicht mehr die ausreichende Kraft besaß, um im Irak offensiv zu werden:[7]

»Das Osmanische Reich vermochte nicht mehr die benötigten

Soldaten und das erforderliche Kriegsmaterial aufzubringen, um gleichzeitig den arabischen Aufstand niederzuschlagen, Medina zu halten, die Meerengen zu sichern, Palästina gegen den drohenden übermächtigen Angriff der Engländer zu verteidigen und außerdem noch eine Offensive großen Stils gegen Bagdad durchzuführen.«

Schließlich ließ sich auch die Bildung der neuen osmanischen 7. Armee, die um Aleppo versammelt wurde, nicht gut an. Die Armee sollte 50 000 Mann umfassen. Ihr unterstellt wurden auch das XV. Korps, das bisher in Galizien hervorragend gekämpft hatte, sowie andere osmanische Divisionen vom europäischen Kriegsschauplatz.[8] Aber schon beim Transport nach Aleppo verloren die Einheiten bis zu einem Drittel ihres Bestandes durch Desertionen. Die türkischen Soldaten, die jahrelang keinen Urlaub erhalten und ihre Familien nicht gesehen hatten, waren krank vor Heimweh. Falkenhayn aber ließ sich nicht – noch nicht – belehren und hielt an der Bagdad-Offensive fest. Orientkenner unter den deutschen Offizieren, die mit ihrer Kritik nicht zurückhielten, bezeichnete er schlicht als »bereits vollkommen vertürkt«.[9] Bis August blieb Bagdad das Ziel von Jildirim. Aber endlich konnte sich auch Falkenhayn nicht der Tatsache verschließen, daß ein Vorstoß gegen die mesopotamische Metropole eine Konsolidierung der Sinaifront voraussetzte. Ende August hatte sich der deutsche General zu der Ansicht durchgerungen, daß Jildirim erst einen kurzen Schlag in Palästina führen müsse, um sich damit Rückenfreiheit für das mesopotamische Abenteuer zu erkämpfen. Als Falkenhayn Anfang September auf Wunsch Envers die Stellungen in Palästina besichtigte, äußerte er die Überzeugung, daß ein Angriff dort »unbedingt nötig« sei.[10] Auf seinen Antrag hin entschloß sich das Türkische Große Hauptquartier, die Offensive auf Bagdad zu verschieben und zuerst die an der Grenze Palästinas stehenden Alliierten zurückzuwerfen. Zu guter Letzt wurde der Plan der Rückeroberung Bagdads endgültig auf den September 1918 verschoben. Tatsächlich aber war die gesamte Operation *ad Calendas Graecas* vertagt. Von dem ganzen, so großartig wirkenden Offensivkonzept des Frühjahrs 1917 blieb nichts übrig. Erschwerend kam hinzu, daß die falsche Schwerpunktbildung zu einem Zeitverlust geführt hatte, der nicht wiedergutzumachen war und dazu beitrug, daß die wichtige Palästinafront zu spät verstärkt wurde.

Anfang September verlegte das Hauptquartier die Heeresgruppe F von Konstantinopel nach Aleppo. Zwei Tage nach der Abfahrt Falkenhayns aus der türkischen Hauptstadt flog der auf der asiatischen Seite gelegene Bahnhof von Haidar Pascha in die Luft. Unersetzliche Nachschubgüter für Jildirim und das deutsche Asienkorps fielen den Flammen zum Opfer. Aller Wahrscheinlichkeit nach hat der Schlendrian in der Etappe das Unglück verursacht, aber die Gerüchte über Sabotage wollten in Konstantinopel nicht verstummen. Die Katastrophe verzögerte den Bahntransport der deutschen und türkischen Verbände an die Palästinafront weiter. So konnte die Mehrzahl der Verstärkungstruppen ihren Kameraden während der im Herbst in Palästina ausbrechenden schweren Kämpfe nicht beistehen. Die Einheiten trafen kurz vor oder während der 3. Schlacht um Gaza an der Front ein, zum größten Teil sogar erst nach Abschluß des türkischen Rückzuges hinter die Linie Jaffa-Jerusalem.[11] Am 30. September übernahm Falkenhayn das Kommando an der Palästinafront. Die Truppen der bisherigen Sinaifront kamen mit der Bezeichnung 8. Armee unter den Befehl der Heeresgruppe F. Die Befugnisse des Generalgouverneurs von Syrien, Djemal Pascha, wurden stark beschnitten, was schließlich im Januar 1918 zu seinem Rücktritt führte.

Während in der Türkei um das Operationsziel von Jildirim gerungen wurde, begann in Deutschland der Aufbau des Asienkorps (Expeditionskorps Pascha II). Die Stärke der handverlesenen Truppe legte man zunächst auf 4500 Mann fest.[12] Die Angehörigen des Korps wurden aus dem deutschen Feldheer herausgesiebt, wobei die Anforderungen hoch waren. Jeder Orientsoldat mußte k.v. (kriegsverwendungsfähig) Tropen sein. Die Aufstellung erfolgte in Neuhammer/Schlesien. Das Unternehmen zog nicht nur zahlreiche Abenteurer an, sondern auch Profiteure und Kriegsgewinnler. Hauptmann Simon-Eberhard, der Kommandeur der Kanonenbatterie der Artillerie-Abteilung 701, zeigte sich ziemlich schockiert über die Schiebermentalität einiger Korpsangehöriger:[13]

»... was wir später unten an Schiebungen, Erbärmlichkeiten erleben mußten, überstieg alle Erwartungen, gab es doch erbärmliche Wichte, welche ihre Teilnahme am Orientfeldzuge – an sich schon eine Auszeichnung – zu schmutzigen Geld- und sonstigen Geschäften benutzten ...«

Die Ausstattung der Truppe war, besonders im Hinblick auf die gespannte Ersatzlage des Kaiserreiches im Jahr 1917, sehr gut. Jeder Orientkämpfer erhielt eine Winter- und Sommerausrüstung mit Tropenhelm, eine Taschenapotheke, ein Moskitonetz, ein zusammenklappbares Feldbett, eine Zeltausrüstung, Puls- und Kniewärmer und zahlreiche andere Gegenstände, die ihm das Leben in Asien erleichtern sollten, andererseits aber das Gepäck erheblich belasteten.[14] Das Asienkorps verfügte auch über eine sehr hohe Anzahl von Sanitätsoffizieren. Die Versorgung mit Kraftfahrzeugen ließ ebenfalls nichts zu wünschen übrig. Das Kaiserreich stellte 400 Lastkraftwagen bereit, die auf dem Kriegsschauplatz auf 24 deutsche, sechs türkische und drei österreichische Transportkolonnen verteilt wurden.[15] Der Troß des Eliteverbandes erwies sich jedoch als derart umfangreich und sperrig, daß weder die Bahn- noch die LKW-Kapazitäten ausreichten, der Truppe alles nachzuführen. In der Folgezeit vergammelte viel wertvolles Material auf den Bahnhöfen in Anatolien.

Erster Kommandeur des Asienkorps wurde Oberst von Frankenberg und Proschlitz. Sein Verband gliederte sich wie folgt: die Infanteriebataillone 701, 702 und 703 zu je drei Kompanien, drei Maschinengewehr-Kompanien (M.G.K. 701–703), drei Kavallerieabteilungen (701–703), drei Infanterie-Geschützzüge (701–703), die Minenwerfertrupps 701 bis 703, die Pionier Kompanie 701, eine Munitions-Kraftwagen-Kolonne sowie die Artillerie Abteilung 701 mit zwei Haubitz- und einer Feldkanonenbatterie. Hinzu traten die Flak-Batterie 15, Nachrichtenformationen, Kraftfahrtruppen, die Fliegerabteilungen 301–304 und die MG-Abteilung von Hentig, die bis zur Aufgabe des Bagdad-Unternehmens MG-Abteilung Flankenschutz Ost hieß.[16]

Am 7. August nahm Falkenhayn den Vorbeimarsch des einsatzbereiten Asienkorps ab. Aber der Transport der deutschen Soldaten in die Türkei verzögerte sich, da das XV. Osmanische Korps bevorzugt nach Asien befördert werden sollte. Erst am 16. September machte sich der Stab des Asienkorps auf den Weg nach Konstantinopel. Der Bahntransport der Truppe lief schleppend an. Dr. Werner Steuber hatte als leitender Arzt der Heeresgruppe durchgesetzt, daß die Sanitätsformationen und technischen Verbände der fechtenden Truppe vorausgeschickt wurden, damit sich die Fronteinheiten von Anfang an auf eine gute Infrastruktur stützen konnten. Das Asienkorps sammelte sich in Selimieh zwischen Haidar Pascha und Skutari. Ende September/Anfang Oktober waren rund 3000 Mann eingetroffen.[17] Die Gesamtstärke von Pascha II soll im September 1917 bereits 11 000 Mann betragen haben, Ende 1917 sogar 18 000 Mann[18], nachdem sich die OHL im November aufgrund der militärischen Situation in Palästina zur Entsendung neuer Verstärkungen (unter anderem das Masurische Infanterie-Regiment Nr. 146 und das Reserve-Jäger-Bataillon Nr. 11) entschlossen hatte.

Die neu in Konstantinopel eingetroffenen deutschen Soldaten erhielten ein Merkblatt mit Verhaltensregeln in die Hand gedrückt, das um Verständnis für die dem Mitteleuropäer fremde Kultur warb und die Beziehungen zwischen den Verbündeten verbessern sollte:[19]

»Nie vergessen, daß man das eigene Vaterland repräsentiert. Die Gefühle und Ansichten der Mohammedaner sind zu schonen. Beim Betreten von Moscheen oder Häusern mit Teppichen Stiefel auszuziehen. Frauen dürfen nicht einmal angesehen werden. Nicht nach ihnen fragen. Mit Loben von Dingen vorsichtig sein, weil darin Zwang zum Schenken liegt. Höflichkeit, Anstand und Ruhe gegenüber Behörden, ihren Organen sowie gegenüber Privatpersonen, auch wenn es schwer fällt. Betrunkenheit macht im Orient verächtlich. Nicht allgemein über die Türken und ihre Methoden schimpfen, wenn es auch noch so berechtigt scheint. Stets alsbald nach Eintreffen dem Gendarmeriekommandanten, Bürgermeister (Kaimmakam) oder Oberpräsidenten (Wali) Besuch machen. Mit Zigaretten für Behörden und ihre Organe nicht sparen ...«

Die ursprüngliche Planung, das Asienkorps zwischen dem 12. Oktober und 29. November in den Raum von Aleppo zu verlegen, konnte nicht realisiert werden, weil ausreichende Transportkapazitäten auf der anatolischen Bahn fehlten. Eine willkommene Abwechslung für die unbeschäftigten deutschen Soldaten stellte der Besuch von Kaiser Wilhelm II. in Konstantinopel dar. Er hielt am 18. Oktober eine gewohnt martialische Rede vor dem Korps:[20]

»Es gab eine Zeit, wo sich Wallfahrer und Osmanen gegenüberstanden und in ritterlicher Weise – es war unter Sultan Saladin – die Klingen kreuzten. Nunmehr gehen vereinigt germanische und

osmanische Krieger, um das geliebte Vaterland zu verteidigen ... Gott mit Euch!
Haut mir den Feind, wo Ihr ihn trefft!«

Der Zustrom deutscher Orientkämpfer in die Türkei hielt an. Der Archäologe Theodor Wiegand schrieb am 2. Dezember an seine Frau:[21]

»Beständig gehen deutsche Truppen nach Jerusalem. Prachtvolle Jungen, nur zu wenig. Es sind die besten jungen Kerle, die man aus den Sturmbataillonen der Westfront gezogen hat. Heute morgen waren nur + 3 Grad Celsius. Warum man die armen Kerle noch in Kaki-Uniformen herumlaufen läßt? Vielleicht zur Abkühlung des Kampfesmutes?«

Die Angehörigen der Versorgungseinheiten vermittelten allerdings einen weniger hervorragenden Eindruck. Leutnant Hans von Hentig[22] begegnete in der türkischen Hauptstadt deutschen Soldaten, die »merkwürdig unsauber und liederlich« aussahen.[23]

Ab Ende Oktober begann tropfenweise die Verlegung von Teilen des Asienkorps nach Aleppo. Das Gros des Korps befand sich Ende November immer noch in den Lagern von Haidar Pascha. In Aleppo, »der Bratpfanne des Teufels«, wurden deutsche Soldaten zum ersten Mal mit der Realität des asiatischen Krieges konfrontiert. Am Eingang der Stadt verkündete ein großes Schild: »Die Stadt ist verseucht.« Cholera, Beulenpest, Typhus und Fleckfieber forderten viele Opfer. Am schlimmsten aber wütete der Hunger unter den Zivilisten, die auf der Straße vor Erschöpfung starben. Der Truppenarzt Dr. Otto Lawetzky sah Bilder des Grauens:

»Die abgemagerten, halb verhungerten Kleinen, die Totengerippen gleichen und Gesichter wie Totenschädel haben, strecken uns bittend ihre dürren Arme entgegen und betteln um *Ekmek*.[24] Einige suchen sich aus dem Dung der Tiere und den Abfällen der Straße gierig ein paar Krümchen, um diese dem faltigen Mund zuzuführen. Dabei jammern die Kinder nicht, sondern liegen still da – ein erschütterndes Bild.«[25]

Die Verhungerten wurden morgens zusammengekehrt und auf

Eselskarren geworfen. Hungern aber mußten die deutschen Soldaten in einem Land, in dem ein Kilo Feigen 16 Mark kostete, nicht. Sie erhielten ihre Löhnung überwiegend in Gold, da das Papiergeld keinen Wert mehr besaß, und hatten Anspruch auf eine sogenannte »Paschazulage«.

Aleppo war nicht nur als Seuchenstadt in Verruf, sondern auch als Zentrum der Bordelle und Korruption bekannt, wo man im Basar deutsche Karabiner, halbe Flugzeuge, Petroleum und Benzin kaufen konnte. Zu den größten Spekulanten zählten deutsche Kraftfahrer. Sie verschoben Benzin, Öl und Gummireifen und machten private Fahrten für türkische Händler, Fahrten, die ihnen ein Vermögen einbrachten.[26] Diese klimatische und moralische Hölle zermürbte die Widerstandskraft zahlreicher Deutscher, und junge Offiziere fielen um »wie Schachtelsoldaten«.[27] Der deutsche Militärarzt Dr. Theo Malade schätzte, daß mindestens 20 % aller in Aleppo stationierten deutschen Soldaten im Dezember 1917 an Geschlechtskrankheiten litten.[28]

Erst im Dezember gelangten einzelne Einheiten des Asienkorps an die Front: »Anfang Dezember erreichte das Asienkorps mit seiner Spitze die Höhe von Nazareth. Deutsche Lanzenreiter mit schwarz-weiß-roten Fähnchen tauchten in der Ebene Jesreel auf, der Arena vieltausendjähriger Völkerkämpfe ...«[29] Teile des Bataillons 701 zählten zu den ersten Vorhuten des Asienkorps, die sich Mitte Dezember in die Palästinafront einreihten. Zu spät, Jerusalem war bereits am 8. Dezember 1917 gefallen. Die Kopfstärke der deutschen Formationen nahm in dem Umfang ab, in dem sie sich dem Kampfgebiet näherten. Da Jildirim keine eigenen deutschen Etappentruppen besaß, mußte der gesamte Bedarf an Arbeitern, Bewachungs- und Verbindungspersonal, Mannschaften für Depots, Magazine und Küchen der kämpfenden Truppe entnommen werden. Schließlich hielten sich mehr Deutsche in der Etappe auf als in den Fronteinheiten.[30]

Ab Frühjahr 1918 kamen die von der OHL im November 1917 beschlossenen Verstärkungen Pascha II in ihr Einsatzgebiet. Das masurische Infanterie-Regiment 146 lag in Mazedonien, als es Ende November den Befehl erhielt, die Infanterie auf Tropentauglichkeit zu untersuchen. Nach der Umbildung und Umrüstung hatte die Einheit eine Stärke von 96 Offizieren und 2758 Mannschaften. Die Nachricht von der Verlegung auf den syrischen Kriegsschauplatz nahm das Regiment mit großer Begeisterung auf, glaubten die Soldaten doch, sie würden zur Wiedereroberung Jerusalems eingesetzt.[31] Der umständliche und langsame Eisenbahnbetrieb vertrug sich nicht mit dem Enthusiasmus einer Elitetruppe, die unbedingt im Heiligen Land an den Feind wollte. Es sollte ganze drei Monate dauern, bis die letzten Teile des Regiments an der syrischen Front eintrafen. Auch andere Verstärkungen rollten nach Kleinasien. Zwischen dem 29. April und 10. Mai 1918 kletterten rund 1000 Mann des kurhessischen Reserve-Jäger-Bataillons Nr. 11 und 468 Pferde in Serbien in vier Transportzüge. Das erste Reiseziel war Konstantinopel. Das Bataillon hatte ebenfalls eine scharfe medizinische Untersuchung über sich ergehen lassen müssen, wobei alle tropenschwachen Leute ausschieden. Vorbestrafte oder moralisch als ungeeignet angesehene Soldaten wurden ausgemustert. Unübersehbar waren die mitzunehmende Verpflegung und Ausrüstung: »An alles war gedacht: Spinat, Spargel, Kirschen und Erdbeeren; wohlgeborgen in Konservenbüchsen; Rum, Kakao, Schokolade und tausend Dinge mehr, Sanitätsmaterial, um ein ganzes Armeekorps krank und wieder gesund zu machen.«[32] Erst im Juni erreichten die Hessen Messudije.

XXI. Die Sinaifront 1917

Im März 1917 hielten die türkischen Truppen die Linie Gaza-Tell-Scheriah-Birseba. Zur Verstärkung der von Major Tiller befehligten schwachen Garnison von Gaza beorderte Freiherr Kreß von Kressenstein das Regiment 125 der 16. osmanischen Division und die k.u.k. Gebirgshaubitzbatterie in die Stadt. Auch die 10 cm Kanonenbatterie wurde nach dort abgestellt. Das türkische Armeeoberkommando war mit dieser Maßnahme nicht einverstanden und versuchte, die Anordnung des deutschen Offiziers rückgängig zu machen. Kreß intervenierte bei Djemal Pascha, der seinen bewährten Wüstenkommandeur unterstützte. Die Verteidigung von Gaza aber sollte der frisch auf dem Kriegsschauplatz eingetroffene Kommandeur der 53. türkischen Division leiten.

Die erste Schlacht um Gaza begann am 25. März. Die Briten hatten Hervorragendes geleistet, um die Infrastruktur im Hinterland auszubauen und die Logistik zu verbessern. Bis Ende Februar waren 388 Meilen Eisenbahnschienen, 300 Meilen Wasserrohre und 203 Meilen Metallstraße verlegt worden.[1] Der Angriff der feindlichen Infanterie richtete sich gegen den Gaza beherrschenden, 70 m hohen Hügel Dschebel Ali Muntar. In Gaza standen 2600 Mann türkische Truppen mit zwölf leichten und zwei schweren Geschützen etwa 18 000 Briten mit insgesamt 68 Geschützen gegenüber. Kreß befahl Tiller, in der Stadt auszuharren, und setzte alle erreichbaren Verbände zum Gegenangriff in Marsch. Empire-Truppen schlossen Gaza ein und nahmen den Kommandeur der 53. türkischen Division gefangen. Am Mittag des 26. März griffen zwei Brigaden der englischen 53. Division in Richtung Ali Muntar an. Sie erlitten in dem deckungslosen Vorgelände jedoch schwere Verluste, der Vorstoß scheiterte. Daraufhin ging die ANZAC-Division an der unbefestigten Nordost- und Nordfront von Gaza vor. Tillers sieben Bataillone hielten einen Abschnitt von 10 bis 12 km Länge und waren nicht in der Lage zu verhindern, daß der Gegner Geländegewinne erzielte. Die Australier attackierten die Verteidiger des Ali Muntar im Rücken und brachten die Front zum Einsturz. Die überlebenden Türken zogen sich an die Ostfront der Stadt zurück. Auf dem Hügel hatte der Chef der k.u.k. Gebirgshaubitzdivision, Hauptmann Ritter von Truzschewski, bis zuletzt ausgeharrt. Er fiel im Kugelhagel der stürmenden Engländer. Am späten Abend war der wichtige Dschebel Ali Muntar im Besitz der Briten, die allerdings vorerst nicht zu weiteren Angriffsoperationen fähig waren. Zwischenzeitlich hielt die Imperial Mounted Division die zur Entlastung herbeieilende türkische 3. Division auf. Die 16. osmanische Division konnte demgegenüber gegen schwachen Feindwiderstand weiter vorrücken. Major Tiller funkte am Abend, der Feind sei aus drei Richtungen in die Stadt eingedrungen, und bat um umgehenden Entsatz. Der englische Befehlshaber hatte unter dem Eindruck der herangeführten türkischen Reserven bereits den Befehl gegeben, das Gefecht abzubrechen, machte aber nach Entschlüsselung des aufgefangenen Tiller-Funkspruchs noch einen weiteren Versuch, die Stadt Gaza zu nehmen. Das türkische Regiment 125 vertrieb die Briten jedoch im Gegenangriff vom Ali Muntar. Die Alliierten wichen daraufhin in Richtung auf ihre Ausgangsstellungen zurück. Kreß wollte dem Gegner nachsetzen, Djemal Pascha verbot allerdings kategorisch jede Offensive, da die Türken hierfür nicht ausreichend ausgebildet waren.

Die osmanischen Truppen verloren in der 1. Gazaschlacht 36 Offiziere – 10 fielen, 12 wurden verwundet und 14 blieben vermißt – sowie 1391 Mann, unter ihnen 276 Tote und 744 Verwundete. Die Verluste der Engländer betrugen rund 4000 Mann.[2] Die Türken freuten sich besonders über die hochwertige Kriegsbeute:[3]

> »Hunderte von türkischen Soldaten, die bisher hatten barfuß laufen müssen, bekamen nun gute englische Stiefel, und Hunderte, die bislang weder Mäntel noch Decken besessen hatten, erfreuten sich nun der Wohltat eines warmen englischen Mantels.«

Nach dem Abwehrerfolg verstärkten die Türken ihre Stellungen und richteten einzelne Stützpunkte ein. Ihre Kräfte reichten nicht aus, um die gesamte Frontlinie Gaza-Birseba (Luftlinie 50 km) durchgehend zu besetzen. Djemal Paschas unkluge Idee, Gaza ganz aufzugeben, konnte Kreß vereiteln. Erschwert wurden die Verteidigungsanstrengungen dadurch, daß die zerlumpten osmanischen Soldaten die Stellungen einrissen und Sandsäcke stahlen. Der türkische Infanterist war sonst über jedes Lob erhaben. Divisionskommandeur Hans von Kiesling bezeichnete ihn als:[4]

»völlig verläßlich. Schlecht genährt, noch schlechter ausgerüstet und bewaffnet, oft ohne Stiefel und das Gewehr an einem Bindfaden über die Schulter gehängt, ertrug er alle Unbilden der Witterung und des Kampfes und hielt an dem Orte aus, auf den man ihn gestellt hatte. Daher seine unbegrenzte Leistungsfähigkeit in der Verteidigung.«

Wer wollte es dem unterernährten, kaum versorgten türkischen Soldaten verübeln, wenn er Sackleinen stahl, um sich daraus Unterwäsche anzufertigen?

Mitte April verfügte Kreß über insgesamt nur 14 000 Gewehre, 84 Maschinengewehre, 1200 Lanzen, 99 Geschütze und 6 Flugzeuge, um die Front gegen die erheblich überlegenen Briten zu halten. Die Engländer waren ihm bei der Infanterie nahezu um das dreifache, bei Flugzeugen um das vierfache überlegen. Außerdem konnten sie auf acht Tanks zurückgreifen. Ihre Angriffsvorbereitungen begannen am 16. April, als Kriegsschiffe Gaza beschossen. In den nächsten Tagen folgte Artilleriefeuer und erneuter Schiffsbeschuß. Besonders heftiger Artillerieeinsatz im Bereich der türkischen 3. und 53. Division am frühen Morgen des 19. April wies auf den Beginn des Großangriffes hin. Nach drei Stunden Artillerievorbereitung stieg die britische Infanterie aus den Gräben. Die Angriffsstreitkräfte waren wie folgt gestaffelt: Längs des Mittelmeeres rückte die britische 53. Division auf die Südwestfront von Gaza vor. Rechts von ihr setzte sich die 52. Division auf den Ali Muntar in Marsch, daneben attackierte die 54. Division die Stellungen der 53. osmanischen Division. Nach deren Einnahme wollten die Briten nach links gegen die Ostfront von Gaza abdrehen, durch die Frontlücke sollten zwei berittene Divisionen vorstoßen, um den Türken den Rückzugsweg zu sperren. Noch weiter am rechten Frontabschnitt traten die Imperial Camel Brigade und die Imperial Mounted Division an. Die britischen Infanteristen führten ihren Angriff mit großem Schneid durch, erlitten aber erhebliche Verluste durch Artilleriebeschuß und Maschinengewehrfeuer. Der Einsatz von sieben Tanks vor der Front der türkischen 53. Division erwies sich als völlig wertlos, drei wurden außer Gefecht gesetzt. Nach Überwindung anfänglicher Skrupel hatten die Engländer auch Gasgranaten verschossen, die jedoch wirkungslos blieben. Dreimal versuchten die Briten, die Stellung der 53. Division zu stürmen, dreimal wurden sie zurückgeschlagen. Umfassungsversuche scheiterten ebenfalls. Die den Südhang des Ali Muntar verteidigende deutsche MG-Kompanie 606 zeichnete sich besonders aus. Gegen Mittag setzte der englische Befehlshaber seine Reserven ein. Aber der von einer Brigade der Mounted Division durchgeführte Angriff brach auf deckungslosem Gelände im konzentrischen Abwehrfeuer zusammen. Vor dem türkischen Gegenstoß wich der Gegner in Richtung Schellale aus. Die anbrechende Dunkelheit beendete die Kämpfe. Die erlittenen schweren Verluste nötigten die Briten, von einer Wiederaufnahme der Offensivaktion abzusehen. Sie hatten in der vierzehnstündigen Schlacht 6444 Mann eingebüßt, von denen 79 Offiziere und 1734 Soldaten gefallen waren. Die türkischen Verluste waren mit 1969 Mann, unter ihnen 391 Tote, wesentlich geringer.[5] Djemal Pascha begnügte sich mit diesem Verteidigungserfolg und verbot wiederum einen Gegenangriff, der den Mißerfolg der Engländer möglicherweise in eine eindeutige Niederlage verwandelt hätte. Auf britischer Seite hatte der Oberbefehlshaber in Ägypten, Sir Archibald Murray, bereits am 30. März die Weisung seiner Regierung erhalten, Jerusalem baldmöglichst einzunehmen, um die Türkei friedensbereit zu machen. Die erneute Schlappe in der 2. Gazaschlacht war ein wenig verheißungsvoller Auftakt für eine Operation gegen die alte Hauptstadt von Palästina. London zeigte sich schockiert über den Mißerfolg. In Whitehall vermutete man: »Gaza scheint ein zweites Gallipoli zu sein.«[6]

Die nächsten sechs Monate herrschte an der Front Stellungskrieg. Größere Unternehmungen erfolgten nicht, aber es kam zu Scharmützeln, Stoßtruppaktionen und Artillerieüberfällen. Allein durch die feindliche Artillerie erlitten die Türken monatliche Verluste von durchschnittlich 500 Mann. Während sich die Arsenale der Briten füllten, wuchsen bei den Türken die Schwierigkeiten. Eine permanente Ernährungskrise schwächte die osmanischen Truppen und lähmte ihrem Willen zum Ausbau der Stellungen und zur Ausbildung der Mannschaften. Djemal kam auf die unglückselige Idee, Jerusalem zu räumen und die Bevölkerung nach Syrien und Transjordanien zu verschicken. Hinter seinem militärisch begründeten Projekt darf man politische Motive – etwa eine Türkisierung der Heiligen Stadt – vermuten. Djemal war ein erbitterter Gegner des Zionismus, dem er Separationsgelüste unterstellte. Bereits im Dezember 1914 hatte er die Ausweisung aller Juden, die Pässe der Feindstaaten besaßen, aus Palästina angeordnet und eigenmächtig Abschiebemaßnahmen eingeleitet. Nach Intervention des deutschen Botschafters wurde dieser Befehl aber aufgehoben und die Lage entdramatisierte sich.[7] Auch in der Folgezeit halfen deutsche Konsuln und Offiziere in vielen Fällen, um Gewaltakte und Ungerechtigkeiten der osmanischen Behörden gegenüber den Juden zu verhindern[8], von denen 1914 zahlreiche mit dem gleichen Enthusiasmus ins Feld gezogen waren wie die christlichen Söhne der deutschen Kolonisten.[9] In ganz Palästina lebten 100 000 Juden, unter ihnen 70 000 deutschsprachige. Jerusalem wies bei Kriegsbeginn 70 000 bis 80 000 Einwohner auf, davon 64 % Juden.[10] Da Deutsch die am meisten gebräuchliche Fremdsprache in Palästina war[11], und Jerusalem darüber hinaus eine deutsche Kolonie und eine große Anzahl deutscher und österreichischer Institutionen, unter ihnen Schulen, Krankenhäuser, Kirchen und Hospize, beherbergte[12], fühlten sich viele Soldaten aus dem Kaiserreich in der Stadt wie zu Hause. »Wir deutschen Soldaten hatten nie den Eindruck, in einer fremden Stadt zu sein«, berichtet ein Augenzeuge.[13] Daß die Feldgrauen sich in Jerusalem heimisch fühlten, dafür sorgten Einrichtungen wie das zum Deutschen Militär-Genesungsheim umfunktionierte St. Paulushospiz vom Deutschen Verein vom Heiligen Lande, das über eine zahnärztliche Station, eine Militär-Hausapotheke und eine reichhaltige Bibliothek verfügte.[14]

Die Deportation der Bevölkerung von Jerusalem in von Hunger heimgesuchte Gebiete hätte eine Katastrophe heraufbeschwören und möglicherweise dieselben schrecklichen Folgen wie die Armenierdeportationen haben können. Eine derartige Maßnahme mußte zudem auf die Weltöffentlichkeit einen verheerenden Eindruck machen. Die Deutschen reagierten prompt und ohne Scheu, sich in die »inneren Angelegenheiten« des Verbündeten einzumischen. Kreß wandte sich an den Militärbevollmächtigten in Konstantinopel, der deutsche Generalkonsul in Jerusalem an die kaiserliche Botschaft.[15] Enver wurde informiert, und die Evakuierung fand nicht statt. Auch auf dem Gebiet der taktischen und operativen Planung gab es Probleme zwischen den Bundesgenossen. Envers Konzept, nach Eintreffen von Verstärkungen die Briten ins Meer zu treiben, mußte eine Chimäre bleiben, solange die Nachschubwege ungenügend, überdehnt und überlastet waren. Kreß, Anfang Mai zum türkischen Generalmajor ernannt, konnte sich bei Enver auch nicht durchsetzen, als er vorschlug, Birseba im Falle eines konzentrischen Angriffs wegen seiner exponierten Lage aufzugeben.

Mitte Juni übernahm Sir Edmund Allenby von General Murray den Oberbefehl über die britischen Truppen. Dieser kluge und besonnene Offizier verstärkte sein Offensivpotential, während die türkische Kampfkraft immer mehr nachließ. Zwar halfen die deutschen Templer, wo sie konnten und leisteten moralische, technische und materielle Unterstützung. Ihre Zahl betrug rund 2200 und sie besaßen sieben Ansiedlungen in Palästina: in Sarona, Jaffa, Wilhelma, Jerusalem, Haifa, Bethlehem und Waldheim.[16] Die landeskundigen Siedler mußten mitansehen, wie Krankheiten, Hunger, Seuchen und Desertionen die osmanischen Einheiten dezimierten. Die eintreffenden Reserven waren durch Fahnenflucht gelichtet und entweder unausgebildet oder entkräftet. Die 24. Division etwa verließ Haidar Pascha mit 10057 Mann, die Front erreichten tatsächlich nur 4635 Mann. Hans von Kieslings 54. osmanische Division zählte ursprünglich 10000 Soldaten. Nach zehn Monaten hatte sich ihre Kopfstärke auf 2500 Mann verringert, so daß der deutsche Offizier resigniert feststellte: »Unsere türkischen Truppenteile schmolzen an der Sinaifront dahin, wie Butter an der Sonne.«[17] Von den 40000 Mann der Armee befanden sich dauernd 10000 Mann in den Lazaretten. Die Gefechtsstärke einzelner Divisionen sank auf 2000 Mann. Mitte Oktober fehlten den Einheiten von Kreß 552 Offiziere und 47181 Soldaten von ihrer Sollstärke. Die verbliebenen Formationen waren monatelang nicht aus der Front herausgelöst worden und hatten den ganzen heißen Sommer über in den Schützengräben liegen müssen. Kreß berichtete über seine Frontinspektionen:[18]

> »Bei meinen Besichtigungen an der Front mußte ich immer wieder von neuem darüber staunen, welch ungeheures Maß von Leiden und Entbehrungen der Mensch zu ertragen vermag.«

Ende September wurde Falkenhayn Oberbefehlshaber in Palästina, Kreß übernahm die aus den bisherigen Kräften der Sinaifront gebildete 8. Armee. Falkenhayns selbstherrlicher Führungsstil stellte die Anforderungen des Kriegsschauplatzes, die klimatischen Verhältnisse und die Schwäche des Verbündeten nicht in Rechnung. Die von ihm nach der Verschiebung des Bagdad-Projektes favorisierte Offensive in Palästina konnte solange nicht beginnen, bis das deutsche Asienkorps eintraf. Aber bereits im Sommer hatten sich die Anzeichen dafür verstärkt, daß die Alliierten den Deutschen und Türken zuvorkommen würden. Die Verbände der 8. osmanischen Armee gliederten sich zu diesem Zeitpunkt wie folgt: In Gaza lag das XXII. Armeekorps mit der 53. und 3. Division, daneben das XX. Armeekorps mit der 54., 26. und Teilen der 24. Division. Das III. Armeekorps mit der 27. Division, der 3. Kavalleriedivision und Teilen der 16. und 24. Division sollte den Eckpfeiler Birseba halten. An Reserven standen insgesamt zwei Divisionen (die 7. ID., ein Drittel der 24. und zwei Drittel der 16. ID.) zur Verfügung. Die Mobilität der Verbände war auf das äußerste eingeschränkt, denn Ende Oktober mußten wegen Treibstoffmangels 160 Lastkraftwagen stillgelegt werden. Ein weiterer entscheidender Mangel ergab sich aus der fehlenden Tiefengliederung bei den Türken. Als Franz von Papen, Leiter der Operationsabteilung der Heeresgruppe F, dem Kommandeur des XXII. Armeekorps bei Gaza vorschlug, Teile der Einheiten als Reserve aus der vordersten Linie zu nehmen, antwortete Reffed Bey: »Ich habe Sie gut verstanden, mon cher commandant, aber ich bleibe hier, ich sterbe hier.«[19] Der türkische Oberst hatte von seinem Standpunkt aus noch nicht einmal unrecht, denn der osmanische Infanterist eignete sich vorzüglich für die starre Verteidigung, war aber für die bewegliche, initiative Kriegsführung weniger gut verwendbar.

Die Engländer zeigten sich vor der 3. Schlacht um Gaza den Türken an technischen Hilfsmitteln, Truppen und Geschützen weit überlegen, wie die vergleichende Stärkeübersicht beweist:[20]

	Türkische Front	EEF Front	EEF Gesamtstärke
Kavallerie	1400	12 000	15 000
Infanterie	33 000	60 000	80 000
Geschütze	191	400	

Rund 3000 Deutsche unterstützten die türkischen Verbände. Dabei handelte es sich zumeist um Spezialformationen (Pascha I) wie Flieger, Artillerie, Flakzüge, MG-Abteilungen, Nachrichtentruppen, Kraftwagen- und Bohrkolonnen sowie Feldlazarette.[21]

Am 27. Oktober begann ein heftiges Artilleriefeuer auf Gaza. Am gleichen Tag erfolgte ein begrenzter türkischer Vorstoß im Raum zwischen dem XX. und III. Armeekorps, der erfolgreich verlief, die englischen Angriffsvorbereitungen aber nicht aufhalten konnte. Die feindliche Offensive setzte bei Tagesanbruch des 31. Oktober ein. Der erste Schlag richtete sich gegen den Eckpfeiler Birseba. Englische Kavallerie tauchte im Osten der Ansiedlung auf, eine Situation, auf die Kreß nicht vorbereitet war. Am Nachmittag eroberten die Briten Birseba und nahmen mehr als 1500 Mann gefangen. Die Engländer hatten jedoch Schwierigkeiten mit der Wasserversorgung und setzten ihren Vormarsch am 1. November nicht fort. Die Untätigkeit des Gegners ermöglichte den Türken den Aufbau einer neuen Front in der Linie Tell Scheriah-Abu Chuff-Daharije. Währenddessen lag Gaza weiter unter dem Beschuß schwerer Schiffsartillerie. Auch Gasgeschosse wurden von der Landseite her eingesetzt. Wegen Munitionsmangels war die türkische Artillerie meist zum Schweigen verurteilt. Die Alliierten eröffneten den Generalangriff auf Gaza in der Nacht vom 1. auf den 2. November. Die mit Tanks unterstützten Briten konnten teilweise in das türkische Grabensystem eindringen, obwohl sich die Verteidiger verbissen wehrten. Die Angreifer zahlten mit dem Verlust von 134 Offizieren und 2562 Mann einen hohen Preis für diesen Teilerfolg und wiederholten ihren Angriff auf Gaza in den kommenden Tagen nicht. Obwohl ein türkischer Gegenangriff mit der 7. Division, die die im Küstenabschnitt verlorenen Stellungen wiedergewinnen sollte, nicht durchschlug, war die Lage am Abend des 2. November aus osmanischer Sicht mehr oder weniger stabilisiert. Der Schwerpunkt der Kämpfe verlagerte sich wieder auf den linken Flügel, wo die Briten am 3. und 4. November vergeblich die türkischen Stellungen bei Abu Chuff attackierten. Fliegermeldungen am 4. November machten deutlich, daß ein englischer Angriff auf Tell Scheriah bevorstand. Um zu verhindern, daß der Feind zwischen der 8. und 7. Armee, von der Teile im Oktober im Aufmarschgebiet westlich Jerusalems eingetroffen waren[22], durchbrach, mußten zusätzliche Kräfte herangeführt werden. Kreß entschloß sich »schweren Herzens«[23], bei Falkenhayn um die Räumung Gazas nachzusuchen. Der deutsche General, der ansonsten während der 3. Gazaschlacht recht exzentrische Befehle erteilte, genehmigte diese Maßnahme, und die türkischen Truppen verließen die Stadt in der Nacht vom 6. auf den 7. November unbehelligt. Am 6. November glückte den Empire-Verbänden bei Tell Scheriah die Einnahme der Chalasi- und Kauwukas-Stellungen. Auch am folgenden Tag erzielten sie Erfolge und durchbrachen die osmanische Front in einer

Breite von etwa 15 km. Die Schlacht war damit für die Türken verloren, aber die Briten nützten die Lage nicht konsequent aus und unternahmen keine Anstrengungen, nach Norden einzuschwenken und in den Rücken der 8. Armee zu gelangen. Die Armee von Kreß entging damit der Vernichtung und zog sich schrittweise zurück. Kreß verlegte sein Hauptquartier nach Et Tineh, Falkenhayn befehligte von Jerusalem aus.

Allenby hatte in der Nacht auf den 9. November den Entschluß gefaßt, das Schwergewicht der Verfolgung auf den linken Flügel zu verlegen, wo seine Truppen zwischenzeitlich das geräumte Gaza besetzt hatten. Das Gros der türkischen Divisionen konnte sich aber vom Feind lösen. Panik brach erst in Et Tineh aus, wo sich ein Landeplatz der deutschen Flieger, das Hauptmunitionsdepot und ein Verpflegungsmagazin befanden, wo Züge und Kraftwagenkolonnen beladen wurden. Am 9. November verbreitete sich plötzlich das Gerücht, der Feind habe die Front durchbrochen und greife das Hauptquartier der 8. Armee an. Eine türkische Feldbatterie nahm das eigene Armeeoberkommando unter Feuer. Das Durcheinander steigerte sich noch, als alliierte Flieger erschienen und Bomben abwarfen:[24]

»In kopfloser Aufregung ergriffen Offiziere, Mannschaften und Fahrzeuge die Flucht. Ohne Befehl rückte eine Anzahl geschlossener Formationen ab. Die Flugzeuge starteten, aber statt gegen den Feind, flogen sie in Richtung Jerusalem davon. Die Kraftwagenkolonnen setzten sich in Bewegung und vermehrten die Aufregung und Unordnung. Offiziere und Mannschaften in großer Zahl stürmten die auf der Station Et Tineh stehenden, halbbeladenen Eisenbahnzüge. Sie wurden zum Teil erst in Damaskus wieder eingefangen.«

Einen Tag später war die Rückzugsstraße übersät mit toten Tieren, verbrannten Kraftwagen, weggeworfenen Waffen und Ausrüstungsgegenständen, Munition und liegengebliebenen Fahrzeugen. Deutsche und türkische Stabsoffiziere bemühten sich, die Flüchtenden aufzuhalten und die Ordnung wiederherzustellen. Die Wellen der Panik schlugen bis Jerusalem, wo Generalarzt Dr. Steuber Augenzeuge eines zügellosen Rückzugs wurde:[25]

»Die engen Straßen sind vollgestopft mit fliehenden Soldaten, Pferden, Maultieren, Kamelen, Geschützen und aller Art Kriegsgerät. Das Geschrei von Menschen und Tieren vermischt sich mit dem Stöhnen und Grunzen der überlasteten Kamele, dazwischen Frauen und Kinder, beladen mit Hausgerät geringsten Wertes. Das Chaos eines solchen fluchtartigen türkischen Rückzuges ist unbeschreiblich ...«

Falkenhayn gab Befehl, in seinem Hauptquartier, dem Kaiserin-Augusta-Viktoria-Stift, das große Ölbild von Kaiser Wilhelm II. aus dem Rahmen zu nehmen, damit es nicht den Engländern in die Hand fiel. Zum Glück waren nur wenige türkische Einheiten von der Panik erfaßt worden, so daß neue Stellungen bezogen werden konnten. Am 12. November traten osmanische Verbände zu einem von Falkenhayn befohlenen Gegenangriff an, der sein Ziel nicht erreichte und sämtliche Reserven der 8. Armee beanspruchte. Die Engländer drangen auch am folgenden Tag unter verlustreichen Angriffen weiter vor. Falkenhayn sah endlich ein, daß die Kraft seiner Truppen erschöpft war und befahl der 8. Armee, sich auf die Linie Jaffa-Ludd zurückzuziehen, der 7. Armee, in Richtung Jerusalem zurückzugehen. Er entzog Kreß den Oberbefehl über die 8. Armee, obwohl der bayerische Offizier für die Niederlage nicht verantwortlich gemacht werden kann. Eher trifft der Vorwurf von Kreß zu, der in einem Brief über Falkenhayn äußerte, er »führte die türkische Armee im Grenzgebiet der Wüste, wie man eine deutsche Armee im zivilisierten Europa führt«.[26] Wie Theodor Wiegand berichtet, war die allgemeine Erbitterung über Falkenhayn und seinen Führungsstil ungeheuer.[27] Neuer Befehlshaber der 8. Armee wurde Djevad Pascha.

Die Engländer durften zufrieden sein. In 17 Tagen hatten sie 50 Meilen Raum gewonnen, 10 000 Gefangene gemacht und 100 Kanonen erbeutet.[28] Aber noch wehte über Jerusalem die Flagge mit dem Halbmond. Die zurückgedrängten türkischen Verbände konnten relativ rasch geordnet werden. Bereits am 27. November unternahm die 8. Armee einen Angriff, um die 7. Armee zu entlasten, die Jerusalem verteidigte, trotz aller Tapferkeit gelang es ihr aber nicht, die Lage zu wenden.

Über die Frage, ob Jerusalem verteidigt werden sollte, wurde auf deutscher und türkischer Seite heftig gerungen. Für den starren und selbstherrlichen Falkenhayn war dies eine Frage des persönlichen Prestiges. Franz von Papen, der für eine freiwillige Räumung plädierte, antwortete er:[29]

»Ich habe Verdun verloren, habe soeben eine neue Schlacht verloren und soll nun eine Stadt räumen, auf die die ganze Welt mit höchstem Interesse schaut. Niemals!«

Aber schließlich mußte Falkenhayn einsehen, daß die Zerstörung der unersetzlichen Heiligen Stätten dem Prestige der Mittelmächte einen schwereren Schlag versetzen würde als die Aufgabe der strategisch unwichtigen Stadt. Am 7. Dezember erging der Befehl zur Räumung von Jerusalem. Kurze Zeit später rückten die Engländer in die Metropole ein. Es war die 37. Eroberung der Heiligen Stadt in der Geschichte. 400 Jahre osmanischer Herrschaft waren beendet. Der Verlust wäre zu diesem Zeitpunkt durchaus noch zu verhindern gewesen, aber Ali Fuad Pascha erteilte bereits den Rückzugsbefehl, nachdem eine englische Patrouille in die vordersten Schützengräben westlich von Jerusalem eindrang. Falkenhayn setzte am 27. Dezember einen Gegenangriff zur Wiedereroberung der Stadt an, der keinen Erfolg hatte und mit dem Verlust von 1558 Mann endete. Der Gegner fand lobende Worte für die Tapferkeit und Entschlossenheit, mit der die Türken ihren Vorstoß durchführten[30], aber Jerusalem war unwiderruflich verloren.

Ende Dezember hielt die Heeresgruppe, deren Hauptquartier sich jetzt in Nazareth befand, eine dünne Front quer durch Palästina vom Mittelmeer bis an das Tote Meer. Der türkische Soldat mußte auch im Winter 1917/18 Unmenschliches erdulden, denn das »Land bot nichts, die Einwohner waren selbst dem Verhungern nahe«.[31] Die Truppen litten an Hunger, Kälte und Krankheiten. Sie hatten keine Möglichkeit, neue Kräfte zu sammeln und sich zu regenerieren. Ihnen blieb nur die Hoffnung auf ein besseres Jahr 1918.

XXII. Palästina: Zusammenbruch und Heimkehr

Die Wintermonate 1917/18 an der Front in Palästina verliefen größtenteils ruhig. Die türkischen Armeen konnten ihren Bestand in sehr bescheidenem Rahmen ergänzen und ihre Reserven notdürftig auffüllen. Die 8. Armee lag mit ihrem rechten Flügel am Mittelmeer bei Narsuf östlich Jaffa. Ihre Stellung zog sich entlang des Audschaflusses östlich bis ins Gebirge von Samaria. Im Anschluß daran hielt die 7. Armee eine Front bis zum Toten Meer westlich von Jericho. Beide Armeen verfügten insgesamt über rund 300 Geschütze. Die eintreffenden Einheiten des deutschen Asienkorps unter Oberst von Frankenberg und Proschlitz wurden auf den beiden Flügeln der 8. Armee eingesetzt. Die etwa 75 km lange Front zwischen Meer und Jordan blieb rund drei Monate lang stabil, aber General Allenby rüstete sich zu einer neuen Offensive. Falkenhayn fürchtete eine Umgehung des linken Flügels im Osten und bildete zur Abwehr eine neue Armee, die die Nummer 4 erhielt. Kommandeur wurde General Djemal Pascha (im Gegensatz zum Marineminister der »kleine Djemal« genannt), Generalstabschef Oberstleutnant Franz von Papen, der spätere Reichskanzler. Der neue Verband sollte auch verhindern, daß sich die Engländer mit den arabischen Insurgenten vereinigten. Daß man die arabischen Aufständischen nicht unterschätzen durfte, bewies die Schlacht um Tafila im Januar 1918. Die Araber hatten sich am 15. Januar in den Besitz des Ortes südlich des Toten Meeres gesetzt. Teile der osmanischen 48. Division mit 900 Infanteristen, 100 Kavalleristen und 22 Gebirgsgeschützen versuchten am 25. Januar, Tafila zurückzuerobern.[1] Der Angriff scheiterte im gegnerischen Feuer, wobei die Türken Verluste von 300 bis 500 Toten hinnehmen mußten, auch fielen 250 Gefangene in die Hand der Araber. T. E. Lawrence, der sich an den Kämpfen beteiligte und hierfür das Kriegsverdienstkreuz erhielt, schrieb von einem »Sieg ohne jeden Wert, denn die Hinopferung von tausend armen Türken konnte auf den Ausgang des Krieges nicht den geringsten Einfluß haben«.[2] Der Sieg war so unnütz wie die spätere Wiedereinnahme Tafilas durch deutsch-türkische Truppen, u. a. das Btl. 703, die Ritter von Niedermayer angeführt haben soll.[3]

Zur Verbesserung der Ausgangslage für seine späteren Transjordanoperationen stieß Allenby Mitte Februar auf Jericho vor. Bereits am 21. Februar zogen EEF-Truppen in die Stadt ein. Am 1. März wurde Falkenhayn als Oberbefehlshaber der Heeresgruppe F durch Liman von Sanders ersetzt. Liman verstand es weit besser, mit den verbündeten Türken umzugehen, als der spröde, unzulängliche Falkenhayn. Aber es blieb wenig Zeit zur Freude über den Kommandowechsel, denn die Alliierten griffen wieder an. Am 9. März gingen sie beiderseits der Straße Jerusalem-Nablus vor. Der 1000 m hohe Tell Azur wurde zum Brennpunkt der Kämpfe. Auf türkischer Seite befehligte Oberst Böhme die 24. Infanteriedivision. Der Berg wechselte fünfmal den Besitzer. Den Engländern gelang es schließlich, sich auf der Höhe festzusetzen, aber ihnen fehlte die Kraft zum Durchbruch auf Nablus. Am 9. April starteten die Briten einen Durchbruchsversuch gegen den linken Flügel der 8. Armee, der von Oberst von Frankenberg geführt wurde. Es entwickelten sich dreitägige, heftige Kämpfe. Die angreifenden Alliierten stießen auf den hartnäckigen Widerstand der Bataillone 701 und 702 des deutschen Asienkorps, die in ihren Stellungen ausharrten. Bei den Verteidigern spielten sich gleichzeitig unerfreuliche Szenen ab. Bei Bidia wurden türkische Truppen von ihren Verbündeten mit aufgepflanztem Bajonett daran gehindert, die Schützengräben zu räumen.[4] Im Gegenzug warfen osmanische Soldaten, die nur unlustig in Stellung gingen, Handgranaten in die deutschen Gräben.[5]

Die Empire-Truppen waren auch im Ostjordanland zur Offensive angetreten. Die Angriffsverbände bestanden aus der 60th (London) Division, der ANZAC Mounted Division, der Imperial Camel Brigade und einer Brigade Gebirgsartillerie. Am 21. März passierten sie den Jordan und drängten die schwachen Kräfte der 4. Armee zurück. Es Salt, auf halbem Weg zwischen dem Jordan und der Hedschasbahn, fiel bereits am 25. März. Die osmanischen Einheiten wichen nach Amman aus, alliierte Kavallerie erreichte den Schienenstrang der Hedschasbahn. Die Türken brachten Verstärkungen heran. Teile der 3. Kavalleriedivision setzten zum Gegenstoß auf Es Salt an. Bei Amman verschärfte sich die Lage. Erst ein Angriff deutsch-türkischer Verbände unter Beteiligung des Btl. 703 verschaffte den Verteidigern Luft. In der Nacht zum 31. März traten die Alliierten den Rückmarsch an und zogen sich über den Jordan zurück. Sie hatten eine Niederlage mit erheblichen Verlusten (1348 Tote, Verwundete und Vermißte) erlitten, konnten aber

Feldmarschall Liman von Sanders (1855–1929) verteidigte 1915 erfolgreich die Dardanellen. Am 1. März 1918 übernahm er den Oberbefehl über die Heeresgruppe Jildirim in Palästina
(Zeitgenössische Postkarte, Archiv Autor)

ihrerseits 1000 türkische und deutsche Gefangene mit zurückführen.

Am 21. März, dem Tag, an dem die 1. Jordanschlacht begann, kamen die Alliierten in Nordfrankreich unter gewaltigen Druck, als die deutsche Michael-Offensive gewaltige Geländegewinne für die Mittelmächte brachte. Die Deutschen machten 90 000 Gefangene und erbeuteten 1300 Geschütze. Diese Offensive hatte auch Auswirkungen auf den Nebenkriegsschauplatz Palästina. Allenby mußte etwa 60 000 Mann britischer Truppen für die französische Front abgeben, deren Platz nach und nach indische Einheiten einnahmen. Der englische Kommandeur befehligte nun äußerst heterogene Truppen, bestehend aus Briten, Australiern, Neuseeländern, Indern, Arabern, Juden sowie Franzosen, Armeniern und Algeriern, letztere zusammengefaßt im Détachement Français de Palestine et de Syrie, eine Formation, die die französischen Interessen im Nahen Osten durchsetzen sollte. Die Umstrukturierung scheint die alliierte Offensivfähigkeit nur wenig beeinflußt zu haben, denn bereits am 30. April setzte Allenby zum zweiten Stoß ins Ostjordantal an. Die türkischen Stellungen bei Tell Nimrin behaupteten sich, aber australische Kavallerie besetzte schon am Nachmittag Es Salt. Das türkische Armeeoberkommando wich in die alte römische Stadt Gerasa/Dscherasch aus. Bei Tell Nimrin hielten deutsche und türkische Infanteristen den feindlichen Ansturm drei Tage lang auf. Kavallerie bedrohte sie in der Flanke und im Rücken. Dann nahten Entsatztruppen. Die 3. Kavalleriedivision und die 24. ID., die von zwei soeben eingetroffenen Kompanien des ostpreußischen 146. Infanterieregiments unterstützt wurden, überquerten in der Nacht zum 1. Mai unbemerkt den Jordan und gingen nach Osten vor. Den Briten, die eine Umfassungsschlacht angestrebt hatten, drohte nun ihrerseits die Einschließung. Sie zogen sich unter erheblichen Verlusten aus Es Salt zurück, in das am 4. Mai wieder türkische Verbände einrückten.

Im Mai und Juni erreichten die kompletten Verstärkungen Pascha II den Kriegsschauplatz: Das 146 IR. mit 2100 Mann und 1150 Pferden, kommandiert von Oberstleutnant Freiherrn von Hammerstein-Gesmold, die Pionierkompanie 205 sowie das von Major von Menges geführte Reserve-Jäger-Bataillon Nr. 11, das über 1000 Mann und 468 Pferde aufwies. Die deutschen Kräfte wurden wie folgt verteilt:[6] Die drei Bataillone des Asienkorps (701–703) bildeten eine Kerntruppe am linken Flügel der 8. Armee; das IR. 146 trat in Es Salt unter den Befehl des AOK 4; das Jäger-Bataillon stand als Heeresreserve in Messudije. Liman war sehr erleichtert über die Zuführung der hessischen Jäger, verfügte er nun doch endlich über eine kampfkräftige Truppenreserve. Aber um dieses Bataillon wie auch die anderen deutschen Einheiten kam es jetzt zu einem Nervenkrieg.[7] Die deutsche Oberste Heeresleitung wollte im Juni wegen der äußerst angespannten Ersatzlage auf dem europäischen Hauptkriegsschauplatz die deutschen Verbände aus der Palästinafront herauslösen und im Westen verwenden. Schließlich betrugen die effektiven Verluste (Tote, Verwundete, Kranke, Vermißte) an der Westfront von März bis einschließlich Mai 1918 595 000 Mann.[8] Den Platz der aus Palästina abgezogenen deutschen Truppen sollten türkische Divisionen einnehmen, die von der Kaukasusfront herangezogen werden mußten. Dieser Plan war gleichzeitig der Versuch Berlins, die Pforte von ihrer überspannten Kaukasuspolitik abzubringen. Aber der Abzug des Asienkorps hätte nicht nur eine militärische Schwächung im Nahen Osten bedeutet, sondern auch das deutsch-türkische Bündnis stark belastet. Bis auf das Jägerbataillon, das bereits am 5. Juli der Rückmarschbefehl nach Konstantinopel erreichte, blieben die deutschen Formationen daher in der Türkei.[9]

Wegen der klimatischen Bedingungen fanden im Sommer keine größeren Kampfhandlungen statt. Gleichwohl litten die Soldaten und verfluchten die ewige Sonne, den Staub, die Fliegen und Moskitos, Schlangen, Spinnen und Skorpione. Die Hitze war so groß, daß der militärische Dienst zwischen 11.00 Uhr und 16.00 Uhr unmöglich wurde. In der Jordansenke, bei 55 °Celsius im Schatten, mußten die Kompanien des 146 IR. alle 14 Tage abgelöst werden[10], da nach dieser Zeitspanne Erschöpfungs- und Krankheitszustände auftraten. Aber die deutschen Infanteristen hatten es gut im Vergleich zu ihren türkischen Kameraden. Sie waren hervorragend ausgerüstet und ausgestattet und erhielten eine vorzügliche Verpflegung, die wesentlich besser war als das, was man den Feldgrauen an der Westfront zumutete. Die türkischen Soldaten, schlecht bis miserabel ausgestattet und völlig unzureichend verpflegt, bettelten manchmal bei deutschen Einheiten oder kochten sich aus Baumblättern »Gemüse«.[11] Jahrelang bekamen sie keinen Heimaturlaub und verloren wegen der kaum funktionierenden Feldpost jeden Kontakt mit ihren Familien. Zudem fehlte es an der Fürsorge der Vorgesetzten. Körperstrafen waren verbreitet im türkischen Heer, und Unbotmäßigkeiten wurden mit der Bastonade, gelegentlich auch durch Schläge mit der Nilpferdpeitsche geahndet. Diese brutale Repression stoppte den Zerfall der Wehrkraft nicht, sondern beschleunigte ihn. Das osmanische Heer des Sommers 1918 war am Ende seiner Kraft. Als Mustafa Kemal Pascha, der spätere Atatürk, im August den Oberbefehl über die 7. Armee übernahm und den Zustand seiner Truppen sah, erlitt er einen Nervenzusammenbruch.[12] Die Desertionen entwickelten sich zu einem Massenphänomen. Immer mehr Soldaten verließen die Front und machten das Hinterland unsicher, wo sie oft bewaffnete Banden bildeten, gegen die militärische Abteilungen eingesetzt werden mußten.[13] Im Kern bedeutete die Desertion jedoch nichts anderes als einen individuellen Aufstand gegen die elenden Lebensbedingungen.[14] Konstantinopel erließ am 20. Juli eine Generalamnestie für Fahnenflüchtige, ohne daß es gelang, die Desertionswelle einzudämmen. Im Sommer trieben sich rund 500 000 Deserteure in der Etappe herum, ein Vielfaches dessen, was noch an Kampfverbänden an der Front stand. Diese Fahnenflüchtigen sicherten schließlich das Überleben der türkischen Nation, denn ohne sie, die in den Folgejahren wieder den Weg in die Armee fanden, wäre der Freiheitskrieg Kemal Atatürks nicht möglich gewesen.

Trotz der immensen Schwierigkeiten glaubte Liman von Sanders, im Juli nicht auf eine lokale Angriffsoperation verzichten zu können. Diese begrenzte Teiloffensive trug ihm den Vorwurf des türkischen Generalstabschefs Hans von Seeckt ein, Liman ließe sein deutsches Kontingent »in nutzlosen Teilangriffen verbluten oder rieb es in ruhelosen Märschen im mörderischen Sommerklima auf«.[15] Der Kommandeur der Heeresgruppe F beabsichtigte eine Verkürzung der Front und wollte die vorgeschobene englische Spitze am Msallabe-Berg gegen den Fluß Audscha zurückdrängen. Für dieses Unternehmen wurden drei türkische Divisionen, die deutschen Bataillone 702 und 703 sowie die einzige noch nicht abtransportierte Kompanie vom Jäger-Bataillon bereitgestellt. Zwei Kompanien vom IR. 146 sollten mit osmanischen Einheiten einen Nebenangriff führen. Am 14. Juli um 3.00 Uhr morgens ging die deutsche Infanterie vor[16], erreichte auch zum Teil die zweite englische Linie, mußte aber bald feststellen, daß die türkischen Truppen nicht folgten. Die auf sich allein gestellten, starken Feindkräften gegenüberstehenden Angehörigen des Asienkorps erlitten ihre schlimmste Niederlage im ganzen Orientfeldzug. Die Jägerkompanie wurde fast vollständig aufgerieben. Von 115 Mann kamen nur 28 zurück. Die Alliierten machten insgesamt 425 Gefangene, unter ihnen 358 Deutsche. Die gescheiterte Aktion war der letzte Angriff der Mittelmächte an der Palästinafront.

Die Deutschen verbrachten die letzten Sommermonate damit, die Etappe auszubauen.[17] Man bemühte sich besonders, den Soldaten Zerstreuungs- und Rekreationsmöglichkeiten zu bieten. Genesungsheime und Badeanstalten entstanden. Vorträge, musikalische Veranstaltungen und gesellige Zusammenkünfte sollten die Soldaten vom Alltag ablenken. Pfingsten war in Damaskus bereits die erste Nummer der *Armee-Zeitung Jildirim* erschienen, die es bis Kriegsende auf 38 Ausgaben brachte. Die türkischen Kommandobehörden hatten weder die Zeit noch die Mittel zur Truppenbetreuung. Sie bemühten sich – häufig vergeblich – der dünnen Front neue Personalreserven zuzuführen. Die Mannschaftstransporte an die Front mußten von starken Begleitkommandos bewacht werden, da ansonsten die Hälfte der Leute desertierte. Im Hinterland schwelte der Funke des arabischen Aufruhrs. Die arabische Zivilbevölkerung suchte nach Möglichkeiten, sich zu bewaffnen und bot deutschen Soldaten 1.000 bis 2.000 Mark für einen Karabiner. In Damaskus erschienen Aufrufe, die Deutschen totzuschlagen. Im Libanon erwartete die christliche Bevölkerung die Alliierten mit offenen Armen. 400 Jahre türkischer Herrschaft näherten sich ihrem Ende.

Allenby hatte inzwischen einen kühnen Plan gefaßt, um die Palästinafront zum Einsturz zu bringen. Diesmal sollte nicht an der Wüstenflanke angegriffen werden, sondern im Küstenbereich. Die Infanterie würde eine Lücke in die gegnerischen Linien schlagen und dann den berittenen Truppen die Aufgabe überlassen, den Türken und Deutschen ein neues Cannae zu bereiten. Die Kavallerie sollte die Megiddo-Ebene erreichen und Afule und Beisan nehmen. Damit wäre der osmanischen 7. und 8. Armee der Rückzugsweg versperrt. Die Araber würden Dera besetzen und dadurch die 4. Armee abschneiden. Was die Kampfstärke der Alliierten anbetrifft[18], so verfügten sie im September über die Egyptian Expeditionary Force (EEF) mit 57 000 Infanteristen, 12 000 Kavalleristen, 540 Geschützen und 350 Maschinengewehren. Hinzu kamen 30 000 Mann Reservetruppen. Liman von Sanders konnte zehn schwache Infanteriedivisionen und eine Kavalleriedivision sowie sechs deutsche Batail-

Die 1918 in Damaskus herausgegebene *Armee-Zeitung Jildirim* mit aktuellen Nachrichten vom Kriegsschauplatz war für die deutschsprachigen Angehörigen der Heeresgruppe F bestimmt (Dokumentenkabinett Vlotho)

lone (701–703 und drei Bataillone des IR. 136) aufbieten. Von den zehn Infanteriedivisionen standen acht seit über sechs Monaten ohne Ablösung an der Front. Sie besaßen jeweils nicht mehr als 1300 Mann.[19] Die Schätzung von Allenby, der Jildirims Potential auf 23 000 Infanteristen, 3000 Kavalleristen, 340 Geschütze und 600 MG veranschlagte, ist somit hinsichtlich der Personalstärke höchstwahrscheinlich zu hoch gegriffen. Die deutsch-türkischen Reserven betrugen schließlich nur 3000 Mann Depottruppen. 6000 Türken waren entweder in Maan eingeschlossen oder lagen entlang der Hedschasbahn. Die türkische Verteidigungslinie hatte bei der kargen Personalausstattung der Divisionen keine Tiefengliederung, und hinter der 7. und 8. Armee befanden sich in einem Raum von 200 km keinerlei Kampftruppen mehr. Entscheidend ins Gewicht fiel in jedem Fall das numerische Übergewicht der Alliierten in dem unmittelbaren Angriffsabschnitt von 20 km an der Küste. Hier standen sich gegenüber:

	Kavallerie	Infanterie	Geschütze
EEF	9000	35 000	383
Jildirim	–	8000	130

Das Verhältnis bei der Truppe war daher 5,5 zu 1 zugunsten der Alliierten, bei den Geschützen betrug es 3 zu 1.

Die Verbände der Entente konnten ihren Angriffsschwerpunkt geheimhalten. Am 19. September um 4.30 Uhr setzte beim türkischen XXII. Armeekorps heftiges Artilleriefeuer ein, in das auch zwei britische Zerstörer einfielen. Tausend Granaten pro Minute verwüsteten die osmanischen Gräben. Gleichzeitig begannen die Attacken der RAF, die die Lufthoheit besaß, auf die türkischen Quartiere und Verbindungslinien. Fünf Divisionen des 21. alliierten Korps griffen an und überwanden die zermürbte Abwehr. Dann schlug die Stunde der Kavallerie. Das Desert Mounted Corps mit drei Divisionen – der 4. und 5. Kavalleriedivision und der Australian Mounted Division – trabte an. Die Kavalleristen trieben versprengte und demoralisierte Türken vor sich her und unterbanden jeden Widerstandsversuch. Bereits am 20. September fielen Afule und Jenin. Die 4. Kavalleriedivision legte 100 km in nur 34 Stunden zurück. Am frühen Morgen des 20. September drangen alliierte Reiter auch in Nazareth ein, um das Oberkommando der Heeresgruppe F auszuheben. In der Stadt selbst hielten sich nur wenige und schwache

Truppen auf, unter ihnen eine Kompanie deutscher Schreiber und Ordonannzen. Es kam zu äußerst heftigen Straßenkämpfen, in denen die Türken und Deutschen vorerst die Oberhand behielten. Die Briten zogen sich zunächst zurück, und Liman verließ sein bisheriges Domizil in Richtung Tiberias. Damaskus wurde zum neuen Hauptquartier der Heeresgruppe bestimmt. Nazareth selbst besetzten einen Tag später endgültig die EEF-Verbände. Bereits nach 48 Stunden war die Masse der 8. Armee vernichtet.

Am linken Flügel der 8. Armee setzten sich die 16. osmanische Division und das nunmehr von Oberst von Oppen geführte Asienkorps mit Entschlossenheit gegen den alliierten Angriff zur Wehr. Auch die 7. Armee konnte die gegnerischen Durchbruchsversuche vereiteln. Die 1. ID. unter Oberstleutnant Hans Guhr wies fünf englische Sturmversuche ab. Aber ein Ausweichen für alle Einheiten nach Norden wurde unausweichlich, wollten sie nicht überflügelt werden. Das Asienkorps leitete daher eine Rückzugsbewegung in Richtung Dera ein.

Der Chef der Heeresgruppe F bemühte sich fieberhaft, neue Fronten aufzubauen. Der Tiberiasabschnitt vom Hule-See bis Samach und der Jarmuktalabschnitt zwischen Samach und Dera sollten um jeden Preis gehalten werden. In seine türkischen Offiziere scheint Liman kaum noch Vertrauen gehabt zu haben, denn er unterstellte die gesamte Jarmuktalfront dem deutschen Major Willmer. Der englische Vorstoß erwies sich jedoch als unaufhaltsam und entwickelte sich im Stil eines Blitzfeldzuges. Am 23. September fiel Haifa. Den hartnäckigsten Widerstand leistete die Mannschaft der letzten türkischen Kanone, die am Gedenkstein zum Besuch des deutschen Kaisers im Jahr 1898 in Stellung gegangen war.[20] Limans Defensivplan kam nicht mehr zum Tragen. Bereits am 25. September stand englische Kavallerie vor Samach am See Tiberias. Mit einigen hundert deutschen und türkischen Soldaten organisierte Hauptmann von Keyerling eine provisorische Abwehr. Die Kampfgruppe lieferte den Alliierten das wohl härteste Gefecht während des ganzen Feldzuges[21], aber schließlich gab die Überlegenheit der Angreifer den Ausschlag. Die schwachen deutsch-türkischen Kräfte ließen rund 100 Tote auf dem Schlachtfeld. Am gleichen Tag fiel auch Tiberias. Liman hoffte nun, zumindest vor Damaskus eine neue Verteidigungslinie aufbauen und die Rückzugsstraße von Baalbek nach Homs offen halten zu können.

Die 4. osmanische Armee im Ostjordanland war in den ersten Tagen nicht angegriffen worden und erhielt am Abend des 21. September den Rückzugsbefehl. Am 22. September begann auch an der Front der 4. Armee die alliierte Offensive. Einen Tag später trat das IR. 146 den Rückmarsch Richtung Damaskus an. Teile des Regiments wurden am 25. September in die Kämpfe um Amman verwickelt und gerieten dort in Gefangenschaft. Die übrige Truppe bahnte sich den Weg durch das Chaos:[22]

»Es ist auch kein Rückzug mehr, es ist Flucht: zerbrochene Gewehre, stehengebliebene Geschütze, lahme Pferde, erschöpfte Kamele, schwelende Magazine.«

Am 27. September nahmen die Araber den wichtigen Eisenbahnknotenpunkt Dera ein. Als die 10th Cavalry Brigade am nächsten Tag in die Stadt einzog, bot sich ihr ein grauenhaftes Bild:[23]

»Überall lagen tote Türken – aber sie waren glücklich. Die Verwundeten, nackt ausgezogen und in Agonie, lagen verstreut inmitten schlüpfrigen Abfalls aus verbranntem Papier, geplatzten Kisten und zerschmetterten Maschinen. Ein Lazarettzug voller Kranker und Verwundeter, denen man jeden Kleidungsfetzen weggerissen hatte, stand im Bahnhof; der Fahrer und der Heizer in der Kabine waren noch am Leben, aber tödlich verstümmelt. Lawrence' Armee und die lokalen Araber hatten sich in einer Weise gerächt, die so bestialisch war wie das Verhalten der Türken gegenüber den Frauen und Kindern von Tafas[24] am vorigen Tag.«

Die zurückgedrängten Deutschen und Türken wurden überall auf dem Rückzugsweg von der örtlichen arabischen Bevölkerung beschossen, die Nachzügler und kleine Trupps ausraubte und häufig auch ermordete. Aufgeputschte Fanatiker verübten unglaubliche Grausamkeiten. Hans Guhr, Kommandeur der osmanischen 1. ID., wurde Augenzeuge einer brutalen und bestialischen Kriegsführung:[25]

»Wir durchzogen fortan das Hauptaufstandsgebiet der Araber ... Die Schandtaten dieser Schurken sahen wir bald mit eigenen Augen: Splitternackte Türkenleichen, mit durchschnittenen Fuß-

iherr von der Goltz führte 1915/16 die smanische Armee in Mesopotamien chiv Autor)

Vizegeneralissimus Enver Pascha (Archiv Autor)

Eine deutsche Haubitzenbatterie mit Ochsenbespannung auf dem beschwerlichen Vormarsch in Mesopotamien 1916 (Ullstein Bilderdienst)

Nachschubkolonne für Palästina bei einer Rast im Taurusgebirge (Volksbund Deutsche Kriegsgräberfürsorge)

Deutsche Pioniere auf einer Behelfsfähre über den Jordan 1916 (Ullstein Bilderdienst)

Deutsche Truppen in Tropenausrüstung, gefolgt von türkischer Garde, beim Marsch durch Konstantinopel 1916 (Ullstein Bilderdienst)

Beisetzung eines Angehörigen des deutschen Asienkorps in Jerusalem (Volksbund Deutsche Kriegsgräberfürsorge)

Besuch Kaiser Wilhelm II. in Konstantinopel. Hier im Gespräch mit Enver Pascha an Bord von SMS Goeben = Yawus Sultan Selim am 17. 10. 1917 (Ullstein Bilderdienst)

Kaiser Wilhelm II. (mit Tropenhelm und Zigarette) bei der Besichtigung eines Dardanellenforts am 17. 10. 1917 (Ullstein Bilderdienst)

sohlen und abgeschnittenen Ohren, lagen am Wege, ferner ein Mann, noch lebend, mit schweren Wunden an den Beinen und, nicht weit von ihm, ein türkischer Offizier mit herausgeschnittenen Kniescheiben.«

Guhr ließ zur Vergeltung ein Dorf niederbrennen, worauf die Truppe ungehindert weitermarschieren konnte. Das masurische IR. 146 nahm einige Scheichs als Geiseln und ertrotzte sich so den Rückweg.

Den deutschen Formationen gelang in einigermaßen leidlicher Ordnung der Durchbruch nach Norden. Oberst von Oppen erreichte mit dem Asienkorps, das noch 70 Prozent Gefechtsstärke aufwies, am 26. September Dera, von wo die Einheit nach Rajak abtransportiert wurde. Das IR. 146 traf zum gleichen Zeitpunkt in Er Remte ein. Bei Sasa an der Straße nach Damaskus sammelte sich noch einmal ein schwacher deutsch-türkischer Verband, um dem Feind den Weg nach der syrischen Hauptstadt zu verlegen. Am 30. September mußten die Verteidiger weichen. Während das Asienkorps sich zur Abwehr in der Rajakstellung einrichtete, kam das IR. 146 nach einem Gewaltmarsch von sieben Tagen, in denen die Ostpreußen 250 km zurücklegten, am Bahnhof Kiswe vor Damaskus an. Trotz ihrer Erschöpfung rafften sich die Männer auf und trieben eine alliierte Kavalleriebrigade, die sich Kiswe näherte, zurück. Am Abend zog das Regiment durch Damaskus. Es war die letzte geschlossene Abteilung der Mittelmächte, die die syrische Metropole durchquerte. Die Stadt befand sich bereits in Aufruhr. Der Mob plünderte und massakrierte türkische Gefangene und Nachzügler. Außerdem hatte man 4000 Gefängnisinsassen freigelassen, die sich an dem allgemeinen Aufstand beteiligten. Viele ostpreußische Orientkämpfer mußten sich den Heimweg freischießen. Truppenarzt Lawetzky berichtet in seinen Kriegserinnerungen:[26]

»Ein regelrechter Straßenkampf begann jetzt. Aus Toren, Türen, Fenstern, von Dächern, Mauern und Seitenstraßen blitzte und knallte es unaufhörlich. Unsere Soldaten erwiderten das Feuer. Langsam rückten wir vor. An einer Stelle kam es zum Handgemenge. Jetzt trat der Dolch, mit dem wir ausgerüstet waren, in seine Rechte. Auch ich mußte mich, obwohl Arzt, mit der Waffe in der Hand meines Lebens wehren. Einem Musketier wurde von hinten die Kehle durchgeschnitten. Aus einigen Fenstern wurden wir mit harten Gegenständen bombardiert und mit Flüssigkeiten begossen ... Über eine Stunde dauerte der entsetzliche Marsch durch das in Aufruhr befindliche Damaskus.«

Die deutschen Verbände hatten sich unter Verlusten, aber bei Wahrung des Zusammenhalts vor den blitzschnell vordringenden Alliierten und den aufständischen Arabern in Sicherheit bringen können und Disziplin und Kaltblütigkeit bewiesen. Diese Leistung erregte die Bewunderung von T. E. Lawrence, der in seine *Sieben Säulen der Weisheit* eine Eloge für die Asienkämpfer aufgenommen hat:[27]

»Sie waren zweitausend Meilen von ihrer Heimat entfernt, ohne Hoffnung im fremden, unbekannten Land, in einer Lage, verzweifelt genug, um auch die stärksten Nerven zu brechen. Dennoch hielten ihre Trupps fest zusammen, geordnet in Reih und Glied, und steuerten durch das wirr wogende Meer von Türken und Arabern wie Panzerschiffe, schweigsam und erhobenen Hauptes. Wurden sie angegriffen, so machten sie halt, gingen in Gefechtsstellung und gaben wohlgezieltes Feuer. Da war keine Hast, kein Geschrei, keine Unsicherheit. Prachtvoll waren sie.«

Liman befahl allen Truppen den weiteren Rückzug auf Homs. Ein längeres Halten der Rajakstellung verbot sich wegen des Zustandes der türkischen Verbände. Die Engländer, die nach ihrem Husarenritt Probleme mit dem Nachschub hatten, stießen vorerst nicht nach. Mustafa Kemal Pascha erhielt den Auftrag, südlich von Aleppo mit einer Neuformierung der völlig desorganisierten 7. Armee zu beginnen. Auch das auf 500 Mann zusammengeschmolzene Asienkorps wurde nach Aleppo zurückgezogen, gefolgt vom IR. 146, das am 4./5. Oktober in Homs eingetroffen war. Fast die Hälfte des Regiments war gefallen, vermißt oder in Gefangenschaft geraten. Nur 1150 Mann erreichten am 9. Oktober im LKW-Transport Aleppo. Einzelne Eisenbahnzüge verkehrten noch und rollten langsam und hoffnungslos überfüllt nach Nordwestsyrien. Josef Drexler befand sich unter den Passagieren:[28]

»Zu fünf Mann saßen wir in der Türe eines Viehwagens, in dessem

Inneren mindestens 50 Mann zusammengepfercht waren. Nachts mußte ich mir eine Schlinge um den Hals legen und den Strick an einem Kameraden drinnen befestigen, damit ich bei der großen Schläfrigkeit vor dem Hinausstürzen bewahrt wurde. Natürlich waren auch die Dächer aller Wagen, die Trittbretter, ja die Puffer, kurz jedes Plätzchen, wie schon von Damaskus an, von türkischen Soldaten ausgenützt.«

Mit dem letzten Zug erreichte auch Leutnant Adolf Treitz vom IR. 146 über Homs und Hama Aleppo.[29] Er hatte sich mit einer Patrouille von 14 Mann in den letzten Septembertagen von Damaskus aus in Richtung Rajak zurückgekämpft. In der syrischen Hauptstadt mußten die Soldaten hilflos mit ansehen, wie die aufgebrachte Bevölkerung die Besatzung von zwei deutschen Bagagewagen niedermachte. Die nur mit wenigen Handfeuerwaffen ausgerüstete Gruppe litt unter ständigen Beduinenüberfällen und war zeitweilig halb wahnsinnig vor Durst. Aus entgleisten Lokomotiven tranken die Versprengten das Kesselwasser. Die kleine Einheit nahm noch 50 waffenlose deutsche Soldaten auf. Es handelte sich um Überlebende einer Gruppe von 150 Angehörigen des 3. Bataillons des IR. 146, die in die Hände der Araber gefallen waren. Die wohl letzte deutsche Nachhut der Palästinaarmee wurde kurz vor dem Erreichen von Rajak überfallen. Nur Treitz, ein deutscher Unteroffizier und ein türkischer Soldat entgingen dem Blutbad. Bis aufs Hemd ausgezogen und in jedem Dorf das begutachtete Objekt neuer Plünderer schleppten sich die Männer unter Qualen und Erniedrigungen weiter. Verwundet, barfuß und in der Unterhose, stieß Treitz schließlich bei Baalbek auf deutsche Soldaten. Es war eine Odyssee, wie sie in jenen Tagen häufig vorkam.

Asienkorps und IR. 146 sollten bei Alexandrette (heute Iskenderun) und Mersin alliierte Landungsversuche vereiteln. Noch in den letzten Kriegstagen starb Oberst von Oppen, der Kommandeur des Asienkorps, an Cholera. Mustafa Kemal Pascha hatte mittlerweile Erfolg damit, eine neue Front aufzubauen. Die Reste der 4. Armee wurden in die 7. Armee überführt, die wieder eine Stärke von 7000 Mann erreichte. Und diese zusammengewürfelten Truppen bewährten sich. Es war typisch für Kemal, auch in einer objektiv hoffnungslosen Situation nicht aufzugeben, sondern den Kampf »unter rücksichtslosem Einsatz seiner Person und seiner Soldaten fortzusetzen«.[30] An den Grenzgebirgen Anatoliens gab er den Befehl aus: »Der Feind wird diese Linie nicht überschreiten!«[31]

Aber der Krieg war verloren. Allein in der Schlacht um Palästina und Syrien machten die Alliierten 75 000 Gefangene, unter ihnen 3700 Deutsche und Österreicher.[32] Am 29. September hatte Bulgarien in Saloniki einen Waffenstillstand unterzeichnet, Konstantinopel schien bedroht. Das jungtürkische Kabinett Talaat trat am 13. Oktober zurück. Neuer Großwesir wurde der deutschfreundliche Izzet Pascha. Ihm blieb kein anderer Weg, als in Waffenstillstandsverhandlungen einzutreten. Die Türkei hatte sich bis zur Selbstaufopferung geschlagen. Über die osmanischen Gesamtverluste liegen sich widersprechende und deutlich zu niedrige Zahlenangaben vor.[33] Der Verfasser geht davon aus, daß die Verluste der türkischen Armeen weit über eine halbe Million Tote betragen.[34] Mehr Opfer und mehr Entbehrungen konnte das Land nicht ertragen.

Am 30. Oktober schloß das Osmanische Reich auf der Insel Mudros einen Waffenstillstand mit den Alliierten. Izzet Pascha, der weinte, als er am 26. Oktober mit von Seeckt die Niederlage der Türkei erörterte[35], setzte durch, daß den deutschen und österreichischen Truppen innerhalb von vier Wochen freier Abzug gewährt wurde. Am 31. Oktober übergab Liman sein Kommando an Mustafa Kemal Pascha.

Nach und nach sammelten sich rund 10 000 deutsche Asienkämpfer bei Haidar Pascha, wo sie auf den Abtransport warteten. Der Landweg über Bulgarien und Rumänien war verschlossen. Möglich schien vorerst noch eine Evakuierung über die in deutscher Hand befindlichen Schwarzmeerhäfen von Odessa und Nikolajew. Das Lazarettschiff *Jerusalem* brachte 1000 Verwundete nach Odessa, von wo sie mit Zügen nach Deutschland transportiert wurden. In Nikolajew trafen die ersten Schiffe mit deutschen Truppen aus der Türkei am 4. November ein. Unter ihnen befand sich der Dampfer *General*, der 1914 der treue Begleiter von SMSS *Goeben* und *Breslau* gewesen war. Nach Nikolajew flohen auch die jungtürkischen Führer Talaat, Djemal und Enver, die sich auf einem deutschen Torpedoboot in Sicherheit brachten. Schon am 7. November rollten unter dem Stichwort »Götterdämmerung« die Heimatzüge aus der Hafenstadt ab. Bis zum 15. November konnten täglich fast zwei Züge abgefertigt werden. Aber bald machte sich der Mangel an rollendem Material bemerkbar. Außerdem wurden Truppenteile unterwegs auf der Strecke von russischen Bürgerkriegsparteien, insbesondere Petljuraeinheiten[36], aufgehalten, beraubt und ausgeplündert. Kampfhandlungen zwischen Deutschen und Russen häuften sich. Kurz vor Weihnachten wurden die deutschen Seetransporte aus der Türkei nach Nikolajew abgestoppt, da der Bahnverkehr nach Westen zusammengebrochen war. Immerhin hatten 17 Züge mit Truppen aus der Türkei und 4 Züge mit Truppen aus dem Kaukasus in Richtung Heimat abgesandt werden können.[37] Die Garnison von Nikolajew blieb ab Dezember 1918 der letzte deutsche Posten am Schwarzen Meer. Sie mußte schließlich noch den Rückzug der Ententetruppen auf ihre Schiffe vor den anrückenden Bolschewisten decken.[38] *Jerusalem* war am 27. November mit 800 Kranken an Bord zum zweiten Mal nach Odessa in See gegangen, dort gab es jedoch ebenfalls keine Gelegenheit mehr zur Heimreise. Der Dampfer kehrte daher nach drei Wochen wieder ins Marmarameer zurück. Erst am 18. Januar 1919 durfte das Lazarettschiff, über dem die zaristische Flagge wehte, die Anker lichten und Italien ansteuern.

Liman von Sanders hatte zwischenzeitlich Schwierigkeiten, seine Autorität durchzusetzen. Er ließ in den Lagern die Einrichtung von Soldatenräten zu und schien den Alliierten gegenüber zu nachgiebig, was seine Offiziere erboste. Oberstleutnant von Papen überbrachte Liman das Gesuch, sein Kommando aufzugeben. Der Marschall lehnte ab.[39] Kurz vor Weihnachten internierte die Entente die Anfang Dezember entwaffneten Deutschen auf den Prinzeninseln. Mancher Internierte war beschämt über die große Freundlichkeit, die ihm auch jetzt noch von den Türken entgegengebracht wurde und fragte sich selbstkritisch nach dem eigenen Verhalten gegenüber dem osmanischen Partner. So auch der Mediziner Lawetzky vom IR. 146:[40]

»Unser Verhältnis zu den türkischen Bundesgenossen war nach dem Zusammenbruch sehr gut. Die ritterliche Fürsorge der Türken hatte uns vor der Kriegsgefangenschaft bewahrt. Trotz des Druckes der feindlichen Besatzung verhielten sich die osmanischen Behörden uns gegenüber vornehm und teilnahmsvoll, ja jetzt sogar durchweg freundschaftlich und herzlich. Erst im Unglück lernten wir den edlen Charakter und die unbegrenzte Gastfreundschaft des echten Türken richtig kennen. Jetzt erst kam uns zum Bewußtsein, daß wir am Bosporus und in Kleinasien viele aufrichtige, treue Freunde hatten. Wir baten unsere Verbündeten, mit denen wir uns während des Feldzuges nie hatten verstehen können, innerlich Vieles ab. Ob nicht viele Mißhelligkeiten hätten vermieden werden können, wenn wir uns besser in die fremde Wesensart hätten einfügen können? ...«

Erst Mitte Januar standen fünf Schiffe zur Repatriierung der Asienkämpfer bereit. Als erstes lief der 4101 BRT große Dampfer *Etha Rickmers* mit rund 2000 Mann an Bord am 29. Januar 1919 aus Haidar Pascha aus. Die übrigen Schiffe folgten drei Wochen später. Die deutschen Soldaten, die gefangengenommen und nach Ägypten gebracht worden waren, sahen die Heimat jedoch zum Teil erst Ende 1919 wieder.

Nachwort

Die deutschen Spuren im Gebiet des ehemaligen Osmanischen Reiches sind nicht verweht. Noch immer fließt in Istanbul der dichte Verkehr über die von der Firma MAN in den Jahren 1910–12 erbaute Galatabrücke, wenn diese auch 1990 durch eine moderne Konstruktion ersetzt werden soll. Auch der vom deutschen Souverän gestiftete Kaiser-Wilhelm-Brunnen in der Nähe des Hippodrom hat die letzten Jahrzehnte gut überstanden. Mit großem Aufwand renoviert und im Dezember 1989 feierlich wiedereröffnet wurde das Gebäude der ehemaligen kaiserlichen Botschaft. Die Räume mit grandiosem Ausblick auf den Bosporus beherbergen heute das deutsche Generalkonsulat. Die Instandsetzung des Palastes aus dem Jahr 1877 verschlang 30 Millionen Mark, und auf Stilgenauigkeit und historische Detailtreue legte der Bauherr wert. Ob das Gemälde Kaiser Wilhelm II. – in osmanischer Uniform – allerdings an der gleichen Stelle hängt wie 1914, ist dem Chronisten unbekannt. Am Bahnhof von Haidar Pascha werden nach wie vor Züge abgefertigt, von denen allerdings keiner mehr bis Medina rollt. Die *Yavuz* ex SMS *Goeben* wird der Besucher jedoch vergeblich im Hafen von Istanbul suchen. *Yavuz* wurde von 1927 bis 1930 von einer französischen Firma überholt. Bis 1950 befand sich das Schiff im aktiven Dienst der türkischen Marine, die es vier Jahre später aus den Flottenlisten strich. Der Veteran war mittlerweile eine historische Rarität ersten Ranges, denn er verkörperte den letzten Panzerkreuzer aus der Zeit des 1. Weltkrieges. Aber die Bundesrepublik machte keine Anstalten, dieses zeitgeschichtliche Denkmal zurückzukaufen, und die Türkei hatte nicht die Mittel, das Schiff als Museum zu erhalten. 1971 wurde *Yavuz* einem türkischen Rüstungskonzern zum Abbruch verkauft. Am 7.6.1973 hieß es in Gölcük »Hol nieder Flagge!«. Der ehemalige Stolz der türkischen Marine wurde endgültig ausgemustert. Die Zeitung *Hürriyet* (Unabhängigkeit) schrieb einen Tag später: »Adieu ruhmreiche *Yavuz*. Als unser historisches Schiff bei einer traurigen Zeremonie in Gölcük außer Dienst gestellt wurde, konnten die Menschen ihre Tränen nicht zurückhalten.«[1] Noch im gleichen Jahr begannen die Abbrucharbeiten, die im Februar 1976 ihren Abschluß fanden. Daß man ein technisches Monument und bedeutendes Schiff auch anders behandeln kann, bewiesen die traditionsbewußten Briten, als sie den Kreuzer HMS *Belfast* in der Londoner Themse als Museumsschiff verankerten. Das Wrack der SMS *Emden*, das jahrzehntelang auf einem Korallenriff vor North Keeling lag, war demgegenüber nicht mehr zu retten. Die See zerschlug die noch intakten Aufbauten des verrosteten und ausgeglühten Kreuzers. Eine japanische Bergungsfirma verschrottete das Wrack 1950.

Den El-Schuhada-Platz in Damaskus ziert immer noch die Telegraphensäule zur Erinnerung an die Eröffnung der Telegraphenlinie nach Mekka und Medina, die Kaiser Wilhelm II. bei seinem Besuch 1898 bereits besichtigen konnte. Das auf seine Veranlassung im gleichen Jahr erbaute Saladin Mausoleum bleibt ein Anziehungspunkt bildungshungriger Touristen aus aller Welt. Auch der Bahnhof als Ausgangspunkt der ehemaligen Hedschasbahn ist weiter in Betrieb. Vereinzelt sieht man noch Dampfloks deutscher Firmen, die vor achtzig Jahren an das Osmanische Reich geliefert wurden. Aber die Personenzüge verkehren nur noch bis zur jordanischen Hauptstadt Amman. Und selbst dieser Teilabschnitt der historischen Strecke wurde zum Spielball politischer Interessen und Auseinandersetzungen. Spannungen zwischen Syrien und dem haschemitischen Königreich führten 1983 zur Einstellung des Bahnbetriebes. Erst am 12. Oktober 1989 wurde der Verkehr wieder aufgenommen. Vorläufig fährt aber nur ein Zug wöchentlich in jeder Richtung.[2] Von Amman bis Maan werden heute keine Passagiere, sondern nur noch Güter transportiert. In Maan endet die alte Hedschasbahn. Aber es gibt eine neue Linie, die bei Batn el Ghul von der Hedschasbahn abzweigt und Aqaba am Roten Meer erreicht. Die deutsche Bauaktiengesellschaft Held und Francke errichtete diese eingleisige Schmalspurstrecke in den Jahren von 1972 bis 1975. Die Bahnlinie ist 116,8 km lang und verfügt über 520 Kunstbauwerke wie Brücken, Durchlässe, Stützmauern, Tunnel und Galerien.[3] Die Gesamtkosten beliefen sich auf 94 Millionen Mark. Fast siebzig Jahre nach Meißners Idee einer Aqaba-Zweigbahn ist das Projekt realisiert worden. Es dient nahezu ausschließlich dem Transport von Phosphaterzen zu Jordaniens einzigem Hafen am Roten Meer.

Von der Hedschasbahn südlich von Maan ist die Trasse auf dem Gebiet des heutigen Saudi-Arabien noch gut erhalten, aber die Schienen wurden größtenteils abgebaut. Nicht alle Spuren sind verschwunden. In der Reparaturwerkstatt von Medain Saleh wartet weiter eine zerstörte Lokomotive auf die notwendige Ausbesserung, und der von Lawrence im September 1917 bei Haret Hammar gesprengte Zug liegt immer noch halbverweht in Trümmern neben der Strecke ...[4]

Die Bagdadbahn ist vollendet worden, wenn auch erst viele Jahre nach dem Zusammenbruch des Osmanischen Reiches. Es dauerte noch bis 1933, ehe der Irak begann, seinen Teil des Streckenabschnitts zu komplettieren. Erst im März 1939 verkehrte der Taurus-Express von Haidar Pascha bis Mosul, und am 17. Juli 1940 war endlich die Gesamtlinie so ausgebaut, daß der erste Personenzug vom Bosporus bis Bagdad fahren konnte.[5] Heute, im Zeitalter des Jets, hat diese traditionelle Linie keine große Bedeutung mehr. Nur noch einmal pro Woche rollt ein Expreßzug von der Türkei nach Bagdad.[6] Aber das kann sich ändern, wenn der Sturm der Eisenbahnfans auf die nostalgischen Dampfrösser, die heute noch auf den alten Schienen der Bagdadbahn im Einsatz sind, anhält.[7]

Auch in Israel, im West- und Ostjordanland, finden sich zahlreiche Gebäude und Überbleibsel von Meißner Paschas Bautätigkeit für den Bahnbetrieb.[8] Die deutschen Relikte im Heiligen Land sind letzte Zeugen einer imperialen Vergangenheit. In Jerusalem heißt ein Stadtteil immer noch »Deutsche Kolonie«. Und in der Schmidt-Schule, die vom Deutschen Verein vom Heiligen Land getragen wird, blickt Kaiser Wilhelm II. so stolz von der Wand des Kaisersaals, als habe es keinen November 1918 gegeben.[9] Auch im österreichischen Hospiz hängt das Bild von Kaiser Franz Joseph an seinem angestammten Platz. Die Israelis haben selbst das kleine Denkmal des deutschen Kaisers in Haifa und ein Denkmal für die Gefallenen der deutschen Fliegertruppe in Jenin unangestastet gelassen.

Die deutschen Toten des 1. Weltkrieges, die auf dem Gebiet des verbündeten Osmanischen Reiches gefallen sind, ruhen heute auf den Friedhöfen von sechs Ländern.[10] In der Türkei, im Libanon, in Israel, Syrien, Jordanien und im Irak betreut der Volksbund Deutsche Kriegsgräberfürsorge die letzte Ruhestätte von mehr als 1000 Kriegstoten. Weitere deutsche Soldaten, die in britischer Kriegsgefangenschaft verstarben, sind auf Friedhöfen in Ägypten bestattet.

Die Waffenbrüderschaft zwischen Deutschen und Türken im 1. Weltkrieg ist in der Türkei unvergessen und zählte und zählt dort zu den festen Fundamenten einer traditionellen deutsch-türkischen Freundschaft.[11] Schon bald nach dem gemeinsam verlorenen Krieg und der Geburtsstunde der modernen Türkei (29. Oktober 1923) arbeiteten Berlin und Ankara wieder auf vielen Gebieten zusammen, selbst auf dem militärischen Sektor.[12] Bereits 1925 traten ehemalige deutsche Offiziere erneut in den Dienst der türkischen Flotte und Armee. Sie kamen allerdings nicht als Instrukteure, sondern als Lehrer für die Kriegsakademie und die Kriegsschulen. Anfang der dreißiger Jahre vereinbarten die beiden Staaten auch den gemeinsamen Austausch von Offizieren. Danach wurde im dreijährigen Turnus jeweils ein Generalstabsoffizier und ein Frontoffizier des Heeres zur türkischen Armee abgestellt. Während des Dritten Reiches fanden zahlreiche deutsche Emigranten und Verfolgte in der Türkei ein sicheres Asyl. Im 2. Weltkrieg blieb die Türkei, die am 18. Juni 1941 einen Freundschaftspakt mit dem Deutschen Reich abschloß, fast bis zum Schluß des Konflikts neutral. Für einen Augenblick, im Herbst 1941, blitzte sogar noch einmal die panturanische Idee auf. Zu diesem Zeitpunkt hielt sich Nuri Pascha, der Bruder Envers, in Berlin auf, und zwei türkische Generale besuchten den Südabschnitt der Ostfront. Sie setzten sich für die Angehörigen der türkischen Orientvölker und für die Gründung landeseigener Verbände aus turktatarischen Kriegsgefangenen ein.[13] Als die Türkei schließlich Deutschland am 23. Februar 1945 widerwillig den Krieg erklärte, war dies nicht mehr als eine außenpolitisch erforderliche Geste.

In der deutschen Öffentlichkeit ist die Genesis der deutsch-türkischen Beziehungen, die Allianz des 1. Weltkrieges fast ebenso vergessen wie die Tatsache, daß bis heute »der Deutsche für den Türken als einziger Freund im Ausland«[14] gilt. Und beschämt wird der, der die Türkei besucht, feststellen, daß er nicht nur überall willkommen ist und mit herzlicher Gastfreundschaft aufgenommen wird, der deutsche Tourist muß auch verlegen konstatieren, daß im historischen Bewußtsein des türkischen Volkes die deutsch-türkische Freundschaft und Vergangenheit einen weit höheren Stellenwert hat als in seinem eigenen:[15]

»Das historische Bewußtsein selbst der einfachsten Leute enthält alle Bündnisse der Vergangenheit, die Erinnerung an die deutschen Militärberater, an Moltke, den unvergleichlich populären Goltz-Pascha, an die Dardanellen-Schlacht und den gemeinsam verlorenen Ersten Weltkrieg.«

Wir wollen hoffen und alles dafür tun, daß Deutsche und Türken nie wieder Anlaß haben, ihre Freundschaft und Bündnistreue in einem Krieg unter Beweis zu stellen. Wir sollten uns weiter des gemeinsam zurückgelegten Weges in der Geschichte bewußt werden und die echten Sympathien der Türken für Deutschland nicht leichtfertig und überheblich aufs Spiel setzen. Nicht zuletzt die Frage der Behandlung von 1,5 Millionen türkischer Bürger auf dem Gebiet der Bundesrepublik Deutschland wird die Nagelprobe für eine alte Freundschaft sein.

Anlage 1

Ordre de bataille der ottomanischen Armee im Dezember 1913

Armee-Inspektion	Korps	Infanteriedivision Nr.	Standort	Anmerkung
I. Konstantinopel	I. Konstantinopel	1	Stambul	1. Die Divisionen Nr. 15, 16, 17 und 26 wurden erst im Frühjahr 1914 formiert.
		2	Hademkiöj	
		3	Skutari	
	II. Adrianopel	4	Adrianopel	2. Jede Division bestand aus 3 Infanterieregimentern und 6 Feldbatterien.
		5	Adrianopel	
		6	Kirkkilisse	
	III. Rodosto	7	Rodosto	3. Die in Thrazien, Ostanatolien und Arabien stationierten Infanterieregimenter bestanden aus je 3, alle übrigen aus 2 Bataillonen. Es waren daher 22 Divisionen aus je 9 und 16 aus je 6 Bataillonen formiert.
		8	Balikessir	
		9	Gallipoli	
	IV. Smyrna	10	Smyrna	
		11	Denizli	
		12	Burdur	
	V. Angora	13	Angora	
		14	Kastamuni	
		15	Kaissarié	
II. Damaskus	VI. Aleppo	16	Adana	
		24	Aintab	
		26	Aleppo	
	VIII. Damaskus	23	Homs	
		25	Damaskus	
		27	Jerusalem	
III. Erzerum	IX. Erzerum	17	Baiburt	
		28	Erzerum	
		29	Erzingian	
	X. Sivas	30	Sivas	
		31	Amassia	
		32	Samsun	
	XI. Mesre (Karput)	18	Mesre (Karput)	
		33	Van	
		34	Musch	

Armee-Inspektion	Korps	Infanteriedivision		Anmerkung
		Nr.	Standort	
IV. Bagdad	XII. Mossul	35	Mossul	
		36	Kerkuk	
	XIII. Bagdad	37	Bagdad	
		38	Bassorah	
I	VII. Sanaa (Yemen)	39	Sanaa	
		40	Hodeida	
		21	Ebha (Assyr)	
		22	Mekka (Hedschas)	

Quelle: Joseph Pomiankowski, Der Zusammenbruch des Ottomanischen Reiches, Graz 1969, Beilage 1

Anlage 2

Der deutsch-türkische Bündnisvertrag vom 2. August 1914.

1. Die beiden vertragschließenden Teile verpflichten sich, gegenüber dem gegenwärtigen Konflikt zwischen Österreich-Ungarn und Serbien strikte Neutralität zu bewahren.
2. Falls Rußland mit aktiven militärischen Maßnahmen eingreifen und dadurch für Deutschland den casus foederis gegenüber Österreich-Ungarn herbeiführen sollte, so würde dieser casus foederis ebenfalls für die Türkei in Kraft treten.
3. Im Kriegsfalle wird Deutschland seine Militärmission zur Verfügung der Türkei belassen.
   Die Türkei ihrerseits sichert der genannten Militärmission entsprechend den zwischen Sr. Exzellenz dem Kriegsminister und Sr. Exzellenz dem Chef der Militärmission unmittelbar getroffenen Vereinbarungen einen wirksamen Einfluß auf die allgemeine Armeeführung zu.
4. Deutschland verpflichtet sich, das Gebiet des ottomanischen Reiches im Falle der Bedrohung nötigenfalls mit den Waffen ...
5. Dieses Abkommen ist getroffen, um die beiden Reiche vor den internationalen Verwicklungen zu schützen, die aus dem gegenwärtigen Konflikt entstehen könnten; es tritt in Kraft, sobald es durch die erwähnten Bevollmächtigten unterzeichnet ist, und bleibt nebst den gegenwärtigen ähnlichen Verpflichtungen bis zum 31. Dezember 1918 in Gültigkeit.
6. Falls dieser Vertrag nicht durch einen der hohen vertragschließenden Teile sechs Monate vor Ablauf des hier obengenannten Termins gekündigt wird, bleibt er für einen weiteren Zeitraum von fünf Jahren in Kraft.
7. Die vorliegende Urkunde wird durch S. M. den Deutschen Kaiser, König von Preußen und S. M. den Kaiser der Ottomanen ratifiziert, und die Ratifikationen werden binnen eines Monats nach dem Datum der Unterzeichnung ausgetauscht.
8. Der gegenwärtige Vertrag bleibt geheim und kann erst nach einem zwischen den beiden hohen vertragschließenden Teilen getroffenen Übereinkommen veröffentlicht werden.

Quelle: Carl Mühlmann, Oberste Heeresleitung und Balkan im Weltkrieg 1914–1918, Berlin 1942, S. 275

Anlage 3

Die deutschen Botschafter im Osmanischen Reich 1914–1918

Freiherr von Wangenheim, Botschafter seit 1912, beurlaubt vom 20. Juli 1915 bis 2. Oktober 1915, verstorben am 25. Oktober 1915. Vertreten durch Fürst Hohenlohe-Langenburg, Botschafter in außerordentlicher Mission vom 20. Juli 1915 bis 2. Oktober 1915.

Botschaftsrat Freiherr von Neurath, Geschäftsträger vom 25. Oktober 1915 bis 15. November 1915. Konstantin von Neurath (1873–1956) bekleidete von 1932–1938 den Posten des Reichsaußenministers.

Graf Wolff-Metternich, Botschafter in außerordentlicher Mission vom 15. November 1915 bis 3. Oktober 1916.

Geheimer Legationsrat von Radowitz, Geschäftsträger vom 3. Oktober 1916 bis 16. November 1916.

Dr. von Kühlmann, Botschafter in außerordentlicher Mission vom 16. November 1916 bis 24. Juli 1917. Beurlaubt vom 26. Dezember 1916 bis 5. Januar 1917, vertreten durch Geheimen Legationsrat Dr. Göppert. Beurlaubt vom 26. Juni 1917 bis 7. Juli 1917, vertreten durch Botschaftsrat Graf von Waldburg.

Botschaftsrat Graf von Waldburg, Geschäftsträger vom 24. Juli 1917 bis 7. September 1917.

Graf von Bernstorff, Botschafter vom 7. September 1917 bis 27. Oktober 1918.

Botschaftsrat Graf von Waldburg, Geschäftsträger vom 27. Oktober 1918 bis 20. Dezember 1918.

Quelle: Deutschland und Armenien 1914–1918. Sammlung diplomatischer Aktenstücke, herausgegeben und eingeleitet von Johannes Lepsius, Potsdam 1919, S. 503–504

Anlage 4

Deutsche und österreichische Institutionen und Bauten in Jerusalem vor 1914

Einrichtung	Jahr der Gründung bzw. Fertigstellung
Konsulate	
Deutsches Konsulat	1842[1]
Österreichisches Konsulat	1849
Protestantische Schulen	
Syrisches Waisenhaus	1860
Schule der Diakonissen	
Mädchenschule »Talitha Kumi«	1868
	(1861)
Protestantische Knabenschule	1873
Knabenschule auf dem Muristan	1902
Katholische Schulen	
Schmidt'sche Mädchenschule	1873/86
Knabenschule	1900
Templer-Lyzeum in der deutschen Kolonie	1878
Forschungsinstitute	
Evangelisches Institut zur Erforschung von Palästina	1904
Katholische Görres-Gesellschaft	1909
Protestantische Krankenhäuser	
Altes Diakonissenhaus	1851/56
Neues Diakonissenhospital	1894
Altes Leprakrankenhaus	1866
Neues Leprakrankenhaus »Hilfe Jesu«	1887
Kinderkrankenhaus »Marienstift«	1872[2]
Hospize	
Johanniter-Hospiz	1851/55
Katholisches Mamilla-Hospiz	1880/86

Hospiz des heiligen Paulus	1910
Österreichisches Hospiz	1856
Heilig-Karl-Hospiz in der deutschen Kolonie	
Kaiserin-Auguste-Viktoria-Hospiz	1910

Deutsche Kirchen
Kleine Kirche auf dem Muristan	1871
Erlöserkirche auf dem Muristan	1898
Maria-Heimgang-Kirche auf dem Zionsberg (Dormitio)	1910
Auguste-Viktoria-Kirche auf dem Scopusberg	
Kirche des Syrischen Waisenhauses	

Deutsche Palästina-Bank 1899

Deutsche Post 1899

Mehrere deutsche Hotels und Gaststätten

Deutsche Friedhöfe
Protestantischer Friedhof auf dem Zionsberg
Templer-Friedhof in der deutschen Kolonie

Anmerkungen:
[1] 1842 als preußisches Konsulat errichtet, 1868 in das Generalkonsulat des Norddeutschen Bundes umgewandelt, ab 1871 Generalkonsulat des Deutschen Reiches.
[2] Die Einrichtung bestand bis 1899.

Quelle: Shlomo Elan: Deutsche in Jerusalem von der Mitte des 19. Jahrhunderts bis zum Ersten Weltkrieg, Wertheim 1984

Anlage 5

Landungszug der Emden *am 9. November 1914*

Kapitänleutnant von Mücke, Hellmuth
Leutnant z. S. Schmidt, Roderich
Leutnant z. S. Gyssling, Eugen
Torpedomaschinistenmaat Booch
Obermatrose Knopp
Obermatrose Krause
Obermatrose Hegel
Bootsmannsmaat Burgwedel
Bootsmannsmaat Michaelis
Maschinistenmaat Rossbach
Maschinistenmaat Holen
Maschinistenmaat Härttrich, Adolf
Obermatrose Tiedemann
Obermatrose Koschinsky, Heinrich
Obermatrose Grube
Obermatrose Löhmann, Walter
Obermatrose Süss
Obermatrose Reich I
Torpedomatrose Bartolomäus
Torpedomatrose Petersen
Obersignalgast Hoff, Walter
Signalgast Goldmann
Heizer Lanig
Heizer Becker II, Hans
Heizer Kreutz, Jakob (nach Massaua)
Heizer Schwalbe
Heizer Stephan
Heizer Heimann
Heizer Münch
Heizer Ostermann, Karl
Heizer Winterling
Heizer Luther, Gustav
Heizer Stoves, Walter
Matrose Rademacher
Matrose Schmidtberger
Matrose Witt
Matrose Stangen
Matrose Siebert
Matrose Mauritz
Matrose Keil
Matrose Wolff, Rudolf
Matrose Kirbach
Matrose Wadephul, Alfred
Matrose Berg
Matrose Dorl, Albert
Matrose Pinkert
Matrose Schwenteidt
Matrose Steege
F. T.-Oberanwärter Hilbers
F. T.-Gast Wichert

Später schlossen sich dem Landungszug an: in Padang am 29.11.1914 Leutnant z. S. d. R. Willmann und Obermaschinistenmaat d. R. Schwaneberger vom Dampfer *Rheinland;* vor Hodeida am 8.1.1915 Schiffsarzt Dr. Lang und Leutnant z. S. d. R. Geerdts vom Dampfer *Choising*.

Quelle: R. Witthoeft: Unsere »Emden«. Erlebnisse auf den Kaperfahrten im Jahre 1914, Berlin 1926, S. 289–290; R. K. Lochner: Die Kaperfahrten des Kleinen Kreuzers Emden. Tatsachenbericht, München 1979, S. 445

Anlage 6

Die Kriegsfahrten der SMS Breslau = Midilli

Fahrt	Auslaufen	Einlaufen	Ereignisse
1	3.8.1914, 0^{15}	5.8.1914, 5^{00}	Beschießung des Hafens von Bône/Algerien
2	6.8.1914, 17^{20}	10.8.1914, 19^{30}	Durchbruch nach den Dardanellen
3	27.10.1914, 19^{00}	1.11.1914, 16^{00}	Beschießung des Hafens von Novorossisk/Ukraine
4	2.11.1914, 20^{00}	13.11.1914, 17^{00}	Geleitschutz für Dampfer nach Trapezunt, Beschießung von Poti
5	17.11.1914, 15^{00}	19.11.1914, 14^{00}	Gefecht mit der russischen Flotte vor Sewastopol
6	21.11.1914, 7^{00}	31.11.1914, 0^{00}	Geleitschutz für Dampfer nach Trapezunt
7	5.12.1914, 2^{00}	8.12.1914, 14^{00}	
8	23.12.1914, 16^{00}	28.12.1914, 17^{00}	Versenkung von *Oleg* und *Athos* sowie des U-Bootes *Karg*
9	2.1.1915, 15^{00}	7.1.1915, 0^{00}	Geleitschutz für Dampfer nach Trapezunt; Beschießung russ. Stellungen bei Batum
10	24.1.1915, 6^{00}	28.1.1915, 12^{00}	
11	4.2.1915, 14^{00}	9.2.1915, 12^{00}	Beschießung des Hafens von Jalta
12	5.3.1915, 8^{00}	9.3.1915, 11^{00}	
13	16.3.1915, 7^{00}	20.3.1915, 10^{00}	Beschießung des Hafens von Feodosia

14	1.4.1915, 8^{00}	4.4.1915, 8^{00}	Versenkung der *Providence;* Gefecht mit russ. Zerstörern
15	6.5.1915, 5^{00}	8.5.1915, 8^{00}	
16	27.5.1915, 4^{00}	29.5.1915, 22^{00}	
17	10.6.1915, 4^{00}	11.6.1915, 8^{00}	Gefecht mit russ. Zerstörern
18	8.7.1915, 4^{00}	9.7.1915, 16^{00}	
19	18.7.1915, 5^{00}	18.7.1915, 15^{00}	Minentreffer
20	27.2.1916, 16^{00}	2.3.1916, 20^{00}	Truppentransport nach Trapezunt
21	11.3.1916, 17^{00}	14.3.1916, 17^{00}	Truppentransport nach Tireboli
22	1.4.1916, 16^{00}	5.4.1916, 4^{00}	Truppentransport nach Trapezunt; Beschießung russ. Stellungen bei Batum; gejagt von der *Imperatriza Maria*
23	25.4.1916, 16^{00}	28.4.1916, 13^{00}	Truppentransport nach Samsun
24	4.5.1916, 12^{00}	5.5.1916, 8^{00}	Minenoperation vor der Donaumündung
25	5.5.1916, 22^{00}	8.5.1916, 8^{00}	Minenoperation Schwarzes Meer; Beschießung des Hafens von Eupatoria
26	30.5.1916, 16^{00}	2.6.1916, 9^{00}	Transportfahrt nach Samsun und Sinope
27	2.7.1916, 22^{00}	7.7.1916, 9^{00}	Handelskrieg Schwarzes Meer
28	21.7.1916, 19^{00}	23.7.1916, 8^{00}	Gefecht mit *Imperatriza Maria*
29	23.6.1917, 16^{00}	25.6.1917, 19^{00}	Minenoperation an der Donaumündung; Beschießung der Schlangeninsel

30	1.11.1917, 8^{00}	1.11.1917, 21^{00}	
31	10.11.1917, 14^{00}	13.11.1917, 6^{00}	
32	19.1.1918, 8^{00}		Versenkung der engl. Monitore *Raglan* und M 28;
		20.1.1918, 9^{07}	Gesunken nach Minentreffern bei der Insel Imbros

Anlage 7

Kommandeur der Flieger   ABSCHRIFT!
  Heeresgruppe F.
Abt. I 141/17

   Geheim!   NACHWORT!

Merkblatt für die Reise Konstantinopel – Aleppo!

A. Allgemeines

Da die Lokomotiven mit *Holz* heizen, ist viel *Funkenflug*. Reichlich Feuerlöscher und gefüllte Wassereimer bei den Flugzeugen und offenen Wagen klar halten, da keine Notbremsen vorhanden, Signale (Gewehrschüsse) verabreden, damit der Zug zum Halten gebracht werden kann.
Bewachungsmannschaften auf Wagen verteilen.
Eintreffen auf *Verpflegungsstationen* voraus telegraphieren.
Auf *Bahnhöfen* gute Bewachung, da Diebstähle häufig. Keine *Eingeborenen* oder türkische Soldaten mitfahren lassen. Diese versuchen oft noch im letzten Augenblick der Abfahrt des Zuges auf den Zug zu springen. Bei *Schwierigkeiten* immer möglichst an türkische *Bahnhofskommandatur*. Nicht an Zugführer oder Unterpersonal wenden.
Allen türkischen Beamten und Offizieren gegenüber ruhig aber bestimmt *auftreten*. Lautes Schimpfen nutzt nichts, sondern macht den Orientaler [sic] noch verschlossener. Auf gründliche Säuberung der Wagen sehen, da trotz befohlener Desinfektion oft viel Schmutz! Läusegefahr.
Stets in *Feldküche* Kaffee oder Tee vorrätig halten, damit Mannschaften während der Reise nicht unabgekochtes Wasser aus den Brunnen der Bahnhöfen [sic] trinken. An Durchfall erkrankten Leuten [sic] isolieren.
Verpflegung trotz aller Soldatenheime für Reise bereit halten (besonders: Kaffee, Tee, Brot, Konserven). Eier und Obst können während der Reise meist auf Bahnhöfen von Eingeborenen gekauft werden. Jedoch Vorsicht im Genuß roher Früchte. Gründlich vorher säubern.
Aus Konstantinopel Bier mitnehmen, da hier letzte Möglichkeit zur Versorgung.
Dauer des Aufenthaltes auf Stationen bei verantwortlichen Stellen (Bahnhofskommandant oder Stationsleiter) erfragen. Uhren vergleichen.
Beim Umladen türkische Arbeiter beaufsichtigen. 10 Türken leisten die

Arbeit eines Deutschen. Auch hier nicht ungeduldig werden. Die Mitarbeit Deutscher Soldaten spornt auch den Orientaler [sic] an. Einige geschenkte Zigaretten bewirken oft Wunder.
Bei deutschen Verbindungsoffizieren ist sofort nach Ankunft und vor Abfahrt Meldung zu erstatten. Bei jedem Zugaufenthalt, besonders in der Nacht und bei Steigungen, Achtung, daß Personen und Güterwagen nicht abgehängt werden!
Auf Rangierstationen Eisenbahnschein vorzeigen! Bei Zugteilung mit erstem Teil drängen. Bei Zusammenstellung darauf achten, daß Wagen vorne eingestellt werden!
In Aleppo Vorsicht beim Einkauf in den Bazaren, viel Schundwaren, keine Spirituosen kaufen, da Vergiftungsfälle vorgekommen sind.
Einen Offizier rechtzeitig nach Aleppo voraussenden. Werden die Transporte direkt nach Ejerablus geleitet, so wird unter Umständen Aleppo nicht berührt.
Bem.: Dieses Merkblatt ist unter Zugrundelegung des von der Militärmission vom 8. Mai, 17 herausgegebenen »Merkblattes für Deutsche Transporte in Asien« bearbeitet.

x Fahrzeiten nur durchschnittlich angegeben.
xx Deutscher Verbindungsoffizier, Erfrischungswaggon und Unterkunftzelt.

A. B.
gez.: von Heimburg

Quelle: Bayerisches Hauptstaatsarchiv. Abt. IV Kriegsarchiv. 52 Bayer. Flieger-Abt. 304 b. Transport nach Palästina, unpaginiert

Anlage 8

Die Verluste der türkischen Kriegsmarine im Weltkrieg

Name	Stapellauf	BRT	Besatzung	Verlust
LINIENSCHIFF				
Chaireddin Barbarossa[1]	1891	10060	578	Am 8.8.1915 im Marmarameer durch engl. U-Boot E 11 versenkt; 253 Tote
KÜSTENPANZERSCHIFF				
Messudieh	1874	9250	600	Am 13.12.1914 durch engl. U-Boot B 11 versenkt; 37 Tote
KLEINE KREUZER				
Medjidieh	1903	3200	300	Am 3.4.1915 bei Odessa auf Mine gelaufen[2]
KANONENBOOTE				
Josgad	1906	185	30	Am 10.12.1915 von russ. Zerstörern vernichtet
Tasch-Keupri	1907	213	30	Zerstörern vernichtet
Newschehir	1907	213	30	Am 30.1.1915 auf Mine gelaufen
Marmariß	1907	500	75	Am 2.6.1915 auf dem Tigris von engl. Kanonenbooten beschädigt; anschließend gesprengt
Nur-el-Bahr	1903	200	45	Am 1.5.1915 in den Dardanellen von engl. U-Boot E 14 versenkt
Berak-Reis	1913	510	75	Am 1.11.1914 gesprengt

Name	Jahr	t	m	Schicksal
Hiziz-Reis	1912	510	75	Am 21.1.1915 vor Bosporus auf Mine gelaufen

HILFSKANONENBOOTE

Name	Jahr	t	m	Schicksal
Doghan	?	130	30	Nach Sprengung am
Sulman-Pak	1915	100	22	am 25.2.1917 in englische Hand gefallen
Sumana	?	120	?	

ZERSTÖRER

Name	Jahr	t	m	Schicksal
Par-Hissar	1908	305	67	Am 3.12.1915 im Marmarameer von engl. U-Boot E 15 versenkt; 36 Tote
Gairet-i-Watanije	1909	620	87	Am 30.10.1916 auf Klippen gestrandet
Jadighar-i-Millet	1909	620	87	Am 9.10.1917 vor Konstantinopel bei Fliegerangriff versenkt; 29 Tote

TORPEDOBOOTE

Name	Jahr	t	m	Schicksal
Hannidabad	1908	97	18	Am 31.10.1917 von russ. Zerstörern vernichtet; 8 Tote
Timur-Hissar	1908	97	22	Am 16.4.1915 bei der Insel Chios gesprengt
Kutahia	1906	160	24	Am 13.9.1916 im Bosporus auf Mine gelaufen

MINENLEGER

Name	Jahr	t	m	Schicksal
Nilufer[3]	1890	1088	?	Im November 1914 im Bosporus verschollen
Rhône	1895	216	?	Am 30.12.1914 vor der Bosporus-Einfahrt auf Mine gelaufen

Weiter gingen verloren sechs Minensucher (Nr. 2, 3, 6, 10, 12 und 16) sowie fünf Patrouillenboote. Berücksichtigt wurden nur Totalverluste.
Der Kreuzer *Midilli* = SMS *Breslau* ist nicht aufgeführt, da der Verlust der deutschen Flotte zuzurechnen ist.

[1] Hierbei handelt es sich um das ursprünglich deutsche Linienschiff *Kurfürst Friedrich Wilhelm*, das 1910 an die Türkei verkauft worden war.
[2] Später von den Russen gehoben und als *Pruth* in Dienst gestellt. Ab 13.5.1918 wieder türkisch.
[3] Das Schiff fungierte wahrscheinlich auch als Hilfskreuzer.

Quelle: R. J. Lusar: Die Verluste der türkischen Kriegsmarine im Weltkriege, in: Marine-Rundschau 1936, S. 498–504; J. Rehder: Die Kriegschiffverluste der fremden Flotten im Weltkriege 1914/18, München 1933, S. 36–37

Anlage 9

Deutsche Offiziere in türkischen Diensten 1914–1918

I. Als Kommandeure von Heeresgruppen und Armeen

Heeresgruppe Jildirim (Syrien, Palästina)
Erich von Falkenhayn   Juni 1917–Februar 1918
Otto Liman von Sanders   Februar 1918–Oktober 1918

Dritte Armee (Thrazien, Gallipoli)
Otto Liman von Sanders   August 1914–April 1915
Baron von der Goltz   April 1915–Oktober 1915

Fünfte Armee (Gallipoli, Mittelmeerküste)
Otto Liman von Sanders   März 1915–1918

Sechste Armee (Irak, Persien)
Baron von der Goltz   Oktober/Dezember 1915–April 1916

Achte Armee (Palästina)
Baron Kreß von Kressenstein   Oktober–Dezember 1917

II. Als Stabschefs in Heeresgruppen und Armeen

von Dommes, Wilhelm	Jildirim	1917–1918
von Falkenhausen, Alexander	Siebte Armee	1917–1918
von Feldmann, Otto	Erste Armee	1914
von Falkenberg, Werner	Vierte Armee	1914–1915
von Gleich, Gerold	Sechste Armee	1916
Guse, Felix	Dritte Armee	1914–1918
Herrgott, Adolf	Vierte Armee	1918
Kretzschmar, Hans-Wilhelm	Sechste Armee	1916–1917
Moldzio	Vierte Armee	1918
von Papen, Franz	Vierte Armee	1918
Paraquin, Ernst	Sechste Armee	1917–1918
	Ost	1918
Solger, Wilhelm	Siebte Armee	1918

| von Strube, Erwin | Dritte Armee | 1918 |
| Kreß von Kressenstein | Vierte Armee | 1915 |

III. Als Kommandeure von Divisionen, Gruppen und Korps

Back, Ulrich	K
Böhme, Erich	D
von Kiesling, Hans	D
Eggert	D
Guhr, Hans	D
Heuck, Albert	D
Hunger	D
Kannengiesser, Hans	D und K
Kreß von Kressenstein	K
Nicolai, August	D und K
Rabe	D
Schraudenbach, Ludwig	D
Schwabe, Kurt	D
von Sodenstern	D
Trommer, Bruno	D und K
Weber, Erich	G
Willmer, Wilhelm	D

D = Divisionskommandeur
G = Gruppenkommandeur
K = Korpskommandeur

Quelle: U. Trumpener: Suez, Baku, Gallipoli: The Military Dimensions of the German-Ottoman Coalition, 1914–18, in: Coalition Warfare. An Uneasy Accord, edited by Keith Neilson and Roy A. Prete, Waterloo, Ontario, Canada 1983, S. 49–51

Anlage 10

Deutsche Soldatengräber in der Türkei und Nah-/Mittelost.
Gefallene 1914–1918

Türkei		
Tarabaya	393 Gräber	Deutscher Soldatenfriedhof
Libanon		
Beirut	17 Gräber	Protestantischer Friedhof/ Rue de Damas
Jordanien		
Jericho	4 Gräber	
Israel		
Bethlehem	1 Grab	
Deir el Belah	2 Gräber	
Jerusalem	16 Gräber	Britischer Soldatenfriedhof Mount Scopus
	28 Gräber	Protestantischer Friedhof auf dem Berg Zion
Nazareth	261 Gräber	Deutscher Soldatenfriedhof
Ramleh	18 Gräber	Britischer Soldatenfriedhof
Tul Karm	1 Grab	Soldatenfriedhof
Syrien		
Aleppo	222 Gräber	Deutscher Soldatenfriedhof
Damaskus	11 Gräber	Protestantischer Friedhof der arabisch-evangelischen Gemeinde
Duman	27 Gräber	
Hama	2 Gräber	
Irak		
Bagdad	45 Gräber	Deutscher Soldatenfriedhof

Quelle: Atlas deutscher Kriegsgräber in Europa und Übersee, herausgegeben vom Volksbund Deutscher Kriegsgräberfürsorge, Kassel; Einzelmeldungen in: Kriegsgräberfürsorge. Stimme und Weg Nr. 2/1984, S. 23–25; Nr. 3/1986, S. 18–19; Nr. 4/1987, S. 24

Kurzbiographien

Viscount Edmund Henry Allenby. Geboren am 23.4.1861 in Brakkenhurst/Notinghamshire. Absolvent des Royal Military College in Sandhurst. Kämpft mit Auszeichnung im Burenkrieg 1899. Bei Ausbruch des 1. Weltkrieges Generalinspekteur der Kavallerie. Im Oktober 1914 Kommandeur des Cavalry Corps. Übernahme des 3. Armeekorps in Frankreich im Oktober 1915, entscheidend beteiligt an der Schlacht von Arras im Frühjahr 1917. Ab Juni 1917 Oberbefehlshaber des Ägyptischen Expeditionskorps in Palästina. Reorganisiert die dortigen Truppen. Sieg bei Gaza 1917. Im September 1918 beginnt er eine großangelegte Offensive, die mit der Niederlage der deutschtürkischen Verbände in Palästina und Syrien endet. Allenby wird zum Feldmarschall und Viscount of Megiddo and Felixstowe ernannt. Von 1919 bis 1925 britischer Hochkommissar von Ägypten. Gestorben in London am 14. Mai 1936.

Hans Joachim Buddecke. Geboren am 22.8.1890 in Berlin. Im Frühjahr 1904 Eintritt in das Kadettenkorps. 1910 Leutnant. 3 Jahre später Austritt aus dem aktiven Dienst und Übersiedlung nach Amerika. Im August 1914 abenteuerliche Reise auf einem griechischen Dampfer zurück nach Europa. Eintritt in den Fliegerdienst, fliegt ab September 1914 Kampfeinsitzer an der Westfront. Bereits 1915 mit beiden Eisernen Kreuzen, dem Ritterkreuz des Königlichen Hausordens von Hohenzollern mit Schwertern und dem Königlichen Sächsischen Militär-St. Heinrichsorden ausgezeichnet. Ende 1915 zur deutschen Militärmission in die Türkei versetzt, erringt die Luftherrschaft über der Halbinsel Gallipoli. 1916 mit dem Orden Pour le Mérite und der türkischen Großen Goldenen Imtiazmedaille ausgezeichnet. Von September bis Dezember 1916 auf eigenen Wunsch an die Westfront zurückversetzt, anschließend bis Ende 1917 wieder in türkischen Diensten. Anfang 1918 endgültige Rückkehr an die Frankreichfront, wo Oberleutnant Buddecke am 10.3.1918 in der Nähe von Lille fällt. Beigesetzt am 22. März auf dem Invalidenfriedhof in Berlin.
Veröffentlichung: El Schahin (Der Jagdfalke). Aus meinem Fliegerleben, Berlin 1918.

Ahmed Djemal Pascha. Geboren in Konstantinopel 1872. Besuch der Kriegsakademie, schließt sich früh der jungtürkischen Bewegung an. 1909 Gouverneur von Üsküdar bei Konstantinopel. 1912 Kommandeur der Reservedivision in Konya, Teilnahme am 1. Balkankrieg. Nach dem Staatsstreich von 1913 Militärgouverneur von Konstantinopel. Im Anschluß an eine kurze Funktion als Minister für öffentliche Arbeiten übernimmt er 1914 das Marineministerium. Seit November 1914 auch Oberbefehlshaber der 4. Armee (Damaskus) und Militärgouverneur von Syrien, Palästina und Hedschas. Seine Armee unternimmt 1915 und 1916 zwei vergebliche Angriffe auf den Suezkanal. Im Inneren bekämpft Djemal mit drakonischer Härte arabische Nationalisten und pro-Entente Strömungen. Nach dem türkischen Zusammenbruch flieht er im Oktober 1918 über Deutschland in die Schweiz, wird in der Heimat 1919 in contumaciam zum Tode verurteilt. Reorganisator der afghanischen Armee. Am 21.7.1922 in Tiflis von armenischen Nationalisten erschossen.
Veröffentlichung: Erinnerungen eines türkischen Staatsmannes, München 1922.

Enver Pascha. Geboren in Konstantinopel am 22.11.1881. Absolvent der Kriegsschule, die er 1902 als Hauptmann im Generalstab verläßt. 1903–1908 bei der 3. Armee in Mazedonien eingesetzt, wo er sich dem revolutionären Komitee für Einheit und Fortschritt anschließt. Mitorganisator der jungtürkischen Revolution vom 24.7.1908. 1909 Militärattaché in Berlin, ist er im gleichen Jahr bei der Niederwerfung des konterrevolutionären Putschversuches vom 13. April in der türkischen Hauptstadt beteiligt. Kämpft 1911–1912 in Libyen mit Bravour gegen die Italiener. Leitet am 23.1.1913 den Handstreich auf die Hohe Pforte, der die Jungtürken wieder an die Macht bringt. Teilnahme am Balkankrieg. 1914 Kriegsminister und Generalmajor, bedingungsloser Anhänger einer Kriegsteilnahme an der Seite des Deutschen Reiches. Im Oktober 1914 zum stellvertretenden Oberbefehlshaber der türkischen Streitkräfte ernannt. Seine überspannten panturanischen Träume bringen der Türkei im Kaukasus anfangs Mißerfolge und den Verlust ganzer Divisionen. Flieht nach der türkischen Niederlage nach Berlin und wird am 5.7.1919 zusammen mit anderen jungtürkischen Führern in Konstantinopel in Abwesenheit zum Tode verurteilt. Versuch einer taktischen Annäherung an die Sowjets, Teilnahme am Kongreß der Orientvölker in Baku im September 1920. Sein Anschluß an die antikommunistische Freiheitsbewegung in Turkestan ist die letzte Ausprägung seines Traums vom türkischen Großreich. Enver fällt nach wechselvollen Kämpfen gegen die Rote Armee am 4.8.1922 östlich Bal'džuan im heutigen Tadschikistan.

Erich Georg Anton Sebastian von Falkenhayn. Geboren am 11.9.1861 in Burg Belchau, Kreis Thorn. Nach Erziehung im Kadettenkorps 1880 Leutnant. Dreijährige Ausbildung in der Kriegsakademie. 1893 Hauptmann im Großen Generalstab. 1896 Übertritt in chinesische Dienste, Lehrtätigkeit an einer Kriegsschule in Hankow. Im März 1899 als Major wieder in preußische Dienste übernommen. Während des Boxeraufstandes im Generalstab der Ostasiatischen Brigade. 1903–05 Bataillonskommandeur, 1911–12 Regimentskommandeur, Generalstabstätigkeit. Im Juli 1913 wird der Generalleutnant preußischer Kriegsminister, ab September 1914 zusätzlich auch Chef des Generalstabes des Feldheeres. Zeichnet sich durch Energie, einen analytischen Verstand, Härte und politisches Kalkül aus. Im Januar 1915 vom Amt des Kriegsministers entbunden, gleichzeitig zum General der Infanterie befördert. Seine menschenverachtende Strategie der Abnutzungsschlacht von Verdun läßt auch die eigenen Kräfte verbluten. Nach der durch den Kriegseintritt Rumäniens eskalierenden Krise der Mittelmächte wird er am 29.8.1916 als Generalstabschef abberufen. Lehnt den ihm angebotenen Botschafterposten in Konstantinopel ab und übernimmt im September 1916 den Oberbefehl über die 9. Armee, stellt sein Können als Heerführer bei den Operationen gegen Rumänien unter Beweis. Am 9. Juli 1917 zum Oberbefehlshaber der türkischen Heeresgruppe F und zum türkischen Marschall ernannt. Ab dem 30. September auch verantwortlich für die Palästinafront und die dortigen Abwehrmaßnahmen. Nach heftigen Auseinandersetzungen mit der türkischen Heeresleitung Ende Februar 1918 abberufen. Übernimmt die 10. Armee in Weißrußland. Auf eigenen Wunsch am 5.6.1919 verabschiedet. Verstorben auf Schloß Lindstedt bei Potsdam am 8.4.1922.

Veröffentlichungen: Die Oberste Heeresleitung 1914–1916 in ihren wichtigsten Entschließungen, 1920; Der Feldzug der 9. Armee gegen die Rumänen und Russen 1916/17, 1921.

Hellmuth Felmy. Geboren am 28.5.1885 in Berlin. Nach Besuch des Gymnasiums Eintritt in die Armee bei der preußischen Infanterie, anschließend Wechsel zur Fliegerei. 1916–18 als Hauptmann Kommandeur der Fliegerabteilung 300 in Palästina. Nach 1933 am Aufbau der Luftwaffe beteiligt. 1938 zum General der Flieger befördert. Wegen einer Geheimhaltungspanne 1940 als Befehlshaber der Luftflotte II abgelöst. Ein Jahr später reaktiviert und im Mai zum Leiter der Militärmission (Deckname Sonderstab F) im Irak ernannt. Anschließend Einsatz im Mittelmeerraum. 1943 in Griechenland Befehlshaber des Generalkommandos LXVIII. Bei Kriegsende Chef des XXXIV. Armeekorps. Im Februar 1948 wegen Kriegsverbrechen auf dem Balkan zu fünfzehn Jahren Gefängnis verurteilt. 1951 wird die Strafe auf zehn Jahre reduziert, Felmy aber bereits Ende des Jahres amnestiert und entlassen. Verstorben in Darmstadt am 14.12.1965.

Colmar Freiherr von der Goltz. Geboren am 12.8.1843 in Bielkenfeld/Ostpreußen. 1855 Eintritt in die Kadettenvoranstalt von Kulm, drei Jahre später Übergang auf die Hauptkadettenanstalt in Berlin. Ernennung zum Seconde-Leutnant 1861. Teilnahme am Feldzug gegen Österreich 1866 sowie am deutsch-französischen Krieg 1870/71. Generalstabsausbildung. Nach wechselnden Funktionen, unter anderem in der Kriegsgeschichtlichen Abteilung, von 1883–95 Reorganisator der osmanischen Armee. 1896–98 als Generalleutnant Divisionskommandeur in Frankfurt/Oder. 1898–1902 Chef des Pionierkorps und Generalinspekteur der Festungen. 1902–07 Kommandierender General des I. Armeekorps in Ostpreußen, anschließend bis 1913 Armeeinspekteur. Von 1903–13 nochmals Türkei-Berater. 1911 Ernennung zum Generalfeldmarschall. 1913 verabschiedet, wird er im Herbst 1914 Generalgouverneur Belgiens. Von Dezember 1914 bis Oktober 1915 ist er Berater des türkischen Hauptquartiers und übernimmt zusätzlich im April 1915 die 1. osmanische Armee. Ab Oktober 1915 Oberbefehlshaber der 6. osmanischen Armee (Irak-Armee). Gestorben in Mesopotamien am 19.4.1916 an Fleckfieber.

Veröffentlichung (Auswahl): Denkwürdigkeiten, bearbeitet und herausgegeben von Friedrich Freiherr von der Goltz und Wolfgang Foerster, Berlin 1929.

Werner Otto von Hentig. Geboren am 22.5.1886 in Berlin als Sohn eines Rechtsanwaltes und späteren Staatsministers von Sachsen-Coburg-Gotha. 1905 Abitur, Ableistung des Militärdienstes in Königsberg. 1909 1. juristische Staatsprüfung und Promotion. Eintritt in den Diplomatischen Dienst, Attaché in Peking. 1913 am Generalkonsulat in Konstantinopel tätig, anschließend bis Kriegsausbruch kommissarischer Legationssekretär in Teheran. 1915/16 Führer der zweiten Afghanistanexpedition, die sich mit der Kolonne Niedermayer vereinigt. Im August 1915 überschreitet die Expedition die Grenze nach Afghanistan. Abenteuerlicher Rückmarsch im Mai 1916 über Chinesisch Turkestan. 1917 Leiter der Presse- und Informationsabteilung der deutschen Botschaft in Konstantinopel. Erlebt den Sturz des Kaiserreiches 1918 in Berlin. 1919 Vorstandsmitglied der Nansenhilfe. 1921 Gesandter in Reval, 1923 Gesandtschaftsrat in Sofia. 1924/26 Generalkonsul in Posen. 1928/32 Generalkonsul in San Francisco. 1934/36 Gesandter in Bogota. 1936/37 Generalkonsul in Amsterdam. Auf nationalsozialistischen Druck aus dem Auslandsdienst zurückgezogen. 1939 freiwillige Meldung zur Wehrmacht. Bis 1940 Leiter des Referats Pol. VII im Auswärtigen Amt (Türkei, Arabische Staaten, Indien). 1941 Vertreter des Auswärtigen Amtes bei der 11. Armee im Osten. Als Angestellter 1952/54 Botschafter in Djakarta. Sonderberater der saudi-arabischen Regierung. Gestorben in Norwegen im August 1984.

Veröffentlichungen (Auswahl): Meine Diplomatenfahrt ins verschlossene Land, Berlin-Wien 1918; Mein Leben eine Dienstreise, Göttingen 1962.

Mustafa Kemal Atatürk. Geboren 1881 als Sohn eines Zollbeamten in Saloniki. 1893 Eintritt in die dortige Militärschule. Zwei Jahre später Wechsel auf das Militärgymnasium Monastir. Nach Absolvierung der Infanterieklasse der Kriegsschule von Konstantinopel Eintritt in die Kriegsakademie, die er 1905 als Hauptmann verläßt. Wegen konspirativer Tätigkeit gegen das Regime Sultan Abdul Hamids aus der Hauptstadt entfernt und nach Damaskus versetzt, wo er eine revolutionäre Geheimgesellschaft gründet. Im September 1907 wird er zur 3. Armee nach Saloniki transferiert und nimmt Kontakt zu den dortigen Jungtürken auf. Beteiligt am Marsch auf Konstantinopel im April 1909. 1911/12 Teilnahme an den Kämpfen gegen die Italiener in Libyen. Ende 1912 erfolgreicher Einsatz im

Balkankrieg gegen die Bulgaren. Im Oktober 1913 Militärattaché in Sofia. Divisionskommandeur an der Dardanellenfront. Im Mai zum Oberst befördert, spielt er eine entscheidende Rolle bei der Verteidigung der Halbinsel Gallipoli. Im Juli 1915 Befehlshaber der »Gruppe der beiden Anaforta«. 1916 Kommandeur des 16. Armeekorps der Kaukasusfront, am 1. April zum Brigadegeneral ernannt. Stellvertretender Kommandeur der 2. Armee. 1917 als unbequemer Mahner unter Wechsel der Funktionen mehrfach versetzt: Kommandeur des Hedschas-Expeditionskorps, dann wieder an der Kaukasusfront als Chef der 2. Armee. Im Juli Übernahme der 7. Armee in Palästina. Als er seine Rückversetzung in den Kaukasus verweigert, wird er auf Dienstreise nach Spa ins deutsche Hauptquartier abgeordnet. Im August 1918 erneut Übernahme der 7. Armee, nach Abschluß des Waffenstillstandes auch Oberkommandierender der Heeresgruppe F. Die Ernennung zum Inspekteur der 9. Armee in Anatolien nutzt er für die Aufstellung einer Befreiungsarmee. Verläßt die Armee des Sultans. Die Einberufung eines Gegenparlaments in Ankara im April 1920 beantwortet der Sultan mit dem Todesurteil. Der Widerstand der Truppen Kemals gegen den Diktatfrieden von Sèvres ist erfolgreich. Nach der siegreichen Schlacht an der Sakarya gegen die Griechen verleiht die Nationalversammlung dem Oberbefehlshaber im September 1921 den Marschallrang und die Bezeichnung Gazi (der Siegreiche). Der Friedensvertrag von Lausanne am 24. Juli 1923 sichert die Unabhängigkeit der Türkei. Kemal wird im Oktober 1923 zum ersten Präsidenten der neugegründeten Republik gewählt (Wiederwahl 1927, 1931 und 1935). In dieser Funktion und als Chef der Regierungspartei setzt er eine weitgehende Modernisierung, umfangreiche Reformen und die völlige Zurückdrängung des Islams durch. Im November 1934 erhält er den Namen Atatürk – Vater der Türken. Gestorben in Istanbul am 10.11.1938. 1953 werden seine Gebeine im Atatürk-Mausoleum in Ankara beigesetzt.

Veröffentlichung (Auswahl): Die neue Türkei 1919–1927, drei Bände, Leipzig 1928.

Friedrich Freiherr Kreß von Kressenstein. Geboren am 24.4.1870 in Nürnberg. 1888 Eintritt in die bayerische Armee. 1900 Adjutant des Kriegsministers, ein Jahr später Hauptmann, 1910 Beförderung zum Major. 1914 Übertritt in die türkische Armee. Dort in verschiedenen

Funktionen tätig: 1.7.–1.8. Chef der Mobilmachungsabteilung im Kriegsministerium, vom 2.8.–20.9. Chef der Operationsabteilung im türkischen Großen Hauptquartier, dann bis Mitte 1915 Chef des Stabes des VIII. osmanischen Armeekorps. Ab 1.7.1915 Chef des Generalstabes der 4. Armee, von Dezember an Kommandeur des Expeditionskorps, dessen Angriff auf den Suezkanal 1916 scheitert. Übernimmt am 1.4.1917 das 22. Armeekorps, am 1.8.1917 das Kommando über die Sinaifront. Ab 1. Dezember dem Heeresgruppenkommando F zur besonderen Verwendung zugeteilt. Chef der 8. Armee, Ernennung zum türkischen Generalmajor. Im Mai 1918 kurzfristige Tätigkeit als Chef der deutschen Delegation im Kaukasus, anschließend Vertreter des Kaiserreiches bei der Transkaukasischen Republik in Tiflis. 1919 zum Reichswehrministerium versetzt, zwei Jahre später Beförderung zum Generalmajor, 1923 zum Generalleutnant. Übernimmt 1924 die 7. Division der Reichswehr. 1928 Oberbefehlshaber des Gruppenkommandos 2 und Beförderung zum General der Artillerie. Im November 1929 aus dem Heer ausgeschieden. Träger höchster Auszeichnungen, u. a. des preußischen Hausordens von Hohenzollern (Ritterkreuz mit Schwertern), der türkischen Liakat-Medaille in Gold mit Schwertern, des Militär-Max-Joseph-Ordens und des Pour le Mérite. Verstorben in München am 6.1.1948. *Veröffentlichung* (Auswahl): Mit den Türken zum Suezkanal, Berlin 1938.

Thomas Edward Lawrence. Geboren am 16.8.1888 in Tremadoc/Wales. Studium der Geschichte am Jesus College in Oxford ab 1907. Zwei Jahre später Fußwanderung durch den Mittleren Osten zur Erforschung der Kreuzfahrerburgen. 1911–14 archäologische Arbeit in Karkemisch (Dscherablus) am Euphrat. Dabei Tätigkeit für den britischen Geheimdienst zur Ausforschung der Bagdadbahn. Im September 1914 ohne militärische Grundausbildung zum Offizier ernannt. Als aktiver Mitarbeiter für den Geheimdienst im Mittleren Osten angeworben. Bis Oktober 1916 zumeist mit Schreibtischarbeiten im Kairoer Zentrum des britischen Nachrichtendienstes beschäftigt. Im Frühjahr 1916 vergeblicher Versuch, den türkischen Befehlshaber der Belagerungsstreitkräfte von Kut-el-Amara (Mesopotamien) zu bestechen. Im Oktober 1916 Reise in den aufrührerischen Hedschas. Ab Dezember »politischer Offizier« bei Emir Feisal. Berater der arabischen Insurgenten. Nach der Einnahme von

Aqaba durch aufständische Truppen im Juli 1917 mit dem Commander of Bath ausgezeichnet. Meister des Kleinkrieges und der Guerillataktik gegen die Türken. Nach der Schlacht von El Tafila am 25.1.1918 zum Oberst ernannt. 1919 Teilnahme an der Pariser Friedenskonferenz. 1921 bis Juli 1922 Berater für arabische Angelegenheiten bei Kolonialminister W. Churchill. Anschließend Rückzug in die Anonymität. Unter falschem Namen und als einfacher Soldat dient er bei der Luftwaffe, der Panzertruppe und wieder bei der RAF. Von 1927–29 nach Indien versetzt. Im Februar 1935 endgültiges Ausscheiden aus den Streitkräften. Gestorben nach einem Motorradunfall am 19. Mai 1935.

Veröffentlichungen (Auswahl): Revolt in the Desert, London 1927; Seven Pillars of Wisdom, London 1935 (dtsch. 1936); Crusaders Castles, 1936; Secret Despatches from Arabia, London 1939; The Mint, London 1955.

Otto Karl Viktor Liman von Sanders (eigentlich Liman, 1913 geadelt). Geboren am 17.2.1855 in Stolp/Pommern als Sohn eines Rittergutsbesitzers. Ab 1874 aktiver Offizier. 1887 Eintritt in den großen Generalstab, 1904 Oberst, 1908 Generalmajor, 1911 Generalleutnant. Scheidet 1913 als Divisionskommandeur aus dem preußischen Heeresdienst aus und wird Chef der deutschen Militärmission in der Türkei. Übernimmt im August 1914 das Kommando über die 1. Türkische Armee, später auch über die 2. Armee und 1915 die 5. Armee. Siegreicher Verteidiger der Halbinsel Gallipoli 1915. Wird am 1.3.1918 als Nachfolger General von Falkenhayns Oberbefehlshaber der Heeresgruppe Jildirim. Am 31.10.1918 übergibt der osmanische Generalfeldmarschall die Reste der Palästinaarmee Mustafa Kemal. Nach Internierung auf der Insel Malta Rückkehr nach Deutschland im August 1919. Verstorben in München am 22.8.1929.

Veröffentlichung: Fünf Jahre Türkei, Berlin 2. Auflage 1920.

Heinrich August Meißner. Geboren am 3.1.1862 in Leipzig. Von 1881–85 Ingenieurstudium an der Technischen Hochschule Dresden. Seit 1887 im Eisenbahnbauwesen der Türkei mit verschiedenen Projekten beschäftigt. Ende 1896 wissenschaftlicher Leiter für Eisenbahnbauwesen in Konstantinopel. Im Dezember 1900 als leitender Ingenieur für den Bau der Hedschasbahn berufen. 1904 verleiht ihm der Sultan wegen seiner Verdienste den Titel eines Paschas. Nach Fertigstellung der Hedschasbahn (Damaskus-Medina) 1908 tritt Meißner 1909 zur Anatolischen Bahnbaugesellschaft über, die den Ausbau der Bagdadbahn durchführt, der bei Kriegsausbruch nicht vollendet ist. Meißner wird Bauleiter der syrisch-ägyptischen Bahn, die 1916 bis zur Station Hafir el Audscha an der ägyptischen Grenze vorangetrieben wird. 1918 Rückkehr in die Heimat. Nach einer Tätigkeit in Albanien 1924 von der türkischen Regierung als Berater für Bau- und Bahnunterhaltung im Eisenbahnwesen berufen. Von 1927 bis 1933 im technischen Beirat der Generaldirektion der Anatolischen Bahnen tätig. Übernahme eines Lehrstuhls für Eisenbahnbauten an der Technischen Hochschule Istanbul. Am 14.1.1940 in der türkischen Hauptstadt verstorben.

Kurt Hellmuth von Mücke. Geboren am 25.6.1881 in Zwickau. Im April 1900 Eintritt in die Kaiserliche Marine als Seekadett. 1903 Leutnant. Verschiedene Bordkommandos, u. a. auf dem kleinen Kreuzer *Nymphe* und auf Schultorpedobooten. 1910 Kapitänleutnant. Im Herbst 1913 Versetzung nach Ostasien als Navigationsoffizier des kleinen Kreuzers *Emden,* auf dem er im Frühjahr 1914 Erster Offizier wird. Nach Versenkung seines Schiffes am 9.11.1914 bei den Cocos-Inseln entzieht er sich mit dem Landungszug von SMS *Emden* nach Beschlagnahme des Schoners *Ayesha* der englischen Gefangennahme und erreicht mit seinen Leuten nach abenteuerlichem Wüstenmarsch im Mai Konstantinopel. Danach hat er häufig wechselnde Kommandos inne: Chef der 15. Torpedoboot-Halbflottille, ab Februar 1916 Führer der Euphrat-Flußabteilung (Mesopotamien), im November 1916 zum Admiralstab der Marine versetzt, im März 1917 Kommandeur der deutschen Donau-Halbflottille, anschließend Navigationsoffizier des Schlachtkreuzers *Derfflinger* und im Mai 1918 schließlich Kommandeur der 1. Abteilung der II. Torpedoboots-Division. Nach Kriegsende als Korvettenkapitän verabschiedet, zieht es ihn in die Politik. Die Deutsch-Nationale Volkspartei verläßt er ebenso rasch wie die NSDAP. Befindet sich bald zwischen allen ideologischen Fronten. Im 2. Weltkrieg darf der totgeschwiegene Außenseiter sich nur mit der Herausgabe von marinetechnischen Handbüchern beschäftigen. Nahezu vergessen stirbt von Mücke, einer der berühmtesten Seeoffiziere des 1. Weltkrieges, am 30.7.1957 in Ahrensburg/Holstein.

Veröffentlichungen (Auswahl): Emden, Berlin 1915; Ayesha, Berlin 1915; Linie. Rückblicke persönlicher und politischer Art auf das letzte Jahrzwölft der Republik. Band 1: Revolution, Nationalsozialismus und Bürgertum, 1931 (mehr nicht erschienen).

Alois Musil. Geboren am 6.7.1868 in Richterdorf/Mähren. Ab 1887 Studium der Theologie an der Universität Ölmütz. Priesterweihe 1891. 1895 Doktor der Theologie. Im gleichen Jahr erste Orientreise. Entdecker der Omajaden-Schlösser im heutigen Jordanien. 1902 außerordentlicher, 1904 ordentlicher Professor für biblische Hilfswissenschaften an der Universität Ölmütz. Korrespondierendes Mitglied der k.u.k. Akademie der Wissenschaften. 1909–19 Professor an der Universität Wien. Unternimmt zahlreiche gefahrvolle und abenteuerliche Expeditionen, die nicht nur archäologischen Zwecken, sondern auch der kartographischen und topographischen Erschließung der bereisten Gebiete sowie ethnographischen Studien dienen: Große Nordarabien-Expedition 1908/09; Hedschas-Expedition 1910; Expedition durch Nordostarabien und Südmesopotamien zusammen mit Prinz von Bourbon-Parma 1912. Zum Hofrat ernannt, führt Musil 1914/15 im Auftrag des Kaisers eine ausgedehnte Arabienexpedition durch, um die innerarabischen Stämme auszusöhnen und gegen England zu führen. 1917 wird Musil die Charge eines Generaloberkriegsrates und der Titel Exzellenz verliehen. Leiter der vom k.u.k. Kriegsministerium organisierten Orientmission, die am 1.9.1917 in die Türkei aufbricht. Nach dem Zusammenbruch der Donaumonarchie vorwiegend publizistisch tätig. Verstorben in Mähren am 12.4.1944.

Veröffentlichungen (Auswahl): Arabia Petraea, Bd. I–III, Wien 1907/08: The Northern Hegaz, New York 1926; Arabia Deserta, New York 1927; The Manners and Customs of the Ruala Beduins, New York 1928; In the Arabian Desert, London 1931; Der Sohn der Wüste, Prag 1933; Zwischen Euphrat und Tigris, Prag 1935.

Oskar Ritter von Niedermayer. Geboren am 8.11.1885 in Freising. 1905 Eintritt in die kgl.-bayerische Armee als Offiziersaspirant. Studium der Geologie und Geographie in Erlangen, wo er auch die persische Sprache erlernt und der Bahai-Sekte beitritt. Ende 1914 als

Leiter der Afghanistanexpedition berufen, die im Oktober 1915 nach abenteuerlichem Marsch Kabul erreicht. Im August 1916 zum Hauptmann befördert. Reist nach Zwischenaufenthalt in Kermanschah/Persien Mitte Februar 1917 zur Berichterstattung in die Reichshauptstadt. Im Juni 1917 dem Heeresgruppenkommando F zur besonderen Verwendung zugewiesen. Im März 1918 in den Westen zurückberufen, wo er verschiedene Funktionen innehat. Mitglied des Freikorps Epp. Promotion in München. Von 1922–31 Tätigkeit im Moskauer Büro der Reichswehr. Im Januar 1933 als Oberstleutnant aus der Reichswehr entlassen, anschließend Habilitation an der Universität Berlin, wo er 1937 Direktor des Instituts für Wehrlehre wird und 1939 ein planmäßiges Ordinariat erhält. 1942 in der Wehrmacht als Kommandeur der aus turkstämmigen Legionären gebildeten 162. ID. verwendet. Im Mai 1944 abgelöst, Versetzung zum Kommando der Osttruppen 703 z.b.V. Im August 1944 wegen regimekritischer Äußerungen verhaftet und in Torgau inhaftiert. Nach seiner Befreiung durch die Amerikaner fällt er in die Hände der Sowjets, die ihn in die Moskauer Lubjanka einliefern und zu 25 Jahren Gefängnis verurteilen. Gestorben in der Strafanstalt Wladimir am 25.9.1948.

Veröffentlichungen (Auswahl): Das Binnenbecken des Iranischen Hochlandes, München 1920; Im Weltkrieg vor Indiens Toren, Hamburg 3. Auflage 1942; Krieg in Irans Wüsten, Hamburg 2. Auflage 1940; Wehrgeographie, Berlin 1942.

Max von Scheubner-Richter. Geboren am 9.1.1884 in Riga. Studium der Ingenieurwissenschaften. 1914 Kriegsfreiwilliger bei den bayerischen Chevaulegers. Im November 1914 auf den osmanischen Kriegsschauplatz versetzt. Ab Januar 1915 Vizekonsul in Erzurum und Reserveleutnant. Setzt sich für die verfolgten Armenier ein. Bricht im September 1915 mit einer deutsch-türkischen Expedition (»Detachement Scheubner-Nadji«) nach Nordpersien auf, um eine antirussische Erhebung im Nordkaukasus (Daghestan) vorzubereiten. Die Expedition bindet überlegene russische Kräfte, bis sie sich im Mai 1916 wieder auf türkisches Gebiet zurückzieht. Im August reist Scheubner-Richter als nicht mehr tropentauglich in die Heimat zurück. In München Abschluß der Dissertation zum Dr. Ing. Nach Einsatz an der Westfront Leiter der Pressestelle Ober-Ost 8 in Riga.

Dort im Januar 1919 von einem bolschewistischen Revolutionstribunal zum Tode verurteilt. Vorsitzender des Zentralausschusses für den Ostdeutschen Heimatdienst in Danzig. 1920 Mitglied der NSDAP. Beim Münchener Putschversuch am 9.11.1923 von der Landespolizei erschossen.

Wilhelm Souchon. Geboren am 2.6.1864 in Leipzig. 1881 Eintritt in die Kieler Marineschule. 1896 für 4 Jahre ins Oberkommando der Marine berufen, anschließend Erster Offizier des Seekadetten-Schulschiffs *Charlotte*. Leitung der englischen Abteilung im Admiralstab der Marine. Während des russisch-japanischen Krieges 1904/05 Chef des Stabes des Kreuzergeschwaders im Fernen Osten. Es folgen Tätigkeiten im Reichsmarineamt sowie 1909 die Berufung zum Chef des Stabes der Marinestation der Ostsee und 1912 zum 2. Admiral des II. Geschwaders. Ab September 1913 Befehlshaber der Mittelmeer-Division (SMSS *Goeben* und *Breslau*). 1915 zum Vizeadmiral ernannt, 1916 mit dem Orden Pour le Mérite ausgezeichnet. Im September 1917 wird Souchon Chef des IV. Geschwaders der Hochseeflotte, die Mittelmeer-Division übernimmt Admiral Hubert von Rebeur-Paschwitz. Im März 1919 verabschiedet. Verstorben in Bremen am 13.1.1946.

Mehmed Talaat Pascha. Geboren in Edirne am 1.9.1874. In der Heimatstadt Besuch der Militärmittelschule. Tätigkeit im Postdienst. 1895–97 wegen revolutionärer Umtriebe in Haft. Tritt der jungtürkischen Bewegung bei und wird deswegen 1908 endgültig aus der Postverwaltung entlassen. Leiter einer Privatschule. Nach der jungtürkischen Revolution vom Juli 1908 zum Abgeordneten von Edirne gewählt. Von August 1909 bis Februar 1911 Innenminister. 1912 Postminister. Zusammen mit Enver Pascha Organisator der jungtürkischen Machtergreifung 1913. Von Juni 1913 bis Februar 1917 wiederum Übernahme des Innenministeriums, in dieser Funktion verantwortlich für die Armeniermassaker. 1917 Aufstieg zum Großwesir. Leiter der türkischen Delegation bei den Friedensverhandlungen mit Rußland und Rumänien 1918. Flieht am 2.11.1918 nach Deutschland, wo er unter dem Decknamen Ali Bey in der Reichshauptstadt lebt. 1919 erkennt ihm die neue türkische Regierung alle Auszeichnungen und den Wesirsrang ab. Von einem Armenier am 15.3.1921 in Berlin erschossen. Sein Leichnam wird 1944 nach Istanbul überführt und dort auf dem Heldenfriedhof beigesetzt.

Wilhelm Waßmuß. Geboren 1880 in Ohlendorf im Harz. 1906 Eintritt in den Dolmetscherdienst des Auswärtigen Amtes. Erster Auslandsaufenthalt in Madagaskar. 1909 ein Jahr lang Konsularagent in Buschir am Persischen Golf, 1913 dort Konsul. Im Sommer 1914 als Führer der deutschen Afghanistanexpedition vorgesehen. Trennt sich im Februar 1915 in Bagdad von der Expedition und schlägt sich nach Persien durch. Ruft die Stämme zum Kampf gegen die britischen und russischen Besatzungstruppen auf. Ein Kleinkrieg der südpersischen Stämme gegen die Engländer beginnt. Im Sommer 1918 muß sich Waßmuß mit den aufständischen Kaschgai zurückziehen, die im Oktober bei Firuzabad eine entscheidende Niederlage gegen die Briten erleiden. Im März 1919 wird er bei dem Versuch, zu Fuß in die Türkei zu gelangen, gefangengesetzt, kann aber fliehen und die deutsche Botschaft in Teheran erreichen. Von den britischen Behörden ausgewiesen, erreicht er die Heimat im Herbst 1919. Nach vorübergehender Tätigkeit im Auswärtigen Amt Rückkehr nach Persien im Dezember 1923, um dort Landwirtschaft zu betreiben und seinen früheren Verbündeten zu helfen. Das Unternehmen scheitert, Waßmuß kehrt im April 1931 bankrott und gebrochen nach Berlin zurück, wo er am 29. November stirbt.

Theodor Wiegand. Geboren am 30.10.1864 in Bendorf am Rhein. Studium der Kunstgeschichte und Archäologie. Leitet ab 1896 die Ausgrabungen von Priene. Von 1899 bis 1911 Direktor des Deutschen Archäologischen Instituts in Konstantinopel, anschließend Direktor der Antikenabteilung der Berliner Museen. Geleitet im August 1916 als Hauptmann der Landwehr einen Heerestransport in die Türkei. Im Stab der osmanischen 4. Armee führt er als Generalinspekteur der Altertümer bis 1918 wichtige archäologische Aufgaben in Syrien und Palästina durch. Mitglied der Preußischen Akademie der Wissenschaften. Krönung seiner Laufbahn ist die Eröffnung des Pergamon Museums in Berlin 1930. Ab 1932 Präsident des Deutschen Archäologischen Instituts. 1934 Mitglied des Preußischen Staatsrats. Gestorben am 19.12.1936.

Veröffentlichung (Auswahl): Halbmond im letzten Viertel. Briefe und Reiseberichte aus der alten Türkei von Theodor und Marie Wiegand 1895–1918, München 1970; Neuausgabe Mainz 1985.

Abkürzungsverzeichnis

AA	Auswärtiges Amt
AFC	Australian Flying Corps
ANZAC	Australian and New Zealand Army Corps
AOK	Armeeoberkommando
BA/MA	Bundesarchiv/Militärarchiv
Btl.	Bataillon
BRT	Bruttoregistertonne(n)
EEF	Egyptian Expeditionary Force
FAZ	Frankfurter Allgemeine Zeitung
Fl. Abt.	Flieger Abteilung
HM(A)S	Her/His Majesty's (Australian) Ship
ID.	Infanteriedivision
IR.	Infanterieregiment
Jasta	Jagdstaffel
Jg.	Jahrgang
k.u.k.	kaiserlich und königlich
MEF	Mediterranean Expeditionary Force
MG	Maschinengewehr
OHL	Oberste Heeresleitung
RAF	Royal Air Force
RFC	Royal Flying Corps
RNAS	Royal Naval Air Service
s. F. H.	schwere Feldhaubitze
sm	Seemeile = 1,852 km
SMS(S)	Seiner Majestät Schiff(e)

Anmerkungen

Einleitung

[1] W. G. Lerch, Wir und die Türken, FAZ vom 21.10.1988.
[2] U. Trumpener, Suez, Baku, Gallipoli: The Military Dimensions of the German-Ottoman Coalition, 1914–18, in: K. Neilson/R. A. Prete, Coalition Warfare. An uneasy Accord, Waterloo/Ontario 1983, S. 48 Anm. 58.
[3] Claudio Baratto im Vorwort zu M. Roubicek, Modern Ottoman Troops 1797-1915 in contemporary Pictures, Jerusalem 1978.
[4] K. Fewster/V. Basarin/H. Hürmüz Basarin, A Turkish View of Gallipoli. Canakkale, Richmond, Victoria/Australia o. J. S. 17.
[5] J. L. Wallach, Anatomie einer Militärhilfe. Die preußisch-deutschen Militärmissionen in der Türkei 1835–1919, Düsseldorf 1976. Teilaspekte behandeln K. Morsey, T. E. Lawrence und der arabische Aufstand 1916/18, Osnabrück 1976 und R. Vogel, Die Persien- und Afghanistanexpedition Oskar Ritter von Niedermayers 1915/16, Osnabrück 1976.
[6] Kreß von Kressenstein, Mit den Türken zum Suezkanal, Berlin 1938, S. 7.
[7] Schreiben des Bundesarchivs/Militärarchivs vom 11.5.1987 an den Verfasser.
[8] Titel des Buches von M. Tuksavul: Eine bittere Freundschaft. Erinnerungen eines türkischen Jahrhundertzeugen, Düsseldorf-Wien 1985.
[9] K.-D. Grothusen, Kemal Atatürk, in: Südosteuropa-Mitteilungen, München 1982, S. 18.

I. Deutschland und die Türkei

[1] Wallach, Anatomie einer Militärhilfe a.a.O., S. 15; J. L. Wallach, Bismarck and the »Eastern Question« – a Re-Assessment, in: J. L. Wallach, Germany and the Middle East 1835–1939. International Symposium 1975, Tel Aviv 1975, S. 23. E. Jäckh, Die deutsch-türkische Waffenbrüderschaft, Stuttgart-Berlin 1915, S. 6; M. Rogge, Unsere Bundesgenossen, Berlin 1918, S. 78–79.
[2] H. von Moltke, Briefe über Zustände und Begebenheiten in der Türkei aus den Jahren 1835–1839, Nördlingen 1987. Die Erstausgabe erschien bereits 1841.
[3] G. Schöllgen, Imperialismus und Gleichgewicht. Deutschland, England und die orientalische Frage 1871–1914, München 1984, S. 15–31.
[4] Schöllgen, Imperialismus und Gleichgewicht a.a.O., S. 16; G. Schöllgen, »Dann müssen wir uns aber Mesopotamien sichern!« In: Saeculum 32 (1981), S. 132, Anm. 11.
[5] Schöllgen, Imperialismus und Gleichgewicht a.a.O., S. 33; W. van Kampen, Studien zur deutschen Türkeipolitik in der Zeit Wilhelms II., Diss. Kiel 1968, S. 18.

6 Wallach, Anatomie einer Militärhilfe a.a.O., S. 48; W. Giesl, Zwei Jahrzehnte im Nahen Osten, Berlin 1927, S. 40–41; Denkwürdigkeiten des Marschalls Izzet Pascha, Leipzig 1927, S. 94; 96.
7 Wallach, Anatomie einer Militärhilfe a.a.O., S. 74.
8 Schöllgen, Imperialismus und Gleichgewicht a.a.O., S. 80; H. Mejcher, Die Bagdadbahn als Instrument deutschen wirtschaftlichen Einflusses im Osmanischen Reich, in: Geschichte und Gesellschaft 4/1975, S. 453.
9 Schöllgen, Imperialismus und Gleichgewicht a.a.O., S. 111.
10 Schöllgen, »Dann müssen wir uns aber Mesopotamien sichern!« a.a.O., S. 130.
11 J. Joll, The Origins of the First World War, London-New York 2. Aufl. 1984, S. 159.
12 Schöllgen, Imperialismus und Gleichgewicht a.a.O., S. 405–409.
13 E. Jäckh, Der aufsteigende Halbmond, Stuttgart-Berlin 5. Aufl. 1915, S. 55.
14 K. von Winterstetten, Berlin-Bagdad. Neue Ziele mitteleuropäischer Politik, München 2. Aufl. 1913.
15 Winterstetten, Berlin-Bagdad a.a.O., S. 48.
16 Van Kampen, Studien zur deutschen Türkeipolitik a.a.O., S. 39–40;107–110; 511–523; A. Carmel, Die Siedlungen der württembergischen Templer in Palästina 1868–1918, Stuttgart 1973, S. 150–152.
17 Schöllgen, »Dann müssen wir uns aber Mesopotamien sichern!« a.a.O., S. 142, Anm. 74.
18 A. Carmel, Geschichte Haifas in der türkischen Zeit 1516–1918, Wiesbaden 1975, S. 87.
19 Carmel, Die Siedlungen der württembergischen Templer in Palästina a.a.O., S. 216.
20 Jäckh, Der aufsteigende Halbmond a.a.O., S. 200–201.
21 Zum folgenden vgl. M. Bodenheimer/H. H. Bodenheimer, Die Zionisten und das kaiserliche Deutschland, Bensberg 1972; H. H. Bodenheimer, So wurde Israel, Frankfurt 1958, S. 71 ff.; E. Zechlin, Die deutsche Politik und die Juden im Ersten Weltkrieg, Göttingen 1969, S. 289–296; B. Tuchmann, Bibel und Schwert. Palästina und der Westen, Frankfurt 2. Aufl. 1983, S. 164–165; Carmel, Die Siedlungen der württembergischen Templer in Palästina a.a.O., S. 164–165.
22 A. Schölch, Europa und Palästina 1838–1917, in: H. Mejcher/A. Schölch, (Hrsg.), Die Palästina-Frage 1917–1948, Paderborn 1948, S. 40.
23 Van Kampen, Studien zur deutschen Türkeipolitik a.a.O., S. 47.
24 W. A. Boelcke, So kam das Meer zu uns, Frankfurt-Berlin-Wien 1981, S. 82; Van Kampen, Studien zur deutschen Türkeipolitik a.a.O., S. 47; E. Roth, Preußens Gloria im Heiligen Land, München 1973, S. 268.
25 Wallach, Anatomie einer Militärhilfe a.a.O., S. 134.
26 Zur Liman von Sanders-Krise vgl. R. J. Kerner, The Mission of Liman von Sanders, in: Slavonic Review VI (1927), S. 12–17; 344–363; 543–560; VII (1928) S. 90–112; Liman von Sanders, Fünf Jahre Türkei, Berlin 2. Aufl. 1920, S. 14–15; Schöllgen, Imperialismus und Gleichgewicht a.a.O., S. 366–373; Wallach, Anatomie einer Militärhilfe a.a.O.,

S. 140–143; F. G. Weber, Eagles on the Crescent, Ithaca-London 1970, S. 34 ff.
27 Vgl. die Berichte der Offiziere Endres und von Lossow, auszugsweise abgedruckt bei B. F. Schulte, Vor dem Kriegsausbruch 1914. Deutschland, die Türkei und der Balkan, Düsseldorf 1980, S. 131–137.
28 Wallach, Anatomie einer Militärhilfe a.a.O., S. 150.
29 Wallach, Anatomie einer Militärhilfe a.a.O., S. 151.
30 Vgl. Anlage 1.
31 J. Pomiankowski, Der Zusammenbruch des Ottomanischen Reiches, Wien 1969, S. 41.
32 V. T. Kurat, How Turkey drifted into World War I, in: Studies in International History, hrsg. von K. Bourne/D. C. Watt, London 1967, S. 294.
33 A. Djemal Pascha, Erinnerungen eines türkischen Staatsmannes, München 1922, S. 110–113; Kurat, How Turkey drifted into World War I a.a.O., S. 295; H. Delfs, Die Politik der Mächte beim Zerfall des Osmanischen Reiches, Diss. Kiel 1954, S. 148–149.
34 C. Mühlmann, Oberste Heeresleitung und Balkan im Weltkrieg 1914/18, Berlin 1942, S. 33.
35 Text siehe Anlage 2.
36 Die weiteren deutsch-türkischen Vereinbarungen vom 11.1.1915 (Bündnisvertrag) und 28.1.1916 (Zusatzvertrag) konkretisieren das gegenseitige Verhältnis.
37 Kurat, How Turkey drifted into World War I a.a.O., S. 292; Delfs, Die Politik der Mächte beim Zerfall des Osmanischen Reiches a.a.O., S. 84 bezeichnet den Kriegseintritt der Türkei auf deutscher Seite als durchaus folgerichtig: »Die Existenz des Osmanischen Reiches hing ab vom Sieg Deutschlands.«
38 E. Jäckh, Der Goldene Pflug, Stuttgart 1954, S. 225.
39 General von Falkenhayn äußerte sich im November 1917 wie folgt: »Wir führen hier nicht einen modernen Krieg wie an anderen Fronten, sondern einen Krieg wie zur Zeit des Zusammenbruchs der Kreuzzüge im Mittelalter«.
40 Rogge, Unsere Bundesgenossen a.a.O., S. 84.
41 F. C. Endres, Der Weltkrieg der Türkei, Berlin o. J. S. 3.

II. Zwei Schiffe machen Weltgeschichte

1 M. Mäkelä, Souchon der Goebenadmiral greift in die Weltgeschichte ein, Braunschweig 1936, S. 11.
2 Mäkelä, Souchon der Goebenadmiral a.a.O., S. 71; M. Mäkelä, Auf den Spuren der Goeben, München 1979, S. 40; H. Lorey, Der Krieg in den türkischen Gewässern. Erster Band: Die Mittelmeer-Division, Berlin 1928, S. 5.
3 Mäkelä, Souchon der Goebenadmiral a.a.O., S. 74; Mäkelä, Auf den Spuren der Goeben, a.a.O., S. 46; D. van der Vat, The Ship that changed the World, London-Sydney-Auckland-Toronto 1985, S. 74; T. Higgins, Winston Churchill and the Dardanelles, London 1963, S. 40.

[4] H. Kirchhoff, »Goeben« und »Breslau« bei Kriegsbeginn, in: Marine-Rundschau 1921, S. 129; vgl. a. Mäkelä, Souchon der Goebenadmiral a.a.O., S. 1.

[5] Mäkelä, Souchon der Goebenadmiral a.a.O., S. 94; Mäkelä, Auf den Spuren der Goeben a.a.O., S. 49; Lorey, Der Krieg in den türkischen Gewässern. Erster Band a.a.O., S. 14; K. Dönitz, Mein wechselvolles Leben, Göttingen-Zürich-Berlin-Frankfurt, 2. Aufl. 1975, S. 82.

[6] Aus der Privatkorrespondenz von Fritz Rode aus den Jahren 1915 und 1916. Originale im Besitz des Verfassers.

[7] Die britischen Fehlentscheidungen analysiert U. Trumpener, The Escape of the Goeben and Breslau; ›a reassessment‹ in: Canadian Journal of History 1971, S. 171–187.

[8] Lorey, Der Krieg in den türkischen Gewässern. Erster Band a.a.O., S. 20.

[9] Djemal Pascha, Erinnerungen a.a.O., S. 126; H. Kannengießer Pascha, Gallipoli, Berlin 1927, S. 22.

[10] Sultan Selim der Strenge regierte von 1512 bis 1519.

[11] Midilli ist der türkische Name für die Stadt Mytilini auf Lesbos, die von Griechenland besetzt war.

[12] Kraus, Die Fahrten der »Goeben« im Mittelmeer, Berlin 1917, S. 142; vgl. a. Th. Kraus/K. Dönitz, Die Kreuzerfahrten der Goeben und Breslau, Berlin 1933, S. 105.

[13] Text siehe Anlage 2.

[14] Kraus/Dönitz, Die Kreuzerfahrten der Goeben und Breslau a.a.O., S. 110–111; Kraus, Die Fahrten der »Goeben« im Mittelmeer a.a.O., S. 148–149; E. Ludwig, Die Fahrten der Goeben und Breslau, Berlin 1916, S. 80–82; W. Wath, Breslau = Midilli. Ein Jahr unter türkischer Flagge, Berlin 1917, S. 20–21.

[15] Djemal Pascha, Erinnerungen a.a.O., S. 97.

[16] U. Trumpener, German Military Aid to Turkey in 1914: An historical reevaluation, in: Journal of modern history 1960, S. 147.

[17] D. French, The Dardanelles, Mecca and Kut: Prestige as a factor in British Eastern Strategy, 1914–1916, in: War & Society 1987, S. 50.

[18] Lorey, Der Krieg in den türkischen Gewässern. Erster Band a.a.O., S. 45; Wallach, Anatomie einer Militärhilfe a.a.O., S. 166.

[19] Lorey, Der Krieg in den türkischen Gewässern. Erster Band a.a.O., S. 50; Mäkelä, Souchon der Goebenadmiral a.a.O., S. 139; Mäkelä, Auf den Spuren der Goeben a.a.O., S. 73; Dönitz, Mein wechselvolles Leben a.a.O., S. 96.

[20] Ludwig, Die Fahrten der Goeben und Breslau a.a.O., S. 88 f.

[21] Kraus/Dönitz, Die Kreuzerfahrten der Goeben und Breslau a.a.O., S. 124–125; W. von Trotha, Unter dem Halbmond im Weltkriege, Berlin o. J. (1916), S. 8 ff.; Kannengießer Pascha, Gallipoli a.a.O., S. 32.

[22] U. Trumpener, Turkey's Entry into World War I: An Assessment of Responsibilities, in: The Journal of modern history 1962, S. 370; 380.

[23] A. Emin, Turkey in the World War, New Haven 1930, S. 75; auch Djemal Pascha war in den Überraschungsschlag gegen Rußland viel tiefer ver-

wickelt, als es seine Memoiren – Erinnerungen a.a.O., S. 139–140 – vermuten lassen.
24 Delfs, Die Politik der Mächte beim Zerfall des Osmanischen Reiches a.a.O., S. 154.
25 E. Schüle, Der Eintritt der Türkei in den Weltkrieg. Nach den Dokumenten der russischen Aktenpublikation, in: Berliner Monatshefte 1935, S. 219; 229; Delfs, Die Politik der Mächte beim Zerfall des Osmanischen Reiches a.a.O., S. 152.
26 T. Wiegand, Halbmond im letzten Viertel, München 1970, S. 268.
27 Trumpener, Suez, Baku, Gallipoli a.a.O., S. 31; Pomiankowski, Der Zusammenbruch des Ottomanischen Reiches a.a.O., S. 17 schätzt, daß es sogar mehr als 1½ Millionen alliierter Soldaten waren, die die Türkei militärisch gebunden hat.
28 W. Mönch, 1914: Deutsche Kreuzer unter dem Halbmond, in: Damals 1976, S. 1082.
29 Kurat, How Turkey driftet into World War I a.a.O., S. 294.

III. SMSS *Goeben* und *Breslau* im Schwarzen Meer

1 Van der Vat, The Ship that changed the World a.a.O., S. 191; Lorey, Der Krieg in den türkischen Gewässern. Erster Band a.a.O., S. 58 zählt die 26 Zerstörer zur Klasse der Torpedoboote.
2 C. von der Goltz, Denkwürdigkeiten, Berlin 1929, S. 391.
3 P. G. Halpern, The Naval War in the Mediterranean 1914–1918, London-Sydney-Wellington 1987, S. 65.
4 Halpern, The Naval War in the Mediterranean 1914–1918 a.a.O., S. 115; Lorey, Der Krieg in den türkischen Gewässern. Erster Band a.a.O., S. 137.
5 Halpern, The Naval War in the Mediterranean 1914–1918 a.a.O., S. 163.
6 Lorey, Der Krieg in den türkischen Gewässern. Erster Band a.a.O., S. 217. Mäkelä, Souchon der Goebenadmiral a.a.O., S. 171; F. B., Die militärischen Durchgangsfrachten zwischen Deutschland und der Türkei während des Weltkrieges, in: Wissen und Wehr 1926, S. 348 ff.
7 Dönitz, Mein wechselvolles Leben a.a.O., S. 103.
8 Van der Vat, The Ship that changed the World a.a.O., S. 199 nimmt fälschlich an, es habe sich um *Jekaterina II* gehandelt.
9 Dönitz, Mein wechselvolles Leben a.a.O., S. 106.
10 Lorey, Der Krieg in den türkischen Gewässern. Erster Band a.a.O., S. 275.
11 Eine Übersicht über die Verluste der osmanischen Kriegsmarine findet sich in der Anlage 8.
12 Lorey, Der Krieg in den türkischen Gewässern. Erster Band a.a.O., S. 329.
13 Eine Übersicht über die 32 Kriegsfahrten der *Breslau* findet sich in der Anlage 6.
14 BA/MA RM 92/3944 Erlebnisse des Admirals a. D. von Nordeck auf S. M. S. Breslau während des Weltkrieges, Manuskript vom 20.6.1945, S. 13.

¹⁵ H. Hüner, Unter zwei Flaggen, Potsdam 1930, S. 250.
¹⁶ Wallach, Anatomie einer Militärhilfe a.a.O., S. 236.
¹⁷ Lorey, Der Krieg in den türkischen Gewässern. Erster Band a.a.O., S. 362; D. Jung, SMS Goeben und die Ereignisse im Schwarzen Meer 1918, in: Marine-Rundschau 1971, S. 100; Abweichende Angaben macht A. Koslow, Der Kampf Sowjetrußlands gegen den Raub der Schwarzmeerflotte durch die deutschen Imperialisten 1918, in: Militärgeschichte 1/1982, S. 32.
¹⁸ T. Metternich (Hrsg.). Verschwundenes Rußland. Die Memoiren der Fürstin Lydia Wassiltschikow 1886–1919, Wien 1980, S. 346.
¹⁹ Der Dreadnought *Volja* diente anschließend bei den Weißen und wurde 1920 in Bizerta interniert, wo er 1935 abgebrochen wurde. Seine Geschütze sollten 1939 den Finnen zur Abwehr des russischen Angriffs zur Verfügung gestellt werden, wurden aber auf dem Transport von den Deutschen beschlagnahmt. Das deutsche Oberkommando der Marine stationierte die schweren Geschütze 1942 auf der Kanalinsel Guernsey, wo sie mit ihrer Reichweite von 50 km den Golf von St. Malo kontrollierten, vgl. Halpern, Naval War in the Mediterranean 1914–1918 a.a.O., S. 555; C. Cruickshank, The German Occupation of the Channel Islands, Guernsey 1975, S. 187.

IV. Der Tod im Kaukasus

¹ C. Mühlmann, Das deutsch-türkische Waffenbündnis im Weltkriege, Leipzig 1940, S. 105; vgl. a. S. 135.
² Pomiankowski, Der Zusammenbruch des Ottomanischen Reiches a.a.O., S. 260.
³ F. Guse, Die Kaukasusfront im Weltkrieg bis zum Frieden von Brest, Leipzig 1940, S. 118; nach Mühlmann, Das deutsch-türkische Waffenbündnis a.a.O., S. 135 handelte es sich um zwei Batterien.
⁴ B. von Schellendorff, Ankara und Enver Pascha, in: Orientrundschau, XVIII. Jg. Nr. 2, Berlin 1.4.1936, S. 18; Wallach, Anatomie einer Militärhilfe a.a.O., S. 167; 175; Guse, Die Kaukasusfront im Weltkrieg a.a.O., S. 34; W. Bihl, Die Kaukasus-Politik der Mittelmächte. Teil I, Wien-Köln-Graz 1975, S. 220.
⁵ Liman von Sanders, Fünf Jahre Türkei a.a.O., S. 52–53; unzutreffend Endres, Der Weltkrieg der Türkei a.a.O., S. 11, der suggeriert, die Deutschen seien generell gegen eine Offensive im Kaukasus gewesen.
⁶ Zu den unterschiedlichen Verlustzahlen siehe: Liman von Sanders, Fünf Jahre Türkei a.a.O., S. 54; Pomiankowski, Der Zusammenbruch des Ottomanischen Reiches a.a.O., S. 103; Guse, Die Kaukasusfront im Weltkrieg a.a.O., S. 49–50; H. Guhr, Als türkischer Divisionskommandeur in Kleinasien und Palästina, Leipzig o. J. S. 43–44; Bihl, Die Kaukasus-Politik der Mittelmächte. Teil I a.a.O., S. 223; F. Celiker, Turkey in the First World War, in: Revue Internationale d'Histoire Militaire Nr. 46, Ankara 1980, S. 173.
⁷ Vgl. Kapitel XVII.

⁸ Liman von Sanders, Fünf Jahre Türkei a.a.O., S. 161; Pomiankowski, Der Zusammenbruch des Ottomanischen Reiches a.a.O., S. 191.
⁹ M. Winkler, Eine bayerische Haubitzbatterie in Wild-Kurdistan (Kaukasusfront) 1916/17, in: Die Gebirgstruppe 15 (1966), Heft 4, S. 36.
¹⁰ Winkler, Eine bayerische Haubitzbatterie in Wild-Kurdistan a.a.O., S. 39.
¹¹ L. Schraudenbach, Muharebe, Berlin-München-Wien 1925, S. 191.
¹² Schraudenbach, Muharebe a.a.O., S. 292.
¹³ Schraudenbach, Muharebe a.a.O., S. 335.
¹⁴ Guhr, Als türkischer Divisionskommandeur in Kleinasien und Palästina a.a.O., S. 107, 108, 117, 124.
¹⁵ Guhr, Als türkischer Divisionskommandeur in Kleinasien und Palästina a.a.O., S. 121.
¹⁶ Mühlmann, Das deutsch-türkische Waffenbündnis a.a.O., S. 201; F. von Rabenau, Seeckt. Aus seinem Leben 1918–1936, Leipzig 1941, S. 32; Deutschland und Armenien 1914–1918. Sammlung diplomatischer Aktenstücke, hrsg. von J. Lepsius, Potsdam 1919, Dok. Nr. 399, S. 394.
¹⁷ Es ist unverständlich, wenn von Rabenau, Seeckt a.a.O., S. 46 die Auffassung vertritt, das Kaukasus-Abenteuer habe die Palästinafront nicht geschwächt. Das Gegenteil ist richtig.
¹⁸ Mühlmann, Das deutsch-türkische Waffenbündnis a.a.O., S. 210; wegen weiterer Einzelheiten hinsichtlich der im Kaukasus eingesetzten deutschen Truppen vgl. W. Haupt, Deutsche Truppen im Kaukasus – 1918, Deutsches Soldatenjahrbuch 1971, München 1971, S. 140–148; K. Burckhardt, Die deutsche Feld- und Militärpost (XLVII) in: Deutsche Briefmarken Zeitung 15/1985, S. 2473–2474.
¹⁹ Von der Goltz, Meine Entsendung nach Baku, in: Jahrbuch des Bundes der Asienkämpfer, Band 3, Sangerhausen 1923, S. 144 f.
²⁰ Einen anschaulichen Eindruck über die fürchterlichen Zustände in Baku vermittelt der Bericht des deutschen Oberstleutnant Paraquin vom 26. September 1918, vgl. Deutsche und Armenier a.a.O., Dok. Nr. 442, Anlage 1 S. 441–447.

V. Die Vorstöße zum Suezkanal

¹ Lorey, Der Krieg in den türkischen Gewässern. Erster Band a.a.O., S. 245 f.; Trumpener, Suez, Baku, Gallipoli a.a.O., S. 43.
² Trumpener, Suez, Baku, Gallipoli a.a.O., S. 43; Kreß von Kressenstein, Mit den Türken zum Suezkanal a.a.O., S. 55 f.; H. E. von Tzschirner-Tzschirne, In die Wüste. Meine Erlebnisse als Gouverneur von Akaba, Berlin 1920, S. 78–82.
³ P. Range, Die Wassererschließungsarbeiten an der Palästinafront in den Jahren 1915–1918; in: Zwischen Kaukasus und Sinai, Jahrbuch des Bundes der Asienkämpfer, Bd. 1, Berlin 1921, S. 97.
⁴ E. Serman, Mit den Türken an der Front, Berlin 1915, S. 43–44.
⁵ Kreß von Kressenstein, Mit den Türken zum Suezkanal a.a.O., S. 87.
⁶ A. Burton, Suez 1915, in: War Monthly, London 1975, Heft 15, S. 14.

7 W. Mommsen, Imperialismus in Ägypten, Oldenbourg 1961, S. 91.
8 Burton, Suez 1915 a.a.O., S. 14; D. L. Bullock, Allenby's War, London-New York-Sydney 1988, S. 16–17.
9 Tzschirner-Tzschirne, In die Wüste a.a.O., S. 221–222.
10 Kreß von Kressenstein, Die Kriegführung in der Wüste, in: T. Wiegand, Sinai, Berlin-Leipzig 1920, S. 14; 26; Kreß von Kressenstein, Überblick über die Ereignisse an der Sinaifront von Kriegsbeginn bis zur Besetzung Jerusalems durch die Engländer Ende 1917, in: Zwischen Kaukasus und Sinai, Jahrbuch des Bundes der Asienkämpfer, Bd. 1, Berlin 1921, S. 16.
11 Burton, Suez 1915 a.a.O., S. 16.
12 Kreß von Kressenstein, Mit den Türken zum Suezkanal a.a.O., S. 132; ibid., Die Kriegführung in der Wüste a.a.O., S. 32.
13 T. Malade, Von Amiens bis Aleppo, München 1930, S. 124.
14 Kreß von Kressenstein, Mit den Türken zum Suezkanal a.a.O., S. 145; demgegenüber berichtet T. Preyer, Von New York nach Jerusalem und in die Wüste, Berlin-Wien 1916, S. 182–195, der an drei Expeditionen des Wünschelrutengängers persönlich teilnahm, von einer Erfolgsquote von 70%.
15 F. M. Cutlack, The Australian Flying Corps in the Western and Eastern Theatres of War 1914–1918, Queensland 1984 (The Official History of Australia in the War of 1914–1918, volume VIII), S. 33.
16 F. Maurice, The Campaigns in Palestine and Egypt, 1914–1918, in Relation to the General Strategy of the War, in: The Army Quarterly, London 1929, S. 16.
17 Burton, Suez 1915 a.a.O., S. 17; Maurice, The Campaigns in Palestine and Egypt a.a.O., S. 16 gibt eine Stärke von 347 000 Mann an.
18 Cutlack, The Australian Flying Corps a.a.O., S. 38; 46.
19 H. Henkelburg, Als Kampfflieger am Suez-Kanal, Berlin 1917, S. 50.
20 G. P. Neumann, Die deutschen Luftstreitkräfte im Weltkriege, Berlin 1920, S. 526.
21 Malade, Von Amiens bis Aleppo a.a.O., S. 152.
22 Kreß von Kressenstein, Mit den Türken zum Suezkanal a.a.O., S. 191; Celiker, Turkey in the First World War a.a.O., S. 182; Malade, Von Amiens bis Aleppo a.a.O., S. 165–166 beziffert die Verluste wie folgt: 3000 Gefangene und 2000 Verwundete und Tote.
23 Vor Zwanzig Jahren. Zweite Folge: Von den Dardanellen zum Sues. Mit Marineärzten im Weltkrieg durch die Türkei, herausgegeben von der Schriftleitung der Deutschen Medizinischen Wochenschrift, Leipzig 1935, S. 176–177.
24 T. Wiegand, Halbmond im letzten Viertel, München 1970, S. 229.
25 Wie Anmerkung 24.

VI. Der Kampf um die Dardanellen

1 Zur Position und Armierung der Verteidigungswerke vgl. Weniger, Der Flottenangriff gegen die Dardanellen, in: Marine-Rundschau 1925, S.

3–4; H. Lorey, Der Krieg in den türkischen Gewässern. Zweiter Band: Der Kampf um die Meerengen, Berlin 1938, S. 13.
[2] T. Higgins, Winston Churchill and the Dardanelles, London 1963, S. 86.
[3] Vgl. Kapitel IV.
[4] Lorey, Der Krieg in den türkischen Gewässern. Zweiter Band a.a.O., S. 43; R. Rhodes James, Gallipoli, London 1989, S. 33.
[5] Eine genaue Übersicht über die einzelnen Schiffe findet sich bei Weniger, Der Flottenangriff gegen die Dardanellen a.a.O., S. 9.
[6] Rhodes James, Gallipoli a.a.O., S. 48.
[7] Zu dem Flottenangriff vom 18.3.1915 siehe: Weniger, Der Flottenangriff gegen die Dardanellen a.a.O., S. 108–115; Lorey, Der Krieg in den türkischen Gewässern. Zweiter Band a.a.O., S. 84–100; Rhodes James, Gallipoli a.a.O., S. 60 ff.; P. Liddle, Men of Gallipoli, Newton Abbot 1988, S. 38–51.
[8] Von Moltke, Briefe über Zustände und Begebenheiten in der Türkei aus den Jahren 1835–1839 a.a.O., S. 100.
[9] Higgins, Winston Churchill and the Dardanelles a.a.O., S. 108.
[10] P. Drieu la Rochelle, La comédie de Charleroi, Paris 1970, S. 166.
[11] Rhodes James, Gallipoli a.a.O., S. 86.
[12] Kannengießer Pascha, Gallipoli a.a.O., S. 50.
[13] B. Rill, Kemal Atatürk, Reinbek 1985, S. 36.
[14] Rhodes James, Gallipoli a.a.O., S. 113; Fewster/Basarin/Hürmüz Basarin, A turkish view of Gallipoli. Canakkale a.a.O., S. 62; N. Ökse, Atatürk in the Dardanelles Campaign, in: Revue internationale d'histoire militaire 1981, S. 172.
[15] Rill, Kemal Atatürk a.a.O., S. 39; Ökse, Atatürk in the Dardanelles Campaign a.a.O., S. 172.
[16] C. Mühlmann, Der Kampf um die Dardanellen 1915, Berlin 1927, S. 100.
[17] Liddle, Men of Gallipoli a.a.O., S. 148.
[18] N. Bagnall, Gallipoli, in: War Monthly, London 1975, S. 39.
[19] Drieu la Rochelle, La comédie de Charleroi a.a.O., S. 211.
[20] Vincenz Müller (1894–1961) machte später in der Wehrmacht Karriere und geriet als Führer des XII. Armeekorps im Juli 1944 in sowjetische Kriegsgefangenschaft, in der er sich dem Nationalkomitee Freies Deutschland anschloß. Er erreichte auch in der DDR Schlüsselstellungen und wurde Chef des Stabes der Kasernierten Volkspolizei und Abgeordneter der Volkskammer. 1961 beging er Selbstmord.
[21] V. Müller, Ich fand das wahre Vaterland, (Ost)Berlin 1963, S. 130; zur Verpflegungssituation vgl. a. Kannengießer Pascha, Gallipoli a.a.O., S. 125–127.
[22] Rhodes James, Gallipoli a.a.O., S. 200.
[23] Vgl. O. Welsch, Die deutsch-türkische Flotte und deutsche U-Boote vor Gallipoli, in: Marine-Rundschau 1938, S. 639–654.
[24] Lorey, Der Krieg in den türkischen Gewässern. Erster Band a.a.O., S. 141; A. Fraccaroli, Il cacciatorpediniere »Muavenet«, in: Storia Illustrata Nr. 308 (Juli 1983), S. 94.

25 Vgl. Kapitel VII.
26 Liddle, Men of Gallipoli a.a.O., S. 179; Rhodes James, Gallipoli a.a.O., S. 215.
27 Celiker, Turkey in the First World War a.a.O., S. 195.
28 E. Hughes, Churchill. Ein Mann in seinem Widerspruch, Kiel 2. Aufl. 1986, S. 78–79; vgl. a. Higgins, Winston Churchill and the Dardanelles a.a.O., S. 154.
29 Kannengießer Pascha, Gallipoli a.a.O., S. 202; Liman von Sanders, Fünf Jahre Türkei a.a.O., S. 125; Wallach, Anatomie einer Militärhilfe a.a.O., S. 189.
30 Zur Geschichte der Landungsabteilung siehe Lorey, Der Krieg in den türkischen Gewässern. Erster Band a.a.O., S. 123–128.
31 Kannengießer Pascha, Gallipoli a.a.O., S. 145.
32 Liman von Sanders, Fünf Jahre Türkei a.a.O., S. 108.
33 Ökse, Atatürk in the Dardanelles Campaign a.a.O., S. 181.
34 Rhodes James, Gallipoli a.a.O., S. 301.
35 Vgl. V. Ullrich, Entscheidung im Osten oder Sicherung der Dardanellen: das Ringen um den Serbienfeldzug 1915, in: Militärgeschichtliche Mitteilungen 1982, S. 45–63.
36 Rhodes James, Gallipoli a.a.O., S. 317; Mühlmann, Der Kampf um die Dardanellen 1915 a.a.O., S. 170.
37 Zu den einzelnen, sich häufig widersprechenden Zahlenangaben hinsichtlich der Verluste vgl. Mühlmann, Der Kampf um die Dardanellen 1915 a.a.O., S. 191; Liman von Sanders, Fünf Jahre Türkei a.a.O., S. 135; Kannengießer Pascha, Gallipoli a.a.O., S. 220; Schlee Pascha, Zur zehnjährigen Wiederkehr der Räumung der Halbinsel Gallipoli durch die Truppen der Entente, in: Mitteilungen des Bundes der Asienkämpfer 1/1926, S. 3; Celiker, Turkey in the First World War a.a.O., S. 196; Rhodes James, Gallipoli a.a.O., S. 348; Fewster/Basarin/Hürmüz Basarin, A turkish view of Gallipoli. Canakkale a.a.O., S. 20.
38 Von Rabenau, Seeckt a.a.O., S. 112; Wallach, Anatomie einer Militärhilfe a.a.O., S. 270. Seeckt wirft Liman vor, die Zerstörung des türkischen Heeresgefüges mit herbeigeführt zu haben. Mustafa Kemal hat diesen Vorwurf, soweit ersichtlich, nie erhoben. Im übrigen ist darauf hinzuweisen, daß sich Mustafa Kemal und Liman gegenseitig schätzten und respektierten, ein Faktum, das in dem komplizierten deutsch-türkischen Beziehungsgeflecht durchaus nicht die Regel war, vgl. Rill, Kemal Atatürk a.a.O., S. 37; sowie das Schreiben Limans an Enver Pascha vom 17.7.1915, abgedruckt bei Grothusen, Kemal Atatürk a.a.O., S. 18–19.

VII. Deutsche U-Boote greifen ein

1 Halpern, The Naval War in the Mediterranean 1914–1918 a.a.O., S. 71 f.; M. Wilson, Destination Dardanelles. The Story of HMS E7, London 1988, S. 124; Welsch, Die deutsch-türkische Flotte und deutsche U-Boote vor Gallipoli a.a.O., S. 648.

[2] Lorey, Der Krieg in den türkischen Gewässern. Erster Band a.a.O., S. 145.
[3] Vgl. hierzu Hersings eigenen Bericht: U 21 rettet die Dardanellen, Zürich-Leipzig-Wien 1932, S. 51–56.
[4] G. Olshausen, An Bord von »U 21«, in: Vor Zwanzig Jahren. Zweite Folge a.a.O., S. 268–269.
[5] Liddle, Men of Gallipoli a.a.O., S. 174.
[6] Liman von Sanders, Fünf Jahre Türkei a.a.O., S. 97.
[7] Vgl. Halpern, The Naval War in the Mediterranean 1914–1918 a.a.O., S. 189; Wilson, Destination Dardanelles a.a.O., S. 178; Lorey, Der Krieg in den türkischen Gewässern. Zweiter Band a.a.O., S. 149–150.
[8] Halpern, The Naval War in the Mediterranean 1914–1918 a.a.O., S. 156–157.
[9] Lorey, Der Krieg in den türkischen Gewässern. Erster Band a.a.O., S. 211.
[10] Halpern, The Naval War in the Mediterranean 1914–1918 a.a.O., S. 246.
[11] Titel der Erinnerungen von Korvettenkapitän Max Valentiner: Der Schrecken der Meere. Meine U-Boot-Abenteuer, Zürich-Leipzig-Wien 1931.
[12] Halpern, The Naval War in the Mediterranean 1914–1918 a.a.O., S. 313; Lorey, Der Krieg in den türkischen Gewässern. Erster Band a.a.O., S. 299.
[13] Lorey, Der Krieg in den türkischen Gewässern. Erster Band a.a.O., S. 360.
[14] Halpern, The Naval War in the Mediterranean 1914–1918 a.a.O., S. 456; 538.

VIII. Nachschub für Libyen

[1] W. Giesl, Zwei Jahrzehnte im Nahen Osten, Berlin 1927, S. 171.
[2] Denkwürdigkeiten des Marschalls Izzet Pascha a.a.O., S. 138.
[3] Enver Pascha, Um Tripolis, München 1918, S. 28.
[4] F. Bandini, Gli Italiani in Africa. Storia delle guerre coloniali 1882–1943, Milano 1971, S. 233; C. G. Segrè, L'Italia in Libia, Milano 1978, S. 47 Anm. 3.
[5] Pomiankowski, Der Zusammenbruch des Ottomanischen Reiches a.a.O., S. 173; Bandini, Gli Italiani in Africa a.a.O., S. 511 f. (Anm. 6).
[6] A. Kearsey, The Operations in Egypt and Palestine, August 1914 to June 1917, New Delhi 4. Aufl. 1968, S. 62; zu den Kämpfen in Ägypten vgl. W. T. Massey, The Desert Campaigns, New Delhi 1969, S. 110–137.
[7] R. Nadolny, Mein Beitrag, Wiesbaden 1955, S. 41; Trumpener, Suez, Baku, Gallipoli a.a.O., S. 41.
[8] Halpern, The Naval War in the Mediterranean 1914–1918 a.a.O., S. 192.
[9] Schwierigkeiten mit den türkischen Passagieren auf der Versorgungsfahrt hat Max Valentiner in seinen Erinnerungen beschrieben: Der Schrecken der Meere a.a.O., S. 162–165.
[10] Halpern, The Naval War in the Mediterranean 1914–1918 a.a.O., S. 246.

[11] Hersing, U 21 rettet die Dardanellen a.a.O., S. 85–88.
[12] L. Dinklage, U-Boot-Fahrer und Kamelsreiter, Stuttgart 1939, S. 165.
[13] D. Nicolle, Lawrence and the Arab Revolts, London 1989, S. 8.

IX. Der Landungszug von SMS *Emden*

[1] D. van der Vat, The last Corsair. The Story of the Emden, London-Sydney-Auckland-Toronto 1983, S. 65.
[2] Eine Namensliste der Angehörigen des Landungszugs findet sich in der Anlage 5.
[3] Zu dem Seegefecht im einzelnen vgl. van der Vat, The last Corsair a.a.O., S. 104 ff. sowie R. K. Lochner, Die Kaperfahrten des kleinen Kreuzers Emden, München 1979, S. 220 ff.
[4] G. Bennett, Die Seeschlachten von Coronel und Falkland und der Untergang des deutschen Kreuzergeschwaders unter Admiral Graf Spee, München 2. Aufl. 1981, S. 88; Lochner, Die Kaperfahrten des kleinen Kreuzers Emden a.a.O., S. 389.
[5] Van der Vat, The last Corsair a.a.O., S. 135.
[6] R. Wolff-Emden, Von den Kokosinseln nach Deutschland, Wittenberg o. J. S. 50.
[7] In seinem 1915 in Berlin erschienenen Buch »Ayesha« konnte von Mücke seine Differenzen mit den Türken mit Rücksicht auf den Bündnispartner nicht behandeln.
[8] Wolff-Emden, Von den Kokosinseln nach Deutschland a.a.O., S. 61.
[9] H. von Mücke, Ayesha, Berlin 1915, S. 84–85; vgl. a. Wolff-Emden, Von den Kokosinseln nach Deutschland a.a.O., S. 68.
[10] R. K. Lochner, Kampf im Rufiji-Delta. Das Ende des kleinen Kreuzers »Königsberg«, München 1987, S. 249.
[11] Wolff-Emden, Von den Kokosinseln nach Deutschland a.a.O., S. 84.
[12] Morsey, T. E. Lawrence und der arabische Aufstand 1916/18 a.a.O., S. 55 ff.; E. Kedourie, England and the Middle East. The Destruction of the Ottoman Empire 1914–1921, Hassocks/Sussex 1978, S. 48 ff.; H. F. W. Winstone (Hrsg.), The Diaries of Parker Pasha, London-Melbourne-New York 1983, S. 52.
[13] Wolff-Emden, Von den Kokosinseln nach Deutschland a.a.O., S. 108.
[14] Van der Vat, The last Corsair a.a.O., S. 172.
[15] Von Mücke, Ayesha a.a.O., S. 132.
[16] K. E. Selow-Serman, Kapitänleutnant von Möllers letzte Fahrt, Berlin 1917, S. 125.

X. Sanitätsprobleme

[1] Bayerisches Hauptstaatsarchiv Abt. IV Kriegsarchiv. MKr. 13841 San. Offz. usw. in der Türkei vom Jahre 1915. Professor Dr. Georg Mayer: Die Reorganisation des türkischen Sanitätsdienstes, S. 1; Vor Zwanzig Jahren. Zweite Folge a.a.O., S. 141.
[2] Wiegand, Halbmond im letzten Viertel a.a.O., S. 164.
[3] Bayerisches Hauptstaatsarchiv Abt. IV Kriegsarchiv. MKr. 13841

a.a.O., Professor Dr. Georg Mayer: Die Reorganisation des türkischen Sanitätsdienstes S. 4.
[4] Emin, Turkey in the World War a.a.O., S. 81.
[5] Emin, Turkey in the World War a.a.O., S. 252.
[6] V. N. Dadrian, The Role of Turkish Physicians in the World War I. Genocide of Ottoman Armenians, in: Holocaust and Genocide Studies, vol. 1, Nr. 2/1986, S. 183.
[7] Ein Überblick über die Marineärzte, die an den verschiedensten Stellen im Osmanischen Reich tätig waren, findet sich bei Lorey, Der Krieg in den türkischen Gewässern. Erster Band a.a.O., S. 397–403.
[8] Vor Zwanzig Jahren. Zweite Folge a.a.O., S. 12.
[9] R. de Nogales, Vier Jahre unter dem Halbmond, Berlin 1925, S. 127.
[10] H. von Kiesling, Soldat in drei Weltteilen, Leipzig 1935, S. 305.
[11] O. Lawetzky, Krieg im Heiligen Land, Berlin 1938, S. 170; Das 1. Masurische Infanterie-Regiment Nr. 146 1897–1919, herausgegeben von der Vereinigung ehemaliger Offiziere des Regiments, Berlin 1929, S. 238.
[12] S. Hedin, Jerusalem, Leipzig 1918, S. 25.
[13] Malade, Von Amiens bis Aleppo a.a.O., S. 183.
[14] Bayerisches Hauptstaatsarchiv Abt. IV Kriegsarchiv. MKr. 13841 a.a.O., Professor Dr. Georg Mayer: Die Reorganisation des türkischen Sanitätsdienstes, S. 10.
[15] Guhr, Als türkischer Divisionskommandeur in Kleinasien und Palästina a.a.O., S. 167.
[16] Vor Zwanzig Jahren. Zweite Folge a.a.O., S. 63.
[17] W. Steuber, »Jildirim«. Deutsche Streiter auf heiligem Boden, Oldenburg-Berlin 2. Aufl. 1925, S. 143.
[18] Emin, Turkey in the World War a.a.O., S. 251.
[19] Kreß von Kressenstein, Mit den Türken zum Suezkanal a.a.O., S. 255.
[20] H. S. Gullett, The Australian Imperial Force in Sinai and Palestine. Queensland 1984 (The Official History of Australia in the War of 1914–1918, volume VII) S. 660.
[21] Lawetzky, Krieg im Heiligen Land a.a.O., S. 126.
[22] Vor Zwanzig Jahren. Zweite Folge a.a.O., S. 138.
[23] Wiegand, Halbmond im letzten Viertel a.a.O., S. 270.
[24] Kreß von Kressenstein, Mit den Türken zum Suezkanal a.a.O., S. 196.
[25] T. E. Lawrence, Die Sieben Säulen der Weisheit, Gütersloh 1958, S. 717; vgl. a. Gullett, The Australian Imperial Force in Sinai and Palestine a.a.O., S. 763–764.
[26] Gullett, The Australian Imperial Force in Sinai and Palestine a.a.O., S. 774.
[27] Emin, Turkey in the World War a.a.O., S. 253.

XI. Die Bagdad- und Hedschasbahn

[1] Denkwürdigkeiten des Marschalls Izzet Pascha a.a.O., S. 279.
[2] F. B., Die militärischen Durchgangsfrachten zwischen Deutschland und der Türkei während des Weltkrieges a.a.O., S. 349.

³ F. B. Die militärischen Durchgangsfrachten zwischen Deutschland und der Türkei während des Weltkrieges a.a.O., S. 347.
⁴ F. B., Die militärischen Durchgangsfrachten zwischen Deutschland und der Türkei während des Weltkrieges a.a.O., S. 355.
⁵ Baumgart, Deutschland im Zeitalter des Imperialismus (1890–1914), Frankfurt-Berlin-Wien 1972, S. 77
⁶ Baumgart, Deutschland im Zeitalter des Imperialismus a.a.O., S. 77; Schöllgen, Imperialismus und Gleichgewicht a.a.O., S. 141.
⁷ Ein genauer Überblick über die fertiggestellten Strecken findet sich bei R. Hennig, Die deutschen Bahnbauten in der Türkei, ihr politischer, militärischer und wirtschaftlicher Wert, Leipzig 1915, S. 9.
⁸ H. Pönicke, Die Hedschas- und Bagdadbahn erbaut von Heinrich August Meißner-Pascha, Düsseldorf 1958, S. 27; H. Pönicke, Heinrich August Meißner-Pascha und der Bau der Hedschas- und Bagdadbahn, in: Die Welt als Geschichte, Stuttgart 1956, S. 208.
⁹ Jäckh, Der Goldene Pflug a.a.O., S. 227.
¹⁰ Kreß von Kressenstein, Mit den Türken zum Suezkanal a.a.O., S. 30; zu der Deportation armenischer Arbeiter, die am Ausbau des Amanustunnels arbeiteten, vgl. Deutschland und Armenien 1914–1918 a.a.O., S. LXI-LXII; Dok. Nr. 276, 277, 278, 282, 285, S. 274–279.
¹¹ Rogge, Unsere Bundesgenossen a.a.O., S. 117.
¹² Wernekke, Aus der Geschichte und vom Bau der Bagdad-Eisenbahn, in: Zeitung des Vereins mitteleuropäischer Eisenbahnverwaltungen, Berlin 83. Jg. 1943, S. 187.
¹³ Dieckmann, Die Hedjasbahn und die syrischen Privatbahnen im Weltkriege und ihre gegenwärtige Lage, in: Zwischen Kaukasus und Sinai, Jahrbuch des Bundes der Asienkämpfer, Bd. 2, Berlin 1922, S. 52; einige Strecken wurden während des Krieges abgebaut.
¹⁴ Zum Bau der Hedschasbahn vgl. H. Guthe, Die Hedschasbahn von Damaskus nach Medina, ihr Bau und ihre Bedeutung, in: Länder und Völker der Türkei. Heft 7, Leipzig 1917, S. 1–37; W. Pick, Der deutsche Pionier Heinrich August Meissner-Pascha und seine Eisenbahnbauten im Nahen Osten 1901–1917, in: Jahrbuch des Instituts für deutsche Geschichte, Tel Aviv 1975, S. 257–300; Pönicke, Die Hedschas- und Bagdadbahn erbaut von Heinrich August Meißner-Pascha a.a.O., Pönicke, Heinrich August Meißner-Pascha und der Bau der Hedschas- und Bagdadbahn a.a.O., S. 196–210.
¹⁵ Pönicke, Die Hedschas- und Bagdadbahn erbaut von Heinrich August Meissner-Pascha a.a.O., S. 11; Pick, Der deutsche Pionier Heinrich August Meissner-Pascha und seine Eisenbahnbauten im Nahen Osten 1901–1917 a.a.O., S. 280.
¹⁶ Eine Aufstellung über die einzelnen Bauabschnitte der Hedschasbahn findet sich bei Pick, Der deutsche Pionier Heinrich August Meissner-Pascha und seine Eisenbahnbauten im Nahen Osten 1901–1917 a.a.O., S. 283.
¹⁷ E. Feigl, Musil von Arabien, Frankfurt-Berlin 1988, S. 190.
¹⁸ W. Koch/P. Wald, Der Ritt der Beduinen in die Zivilisation – Die Hed-

schasbahn, Manuskript der WDR-Fernsehsendung vom 22.4.1984, S. 13.
[19] Dieckmann, Die Hedjasbahn und die syrischen Privatbahnen im Weltkriege und ihre gegenwärtige Lage a.a.O., S. 55.
[20] Morsey, T. E. Lawrence und der arabische Aufstand 1916/18 a.a.O., S. 150.
[21] Lawrence, Die Sieben Säulen der Weisheit a.a.O., S. 205–206; T. E. Lawrence, Dispacci segreti, Pordenone 1988, S. 104; Morsey, T. E. Lawrence und der arabische Aufstand 1916/18 a.a.O., S. 160.
[22] Lawrence, Die Sieben Säulen der Weisheit a.a.O., S. 329.
[23] David Lean hat diesen Angriff in seinem berühmten Film *Lawrence of Arabia* (1962) beeindruckend gut in Szene gesetzt.
[24] Lawrence, Die Sieben Säulen der Weisheit a.a.O., S. 392–397; Lawrence, Dispacci segreti a.a.O., S. 168–169; Morsey, T. E. Lawrence und der arabische Aufstand 1916/18 a.a.O., S. 194–195; D. Stewart, Lawrence von Arabien, Düsseldorf 1979, S. 242–243; C. Simpson/P. Knightley, Das Geheimleben des Lawrence von Arabien, Hamburg 1969, S. 95–96.
[25] S. E., Ein Beduinenüberfall, in: Das Heilige Land, 62. Jg. 1918, S. 39.
[26] Lawrence, Die Sieben Säulen der Weisheit a.a.O., S. 407; A. Giovanditto, La legione araba, Roma 1972, S. 12; Bullock, Allenby's War a.a.O., S. 86.
[27] Lawrence, Die Sieben Säulen der Weisheit a.a.O., S. 407.
[28] Dieckmann, Die Hedjasbahn und die syrischen Privatbahnen im Weltkriege und ihre gegenwärtige Lage a.a.O., S. 59.
[29] Wiegand, Halbmond im letzten Viertel a.a.O., S. 263.
[30] Lawrence, Die Sieben Säulen der Weisheit a.a.O., S. 562–568; Bullock, Allenby's war a.a.O., S. 111; Morsey, T. E. Lawrence und der arabische Aufstand 1916/18 a.a.O., S. 223–233.
[31] Dieckmann, Die Hedjasbahn und die syrischen Privatbahnen im Weltkriege und ihre gegenwärtige Lage a.a.O., S. 65 und Winstone, The Diaries of Parker Pasha a.a.O., S. 188 gehen irrtümlich davon aus, der Bahnverkehr nach Medina habe bis zum Kriegsende aufrechterhalten werden können.
[32] Das 1. Masurische Infanterie-Regiment Nr. 146 a.a.O., S. 213.
[33] H. von Kiesling, Rund um den Libanon, Leipzig 1920, S. 68–69.
[34] Liman von Sanders, Fünf Jahre Türkei a.a.O., S. 325.

XII. Die Georgische Legion

[1] Vgl. Kapitel VIII.
[2] Nadolny, Mein Beitrag a.a.O., S. 40–41.
[3] Bihl, Die Kaukasus-Politik der Mittelmächte. Teil I a.a.O., S. 63.
[4] W. Zürrer, Zur Geschichte der Georgischen Legion im Ersten Weltkrieg, in: Militärgeschichtliche Mitteilungen 1/1978, S. 86.
[5] Bihl, Die Kaukasus-Politik der Mittelmächte. Teil I a.a.O., S. 75.
[6] Einzelheiten über das Absetzen von Georgiern an der Schwarzmeerkü-

ste durch U-Boote finden sich bei Lorey, Der Krieg in den türkischen Gewässern. Erster Band a.a.O., S. 238; 242; 268; 305–306; 319–320; 325–326; Bihl, Die Kaukasus-Politik der Mittelmächte. Teil I a.a.O., S. 72–73.
7 E. F. Sommer, Botschafter Graf Schulenburg, Asendorf 1987, S. 28; Bihl, Die Kaukasus-Politik der Mittelmächte. Teil I a.a.O., S. 77.
8 Zürrer, Zur Geschichte der Georgischen Legion a.a.O., S. 94.
9 Bihl, Die Kaukasus-Politik der Mittelmächte. Teil I a.a.O., S. 80; Zürrer, Zur Geschichte der Georgischen Legion a.a.O., S. 99.
10 Bihl, Die Kaukasus-Politik der Mittelmächte. Teil I a.a.O., S. 81; Zürrer, Zur Geschichte der Georgischen Legion a.a.O., S. 100.
11 Militärgeschichtliches Forschungsamt Freiburg. Foreign Military Studies P 207, Dr. Fritz Grobba, S. 17.
12 Malade, Von Amiens nach Aleppo, a.a.O., S. 137.
13 G. von Gleich, Vom Balkan nach Bagdad, Berlin 1921, S. 138.
14 P. von zur Mühlen, Zwischen Hakenkreuz und Sowjetstern. Der Nationalismus der sowjetischen Orientvölker im 2. Weltkrieg, Düsseldorf 1971, S. 71.
15 J. Hoffmann, Die Ostlegionen 1941–1943, Freiburg 1976, S. 172.
16 H. W. Neulen, An deutscher Seite. Internationale Freiwillige von Wehrmacht und Waffen-SS, München 1985, S. 342.

XIII. K.u.k. Truppen in der Wüste

1 W. Bihl, Die Beziehungen zwischen Österreich-Ungarn und dem Osmanischen Reich im Ersten Weltkrieg, in: Österreichische Osthefte 1/1982, S. 33; 40.
2 Pomiankowski, Der Zusammenbruch des Ottomanischen Reiches a.a.O., S. 187.
3 Feigl, Musil von Arabien a.a.O., S. 308.
4 Feigl, Musil von Arabien a.a.O., S. 318.
5 Durch kurdische Berge und armenische Städte. Tagebuch der österreichischen Armenienexpedition 1914, Wien 1940.
6 De Nogales, Vier Jahre unter dem Halbmond a.a.O., S. 32.
7 Liman von Sanders, Fünf Jahre Türkei a.a.O., S. 125.
8 Kreß von Kressenstein, Mit den Türken zum Suezkanal a.a.O., S. 155–156.
9 Pomiankowski, Der Zusammenbruch des Ottomanischen Reiches a.a.O., S. 250.
10 Bihl, Die Beziehungen zwischen Österreich-Ungarn und dem Osmanischen Reich a.a.O., S. 35; 40; von Kiesling, Rund um den Libanon a.a.O., S. 65; B. Schaefer/H. Völke, Geschichte des Reserve-Jäger-Bataillons Nr. 11 1914–1919, Berlin 1927, S. 241.
11 Feigl, Musil von Arabien a.a.O., S. 342–343.
12 Weber, Eagles on the Crescent a.a.O., S. 179.
13 De Nogales, Vier Jahre unter dem Halbmond a.a.O., S. 199.
14 Pomiankowski, Der Zusammenbruch des Ottomanischen Reiches

a.a.O., S. 258–259; Bihl, Die Beziehungen zwischen Österreich-Ungarn und dem Osmanischen Reich a.a.O., S. 41.
15 Lawrence, Die Sieben Säulen der Weisheit a.a.O., S. 395–396; vgl. a. Feigl, Musil von Arabien a.a.O., S. 368; in dem Arab Bulletin vom 8.10.1917 übergeht Lawrence das Massaker. Er erwähnt nur einen getöteten österreichischen Unteroffizier, Lawrence, Dispacci segreti a.a.O., S. 169.
16 Feigl, Musil von Arabien a.a.O., S. 357; vgl. a. Bihl, Die Beziehungen zwischen Österreich-Ungarn und dem Osmanischen Reich a.a.O., S. 49.
17 R. Hofmann, Meine Erlebnisse im Heiligen Land, in: Ehrenbuch unserer Artillerie. Zweiter Band, Wien 1936, S. 524.
18 Lawrence, Die Sieben Säulen der Weisheit a.a.O., S. 692; Lawrence hat das Massaker auch im Arab Bulletin vom 22.10.1918 geschildert, vgl. Lawrence, Dispacci segreti a.a.O., S. 215 f.; verschiedentlich wurde der Verdacht geäußert, daß Lawrence sowohl das türkische Massaker von Tafas als auch das anschließende Gemetzel der Beduinen erfunden hat. Es ist jedoch davon auszugehen, daß diese Greueltaten tatsächlich stattgefunden haben, schließlich finden die Metzeleien von Tafas auch in der Regimentsgeschichte des 1. Masurischen IR. 146 Erwähnung. Das Regiment passierte den Ort am Abend des 27. September: Das 1. Masurische Infanterie-Regiment Nr. 146 a.a.O., S. 262; vgl. a. Morsey, T. E. Lawrence und der arabische Aufstand 1916/18 a.a.O., S. 249–252; auch Bullock, Allenby's War a.a.O., S. 140–141 folgt der Version von Lawrence.
19 Pomiankowski, Der Zusammenbruch des Ottomanischen Reiches a.a.O., S. 428.

XIV. Die Flieger

1 Vgl. Sernos Bericht: Ausbau, Organisation und Tätigkeit der türkischen Luftstreitkräfte im 1. Weltkrieg, BA/MA Msg 1/231.
2 BA/MA Msg 1/231 Serno: Ausbau, Organisation und Tätigkeit der türkischen Luftstreitkräfte im 1. Weltkrieg, S. 10.
3 Liddle, Men of Gallipoli a.a.O., S. 239.
4 Lorey, Der Krieg in den türkischen Gewässern. Zweiter Band a.a.O., S. 139
5 Dönitz, Mein wechselvolles Leben a.a.O., S. 107.
6 BA/MA Msg 1/231 Serno: Ausbau, Organisation und Tätigkeit der türkischen Luftstreitkräfte im 1. Weltkrieg, S. 12.
7 H. J. Buddecke, El Schahin (Der Jagdfalke). Aus meinem Fliegerleben, Berlin 1918, S. 85–86.
8 Vgl. A. P. Slights, Airlift to Kut, in: United States Naval Institute: Proceedings 1/1971, S. 58–59.
9 Neumann, Die deutschen Luftstreitkräfte im Weltkriege a.a.O., S. 541; vgl. a. BA/MA Msg 1/231 Serno a.a.O., S. 21.
10 Neumann, Die deutschen Luftstreitkräfte im Weltkriege a.a.O., S. 542.
11 Vgl. Kapitel V.

[12] Henkelburg, Als Kampfflieger am Suez-Kanal a.a.O., S. 9–13.
[13] Kreß von Kressenstein, Mit den Türken zum Suezkanal a.a.O., S. 191.
[14] Von Heemskerck, Die Deutsch-Türkische Expedition gegen den Suezkanal 1916, in: Militär-Wochenblatt Nr. 69 vom 9. Dezember 1919, Spalte 1925.
[15] Neumann, Die deutschen Luftstreitkräfte im Weltkriege a.a.O., S. 526.
[16] Die Gebrüder Felmy wurden von ihren alliierten Gegnern außerordentlich geschätzt, vgl. Cutlack, The Australian Flying Corps a.a.O., S. 65–66.
[17] Air Warfare: W. W. I Palestine Campaign, in: Born in Battle Magazine Nr. 11, Juni 1980, S. 4.
[18] Cutlack, The Australian Flying Corps a.a.O., S. 72.
[19] Im Bayerischen Hauptstaatsarchiv Abt. IV Kriegsarchiv, Sammelbestand Nachrichten u. Kraftfahrer, Luftschiffer u. Flieger, Flak. 50 Bayer. Flieger-Abt. 304 b. Anlagen zum KTB 1917–1918 findet sich folgende Übersetzung einer von den Briten am 27.5.1918 abgeworfenen Meldung: »An das Deutsche Flieger-Korps.
In einem Luftkampf am 24.5.1918 wurde eines ihrer Flugzeuge in unseren Linien abgeschossen. Die Insassen, Oberlt. Breitenbach und Lt. Saradeth, sind beide gesund und unverletzt und wünschen, daß ihr Wäschesack abgeworfen wird.
Kgl. Luftstreitkräfte.«
[20] P. Pletschacher, Die königlich Bayerischen Fliegertruppen 1912–1919, Stuttgart 1978, S. 66.
[21] Hauptmann Walz, Bericht über die Räumung des Flugplatzes Arak el Manchije, Bayerisches Hauptstaatsarchiv Abt. IV Kriegsarchiv, Sammelbestand Nachrichten u. Kraftfahrer, Luftschiffer u. Flieger, Flak. 54 Bayer. Flieger-Abt. 304 b; Freiherr von Waldenfels, Die Bayerische Flieger-Abteilung 304 in Palästina 1917/18, in: D. G. Dalman, Hundert deutsche Fliegerbilder aus Palästina, Gütersloh 1925, S. 120–121; Cutlack, The Australian Flying Corps a.a.O., S. 82–86.
[22] K. Kens/H. Müller, Die Flugzeuge des Ersten Weltkrieges 1914–1918, München 6. Aufl. 1980, S. 51.
[23] Cutlack, The Australian Flying Corps a.a.O., S. 112; 128.
[24] Simon-Eberhard, Mit dem Asienkorps zur Palästinafront, Berlin 1919, S. 91.
[25] Schumann, Die deutsche Flugabwehr in der Türkei, in: Mitteilungen des Bundes der Asienkämpfer, Berlin 1. Februar 1930, S. 15.
[26] Cutlack, The Australian Flying Corps a.a.O., S. 98.
[27] Die Royal Air Force war am 1.4.1918 durch die Zusammenlegung von RFC und RNAS entstanden.
[28] Cutlack, The Australian Flying Corps a.a.O., S. 128.
[29] Liman von Sanders, Fünf Jahre Türkei a.a.O., S. 343; Lawetzky, Krieg im Heiligen Land a.a.O., S. 179.
[30] Steuber, »Jildirim«. Deutsche Streiter auf heiligem Boden a.a.O., S. 169; Liman von Sanders, Fünf Jahre Türkei a.a.O., S. 343; nach Mühlmann,

Das deutsch-türkische Waffenbündnis im Weltkriege a.a.O., S. 228 waren sogar nur drei Maschinen verfügbar.
31 Cutlack, The Australian Flying Corps a.a.O., S. 163–165; Lawrence, Die Sieben Säulen der Weisheit a.a.O., S. 674 ff.; Lawrence, Dispacci segreti a.a.O., S. 213.
32 Bayerisches Hauptstaatsarchiv Abt. IV Kriegsarchiv. Sammelbestand Nachrichten u. Kraftfahrer, Luftschiffer u. Flieger, Flak. 48 Bayer. Flieger-Abt. 304 b. Kriegstagebuch 24. Juli 1917–3. April 1919, S. 145. Freiherr von Waldenfels, Die Bayerische Flieger-Abteilung 304 in Palästina 1917/18 a.a.O., S. 122.
33 BA/MA Msg 1/231 Serno a.a.O., S. 38; Wallach, Anatomie einer Militärhilfe a.a.O., S. 198; Trumpener, Suez, Baku, Gallipoli a.a.O., S. 45.
34 Luftsiege an anderen Fronten mit eingeschlossen.
35 Bayerisches Hauptstaatsarchiv Abt. IV Kriegsarchiv. Sammelbestand Nachrichten u. Kraftfahrer, Luftschiffer u. Flieger, Flak. 48 Bayer. Flieger Abt. 304 b. Kriegstagebuch 24. Juli 1917–3. April 1919, S. 172.

XV. Romantische Expeditionen

1 Vogel, Die Persien- und Afghanistanexpedition Oskar Ritter von Niedermayers 1915/16 a.a.O., S. 49; 138–139; U. Gehrke, Persien in der deutschen Orientpolitik während des Ersten Weltkrieges, Band 1 (I), Stuttgart 1960, S. 23.
2 Jäckh, Die deutsch-türkische Waffenbrüderschaft a.a.O., S. 25; G. Galli, Dschihad. Der Heilige Krieg des Islams und seine Bedeutung im Weltkriege unter besonderer Berücksichtigung der Interessen Deutschlands, Freiburg 1915, S. 31.
3 Vogel, Die Persien- und Afghanistanexpedition a.a.O., S. 142.
4 Vogel, Die Persien- und Afghanistanexpedition a.a.O., S. 168 Anm. 4.
5 Angehörige eines kriegerischen afghanischen Stammes am Khaiberpass.
6 W. O. von Hentig, Meine Diplomatenfahrt ins verschlossene Land, Berlin-Wien 1918, S. 65.
7 O. Ritter von Niedermayer, Krieg in Irans Wüsten, Hamburg 2. Aufl. 1940, S. 42–43.
8 G. Voigt, Erlebnisse bei der deutschen Afghanistanexpedition, in: Mitteilungen der deutsch-türkischen Vereinigung, Heft 5/6 1922, S. 7.
9 Voigt, Erlebnisse bei der deutschen Afghanistanexpedition a.a.O., S. 8.
10 Der Text ist abgedruckt bei Vogel, Die Persien- und Afghanistanexpedition a.a.O., S. 290; vgl. a. S. 182–186.
11 Der Text ist abgedruckt bei W. O. von Hentig, Mein Leben eine Dienstreise, Göttingen 1962, S. 444.
12 Der Text des Vertragsentwurfs findet sich bei Vogel, Die Persien- und Afghanistanexpedition a.a.O., S. 291–293.
13 Von Hentig, Meine Diplomatenfahrt ins verschlossene Land a.a.O., S. 184.
14 G. Voigt, In Afghanistan, in: Mitteilungen der deutsch-türkischen Ver-

einigung, Heft 9/1922, S. 6; Vogel, Die Persien- und Afghanistanexpedition a.a.O., S. 101.
[15] Die gescheiterte Südarabien-Expedition wird geschildert von: R. Holzhausen, Die Mission Stotzingen und der Beginn des Arabischen Aufstandes (1916), in: Süddeutsche Monatshefte, München Juni 1936, S. 560–568 sowie von T. Waugh, The German Counter to Revolt in the Desert, in: Journal of the Royal Central Asian Society, London 1937, S. 313–317; vgl. a. Morsey, T. E. Lawrence und der arabische Aufstand 1916/18 a.a.O., S. 84–86.
[16] Vgl. Kapitel IX.
[17] Zu den Anfangserfolgen der Araber siehe Morsey, T. E. Lawrence und der arabische Aufstand a.a.O., S. 88–91; Bullock, Allenby's War a.a.O., S. 38; Winstone, The Diaries of Parker Pasha a.a.O., S. 205.
[18] Tuchmann, Bibel und Schwert a.a.O., S. 317–318.
[19] Lawrence, Die Sieben Säulen der Weisheit a.a.O., S. 288; vgl. a. Stewart, Lawrence von Arabien a.a.O., S. 239; auch an anderen Stellen finden sich Belege dafür, daß Lawrence sich über den Betrug an den Arabern durchaus im klaren war, vgl. Die Sieben Säulen der Weisheit a.a.O., S. 404: »Ich trieb die Araber unter falschen Vorwänden in den Aufstand und übte eine falsche Autorität über die von mir Betrogenen aus ...«
[20] Nicolle, Lawrence and the Arab Revolts a.a.O., S. 20–21; H. von Kiesling, Orientfahrten zwischen Ägeis und Zagros, Leipzig 1921, S. 51.

XVI. Deutsch-türkische Spannungen

[1] Trumpener, Suez, Baku, Gallipoli a.a.O., S. 32–33; 39.
[2] Vgl. Kapitel IV.
[3] Vgl. Kapitel XVII.
[4] Zum folgenden vgl. Guse, Die Kaukasusfront im Weltkrieg bis zum Frieden von Brest a.a.O., S. 103 ff.
[5] W. Frey, Kut-el-Amara, Berlin 1932, S. 113.
[6] Trumpener, Suez, Baku, Gallipoli a.a.O., S. 35.
[7] Vgl. Anlage 9
[8] Jäckh, Der Goldene Pflug a.a.O., S. 133.
[9] Jäckh, Der Goldene Pflug a.a.O., S. 230.
[10] Als Vertreter einer Herrenrasse fühlte sich z. B. der württembergische Generalstabsoffizier Oberst von Gleich, vgl. G. von Gleich, Betrachtungen über die Kriegführung in Mesopotamien, in: Zwischen Kaukasus und Sinai, Jahrbuch des Bundes der Asienkämpfer, Bd. 3, Sangerhausen 1923, S. 94 ff.; auch gegenüber den auf seiten der Mittelmächte eingesetzten persischen Freiwilligen und Irregulären bezog von Gleich eine äußerst überhebliche und rassistische Position. In seinen Erinnerungen finden sich Sätze über die »erstaunliche Minderwertigkeit des persischen Gesindels«, von Gleich, Vom Balkan nach Bagdad a.a.O., S. 121.
[11] H. von Hentig, Mein Krieg, Berlin 3. Aufl. 1919, S. 52.
[12] Wallach, Anatomie einer Militärhilfe a.a.O., S. 251.

13 Kreß von Kressenstein, Mit den Türken zum Suezkanal a.a.O., S. 36.
14 Von Tzschirner-Tzschirne, In die Wüste a.a.O., S. 63.
15 F. B. Die militärischen Durchgangsfrachten zwischen Deutschland und der Türkei a.a.O., S. 350; Liman von Sanders, Fünf Jahre Türkei a.a.O., S. 193.
16 J. Drexler, Mit Jildirim ins Heilige Land. o. O. 1919, S. 164.
17 Kreß von Kressenstein, Mit den Türken zum Suezkanal a.a.O., S. 73.
18 H. von Kiesling, MIt Feldmarschall von der Goltz Pascha in Mesopotamien und Persien, Leipzig 1922, S. 32; Steuber, »Jildirim«. Deutsche Streiter auf heiligem Boden a.a.O., S.163.
19 Vgl. Kreß von Kressenstein, Mit den Türken zum Suezkanal a.a.O., S. 201–202; Merkel, Die deutsche Jildirim-Etappe, in: Zwischen Kaukasus und Sinai, Jahrbuch des Bundes der Asienkämpfer, Bd. 1, Berlin 1921, S. 111–112; Malade, Von Amiens bis Aleppo a.a.O., S. 181.
20 Von der Goltz, Denkwürdigkeiten a.a.O., S. 446.
21 Steuber, »Jildirim«. Deutsche Streiter auf heiligem Boden a.a.O., S. 135.
22 Schraudenbach, Muharebe a.a.O., S. 447; zu den türkischen Angriffen gegen Major Schraudenbach vgl. Wallach, Anatomie einer Militärhilfe a.a.O., S. 228–229.
23 Von Kiesling, Mit Feldmarschall von der Goltz Pascha in Mesopotamien und Persien a.a.O., S. 32; P. Leverkuehn, Posten auf ewiger Wache, Essen 1938, S. 152.
24 Frey, Kut-el-Amara a.a.O., S. 427; 431.
25 De Nogales, Vier Jahre unter dem Halbmond a.a.O., S. 152–153.
26 Kreß von Kressenstein, Die Kriegführung in der Wüste a.a.O., S. 2.

XVII. Deutsche und Armenier

1 Vgl. FAZ vom 28. Juli 1987.
2 Y. Ternon, Tabu Armenien. Geschichte eines Völkermords, Frankfurt-Berlin 1988, S. 99.
3 Ternon, Tabu Armenien a.a.O., S. 133; Das Verbrechen des Schweigens. Die Behandlung des türkischen Völkermordes an den Armeniern vor dem Ständigen Tribunal der Völker, Göttingen 1985; S. 21; ein Augenzeugenbericht über Massaker in Adana 1909 findet sich bei Wiegand, Halbmond im letzten Viertel a.a.O., S. 124–129.
4 Ternon, Tabu Armenien a.a.O., S. 139; die Zahl von 2,1 Millionen Armeniern, die auf einer Schätzung des armenischen Patriarchats aus dem Jahr 1914 beruht – J. M. Carzou, Un génocide exemplaire. Arménie 1915, Paris 1975, S. 106 – dürfte um einiges zu hoch liegen.
5 Deutschland und Armenien a.a.O., Dok. Nr. 51, S. 70.
6 Ternon, Tabu Armenien a.a.O., S. 154; Das Verbrechen des Schweigens a.a.O. S. 55; A. Ter Minassian, Van 1915, in: Guerres mondiales et conflits contemporains Nr. 153 (Januar 1989), S. 40 erwähnt 5000 armenische (nicht-russische) Freiwillige im zaristischen Heer. Unzuverlässig ist, wie so häufig, H. Stuermer, Zwei Kriegsjahre in Konstantinopel, Lausanne 1917, S. 39, der angibt, es habe sich um russische Armenier gehandelt.

⁷ Als unmittelbarer Augenzeuge und Beteiligter hat de Nogales, Vier Jahre unter dem Halbmond a.a.O., S. 54–71 die Kämpfe um Van geschildert.
⁸ Den türkischen Standpunkt vertritt auch E. Feigl, Ein Mythos des Terrors, Freilassing-Salzburg 1986. Was die beiden türkischen Dokumentenbände Document on Ottoman-Armenians, herausgegeben vom Prime Ministry, Directorate General of Press and Information o. J. anbetrifft, so stellen sie eine sehr einseitige Auswahl dar, denn sie sollen – so wird im Vorwort ausdrücklich dargelegt – »beweisen«, daß die ottomanische Verwaltung gegenüber allen ihren Bürgern ein korrektes und faires Verhalten an den Tag legte. Es erfolgt kein Versuch, zu erklären, wie es zu den unbestrittenen Massakern an den Armeniern kommen konnte. Auf der anderen Seite können die Dokumente trotz der nicht wegzuleugnenden Tatsache, daß 1914/15 armenische Soldaten desertierten und armenische Nationalisten Angriffe auf türkisches Militär durchführten, keine schlüssigen Beweise für eine allgemeine Aufstandsbereitschaft und -absicht der Armenier liefern. Zur Kritik der Dokumentensammlung, die bereits in den Ausgaben 81/1982 und 83/1983 der Zeitschrift Military History Documents veröffentlicht wurden, vgl. a. Das Verbrechen des Schweigens a.a.O., S. 83.
⁹ Die Kämpfe um Van werten als Akt der Selbstverteidigung: Ternon, Tabu Armenien a.a.O., S. 172; Carzou, Un génocide exemplaire a.a.O., S. 118–119; Das Verbrechen des Schweigens a.a.O., S. 59–60; Ter Minassian, Van 1915 a.a.O., S. 35–59; Weber, Eagles on the Crescent a.a.O., S. 150; U. Müller, Der vergessene Völkermord. Die Vernichtung der Armenier in der Türkei (1915/16), Manuskript der am 9.4.1985 im Deutschlandfunk ausgestrahlen Sendung, S. 9.
¹⁰ Deutschland und Armenien a.a.O., S. XX; Dok. Nr. 71, S. 78; Carzou, Un génocide exemplaire a.a.O., S. 136–137.
¹¹ Deutschland und Armenien a.a.O., Dok. Nr. 69, S. 77.
¹² Ternon, Tabu Armenien a.a.O., S. 200; Carzou, Un génocide exemplaire a.a.O., S. 136.
¹³ Deutschland und Armenien a.a.O., S. LIII, Dok. Nr. 107, S. 97; Dok. Nr. 210, S. 203–204; Dok. Nr. 226, Anlage 2, S. 226–227; Djemal Pascha, Erinnerungen a.a.O. S. 355–357; Kreß von Kressenstein, Achmed Djemal Pascha als Soldat, in: Mitteilungen des Bundes der Asienkämpfer, 4. Jg. Nr. 9, Berlin 1.9.1922, S. 3; Kreß von Kressenstein, Achmed Djemal Pascha, in: Zwischen Kaukasus und Sinai, Jahrbuch des Bundes der Asienkämpfer, Bd. 3, Sangerhausen 1923, S. 20–21; Ternon, Tabu Armenien a.a.O., S. 202–203; Hedin, Jerusalem a.a.O., S. 42.
¹⁴ Deutschland und Armenien a.a.O., S. XXVI; Dok. Nr. 157, S. 146; Carzou, Un génocide exemplaire a.a.O., S. 136.
¹⁵ Ternon, Tabu Armenien a.a.O., S. 207–208; Endres, Der Weltkrieg der Türkei a.a.O., S. 7; von 1,4 Millionen Opfern geht aus: Das Verbrechen des Schweigens a.a.O., S. 80; vgl. a. die verschiedenen Zahlenangaben auf S. 114; 1,5 Millionen Opfer nennt Müller, Der vergessene Völkermord a.a.O., S. 3; 17; etwas niedriger liegt die Schätzung von Lepsius in: Deutschland und Armenien a.a.O., S. LXIII-LXV; für übertrieben hält

die Zahl von 1 Million Opfer E. Werner, Die Armeniergreuel 1915/16 – ein armenisches Greuelmärchen? In: Zeitschrift für Geschichtswissenschaft 2/1973, S. 221; vgl. im übrigen die Karte bei M. Gilbert, First World War Atlas, London 1985, S. 41.

[16] Tuksavul, Eine bittere Freundschaft a.a.O., S. 118; Guse, Der Armenieraufstand 1915 und seine Folgen, in: Wissen und Wehr 1925, S. 618; Feigl, Der Mythos des Terrors a.a.O., S. 80; 88 schätzt die Zahl der armenischen Opfer auf 600 000.

[17] Ternon, Tabu Armenien a.a.O., S. 209; absurd ist die Einschätzung des DDR-Historikers Werner, Die Armeniergreuel 1915/16 a.a.O., S. 219, die Reichsregierung sei schon aus strategischen Gründen »notfalls« an einer Liquidierung der Armenier interessiert gewesen.

[18] Ternon, Tabu Armenien a.a.O., S. 197; auch Liman von Sanders, Fünf Jahre Türkei a.a.O., S. 201 betont, deutsche Offiziere seien an den Armenierverfolgungen nicht beteiligt gewesen. Demgegenüber versteigt sich Stuermer, Zwei Kriegsjahre in Konstantinopel a.a.O., S. 59–60 zu der Behauptung, deutsche Offiziere hätten »in der Ausrottung und Vertreibung der Armenier frisch-fröhlich die Initiative ergriffen.«

[19] Serman, Mit den Türken an der Front a.ä.O., S. 86.

[20] Von Kiesling, Orientfahrten zwischen Ägeis und Zagros a.a.O., S. 8; Admiral Hopmann, Das Kriegstagebuch eines deutschen Seeoffiziers, Berlin 1925, S. 179 nennt die Armenierverfolgungen »erklärliche Gegenmaßnahmen«.

[21] Frey, Kut-el-Amara a.a.O., S. 306–307.

[22] Schraudenbach, Muharebe a.a.O., S. 145.

[23] Von Gleich, Vom Balkan nach Bagdad a.a.O., S. 92.

[24] Deutschland und Armenien a.a.O., S. LIX-LX; Dok. Nr. 306–308, S. 300–304; Das Verbrechen des Schweigens a.a.O., S. 76; Ternon, Tabu Armenien a.a.O., S. 193; es ist nicht verständlich, wenn Wallach, Anatomie einer Militärhilfe a.a.O., S. 207 die Intervention Limans als »unbedeutende Einmischung« abtut. Liman von Sanders versuchte auch in anderen Fällen, das Schicksal der Armenier zu lindern, vgl. Malade, Von Amiens bis Aleppo a.a.O., S. 177.

[25] Zu den Aktivitäten Scheubner-Richters vgl. Deutschland und Armenien a.a.O., S. XII; LVIII-LIX; Dok. Nr. 59 S. 73; Dok. Nr. 73 S. 86; Dok. Nr. 129 S. 116–120; Leverkuehn, Posten auf ewiger Wache a.a.O., S. 34–46.

[26] Deutschland und Armenien a.a.O., S. XI; Dok. Nr. 66 S. 76; Dok. Nr. 75, 76 S. 81.

[27] Deutschland und Armenien a.a.O., Dok. Nr. 78 S. 82.

[28] Deutschland und Armenien a.a.O., Dok. Nr. 102 S. 92.

[29] Deutschland und Armenien a.a.O., Dok. Nr. 81 S. 84; R. Giordano, Die armenische Frage existiert nicht mehr ... Manuskript der von der ARD am 21.4.1986 ausgestrahlten Fernsehsendung, S. 7.

[30] Deutschland und Armenien a.a.O., S. XXVIII; Dok. Nr. 106 S. 96–97.

[31] Deutschland und Armenien a.a.O., S. XXXIII; Dok. Nr. 218 S. 210–211.

³² Deutschland und Armenien a.a.O., Dok. Nr. 143, S. 135.
³³ Deutschland und Armenien a.a.O., S. XXXI; Dok. Nr. 165 S. 151; vgl. a. Carzou, Un génocide exemplaire a.a.O., S. 136.
³⁴ Deutschland und Armenien a.a.O., Dok. Nr. 197, S. 183–190.
³⁵ H. Vierbücher, Was die kaiserliche Regierung den deutschen Untertanen verschwiegen hat, Bremen 1985, S. 77.
³⁶ Deutschland und Armenien a.a.O., Dok. Nr. 197 S. 183.
³⁷ Deutschland und Armenien a.a.O., Dok. Nr. 209 S. 201–202.
³⁸ Giordano, Die armenische Frage existiert nicht mehr ... a.a.O., S. 14–15.
³⁹ Deutschland und Armenien a.a.O., Dok. Nr. 238 S. 236–237; Weber, Eagles on the Crescent a.a.O., S. 184–185.
⁴⁰ Deutschland und Armenien a.a.O., Dok. Nr. 282 S. 277.
⁴¹ Deutschland und Armenien a.a.O., Dok. Nr. 300 S. 294.
⁴² Weber, Eagles on the Crescent a.a.O., S. 145.
⁴³ Ternon, Tabu Armenien a.a.O., S. 209.
⁴⁴ Bihl, Die Beziehungen zwischen Österreich-Ungarn und dem Osmanischen Reich a.a.O., S. 48.
⁴⁵ Pomiankowski, Der Zusammenbruch des Ottomanischen Reiches a.a.O., S. 163.
⁴⁶ Deutschland und Armenien a.a.O., Dok. Nr. 399 S. 393–394; vgl. a. Kapitel IV.
⁴⁷ P. Graf Kielmansegg, Deutschland und der Erste Weltkrieg, Stuttgart 2. Aufl. 1980, S. 103–104.
⁴⁸ Kreß von Kressenstein, Mit den Türken zum Suezkanal a.a.O., S. 138.

XVIII. Abenteuer Persien

¹ H. Lührs, Gegenspieler des Obersten Lawrence, Berlin 1936, S. 94.
² Gehrke, Persien in der deutschen Orientpolitik Band 1 (I) a.a.O., S. 57.
³ Zur Person Nadolnys vgl. G. Wollstein, Rudolf Nadolny – Außenminister ohne Verwendung, in: Vierteljahreshefte für Zeitgeschichte, 28. Jg. 1980, S. 47–93.
⁴ W. von Blücher, Zeitenwende in Iran, Biberach an der Riss 1949, S. 19.
⁵ Gehrke, Persien in der deutschen Orientpolitik Band 1 (I) a.a.O., S. 99.
⁶ Zu der Person und den Aktionen von Konsul Waßmuß vgl. O. Kerhahn, Der deutsche Lawrence, in: Deutsches Soldatenjahrbuch 1961, München 1961, S. 117–120; D. von Mikusch, Waßmuß, der deutsche Lawrence, Berlin 1937; C. Sykes, Wassmuss the German Lawrence, Leipzig 1937. Keine der Darstellungen genügt wissenschaftlichen Anforderungen.
⁷ Gehrke, Persien in der deutschen Orientpolitik Band 1 (I) a.a.O., S. 130.
⁸ Von Kiesling, Orientfahrten zwischen Ägeis und Zagros a.a.O., S. 228–229; auch in einem späteren Buch hat der Autor dies Ereignis geschildert: Soldat in drei Weltteilen a.a.O., S. 264.
⁹ Lührs, Gegenspieler des Obersten Lawrence a.a.O., S. 172; fast gleich-

lautend H. Erdmann, Im Heiligen Krieg nach Persien, Berlin-Wien 1918, S. 87.
10 Der Text der Instruktionen ist veröffentlicht bei von Kiesling, Mit Feldmarschall von der Goltz Pascha in Mesopotamien und Persien a.a.O., S. 18–20; U. Gehrke, Persien in der deutschen Orientpolitik während des Ersten Weltkriegs Band 1 (II), Stuttgart 1960, S. 318–319.
11 U. Gehrke, Germany and Persia up to 1919, in: J. L. Wallach, Germany and the Middle East 1835–1939, International Symposium April 1975, Tel Aviv 1975, S. 115.
12 Erdmann, Im Heiligen Krieg nach Persien a.a.O., S. 126.
13 Erdmann, Im Heiligen Krieg nach Persien a.a.O., S. 141–157.
14 Den Kurden kulturell und sprachlich verwandtes ostiranisches Gebirgsvolk.
15 Der Text des Abkommens ist abgedruckt bei von Kiesling, Mit Feldmarschall von der Goltz Pascha in Mesopotamien und Persien a.a.O., S. 190–192; Gehrke, Persien in der deutschen Orientpolitik Band 1 (II) a.a.O., S. 334–336.
16 Von der Goltz, Denkwürdigkeiten a.a.O., S. 440–441.
17 Von Gleich, Vom Balkan nach Bagdad a.a.O., S. 133.
18 Vgl. Leverkuehn, Posten auf ewiger Wache a.a.O.
19 Paul Leverkuehn (1893–1960), Jurist, arbeitete nach dem 1. Weltkrieg für das Auswärtige Amt in den USA. 1930–33 Rechtsanwalt in Berlin. 1940 Konsul in Täbris. 1941–44 Leiter der Abwehraußenstelle in Istanbul. 1954 zum Präsidenten der Europa-Union gewählt.
20 Gehrke, Persien in der deutschen Orientpolitik Band 1 (II) a.a.O., S. 265.
21 Müller, Ich fand das wahre Vaterland a.a.O., S. 141.
22 Von Blücher, Zeitenwende in Iran a.a.O., S. 101; Gehrke, Persien in der deutschen Orientpolitik Band 1 (I) a.a.O., S. 288.
23 Von Blücher, Zeitenwende in Iran a.a.O., S.106; Nadolny, Mein Beitrag a.a.O., S. 52.

XIX. Die Irakfront

1 F. von Papen, Der Wahrheit eine Gasse, München 1952, S. 87.
2 Fürst von Bülow, Deutsche Politik, Berlin 1916, S. 111
3 Von Gleich, Vom Balkan nach Bagdad a.a.O., S. 91.
4 A.J. Barker, The Neglected War. Mesopotamia 1914–1918, London 1967, S. 18.
5 Frey, Kut-el-Amara a.a.O., S. 315.
6 Von Gleich, Betrachtungen über die Kriegführung in Mesopotamien a.a.O., S. 84; Von Kiesling, Mit Feldmarschall von der Goltz Pascha in Mesopotamien und Persien a.a.O., S. 39.
7 Von Gleich, Betrachtungen über die Kriegführung in Mesopotamien a.a.O., S. 83; von Kiesling, Mit Feldmarschall von der Goltz Pascha in Mesopotamien und Persien a.a.O., S. 38; S. Hedin, Bagdad, Babylon, Ninive, Leipzig 1918, S. 106–107.

[8] D. French, The Dardanelles, Mecca and Kut: Prestige as a Factor in British Eastern Strategy, 1914–1916, in: War & Society, vol. 5, Nr. 1 (Mai 1987), S. 45–61.
[9] Celiker, Turkey in the First World War a.a.O., S. 175.
[10] J.S. Galbraith, No Man's Child: The Campaign in Mesopotamia, 1914–1916, in: International History Review, 6 (1984), S. 369.
[11] Celiker, Turkey in the First World War a.a.O., S. 177.
[12] Barker, The Neglected War a.a.O., S. 199.
[13] Vgl. Lorey, Der Krieg in den türkischen Gewässern. Erster Band a.a.O., S. 248–260.
[14] Frey, Kut-el-Amara a.a.O., S. 441.
[15] Die Angaben von T. E. Lawrence zu dieser Mission in: Die Sieben Säulen der Weisheit a.a.O., S. 44 sind ziemlich dürftig. Weitergehende Informationen bieten seine Biographen: J. Benoist-Méchin, Lawrence d'Arabie ou le rêve fracassé, Paris 1984, S. 105–106; Simpson/Knightley, Das Geheimleben des Lawrence von Arabien a.a.O., S. 58–60; Stewart, Lawrence von Arabien a.a.O., S. 199–200; S. Tabachnick/C. Matheson, T. E. Lawrence. Wahrheit und Legende, München 1988, S. 19; 139.
[16] Slights, Airlift to Kut a.a.O., S. 50–59.
[17] Galbraith, No Man's Child a.a.O., S. 372; Barker, The Neglected War a.a.O., S. 263.
[18] Mühlmann, Das Deutsch-türkische Waffenbündnis im Weltkriege a.a.O., S. 136.
[19] Malade, Von Amiens bis Aleppo a.a.O., S. 213.
[20] Barker, The Neglected War a.a.O., S. 419.
[21] Von Blücher, Zeitenwende in Iran a.a.O., S. 117.
[22] Vgl. Lorey, Der Krieg in den türkischen Gewässern. Erster Band a.a.O., S. 349–358.
[23] W. Steuber, Arzt und Soldat in drei Erdteilen, Berlin 1940, S. 280; Liman von Sanders, Fünf Jahre Türkei a.a.O., S. 307.
[24] Mühlmann, Das deutsch-türkische Waffenbündnis im Weltkriege a.a.O., S. 231.
[25] Barker, The Neglected War a.a.O., S. 457.
[26] O. von Riederer, Der Rückzug der Deutschen Abteilung bei der Kais. Osmanischen 6. Armee von Mossul über Samsun nach Konstantinopel, in: Zwischen Kaukasus und Sinai, Jahrbuch des Bundes der Asienkämpfer, Bd. 1, Berlin 1921, S. 133–170.
[27] Drexler, Mit Jildirim ins Heilige Land a.a.O., S. 221–223.

XX. Jildirim und das deutsche Asienkorps

[1] Mühlmann, Das deutsch-türkische Waffenbündnis im Weltkriege a.a.O., S. 144.
[2] Liman von Sanders, Fünf Jahre Türkei a.a.O., S. 219–220; Wallach, Anatomie einer Militärhilfe a.a.O., S. 210.
[3] Mühlmann, Das deutsch-türkische Waffenbündnis im Weltkriege a.a.O., S. 147.

[4] Steuber, »Jildirim«. Deutsche Streiter auf heiligem Boden a.a.O., S. 26.
[5] Pomiankowski, Der Zusammenbruch des Ottomanischen Reiches a.a.O., S. 282.
[6] Djemal Pascha, Erinnerungen a.a.O., S. 189.
[7] Kreß von Kressenstein, Mit den Türken zum Suezkanal a.a.O., S. 251.
[8] Insgesamt fanden folgende türkische Truppen zeitweise auf dem europäischen Kriegsschauplatz Verwendung, wo sie sich bewährten und auszeichneten:
Galizien: XV. Armeekorps (19. und 20. ID.), bis September 1917 zurückgezogen;
Rumänien: VI. Armeekorps (15. und 25. ID.), bis Juni 1918 zurückgezogen;
Mazedonien: 50. ID., im Juni 1917 zurückgezogen; XX. Armeekoprs, im April 1917 zurückgezogen; 177. IR., im Juni 1918 zurückgezogen;
vgl. Celiker, Turkey in the World War a.a.O., S. 197–201.
[9] Kreß von Kressenstein, Mit den Türken zum Suezkanal a.a.O., S. 254; vgl. a. S. 265.
[10] Mühlmann, Das deutsch-türkische Waffenbündnis im Weltkriege a.a.O., S. 154.
[11] Kreß von Kressenstein, Überblick über die Ereignisse an der Sinaifront a.a.O., S. 41.
[12] Mühlmann, Das deutsch-türkische Waffenbündnis im Weltkriege a.a.O., S. 125; 150.
[13] Simon-Eberhard, Mit dem Asienkorps zur Palästinafront a.a.O., S. 12.
[14] Vgl. Lawetzky, Krieg im Heiligen Land a.a.O., S. 13–14; demgegenüber berichtet Leutnant Hans von Hentig, Mein Krieg a.a.O., S. 49 über eine überreichliche, aber minderwertige Ausrüstung.
[15] Bullock, Allenby's War a.a.O., S. 70.
[16] Mühlmann, Das deutsch-türkische Waffenbündnis im Weltkriege a.a.O., S. 150; Bullock, Allenby's War a.a.O., S. 69–70. Die detaillierteste Aufstellung findet sich in der Beilage »Kriegsgliederung der deutschen Verbände der Heeresgruppe Jildirim an der Palästina-Front« in dem Buch von Steuber, »Jildirim« a.a.O., das im Auftrag des Reichsarchivs herausgegeben wurde.
[17] Steuber, »Jildirim« a.a.O., S. 64.
[18] Mühlmann, Das deutsch-türkische Waffenbündnis im Weltkriege a.a.O., S. 125; 150; Wallach, Anatomie einer Militärhilfe a.a.O., S. 210. Der Heeresgruppe F unterstanden im übrigen auch die Pascha I Verbände und sonstige, im Süden der Türkei eingesetzte Einheiten.
[19] Lawetzky, Krieg im Heiligen Land a.a.O., S. 41.
[20] Simon-Eberhard, Mit dem Asienkorps zur Palästinafront a.a.O., S. 28–29.
[21] Wiegand, Halbmond im letzten Viertel a.a.O., S. 264.
[22] Hans von Hentig, Bruder von Werner Otto von Hentig. Geboren am 9.6.1887 in Berlin. Bedeutender deutscher Kriminalwissenschaftler.

Univ.-Privatdozent in Gießen 1929, o. Professor in Kiel 1931, in Bonn 1934. Von 1937 bis 1951 wissenschaftliche Tätigkeit in den USA. 1955 emeritiert. Verstorben in Bad Tölz am 6.7.1974.
23 Von Hentig, Mein Krieg a.a.O., S. 52.
24 Ekmek (türk.) = Brot.
25 Lawetzky, Krieg im Heiligen Land a.a.O., S. 52.
26 Simon-Eberhard, Mit dem Asienkorps zur Palästinafront a.a.O., S. 68; Von Hentig, Mein Krieg a.a.O., S. 68; Drexler, Mit Jildirim ins Heilige Land a.a.O., S. 163; Guhr, Als türkischer Divisionskommandeur in Kleinasien und Palästina a.a.O., S. 150–151.
27 Steuber, Arzt und Soldat in drei Erdteilen a.a.O., S. 296; vgl. a. Steuber, »Jildirim« a.a.O., S. 55.
28 Malade, Von Amiens bis Aleppo a.a.O., S. 219.
29 Steuber, »Jildirim« a.a.O., S. 132.
30 Liman von Sanders, Fünf Jahre Türkei a.a.O., S. 226; vgl. a. Steuber, »Jildirim« a.a.O., S. 62; Simon-Eberhard, Mit dem Asienkorps zur Palästinafront a.a.O., S. 99.
31 Das 1. Masurische Infanterie-Regiment Nr. 146 a.a.O., S. 213.
32 Schaefer/Völke, Geschichte des Reserve-Jäger-Bataillons Nr. 11 a.a.O., S. 235.

XXI. Die Sinaifront 1917

1 Gullett, The Australian Imperial Force a.a.O., S. 337.
2 Zu den Verlusten in der 1. Gazaschlacht vgl. Kreß von Kressenstein, Mit den Türken zum Suezkanal a.a.O., S. 232; Kreß von Kressenstein, Überblick über die Ereignisse an der Sinaifront a.a.O., S. 28; Gullett, The Australian Imperial Force a.a.O., S. 294; wie sich aus den Seiten 295–296 ergibt, überschätzten die Alliierten die türkischen Verluste erheblich; Bullock, Allenby's War a.a.O., S. 46.
3 Kreß von Kressenstein, Mit den Türken zum Suezkanal a.a.O., S. 232.
4 Von Kiesling, Soldat in drei Weltteilen a.a.O., S. 303.
5 Zu den Verlusten in der 2. Gazaschlacht vgl. Kreß von Kressenstein, Mit den Türken zum Suezkanal a.a.O., S. 243–244; Gullett, The Australian Imperial Force a.a.O., S. 334; Bullock, Allenby's War a.a.O., S. 47.
6 Gullett, The Australian Imperial Force a.a.O., S. 335.
7 Zechlin, Die Deutsche Politik und die Juden im Ersten Weltkrieg a.a.O., S. 319–320.
8 A. Ruppin, Briefe, Tagebücher, Erinnerungen, Königstein/Taunus 1985, S. 264–265; 285; Carmel, Die Siedlungen der württembergischen Templer in Palästina a.a.O., S. 294.
9 Roth, Preußens Gloria im Heiligen Land a.a.O., S. 282.
10 D. Kushner (Hrsg.), Palestine and the late Ottoman Period, Jerusalem-Leiden 1986, S. 47; 49.
11 S. Elan, Deutsche in Jerusalem von der Mitte des 19. Jahrhunderts bis zum 1. Weltkrieg, Wertheim 1984, S. 89.
12 Vgl. Anlage 4.

[13] P. Range, Vier Jahre Kampf ums Heilige Land, Bad Oeynhausen 1932, S. 46.
[14] F. Dunkel, Das St. Paulushospiz in den Kriegsjahren 1915 und 1916, in: Das Heilige Land, Cöln 1917, S. 163–166.
[15] Kreß von Kressenstein, Mit den Türken zum Suezkanal a.a.O., S. 249.
[16] Vgl. die Karte bei Carmel, Die Siedlungen der württembergischen Templer in Palästina a.a.O., S. 300.
[17] Von Kiesling, Soldat in drei Weltteilen a.a.O., S. 300.
[18] Kreß von Kressenstein, Mit den Türken zum Suezkanal a.a.O., S. 259.
[19] Von Papen, Der Wahrheit eine Gasse a.a.O., S. 99.
[20] Bullock, Allenby's War a.a.O., S. 73; Kreß gibt die Infanteriestärke der 8. Armee sogar mit nur 23 000 Gewehren an: Mit den Türken zum Suezkanal a.a.O., S. 270; ibid., Überblick über die Ereignisse an der Sinaifront a.a.O., S. 42.
[21] Range, Vier Jahre Kampf ums Heilige Land a.a.O., S. 32.
[22] Mühlmann, Das deutsch-türkische Waffenbündnis im Weltkriege a.a.O., S. 171.
[23] Kreß von Kressenstein, Mit den Türken zum Suezkanal a.a.O., S. 285.
[24] Kreß von Kressenstein, Mit den Türken zum Suezkanal a.a.O., S. 297; vgl. a. von Kiesling, Soldat in drei Weltteilen a.a.O., S. 321–323.
[25] Steuber, Arzt und Soldat in drei Erdteilen a.a.O., S. 311.
[26] Wallach, Anatomie einer Militärhilfe a.a.O., S. 220.
[27] Wiegand, Halbmond im letzten Viertel a.a.O., S. 261.
[28] Bullock, Allenby's War a.a.O., S. 89.
[29] Von Papen, Der Wahrheit eine Gasse a.a.O., S. 101; Wallach, Anatomie einer Militärhilfe a.a.O., S. 216.
[30] Gullett, The Australian Imperial Force a.a.O., S. 528.
[31] Steuber, Arzt und Soldat in drei Erdteilen a.a.O., S. 316.

XXII. Palästina: Zusammenbruch und Heimkehr

[1] Zur Schlacht von Tafila vgl. Lawrence, Die Sieben Säulen der Weisheit a.a.O., S. 507–518; ibid., Dispacci segreti a.a.O., S. 188–194; Morsey, T. E. Lawrence und der arabische Aufstand 1916/18 a.a.O., S. 205–211; Stewart, Lawrence von Arabien a.a.O., S. 263–264; Simpson/Knightley, Das Geheimleben des Lawrence von Arabien a.a.O., S. 103; Bullock, Allenby's War a.a.O., S. 103–104.
[2] Lawrence, Die Sieben Säulen der Weisheit a.a.O., S. 518.
[3] Tabachnick/Matheson, T. E. Lawrence, Wahrheit und Legende a.a.O., S. 146–147.
[4] F. Liebl, Der Kampf ums Heilige Land 1914 bis 1918, Teil 2, in: Die Gebirgstruppe 4/1977, S. 7.
[5] Simon-Eberhard, Mit dem Asienkorps zur Palästinafront a.a.O. S. 93.
[6] Steuber, »Jildirim« a.a.O., S. 167.
[7] Mühlmann, Das deutsch-türkische Waffenbündnis im Weltkriege a.a.O., S. 219–222; Wallach, Anatomie einer Militärhilfe a.a.O., S. 226–227; 242–243; Liman von Sanders, Fünf Jahre Türkei a.a.O., S.

301–312 geht fälschlich davon aus, die abberufenen deutschen Einheiten sollten zur Unterstützung der türkischen Kaukasusambitionen (!) Verwendung finden.
8 H. Meier-Welcker, Die militärische Lage der Mittelmächte Anfang Juni 1918; in: Österreichische Militärische Zeitschrift 1968, S. 390.
9 Unzutreffend insoweit Wallach, Anatomie einer Militärhilfe a.a.O., S. 227, der davon ausgeht, die gesamte Verstärkung Pascha II (vier Bataillone) sei zurückgezogen worden.
10 Das 1. Masurische Infanterie-Regiment Nr. 146 a.a.O., S. 230; Lawetzky, Krieg im Heiligen Land a.a.O., S. 136–138.
11 Müller, Ich fand das wahre Vaterland a.a.O., S. 149–150.
12 H. Froembgen, Kamal Atatürk, Stuttgart 1935, S. 80.
13 H. von Kiesling, Rund um den Libanon, Leipzig 1920, S. 8–9 schildert das Räuberunwesen im Libanon.
14 Emin, Turkey in the World War a.a.O., S. 261.
15 Wallach, Anatomie einer Militärhilfe a.a.O., S. 270; Von Rabenau, Seeckt a.a.O., S. 113; den entgegengesetzten Standpunkt nimmt H.e.R. = Harun el Raschid (d. i. Wilhelm Hintersatz) in seiner Hagiographie: Marschall Liman von Sanders und sein Werk, Berlin 1932, ein. Aber von einer »überlegenen Feldherrnkunst« Limans in Palästina 1918 kann keine Rede sein.
16 Zur Schlacht um den Msallabe-Berg, von den Engländern Schlacht um Abu Tellul genannt, vgl.: Liman von Sanders, Fünf Jahre Türkei a.a.O., S. 315–320; Steuber, »Jildirim« a.a.O., S. 168–169; Schaefer/Völke, Geschichte des Reserve-Jäger-Bataillons Nr. 11 a.a.O., S. 275–287; Das 1. Masurische Infanterie-Regiment Nr. 146 a.a.O., S. 234–237; Bullock, Allenby's War a.a.O., S. 115–116; Gullett, The Australian Imperial Force a.a.O., S. 660–676; C. Falls, Armageddon 1918, Philadelphia-New York 1964, S. 29–33.
17 Merkel, Die deutsche Jildirim-Etappe a.a.O., S. 116 ff.
18 Bullock, Allenby's War a.a.O., S. 127; Gullett, The Australian Imperial Force a.a.O., S. 681; höhere Zahlenangaben macht H. Essame, Armageddon 1918, in: War Monthly, London 1975, Heft 14, S. 11.
19 Liman von Sanders, Fünf Jahre Türkei a.a.O., S. 340–343.
20 Carmel, Geschichte Haifas in der türkischen Zeit a.a.O., S. 148–149.
21 Zu dem Gefecht in Samach vgl. Liman von Sanders, Fünf Jahre Türkei a.a.O., S. 371; Bullock, Allenby's War a.a.O., S. 138; Falls, Armageddon 1918 a.a.O., S. 88; Gullett, The Australian Imperial Force a.a.O., S. 730–733; Essame, Armageddon 1918 a.a.O., S. 15.
22 Das 1. Masurische Infanterie-Regiment Nr. 146 a.a.O., S. 252.
23 Essame, Armageddon 1918 a.a.O., S. 16.
24 Zu den Ereignissen von Tafas vgl. Kapitel XIII.
25 Guhr, Als türkischer Divisionskommandeur in Kleinasien und Palästina a.a.O., S. 265.
26 Lawetzky, Krieg im Heiligen Land a.a.O., S. 210; vgl. a. Das 1. Masurische Infanterie Regiment Nr. 146 a.a.O., S. 260; Guhr, Als türkischer Divisionskommandeur in Kleinasien und Palästina a.a.O., S. 272–273.

²⁷ Lawrence, Die Sieben Säulen der Weisheit a.a.O., S. 694.
²⁸ Drexler, Mit Jildirim ins Heilige Land a.a.O., S. 181.
²⁹ Treitz hat seine Odyssee in dem Buch: Die Vergessenen, München 1933, geschildert.
³⁰ Grothusen, Kemal Atatürk a.a.O., S. 18.
³¹ Froembgen, Kamal Atatürk a.a.O, S. 82; vgl. a. H. Melzig, Kamal Atatürk, Frankfurt 1937, S. 82.
³² Essame, Armageddon 1918 a.a.O., S. 17; Bullock, Allenby's War a.a.O., S. 147; Falls, Armageddon 1918 a.a.O., S. 150; Gullett, The Australian Imperial Force a.a.O., S. 783.
³³ Gilbert, First World War Atlas a.a.O., S. 158: 325 000 Tote; C. Zentner, Illustrierte Geschichte des Ersten Weltkrieges, München 1982, S. 432: 350 000 Tote; Celiker, Turkey in the First World War a.a.O., S. 202: 400 000 Tote.
³⁴ Vgl. a. die Zahlenangaben bei Emin, Turkey in the First World War a.a.O., S. 252–253.
³⁵ Von Rabenau, Seeckt a.a.O., S. 51.
³⁶ Simon Petljura, geboren am 23.5.1879. Ukrainischer Nationalist, 1919 Präsident des Direktoriums der Ukrainischen Nationalen Republik, erbitterter Gegner des Bolschewismus. Am 25.5.1926 im Pariser Exil von einem kommunistischen Agenten ermordet.
³⁷ W. Fest, Nikolajew, der letzte deutsche Posten am Schwarzen Meer, Duisburg 1919, S. 36; zur Situation in den Schwarzmeerhäfen vgl. a. Admiral Hopmann, Das Kriegstagebuch eines deutschen Seeoffiziers a.a.O., S. 311 ff.
³⁸ Vgl. Admiral Exelmans, La situation à Odessa. L'évacuation de Nikolaieff. Note sur l'action française en Russie, maschinenschriftlich, 3 Seiten, Dokumentenkabinett Vlotho. Studien-Sammlung für europäische Geschichte, Gegenwart und Zukunftsplanung.
³⁹ Von Papen, Der Wahrheit eine Gasse a.a.O., S. 110; vgl. a. Guhr, Als türkischer Divisionskommandeur in Kleinasien und Palästina a.a.O., S. 293.
⁴⁰ Lawetzky, Krieg im Heiligen Land a.a.O., S. 237.

Nachwort

¹ Mäkelä, Auf den Spuren der Goeben a.a.O., S. 130; zu den Abbrucharbeiten vgl. M. C. Wanner, Die letzten Monate der Goeben, in: Marine-Rundschau 1974, S. 325–339; 1976, S. 562–568.
² FAZ vom 13.10.1989.
³ E. Sturm/U. Seils, Kunstbauwerke beim Neubau der Aqaba-Eisenbahn, in: Beton- und Stahlbetonbau Heft 9/1976, S. 209–215; vgl. a. M. Bau, Der Fruchtbare Halbmond. Irak, Syrien, Jordanien, Libanon, Nürnberg 1975, S. 272.
⁴ Lawrence, Dispacci segreti a.a.O., S. XXIV-XXV.
⁵ Wernekke, Aus der Geschichte und vom Bau der Bagdad-Eisenbahn a.a.O., S. 187; Pönicke, Heinrich August Meißner-Pascha und der Bau

der Hedschas- und Bagdadbahn a.a.O., S. 208; Pönicke, Die Hedschas- und Bagdadbahn erbaut von Heinrich August Meißner-Pascha a.a.O., S. 28.
6 Die Bagdadbahn. Eine Zugfahrt durch unbekannte Türkei. Manuskript des Films von J. Lohmann, ausgestrahlt von Südwest 3 am 27.11.1987 und von der ARD am 25.12.1988, S. 12.
7 G. Höhler, Rollende Raritäten in der Türkei. Dampfloks locken die Urlauber an, in: Kölner Stadt-Anzeiger vom 8.8.1989; vgl. a. R. Schnell/U. Schweim, Turkish Steam. Unter Stern und Halbmond: Dampflokomotiven in der Türkei, Villingen 1976.
8 Pick, Der deutsche Pionier Heinrich August Meissner-Pascha und seine Eisenbahnbauten im Nahen Osten 1901–1917 a.a.O., S. 296.
9 B. Heimrich, Schmidts Jerusalemer Mädchen, in: FAZ vom 27.4.1986; B. Heimrich, Zeigt das Wappen von »Schmidt's Schule« die untergehende Sonne? In: FAZ vom 8.12.1987; vgl. a. Elan, Deutsche in Jerusalem a.a.O.
10 Vgl. Anlage 10.
11 K.-D. Grothusen, Der Weg der Türkei in die Moderne – 65 Jahre politisch-historischer Entwicklung, in: Aus Politik und Zeitgeschichte, B 14–15/88 vom 1. April 1988.
12 W. Haupt, Deutsche unter dem Halbmond, in: Deutsches Soldatenjahrbuch 1967, München 1967, S. 216–217.
13 Neulen, An deutscher Seite a.a.O., S. 253; Von zur Mühlen, Zwischen Hakenkreuz und Sowjetstern a.a.O., S. 83–84.
14 Tuksavul, Eine bittere Freundschaft a.a.O., S. 16.
15 J. Jessen, Ein Bus im Dorf oder Mißverständnisse in Beysehir, in: FAZ vom 26.5.1988.

Quellen- und Literaturverzeichnis

A Unveröffentlichte Quellen

1 *Bayerisches Hauptstaatsarchiv Abt. IV. Kriegsarchiv*

Mkr. 224/a Türkei vom Jahre 1908 mit 1918
MKr. 13841 San. Offz. usw. in der Türkei vom Jahre 1915

Deutsche Militär-Mission in der Türkei
MKr. 1952 vom Jahre 1913 mit 1915 bis 30.VI.
MKr. 1953 vom Jahre 1915 1.VII.–31.XII.
MKr. 1954 vom Jahre 1916 bis 30.VI.
MKr. 1955 vom Jahre 1916 1.VII. mit 1917 bis 30.VI.
MKr. 1956 vom Jahre 1917 1.VII. mit 1918
MKr. 1957 vom Jahre 1918 1.VI. mit 1920
MKr. 1958 vom Jahre 1913 mit 1919
MKr. 1959 Militär-Mission in Persien, im Orient vom Jahre 1915 mit 1918

Nachrichten u. Kraftfahrer, Luftschiffer u. Flieger, Flak. Sammelbestand.
46 Feldflieger-Abt. 300 »Pascha«
48 Bayer. Flieger-Abt. 304 b. Kriegstagebuch 24. Juli 1917–3. April 1919 (geführt von Oberleutnant Fritz Berthold)
50 Bayer. Flieger-Abt. 304 b. Anlagen zum KTB 1917–1918
52 Bayer. Flieger-Abt. 304 b. Transport nach Palästina
53 Bayer. Flieger-Abt. 304 b. Handakt des Transportführers
54 Bayer. Flieger-Abt. 304 b. Adressen-Verz. der Abt.-Angehörigen

2 *Bundesarchiv/Militärarchiv Freiburg*

RM 92/3944	Erlebnisse des Admirals a. D. von Nordeck auf S.M.S. Breslau während des Ersten Weltkrieges, 16seitiges Manuskript vom 20.6.1945
Msg 1/231	Hauptmann i.G. Serno: Ausbau, Organisation und Tätigkeit der türkischen Luftstreitkräfte im 1. Weltkrieg

3 *Historisches Archiv des Erzbistums Köln*

CR 22.11. Vol. II:	Deutscher Verein vom Heiligen Lande Lage des hl. Landes im Kriege und vor und nach dem Kriege (10 Seiten). Jahresbericht 1920 (8 Seiten).

4 *Militärgeschichtliches Forschungsamt Freiburg*

Studies der Historical Division, P-207 Supplement. Ergänzender Bericht von Fritz Grobba zu der Studie von Hellmuth Felmy und Walter Warlimont: Die deutsche Ausnutzung der arabischen Eingeborenenbewegung im Zweiten Weltkrieg.

5 *Dokumentenkabinett Vlotho. Studien-Sammlung für europäische Geschichte, Gegenwart und Zukunftsplanung*

Admiral Exelmans: La situation à Odessa. L'évacuation de Nikolaieff. Note sur l'action Française en Russie (3 Seiten).

6 *Archiv Autor*

Privatkorrespondenz von Fritz Rode, Zahlmeister-Assistent auf dem Dampfer *General* der Deutsch-Ostafrika-Linie, aus den Jahren 1915 und 1916.

B **Zeitgenössisches Kartenmaterial**

Flemmings Karte für das türkische Interessengebiet, Berlin-Glogau o. J. (Kriegskarte Nr. 12).
Generalkarte des Türkischen Kriegsschauplatzes auf Grundlage der »Carte Générale des Provinces Européennes et Asiatiques de l'Empire Ottoman« von Heinrich Kiepert, Berlin 1916.
Ravensteins Kriegskarte für Unterägypten, Suezkanal und die Halbinsel Sinai umfassend das Gebiet zwischen Jerusalem, Rotem Meer u. Kairo, Frankfurt a. M. o. J. (Kriegskarte Nr. 27).
Übersichtskarte des Osmanischen Reiches und seiner Nachbarländer, Berlin o. J.

C **Veröffentlichte Quellen (Dokumente, Tagebücher, Erinnerungen, Erlebnisberichte, Regimentsgeschichten) und Literatur**

Abadan, Nermin: Mustafa Kemal Atatürk (1881–1938), in: Politiker des 20. Jahrhunderts. Erster Band. Die Epoche der Weltkriege, herausgegeben von R. K. Hocevar u. a. München 1970, S. 143–155.
Adam, Walter: Die österreichisch-ungarische Artillerie in der Türkei, in: Ehrenbuch unserer Artillerie. Zweiter Band, Wien 1936, S. 507–512.
Adam, Walter: Die österreichisch-ungarische Artillerie in der Türkei, in: Der große Krieg 1914–1918 in zehn Bänden, herausgegeben von M. Schwarte. Bd. V: Der österreichich-ungarische Krieg, Leipzig-Stuttgart-Berlin pp. 1922, S. 559–568.
Adam, Werner: Wo der nahe Ararat ganz fern liegt, in: FAZ Nr. 61 vom 12.3.1988.
Adamow, E. (Redaktion): Die europäischen Mächte und die Türkei

während des Weltkrieges. Konstantinopel und die Meerengen. Nach den Geheimdokumenten des ehem. Ministeriums für Auswärtige Angelegenheiten, Band 1–4, Dresden 1932.

Airwar over Palestine 1917/18 in: Born in Battle Magazine, Nr. 11, Juni 1980, S. 2–31.

Arslan, Emir Schekib: Die arabischen Scheichs und der Weltkrieg, in: Konservative Monatshefte für Politik, Literatur und Kunst, Berlin Bd. 75 (1917), S. 117–119.

Atlas deutscher Kriegsgräber in Europa und Übersee. Herausgegeben vom Volksbund Deutsche Kriegsgräberfürsorge, Kassel o. J.

Atsiz, B.: Liman von Sanders, in: Biographisches Lexikon zur Geschichte Südosteuropas, herausgegeben von M. Bernath und F. von Schroeder. Redaktion G. Bartl. Band III: L-P, München 1979, S. 35.

Die Bagdadbahn. Eine Zugfahrt durch unbekannte Türkei. Manuskript des Films von Jürgen Lohmann, ausgestrahlt von Südwest 3 am 27.11.1987, 21.45–22.45; ebenfalls von der ARD, 25.12.1988, 17.00–18.00 Uhr.

Bagnall, Nigel: Gallipoli, in: War Monthly 16/1975, S. 34–41.

Bahder, Egon von: Enver Pascha. Kampf und Tod in Turkistan, Berlin 1943.

Bandini, Franco: Gli Italiani in Africa. Storia delle guerre coloniali 1882–1943, Milano 1971.

Barker, A. J.: The Neglected War. Mesopotamia 1914–1918, London 1967.

Bau, Milli: Der Fruchtbare Halbmond. Irak, Syrien, Jordanien, Libanon, Nürnberg 1975.

Baumgart, Winfried: Deutschland im Zeitalter des Imperialismus (1890–1914). Grundkräfte, Thesen und Strukturen, Frankfurt-Berlin-Wien 1972.

Bayerische Flieger im Weltkrieg. Ein Buch der Taten und Erinnerungen, München 1919.

Becker, C. H.: Deutschland und der Heilige Krieg, in: Internationale Monatsschrift für Wissenschaft, Kunst und Technik, Berlin 1915, Spalte 631–662.

Bennett, Geoffrey: Die Seeschlachten von Coronel und Falkland und der Untergang des deutschen Kreuzergeschwaders unter Admiral Spee, München 2. Aufl. 1981.

Benoist-Méchin, Jacques: Lawrence d'Arabie ou le rêve fracassé (1888–1935), Paris 1984.

Bihl, Wolfdieter: Die Kaukasus-Politik der Mittelmächte. Teil I. Ihre Basis in der Orient-Politik und ihre Aktionen 1914–1917, Wien-Köln-Graz 1975.

Bihl, Wolfdieter: Die Beziehungen zwischen Österreich-Ungarn und dem Osmanischen Reich im Ersten Weltkrieg, in: Österreichische Osthefte, 24. Jg., Heft 1/1982, S. 33–52.

Blanchard, Marcel: Les Dardanelles à la pointe d'Europe. Le débarque-

ment (25–30 avril 1915), in: Revue historique des armées, 2/1981, S. 129–166.
Bleeck-Schlombach, E.: Allah il Allah. Mit den Siegesfahnen an den Dardanellen und auf Gallipoli, Leipzig 1916.
Blücher, Wipert von: Zeitenwende in Iran. Erlebnisse und Beobachtungen, Biberach an der Riss 1949.
Boccazzi, Cino: Il vento del deserto, in: Storia Illustrata Nr. 351 (Februar 1987), S. 68–77.
Bodenheimer, Henriette Hannah: So wurde Israel. Aus der Geschichte der zionistischen Bewegung. Erinnerungen von M. I. Bodenheimer, Frankfurt 1958.
Bodenheimer, Max + Henriette Hannah: Die Zionisten und das kaiserliche Deutschland, Bensberg 1972.
Boelcke, Willi A.: So kam das Meer zu uns. Die preußisch-deutsche Kriegsmarine in Übersee 1822–1914, Frankfurt-Berlin-Wien 1981.
Bronsart von Schellendorf: Ankara und Enver-Pascha, in: Orientrundschau (früher: Mitteilungen des Bundes der Asienkämpfer), XVIII. Jg. Nr. 2, Berlin 1.4.1936, S. 18–19.
Buddecke, Hans Joachim: El Schahin (Der Jagdfalke). Aus meinem Fliegerleben, Berlin 1918.
Bülow, Fürst von: Deutsche Politik, Berlin 1916.
Bullock, David L.: Allenby's War. The Palestine-Arabian Campaigns 1916–1918, London-New York-Sydney 1988.
Burckhardt, Karl: Die deutsche Feld- und Militärpost. Teile XLIV–XLVII: Die Feldpost der deutschen Militärmission in der Türkei und der Heeresgruppe F (Jildirim), in: Deutsche Briefmarken Zeitung, 12/1985, S. 1935–1938; 13/1985, S. 2089–2092; 14/1985, S. 2232–2234; 15/1985, S. 2472–2476.
Burton, Anthony: Suez 1915, in: War Monthly 15/1975, S. 12–18.

Carcopino, Jerome: Les Français à l'assaut des Dardanelles, in: Historama Nr. 238 (1971), S. 45–60.
Carmel, Alex: Geschichte Haifas in der türkischen Zeit 1516–1918, Wiesbaden 1975 (Abhandlungen des Deutschen Palästinavereins).
Carmel, Alex: Die Siedlungen der württembergischen Templer in Palästina 1868–1918. Ihre lokalpolitischen und internationalen Probleme, Stuttgart 1973 (Veröffentlichungen der Kommission für geschichtliche Landeskunde in Baden-Württemberg, Reihe B – Forschungen, 77. Band).
Carzou, Jean-Marie: Un génocide exemplaire. Arménie 1915, Paris 1975.
Celiker, Fahri: Turkey in the First World War, in: Revue internationale d'histoire militaire, Nr. 46, 1980, S. 163–203.
Cohen, S. A.: The Genesis of the British Campaign in Mesopotamia, 1914, in: Middle Eastern Studies 12 (1976), S. 119–126.
Collenberg, Rüdt von: Englands Entschluß zum Flottenangriff auf die Dardanellen im Januar 1915, in: Marine-Rundschau 1930, S. 116–127.

Cutlack, F. M.: The Australian Flying Corps in the Western and Eastern Theatres of War 1914–1918, Queensland 1984 (The Official History of Australia in the War of 1914–1918, volume VIII).

Dadrian, Vahakn N.: The role of Turkish physicians in the World War I. Genocide of Ottoman Armenians, in: Holocaust and Genocide Studies, vol. 1, Nr. 2/1986, S. 169–192.

Dalman, D. Gustaf: Hundert deutsche Fliegerbilder aus Palästina, Gütersloh 1925 (Schriften des deutschen Palästina-Instituts, 2).

Daniels, Emil: Der Kampf um die Dardanellen im Jahre 1915, in: Preußische Jahrbücher, Oktober 1920, S. 74–107.

Delfs, Hermann: Die Politik der Mächte beim Zerfall des Osmanischen Reiches, Dissertation Kiel 1954.

Demirhan, Pertev: Generalfeldmarschall Freiherr von der Goltz. Das Lebensbild eines großen Soldaten, Göttingen 1960.

Denkwürdigkeiten des Marschalls Izzet Pascha. Ein kritischer Beitrag zur Kriegsschuldfrage, herausgegeben von Karl Klinghardt, Leipzig 1927.

Deutsche Flugzeuge 1914–1918. Eine Dokumentation von Karl R. Pawlas, Nürnberg 1976 (Luftfahrt-Dokumente 20).

Deutschland und Armenien 1914–1918. Sammlung diplomatischer Aktenstücke, herausgegeben und bearbeitet von Johannes Lepsius, Potsdam 1919.

Dieckmann: Die Hedjasbahn und die syrischen Privatbahnen im Weltkriege und ihre gegenwärtige Lage, in: Zwischen Kaukasus und Sinai, Jahrbuch des Bundes der Asienkämpfer, Bd. 2, Berlin 1922, S. 47–69.

Dinklage, Ludwig: U-Boot-Fahrer und Kamelsreiter. Kriegsfahrten eines deutschen Unterseebootes, Stuttgart 1939.

Djemal Pascha, Ahmed: Erinnerungen eines türkischen Staatsmannes, München 1922.

Dönitz, Karl: Mein wechselvolles Leben, Göttingen-Zürich-Berlin-Frankfurt, 2. Aufl. 1975.

Drexler, Josef: Mit Jildirim ins Heilige Land. Erinnerungen und Glossen zum Palästina-Feldzug 1917–1918, o.O. 1919.

Drieu la Rochelle, Pierre: La comédie de Charleroi, Paris 1970.

Dunkel, Pater Fr.: Das St. Paulushospiz in den Kriegsjahren 1915 und 1916, in: Das Heilige Land. Organ des Deutschen Vereins vom Hl. Lande, 61. Jg. 1917, Cöln 1917, S. 163–166.

Ehrenbuch unserer Artillerie. Zweiter Band, herausgegeben vom Reichsbund der Artillerievereinigungen Österreichs, Wien 1936.

Eisgruber, Heinz: Krieg in der Wüste. Der tollste und seltsamste Feldzug des Weltkrieges, Berlin 1934.

Elan, Shlomo: Deutsche in Jerusalem von der Mitte des 19. Jahrhunderts bis zum 1. Weltkrieg, Wertheim 1984.

Emin, Ahmed: Turkey in the World War, New Haven 1930.

Endres, Franz Carl: Der Weltkrieg der Türkei, Berlin o. J. (1921) (Kriegsschriften des Kaiser-Wilhelm-Dank, Heft 144/146).
Enver Pascha: Um Tripolis, München 1918.
Erdmann, Hugo: Im Heiligen Krieg nach Persien, Berlin 1918.
Erdmann, Karl Dietrich: Der Erste Weltkrieg, München 4. Aufl. 1983 (Gebhardt, Handbuch der deutschen Geschichte, Band 18).
Erlebnisse eines zwölfjährigen Knaben während der armenischen Deportationen. Aufgezeichnet nach dem mündlichen Bericht des Knaben von Therese Lehmann-Haupt, Bremen 1985.
Essame, Hubert: Armageddon 1918, in: War Monthly 14/1975, S. 10–17.
Ester, Lothar: Soldatenfriedhof in der Türkei, in: Kriegsgräberfürsorge Stimme und Weg, 3/1986, S. 18–19.
Euringer, Richard: Als Flieger in zwei Kriegen, Leipzig 1941.
Euringer, Richard: Sturm auf Katia, in: Bayerische Flieger im Weltkrieg a.a.O., S. 68–72.

Falls, Cyrill: Armageddon 1918, Philadelphia-New York 1964.
Faltz, Walther: Oberst Lawrence, eine britische Tragödie, in: Die Aktion. Kampfblatt für das neue Europa, Berlin 5. Jahrgang, August/September 1944, S. 301–309.
F. B.: Die militärischen Durchgangsfrachten zwischen Deutschland und der Türkei während des Weltkrieges (Nach amtlichen Quellen), in: Wissen und Wehr 7. Jg. 1926, S. 346–355.
Feigl, Erich: Ein Mythos des Terrors. Armenischer Extremismus: Seine Ursachen und Hintergründe, Freilassing-Salzburg 1986.
Feigl, Erich: Musil von Arabien. Vorkämpfer der islamischen Welt, Frankfurt-Berlin 1988.
Feldmann, von: Das »Oberkommando der Meerengen« in den Dardanellen 1914 bis 1918, in: Marine-Rundschau 1939, S. 640–653.
Der Feldzug in Palästina, in: Militär-Wochenblatt, Bd. 115, 1930/31, 25.2.1931, Nr. 32, Spalte 1243–1245.
Fest, Walter: Nikolajew, der letzte deutsche Posten am Schwarzen Meer, Duisburg 1919.
Fewster, Kevin/Basarin, Vecihi/Basarin, Hatice Hürmüz: A Turkish View of Gallipoli. Canakkale, Richmond, Victoria/Australia o. J. (1988).
Fraccaroli, Aldo: Il cacciatorpediniere »Muavenet«, in: Storia Illustrata Nr. 308 (Juli 1983), S. 94.
Frech, F.: Der Kriegsschauplatz in Armenien und Mesopotamien, Leipzig-Berlin 1916.
French, David: The Dardanelles, Mecca and Kut: Prestige as a factor in British Eastern Strategy, 1914–1916, in: War & Society 1987, S. 45–61.
Frey, Waldemar (Pseudonym): Kut-el-Amara. Kriegsfahrten und Erinnerungsbilder aus dem Orient, Berlin 1932.
Froembgen, Hans: Kamal Atatürk. Soldat und Führer, Stuttgart 1935.
Funke, Alfred (Bearb.): Ayesha. Fahrten und Abenteuer der »Emden«-Mannschaft von den Kokosinseln bis Konstantinopel, Berlin o. J.

Galbraith, John S.: No Man's Child: The Campaign in Mesopotamia, 1914–1916, in: International History Review, Downsview, Ontario, 6 (1984), S. 358–385.

Galli, Gottfried: Dschihad. Der Heilige Krieg des Islams und seine Bedeutung im Weltkrieg unter Berücksichtigung der Interessen Deutschlands. Vortrag, gehalten in Freiburg i. B. und Cassel, Freiburg im Breisgau 1915.

Gallipoli: Der Kampf um den Orient, Berlin 1916.

Gehrke, Ulrich: Persien in der deutschen Orientpolitik während des Ersten Weltkrieges, Band 1 (I) und 1 (II), Stuttgart 1960.

Giachetti, Romano: Lawrence il magnifico, in: EPOCA Nr. 2025 vom 30. Juli 1989, S. 118–121.

Giesl, Baron Wladimir: Zwei Jahrzehnte im Nahen Osten. Herausgegeben von Generalmajor Ritter von Steinitz, Berlin 1927.

Gilbert, Martin: First World War Atlas, London 1985.

Giordano, Ralph: Die armenische Frage existiert nicht mehr ... Tragödie eines Volkes. Manuskript der WDR-Fernsehsendung, ausgestrahlt von der ARD am 21.4.1986, 21.05–21.50 Uhr.

Giovanditto, Amilcare: La legione araba, Roma 1982.

Gleich, G. von: Betrachtungen über die Kriegführung in Mesopotamien, in: Zwischen Kaukasus und Sinai, Jahrbuch des Bundes der Asienkämpfer, Bd. 3, Sangerhausen 1923, S. 81–105.

Gleich, Gerold von: Vom Balkan nach Bagdad. Militär-politische Erinnerungen an den Orient, Berlin 1921.

Goltz, Colmar Freiherr von der: Denkwürdigkeiten, bearbeitet und herausgegeben von Friedrich Freiherr von der Goltz und Wolfgang Foerster, Berlin 1929.

Goltz, von der: Meine Entsendung nach Baku, in: Zwischen Kaukasus und Sinai, Jahrbuch des Bundes der Asienkämpfer, Bd. 3, Sangerhausen 1923, S. 125–156.

Gottschalk-Emden, H.: Ich war dabei. Meine Erlebnisse im Weltkriege 1914–18 auf der »Emden«, Leipzig 1935.

Grothusen, Klaus-Detlev: Kemal Atatürk. Person, Werk, Erbe, in: Südosteuropa-Mitteilungen, München 1982, S. 13–28.

Grothusen, Klaus-Detlev: Der Weg der Türkei in die Moderne – 65 Jahre politisch-historischer Entwicklung, in: Aus Politik und Zeitgeschichte, B 14–15/1988 vom 1. April 1988, S. 3–12.

Grudinski, Ulrich: Der steinerne Beduine von Wareham, in: Frankfurter Allgemeine Magazin, Heft 380 vom 12. Juni 1987, S. 28 ff.

Guhr, Hans: Als türkischer Divisionskommandeur in Kleinasien und Palästina, Berlin 1937.

Gullett, H. S.: The Australian Imperial Force in Sinai and Palestine, Queensland 1984 (The Official History of Australia in the War of 1914–1918, volume VII).

Guse, Felix: Die Kaukasusfront im Weltkrieg bis zum Frieden von Brest, Leipzig 1940.

Guse, Felix: Der Armenieraufstand 1915 und seine Folgen, in: Wissen und Wehr, 1915, Heft 10, S. 609–621.
Guthe, Hermann: Die Hedschasbahn von Damaskus nach Medina, ihr Bau und ihre Bedeutung. Länder und Völker der Türkei: Schriften der Deutschen Vorderasiengesellschaft, Heft 7, Leipzig 1917.
Halpern, Paul G.: The Naval War in the Mediterranean 1914–1918, London-Sydney-Wellington 1987.
Hartmann, Richard: Die arabische Frage und das türkische Reich, in: Beiträge zur Kenntnis des Orients. Jahrbücher der Münchener Orientgesellschaft, Bd. 15 (1918), S. 1–31.
Hatzfeld, Adolf von: Der Flug nach Moskau, Potsdam 1942.
Haupt, Werner: Deutsche unter dem Halbmond. Die Geschichte der deutschen Militärberater in der Türkei, in: Deutsches Soldatenjahrbuch 1967, München 1967, S. 208–218.
Haupt, Werner: Deutsche Truppen im Kaukasus – 1918, in: Deutsches Soldatenjahrbuch 1971, München 1971, S. 140–148.
Hedin, Sven: Jerusalem, Leipzig 1918.
Hedin, Sven: Bagdad, Babylon, Ninive, Leipzig 1918.
Hedin, Sven: Große Männer, denen ich begegnete. Zweiter Band, Wiesbaden 1952.
Heemskerck, Hauptmann von: Die Deutsch-Türkische Expedition gegen den Suezkanal 1916, in: Militär-Wochenblatt Nr. 69, Berlin 9. Dezember 1919, S. 1294 ff.
Heimrich, Bernhard: Deutsche Spuren im Heiligen Land, in: FAZ vom 14.12.1988.
Heinsius, Paul: Admiral Wilhelm Souchon, in: Deutsches Soldatenjahrbuch 1964, München 1964, S. 19.
Henkelburg, Hans: Als Kampfflieger am Suez-Kanal, Berlin 1917.
Henning, Richard: Die deutschen Bahnbauten in der Türkei, ihr politischer, militärischer und wirtschaftlicher Wert, Leipzig 1915.
Hentig, Hans von: Mein Krieg, Berlin 3. Aufl. 1919.
Hentig, Werner Otto von: Meine Diplomatenfahrt ins verschlossene Land, Berlin-Wien 1918.
Hentig, Werner Otto von: Mein Leben eine Dienstreise, Göttingen 1962.
H. e. R.((d.i. Wilhelm Hintersatz): Marschall Liman von Sanders und sein Werk, Berlin 1932.
Hermann, G.: Die wirtschaftlichen Grundlagen des Kampfes um die Dardanellen, in: Axel Schmidt, Das Endziel Rußlands, Stuttgart 1916, S. 55–68 (Die russische Gefahr, Heft 2).
Hersing, Otto: U 21 rettet die Dardanellen, Zürich-Leipzig-Wien 1932.
Herzfeld, Hans: Der Erste Weltkrieg, München 2. Aufl. 1970 (dtv-Weltgeschichte des 20. Jahrhunderts, Band 1).
Heußenstamm, Leutnant: Fernflug im »Gelobten Land«, in: Bayerische Flieger im Weltkrieg a.a.O., S. 269–273.

Higgins, Trumbull: Winston Churchill and the Dardanelles, London 1963.
Hoeber, Karl: Der Deutsche Verein vom Heiligen Land, in: Volk und Kirche. Katholisches Leben im deutschen Westen, Essen 1935, S. 167–171.
Hoffmann, Joachim: Die Ostlegionen 1941–1943, Freiburg 1976.
Hofmann, Robert: Meine Erlebnisse im Heiligen Lande, in: Ehrenbuch unserer Artillerie. Zweiter Band a.a.O., S. 520–526.
Holzhausen, Rudolf: Die Mission von Stotzingen und der Beginn des Arabischen Aufstandes, in: Süddeutsche Monatshefte, 33. Jg., Juni 1936, S. 560–568.
Holzhausen, Rudolf: Die deutsch-türkischen Operationen gegen den Suez-Kanal und im Sinai-Gebiet während des Ersten Weltkrieges, in: Wehrwissenschaftliche Rundschau 1957, S. 156–163.
Hopmann, Admiral: Das Kriegstagebuch eines deutschen Seeoffiziers, Berlin 1925.
Hubatsch, Walther: Deutschland im Weltkrieg 1914–1918, Frankfurt-Berlin 1966.
Hüner, Hans: Unter zwei Flaggen. Die Lebens- und Kampfgeschichte S. M. S. »Breslau-Midilli«. Selbsterlebtes an Bord des Kreuzers nach Tagebuchblättern und Ergänzungen, Potsdam 1930.
Hughes, Emrys: Churchill. Ein Mann in seinem Widerspruch, Kiel 2. Aufl. 1986.

Iselstöger, Friedr.: Kommando der k.u.k. Instruktions-Detachements für Gebirgsartillerie in der Türkei, in: Ehrenbuch unserer Artillerie. Zweiter Band a.a.O., S. 512–516.

Jäckh, Ernst: Die deutsch-türkische Waffenbrüderschaft, Stuttgart-Berlin 1915 (Deutsche Flugschriften, 24. Heft).
Jäckh, Ernst: Der aufsteigende Halbmond. Auf dem Weg zum deutsch-türkischen Bündnis, Stuttgart-Berlin 5. Aufl. 1915.
Jäckh, Ernst: Der Goldene Pflug. Lebensernte eines Weltbürgers, Stuttgart 1954.
Janson, G. von: Die Grundlagen der türkischen Meerengenverteidigung im Weltkriege, in: Marine-Rundschau 33 (1928), S. 63–73.
Jessen, Jens: Der Bus im Dorf oder Mißverständnisse in Beysehir, in: FAZ Nr. 121 vom 26.5.1988.
Joll, James: The Origins of the First World War, London-New-York, 2. Aufl. 1984.
Jung, Dieter: SMS Goeben und die Ereignisse im Schwarzen Meer 1918, in: Marine-Rundschau 1971, S. 98–112.

Kampen, Wilhelm van: Studien zur deutschen Türkeipolitik in der Zeit Wilhelm II., Dissertation der Philosophischen Fakultät der Christian-Albrechts-Universität zu Kiel, 1968.
Kannengießer Pascha, Hans: Gallipoli. Bedeutung und Verlauf der Kämpfe 1915, Berlin 1927.

Kark, Ruth: The Contribution of the Ottoman Regime to the Development of Jerusalem and Jaffa, in: D. Kushner, Palestine and the late Ottoman Period a.a.O., S. 46–58.
Kearsey, A.: The Operations in Egypt and Palestine, August 1914 to June 1917, New Delhi 4. Aufl. 1968.
Kedourie, Elie: The Capture of Damascus, 1. October, 1918, in: Middle Eastern Studies, Oktober 1964, S. 66–83.
Kedourie, Elie: England and the Middle East. The Destruction of the Ottoman Empire 1914–1921, Hassocks/Sussex 1978.
Kehrhahn, Otto: Der deutsche Lawrence, in: Deutsches Soldatenjahrbuch 1961, München 1961, S. 117–120.
Kens, Karlheinz/Müller, Hanns: Die Flugzeuge des Ersten Weltkrieges, München 6. Aufl. 1980.
Kerchnawe, Hugo/Niederleuthner, Rudolf: Die österreichisch-ungarische Artillerie in der Schlacht bei Gaza, in: Ehrenbuch unserer Artillerie. Zweiter Band a.a.O., S. 517–520.
Kerner, Robert J.: The Mission of Liman von Sanders, in: Slavonic Review VI (1927), S. 12–17; 344–363; 543–560; VII (1928), S. 90–112.
Kettner, Herbert: Vom goldenen Tor zum goldenen Horn und nach Bagdad. Meine Kriegsfahrt, Berlin 1917.
Kielmansegg, Peter Graf: Deutschland und der Erste Weltkrieg, Stuttgart 2. Aufl. 1980.
Kienitz, F. K.: Atatürk, in: Biographisches Lexikon zur Geschichte Südosteuropas, herausgegeben von M. Bernath und F. v. Schroeder. Redaktion G. Bartl, Band I: A-F, München 1984, S. 108–110.
Kienitz, F. K.: Cemal Pascha, in: Biographisches Lexikon zur Geschichte Südosteuropas Bd. I a.a.O., S. 297–298.
Kiesling, Hans von: Damaskus. Altes und Neues aus Syrien, Leipzig 1919.
Kiesling, Hans von: Rund um den Libanon. Friedliche Wanderungen während des Weltkrieges, Leipzig 1920.
Kiesling, Hans von: Orientfahrten zwischen Ägeis und Zagros. Erlebtes und Erschautes aus schwerer Zeit, Leipzig 1921.
Kiesling, Hans von: Mit Feldmarschall von der Goltz Pascha in Mesopotamien und Persien, Leipzig 1922.
Kiesling, Hans von: Soldat in drei Weltteilen, Leipzig 1935.
Kirchhoff, Hermann: »Goeben« und »Breslau« beim Kriegsbeginn, in: Marine-Rundschau 1921, S. 128–135.
Kiszling, Rudolf: Bündniskrieg und Koalitionskriegführung am Beispiel der Mittelmächte im Ersten Weltkrieg, in: Wehrwissenschaftliche Rundschau Bd. 10 (1960), S. 633–641.
Klieman, Aaron S.: Britain's War Aims in the Middle East in 1915, in: Journal of contemporary history, Bd. 3, London 1968, S. 237–251.
Koch, Werner/Wald, Peter: Der Ritt der Beduinen in die Zivilisaton – Die Hedschas-Bahn. Manuskript der vom WDR am 22.4.1984 ausgestrahlten Fernsehsendung.
Kochwasser, Friedrich H.: Der Bau der Bagdad-Bahn und die deutsche

Orientpolitik, in: Mitteilungen der Deutsch-Türkischen Gesellschaft e. V. Bonn, Heft 94, Juni 1975, S. 1–5.

Kornrumpf, H.-J.: Talât Pascha, in: Biographisches Lexikon der Geschichte Südosteuropas a.a.O., Bd. IV: R-Z, München 1981, S. 268–269.

Kornrumpf, H.-J.: Mehmed V. Resad, in: Biographisches Lexikon zur Geschichte Südosteuropas a.a.O., Bd. III: L-P, München 1979, S. 143-144.

Kornrumpf, H.-J.: Enver Pascha, in: Biographisches Lexikon zur Geschichte Südosteuropas a.a.O., Bd. I: A-F, München 1974, S. 462–464.

Kopp, Georg: Das Teufelsschiff und seine kleine Schwester. Erlebnisse des »Goeben«-Funkers, Leipzig 3. Aufl. 1930.

Koslow, Aleksander: Der Kampf Sowjetrußlands gegen den Raub der Schwarzmeerflotte durch die deutschen Imperialisten 1918, in: Militärgeschichte 1/1982, S. 29–42.

Kraus, Ltn. z. S.: Die Fahrten der Goeben im Mittelmeer, Berlin 1917.

Kraus, Th./Dönitz, Karl: Die Kreuzerfahrten der Goeben und Breslau, Berlin 1933.

Krehle, Feldwebel: Flughafenwechsel in der Wüste, in: Bayerische Flieger im Weltkrieg a.a.O., S. 169–173.

Kreß von Kressenstein, Friedrich: Die Kriegführung in der Wüste, in: Theodor Wiegand, Sinai, Berlin-Leipzig 1920.

Kreß von Kressenstein, Friedrich: Überblick über die Ereignisse an der Sinaifront von Kriegsbeginn bis zur Besetzung Jerusalems durch die Engländer Ende 1917, in: Zwischen Kaukasus und Sinai, Jahrbuch des Bundes der Asienkämpfer, Bd. 1, Berlin 1921, S. 11–52.

Kreß von Kressenstein, Friedrich: Achmed Djemal Pascha als Soldat, in: Mitteilungen des Bundes der Asienkämpfer, 4. Jg. Nr. 9, Berlin 1.9.1922, S. 2–6.

Kreß von Kressenstein, Friedrich: Achmed Djemal Pascha, in: Zwischen Kaukasus und Sinai, Jahrbuch des Bundes der Asienkämpfer, Bd. 3, Sangerhausen 1923, S. 11–26.

Kreß von Kressenstein, Friedrich: Mit den Türken zum Suezkanal, Berlin 1938.

Krueger, Bernhard: Schlachtkreuzer Goeben. Ein Sang aus ernsten und heiteren Tagen, Berlin 1918.

Kurat, V. T.: How Turkey drifts into World War I, in: Studies in International History, hrsg. von K. Bourne/D. C. Watt, London 1967, S. 291–315.

Kushner, David (Hrsg.): Palestine and the late Ottoman Period. Political, social and economic transformation, Jerusalem-Leiden 1986.

Laar, Clemens: Kampf um die Dardanellen, Berlin 1936.
Laar, Clemens: Kampf in der Wüste, Berlin 1936.
Lawetzky, Otto: Krieg im Heiligen Land. Erlebnisse eines Truppenarztes in Vorderasien, Berlin 1938.

Lawrence, T. E.: Die Sieben Säulen der Weisheit, Gütersloh 1958.
Lawrence, T. E. Dispacci segreti, a cura di Cino Boccazzi, Pordenone 1988.
Lerch, Wolfgang Günther: Die Zerstörung eines Heldenlebens. Lawrence von Arabien als Schöpfer eigener Mythen, in: FAZ vom 2.4.1985.
Lerch, Wolfgang Günther: Es begann mit Helmuth von Moltke, in: FAZ Nr. 165 vom 20.6.1985.
Lerch, Wolfgang Günther: Wir und die Türken, in: FAZ vom 21.10.1988.
Leverkuehn, Paul: Posten auf ewiger Wache. Aus dem abenteuerlichen Leben des Max von Scheubner-Richter, Essen 1938.
Lewis, Geoffrey: An Ottoman Officer in Palestine, in: D. Kushner, Palestine and the late Ottoman Period a.a.O., S. 402–415.
Liddle, Peter: Men of Gallipoli. The Dardanelles and Gallipoli Experience August 1914–January 1916, Newton Abbot 1988.
Liebl, Franz: Der Kampf ums Heilige Land 1914–1918, in: Die Gebirgstruppe 3/1977, S. 13–25; 4/1977, S. 2–21.
Liman von Sanders, Fünf Jahre Türkei, Berlin 2. Aufl. 1920.
Otto Liman von Sanders, in: Juden im deutschen Kulturbereich. Ein Sammelwerk, herausgegeben von S. Kaznelson, Berlin 2. Aufl. 1959, S. 816–817.
Lochner, R. K.: Die Kaperfahrten des kleinen Kreuzers Emden. Tatsachenbericht, München 1979.
Lorey, Hermann: Der Krieg in den türkischen Gewässern. Erster Band: Die Mittelmeer-Division, Berlin 1928.
Lorey, Hermann: Der Krieg in den türkischen Gewässern. Zweiter Band: Der Kampf um die Meerengen, Berlin 1938.
Lorey, Hermann: Die deutsche Landungsabteilung auf Gallipoli, in: Marine-Rundschau 1928, S. 126–129; S. 175–178.
Ludwig, Emil: Die Fahrten der Goeben und der Breslau, Berlin 1916.
Ludwig, Emil: Der Kampf auf dem Balkan. Berichte aus der Türkei, Serbien und Griechenland 1915/16, Berlin 1916.
Lührs, Hans: Gegenspieler des Obersten Lawrence, Berlin 9. Aufl. 1936.
Die deutschen Luftstreitkräfte im Weltkriege, hrsg. von Georg Paul Neumann, Berlin 1920.
Lusar, R. J.: Die Verluste der türkischen Kriegsmarine im Weltkriege, in: Marine-Rundschau 1936, S. 498–504.

Mäkelä, Matti: Souchon der Goebenadmiral greift in die Weltgeschichte ein, Braunschweig 1936.
Mäkelä, Matti: Auf den Spuren der Goeben, München 1979.
Malade, Theo: Von Amiens bis Aleppo. Ein Beitrag zur Seelenkunde des großen Krieges. Aus dem Tagebuch eines Feldarztes, München 1930.
Massey, W. T.: The Desert Campaigns, Delhi 1969.
Das 1. Masurische Infanterie-Regiment Nr. 146 1897–1919, herausgege-

ben von der Vereinigung ehemaliger Offiziere des Regiments, Berlin 1929.

Maurice, F.: The Campaigns in Palestine and Egypt, 1914–1918, in Relation to the general Strategy of the War, in: The Army Quarterly Bd. 18, London 1929, S. 14–23.

Meier-Welcker, Hans: Die militärische Lage der Mittelmächte Anfang Juni 1918, in: Österreichische Militärische Zeitschrift 6 (1968), S. 388–395.

Meissner, Hans-Otto: Abenteuer Persien, München-Gütersloh-Wien 1975.

Mejcher, Helmut/Schölch, Alexander (Hrsg.): Die Palästina-Frage 1917–1948. Historische Ursprünge und internationale Dimensionen eines Nationenkonflikts, Paderborn 1981.

Mejcher, Helmut: Die Bagdadbahn als Instrument deutschen wirtschaftlichen Einflusses im Osmanischen Reich, in: Geschichte und Gesellschaft 4/1975, S. 447–481.

Melzig, Herbert: Kamâl Atatürk. Untergang und Aufstieg der Türkei, Frankfurt 1937.

Merkel: Die deutsche Jildirim-Etappe, in: Zwischen Kaukasus und Sinai, Jahrbuch des Bundes der Asienkämpfer, Bd. 1, Berlin 1921, S. 107–125.

Metternich, Tatiana: Verschwundenes Rußland. Die Memoiren der Fürstin Lydia Wassiltschikow 1886–1919, Wien-München-Zürich-New York 1980.

Mikusch, Dagobert von: Waßmuß, der deutsche Lawrence, Berlin 1937.

Mirow, Jürgen: Der Seekrieg 1914–1918 in Umrissen, Göttingen-Frankfurt-Zürich 1976.

Mönch, Winfried: 1914: Deutsche Kreuzer unter dem Halbmond. Wie die Türkei in den Ersten Weltkrieg schlitterte, in: Damals 12/1976, S. 1067–1084.

Moltke, Helmuth von: Briefe über Zustände und Begebenheiten in der Türkei aus den Jahren 1835–1839, Nördlingen 1987.

Mommsen, Wolfgang: Imperialismus in Ägypten. Der Aufstieg der ägyptischen nationalen Bewegung 1805–1956, Oldenbourg 1961.

Morsey, Konrad: T. E. Lawrence und der arabische Aufstand 1916/18, Osnabrück 1976 (Studien zur Militärgeschichte, Militärwissenschaft und Konfliktforschung, 7).

Mücke, Hellmuth von: Emden-Ayesha, Berlin 1915/16.

Mühlmann, Carl: Der Kampf um die Dardanellen 1915, Oldenburg-Berlin 1927 (Schlachten des Weltkrieges. In Einzeldarstellungen bearbeitet und herausgegeben im Auftrag des Reichsarchivs, Band 16).

Mühlmann, Carl: Deutsche Balkanpolitik im Weltkrieg 1914–1918; in: Europäische Gespräche. Hamburger Monatshefte für Auswärtige Politik, XI. Jg. (1933), S. 219–235.

Mühlmann, Carl: Die deutsche Militär-Mission in der Türkei, in: Wissen und Wehr 12/1938, S. 847–855.

Mühlmann, Carl: Das deutsch-türkische Waffenbündnis im Weltkriege, Leipzig 1940.
Mühlmann, Carl: Oberste Heeresleitung und Balkan im Weltkrieg, 1914–1918, Berlin 1942.
Müller, Ulrike: Der vergessene Völkermord. Die Vernichtung der Armenier in der Türkei (1915/16). Manuskript der am 9.4.1985 von 20.15–21.00 Uhr ausgestrahlten Hörfunksendung des Deutschlandfunks.
Müller, Vincenz: Ich fand das wahre Vaterland, herausgegeben von Klaus Mammach, (Ost) Berlin 1963.

Nadolny, Rudolf: Mein Beitrag, Wiesbaden 1955.
Nash, D. B.: Imperial German Army Handbook 1914–1918, London 1980.
Neulen, Hans Werner: An deutscher Seite. Internationale Freiwillige von Wehrmacht und Waffen-SS, München 1985.
Nevakivi, Jukka: Lord Kitchener and the Partition of the Ottoman Empire, in: Studies in International History, hrsg. von K. Bourne/D. C. Watt, London 1967, S. 316–329.
Nicolle, David: Lawrence and the Arab Revolts, London 1989 (Men-At-Arms Series 208).
Niedermayer, Oskar Ritter von: Krieg in Irans Wüsten, Hamburg 2. Aufl. 1940.
Nogales, Rafael de: Vier Jahre unter dem Halbmond. Erinnerungen aus dem Weltkriege, Berlin 1925.
Noß, Hauptmann a. D.: Die Kraftfahrer in den Endkämpfen um Damaskus, in: Mitteilungen des Bundes der Asienkämpfer, Berlin 1929, S. 44–45.

Ökse, Negati: Atatürk in the Dardanelles Campaign, in: Revue internationale d'histoire militaire Nr. 46, 1980, S. 162–203.
Österreich-Ungarns letzter Krieg 1914–1918. Herausgegeben vom Österreichischen Bundesministerium für Landesverteidigung und vom Kriegsarchiv. Sechster Band: Das Kriegsjahr 1917, Wien 1936.
Österreichische Artillerie entschied die Schlacht von Gaza, in: Der Soldat Nr. 3 vom 14. Februar 1982.
Okay, Kurt: Enver Pascha. Der große Freund Deutschlands, Berlin 1935.

Papen, Franz von: Der Wahrheit eine Gasse, München 1952.
Pick, Walter: Der deutsche Pionier August Heinrich Meissner-Pascha und seine Eisenbahnbauten im Nahen Osten 1901–1917, in: Jahrbuch des Instituts für deutsche Geschichte Bd. 4, Tel Aviv 1975, S. 257–300.
Pietschmann, Victor: Durch kurdische Berge und armenische Städte. Tagebuch der österreichischen Armenienexpedition 1914, Wien 1940.

Pletschacher, Peter: Die Königlich Bayerischen Fliegertruppen 1912–1919, Stuttgart 1978.

Pönicke, Herbert: Die Hedschas- und Bagdadbahn erbaut von Heinrich August Meißner-Pascha, Düsseldorf 1958.

Pönicke, Herbert: Heinrich August Meißner-Pascha und der Bau der Hedschas- und Bagdadbahn, in: Die Welt als Geschichte, Bd. 16, 1956, S. 196–210.

Pomiankowski, Joseph: Der Zusammenbruch des Ottomanischen Reiches. Erinnerungen an die Türkei aus der Zeit des Weltkrieges, Graz 1969 (Unveränderter Nachdruck der Ausgabe von 1928).

Preyer, Th.: Von New York nach Jerusalem und in die Wüste, Berlin-Wien 1916.

Prime Ministry [Turkish]. Directorate General of Press and Information: Documents on Ottoman-Armenians, 2 Bände, 2. Aufl., o.O., o. J.

Prosch, Friedrich: Das deutsche Gespensterschiff. Ein Heldenlied in Wort und Bild von Deutschlands blauen Jungen, Eckernförde o. J.

Putkamer, Thea von: Erinnerungen an den Generalfeldmarschall v. d. Goltz, in: Zwischen Kaukasus und Sinai, Jahrbuch des Bundes der Asienkämpfer, Bd. 2, Berlin 1922, S. 17–22.

Qasimiyya, Chairiyya: Palästina in der Politik der arabischen Staaten 1918 bis 1948, in: Mejcher/Schölch, Die Palästina-Frage 1917–1948 a.a.O., S. 119–162.

Rabenau, Friedrich von: Seeckt. Aus seinem Leben 1918–1936. Unter Verwendung des schriftlichen Nachlasses, Leipzig 1941.

Range, Paul: Die Wassererschließungsarbeiten an der Palästinafront in den Jahren 1915–1918, in: Zwischen Kaukasus und Sinai, Jahrbuch des Bundes der Asienkämpfer, Bd. 1, Berlin 1921, S. 93–105.

Range, Paul: Vier Jahre Kampf ums Heilige Land, Bad Oeynhausen 1932.

Rathmann, Lothar: Stossrichtung Nahost 1914–1918. Zur Expansionspolitik des deutschen Imperialismus im Ersten Weltkrieg, (Ost) Berlin 1963.

Rathmann, Lothar: Berlin-Bagdad. Die imperialistische Nahostpolitik des kaiserlichen Deutschlands, (Ost) Berlin 1962.

Rehder, Jacob: Die Kriegsschiffverluste der fremden Flotten im Weltkriege 1914/18, München 1933.

Reiners, Ludwig: In Europa gehen die Lichter aus. Der Untergang des wilhelmischen Reiches, München 1981.

Renzi, William A.: Great Britain, Russia and the Straits, 1914–1915, in: The Journal of modern history 1/1970, S. 1–20.

Rhodes James, Robert: Gallipoli, London 1989.

Riederer, Otto von: Der Rückzug der deutschen Abteilung bei der kais. Osmanischen 6. Armee von Mossul über Samsun nach Konstantinopel, in: Zwischen Kaukasus und Sinai, Jahrbuch des Bundes der Asienkämpfer, Bd. 1, Berlin 1921, S. 133–170.

Rill, Bernd: Kemal Atatürk, Reinbek 1985 (rowohlts monographien 346).
Rinott, Moshe: Capitulations: The Case of the German-Jewish Hilfsvereins Schools in Palestine, 1901–1914, in: D. Kushner, Palestine and the late Ottoman Period a.a.O., S. 294–301.
Römer, Heinrich/Ande, Wilhelm: Mit deutschen Maschinengewehren durch die Wüste Sinai, Berlin 1917.
Rogge, Marcello: Unsere Bundesgenossen. Land, Leute und Wirtschaft in Österreich-Ungarn, Bulgarien und der Türkei, Berlin 1918.
Rohde, Hans: Der Kampf um Asien. Erster Band: Der Kampf um Orient und Islam, Berlin-Leipzig 1924.
Rohrbach, Paul: Die Bagdadbahn, Berlin 2. Aufl. 1911.
Roth, Erwin: Preußens Gloria im Heiligen Land. Die Deutschen und Jerusalem, München 1973.
Roubiçek, Marcel: Ottoman Navy, Jerusalem 1980.
Roubiçek, Marcel: Modern Ottoman Troops. 1797–1915 in contemporary Pictures, Jerusalem 1978.
Ruppin, Arthur: Briefe, Tagebücher, Erinnerungen. Herausgegeben von Schlomo Krolik, Königstein/Ts. 1985.

Schaefer, Bertram/Völke, Heinrich (Bearbeiter): Geschichte des Reserve-Jäger-Bataillons Nr. 11 1914–1919, nach amtlichen Kriegstagebüchern bearbeitet, Berlin 1927 (Erinnerungsblätter deutscher Regimenter, 209. Band).
Schindler, Rudolf: Aus Palästina, in: Ehrenbuch unserer Artillerie. Zweiter Band a.a.O., S. 520–526.
Schlee-Pascha: Dr. phil. h. c. Otto Liman von Sanders Pascha, in: Mitteilungen des Bundes der Asienkämpfer, XI. Jg. Nr. 10, Berlin 1.10.1929, S. 105–106.
Schlee-Pascha: Zur zehnjährigen Wiederkehr des Jahrestages der Räumung der Halbinsel Gallipoli durch die Truppen der Entente, in: Mitteilungen des Bundes der Asienkämpfer, VIII. Jg. Nr. 1, Berlin 1.1.1926, S. 1–3.
Schnell, Rainer/Schweim, Ulrich: Turkish Steam. Unter Stern und Halbmond: Dampflokomotiven in der Türkei, Villigen 1976.
Schölch, Alexander: Europa und Palästina 1838–1917, in: Mejcher/Schölch: Die Palästina-Frage 1917–1948 a.a.O., S. 11–46.
Schöllgen, Gregor: »Dann müssen wir uns aber Palästina sichern!« Motive deutscher Türkeipolitik zur Zeit Wilhelm II. in zeitgenössischen Darstellungen, in: Saeculum 32 (1981), S. 130–145.
Schöllgen, Gregor: Imperialismus und Gleichgewicht. Deutschland, England und die orientalische Frage, München 1984.
Schöllgen, Gregor: Die Großmacht als Weltmacht. Idee, Wirklichkeit und Perzeption deutscher »Weltpolitik« im Zeitalter des Imperialismus, in: Historische Zeitschrift, Band 248, Heft 1, Februar 1989, S. 79–100.

Schoen, Walter von: Die Hölle von Gallipoli. Der Heldenkampf an den Dardanellen, Berlin 1937.

Schraudenbach, Ludwig: Muharebe. Der erlebte Roman eines deutschen Führers im osmanischen Heere 1916/17, Berlin-München-Wien 1927.

Schüddekopf, Otto-Ernst: Der Erste Weltkrieg, Gütersloh 1977.

Schüle, Ernst: Der Eintritt der Türkei in den Weltkrieg. Nach den Dokumenten der russischen Aktenpublikation, in: Berliner Monatshefte 1935, S. 211–231.

Die Schulen des Deutschen Vereins vom Heiligen Lande in den Kriegsjahren 1914, 1915 und 1916, in: Das Heilige Land. Organ des Deutschen Vereins vom Heiligen Lande, 61. Jg. 1917, Cöln 1917, S. 163–166.

Schulte, Bernd F.: Vor dem Kriegsausbruch 1914. Deutschland, die Türkei und der Balkan, Düsseldorf 1980.

Schumann, Hauptmann: Die deutsche Flugabwehr in der Türkei, in: Mitteilungen des Bundes der Asienkämpfer, XII. Jg. Nr. 2, Berlin 1.2.1930, S. 13–18.

Schweder, Paul: Im Türkischen Hauptquartier, Leipzig 1916.

Schweder, Paul: Die Türkei und wir, in: Mitteilungen des Bundes der Asienkämpfer, VIII Jg. Nr. 2, Berlin 1.2.1926, S. 13.

S. E.: Ein Beduinenüberfall, in: Das Heilige Land. Organ des Deutschen Vereins vom Heiligen Lande, Köln 1918, S. 38–40.

Segrè, Claudio G.: L'Italia in Libia. Dall'età giolittiana a Ghedaffi, Milano 1978.

Seidler, Franz W.: Oskar Ritter von Niedermayer im Zweiten Weltkrieg, in: Wehrwissenschaftliche Rundschau 1970, S. 168–174; S. 193–208.

Seligow, Irene: Gegenspieler von Lawrence, in: Die Tat Nr. 29 1937/38, S. 45–52.

Selow-Serman, K. E.: Kapitänleutnant von Möllers letzte Fahrt, Berlin 1917.

Serman, E.: Mit den Türken an der Front, Berlin 1915.

Simon-Eberhard: Mit dem Asienkorps zur Palästinafront, Berlin 1919.

Simpson, Colin/Knightley, Phillip: Das Geheimleben des Lawrence von Arabien, Hamburg 1969.

Slights, A. P.: Airlift to Kut, in: United States Naval Institute/Proceedings 98 (1/1971), S. 50–59.

Sommer, Erich F.: Botschafter Graf Schulenburg. Der letzte Vertreter des Deutschen Reiches in Moskau, Asendorf 1987 (Zeitgeschichtliche Bibliothek, 1).

Steuber, Werner: »Jildirim«. Deutsche Streiter auf heiligem Boden, Oldenburg-Berlin 2. Aufl. 1925 (Schlachten des Weltkrieges. In Einzeldarstellungen bearbeitet und herausgegeben im Auftrag des Reichsarchivs, Band 4).

Steuber, Werner: Arzt und Soldat in drei Erdteilen, Berlin 1940.

Stewart, Desmond: Lawrence von Arabien. Eine Biographie, Düsseldorf 1979.

Stuermer, Harry: Zwei Kriegsjahre in Konstantinopel. Skizzen deutsch-jungtürkischer Moral und Politik, Lausanne 1917.
Sturm, Erich/Seils, Uwe: Kunstbauwerke beim Neubau der Aqaba-Eisenbahn, in: Beton- und Stahlbetonbau, Heft 9/1976, S. 209–215.
Sykes, Christopher: Wassmuss »The German Lawrence«. His adventures in Persia during and after the War, Leipzig 1937.
Tabachnick, Stephen/Matheson, Christopher: T. E. Lawrence, Wahrheit und Legende. Bilanz eines Heldenlebens, München 1988.
Ter Minassian, Anahide: Van 1915, in: Guerres mondiales et conflits contemporains Nr. 153 (Januar 1989), S. 35–59.
Ternon, Yves: Tabu Armenien. Geschichte eines Völkermords, Frankfurt-Berlin 1988.
Teske, Hermann: Colmar Freiherr von der Goltz. Ein Kämpfer für den militärischen Fortschritt, Göttingen-Berlin-Frankfurt 1957.
Toland, John: Gebe Gott, daß es nicht zu spät ist. 1918 – Entscheidungsjahr des Ersten Weltkriegs, München 1981.
Treitz, Adolf: Die Vergessenen, München 1933.
Trotha, Wilhelm von: Unter dem Halbmond im Weltkriege, Berlin o. J. (1916).
Trumpener, Ulrich: German military aid to Turkey in 1914: An historical re-evaluation, in: Journal of modern history 1960, S. 145–149.
Trumpener, Ulrich: Turkey's entry into World War I: An Assessment of Responsibilities, in: Journal of modern history 1962, S. 369–380.
Trumpener, Ulrich: Liman von Sanders and the German-Ottoman Alliance, in: Journal of contemporary history 1966, S. 179–192.
Trumpener, Ulrich: The escape of the Goeben and Breslau, a reassessment, in: Canadian Journal of History 1971, S. 171–187.
Trumpener, Ulrich: Suez, Baku, Gallipoli: The Military Dimensions of the German-Ottoman Coalition, 1914–18, in: Keith Neilson/Roy A. Prete, Coalition Warfare. An Uneasy Accord, Waterloo/Ontario 1983, S. 29–51.
Trumpener, Ulrich: Germany and the Ottoman Empire 1914–1918, Princeton 1968.
Tuchmann, Barbara: Bibel und Schwert. Palästina und der Westen. Vom frühen Mittelalter bis zur Balfour-Declaration 1917, Frankfurt 2. Aufl. 1983.
Türkei, herausgegeben von der Bundeszentrale für politische Bildung. Informationen zur politischen Bildung Nr. 223, 2. Quartal 1989.
Tuksavul, Muammer: Eine bittere Freundschaft. Erinnerungen eines türkischen Jahrhundertzeugen, Düsseldorf-Wien 1985.
Tzschirner-Tzschirne, Hans-Erich von: In die Wüste. Meine Erlebnisse als Gouverneur von Akaba, Berlin 1920.

Uhlemann, Siegfried: Zwischen Kaukasus und Sinai. Randgebiete der Feldpost der Deutschen Militär-Mission Türkei 1913–1918, in: Die Sammler-Lupe, 20. Jg. Nr. 23/1965, S. 679–683.
Ullrich, Volker: Entscheidung im Osten oder Sicherung der Dardanel-

len: das Ringen um den Serbienfeldzug 1915, in: Militärgeschichtliche Mitteilungen 2/1982, S. 45–63.

Valentiner, Max: Der Schrecken der Meere. Meine U-Boot-Abenteuer, Zürich-Leipzig-Wien 1931.

Vat, Dan van der: The ship that changed the world. The escape of the Goeben to the Dardanelles in 1914, London-Sydney-Auckland-Toronto 1985.

Vat, Dan van der: The last corsair. The story of the Emden, London-Sydney-Auckland-Toronto 1983.

Das Verbrechen des Schweigens. Die Verhandlung des türkischen Völkermordes an den Armeniern vor dem ständigen Tribunal der Völker, bearbeitet von Tessa Hofmann, Göttingen 1985.

Vierbücher, Heinrich: Was die kaiserliche Regierung den deutschen Untertanen verschwiegen hat. Armenien 1915. Die Abschlachtung eines Kulturvolkes durch die Türken, Bremen 1985.

Virtuti pro Patria. Der königlich bayerische Militär-Max-Joseph-Orden. Kriegstaten und Ehrenbuch 1914–1918, hrsg. von Rudolf von Kramer u. Otto Freiherr von Waldenfels, München 1966.

Vogel, Renate: Die Persien- und Afghanistanexpedition Oskar Ritter von Niedermayers 1915/16, Osnabrück 1976 (Studien zur Militärgeschichte, Militärwissenschaft und Konfliktforschung, 8).

Voigt, G.: Erlebnisse bei der deutschen Afghanistan-Expedition, in: Mitteilungen der deutsch-türkischen Vereinigung, 4. Jg., Heft 5/6 1922, S. 5–8; Heft 9/1922, S. 3–6.

Vor 20 Jahren. Zweite Folge. Von den Dardanellen zum Sues. Mit Marineärzten im Weltkrieg durch die Türkei, Leipzig 1935.

W. A.: Zur Araberpolitik von Jildirim, in: Mitteilungen des Bundes der Asienkämpfer, VI. Jg. Nr. 10, Berlin 1.10.1924, S. 125–127.

Waldenfels, Freiherr von: Die Bayerische Flieger-Abteilung 304 in Palästina 1917/18, in: Dalman, Hundert deutsche Fliegerbilder aus Palästina a.a.O., S. 120–123.

Wallach, Jehuda L.: Ein deutscher Soldat berichtet über Jerusalem im Winter 1916/17, in: Jahrbuch des Instituts für deutsche Geschichte, Tel Aviv 1973, S. 337–343.

Wallach, Jehuda L.: Palästina und die jüdische Bevölkerung im Ersten Weltkrieg, in: Neue Forschungen zum Ersten Weltkrieg, herausgegeben von Jürgen Rohwer, Koblenz 1985, S. 167–175 (Schriften der Bibliothek für Zeitgeschichte, 25).

Wallach, Jehuda L.: Germany and the Middle East 1835–1939. International Symposium. Jahrbuch des Instituts für Deutsche Geschichte, Beiheft 1, Tel Aviv 1975.

Wallach, Jehuda L.: Anatomie einer Militärhilfe. Die preußisch-deutschen Militärmissionen in der Türkei 1835–1919, Düsseldorf 1976 (Schriftenreihe des Instituts für Deutsche Geschichte Universität Tel Aviv, 1).

Walther, Johannes: Zum Kampf in der Wüste am Sinai und Nil. Beobachtungen und Erlebnisse, Leipzig 1916.
Wangenheim, Sophie Freifrau von: Auf verlorenem Posten, in: Zeitschrift für Politik, Berlin 1936, S. 498–508.
Wanner, Martin-Christoph: Die letzten Monate der Goeben, in: Marine-Rundschau 1974, S. 325–339; 1976, S. 562–568.
Wath, W.: Breslau = Midilli. Ein Jahr unter türkischer Flagge. Selbsterlebtes nach Tagebuchblättern, Berlin 1917.
Waugh, Telford: The German Counter to Revolt in the Desert, in: Royal Central Asian Society/Journal of the Royal Central Asian Society, Bd. 24, London 1937, S. 313–317.
Weber, Frank G.: Eagles on the Crescent. Germany, Austria and the Diplomacy of the Turkish Alliance 1914–1918, Ithaca-London 1970.
Welsch, O.: Vor 10 Jahren. Die Flottenkämpfe vor den Dardanellen, in: Mitteilungen des Bundes der Asienkämpfer, VII. Jg. Nr. 4, Berlin 1.4.1925, S. 35–37.
Welsch, Otto: Die Kavallerie im Palästinafeldzug, in: Militär-Wochenblatt Bd. 109 Nr. 30, 11.2.1925, Spalte 881–887.
Welsch, Otto: Die deutsch-türkische Flotte und deutsche U-Boote vor Gallipoli, in: Marine-Rundschau 1938, S. 639–654.
Weniger, Kapitän zur See a. D.: Der Flottenangriff gegen die Dardanellen, in: Marine-Rundschau 1925, S. 1–11; S. 57–69; S. 108–115.
Wernekke: Aus der Geschichte und vom Bau der Bagdadeisenbahn, in: Zeitung des Vereins Mitteleuropäischer Eisenbahnverwaltungen, Berlin, 29.4.1943/Nr. 15, S. 183–188.
Werner, Ernst: Die Armeniergreuel 1915/16 – ein armenisches Greuelmärchen? In: Zeitschrift für Geschichtswissenschaft 2/1973, S. 218–225.
Wiegand, Theodor: Sinai, mit Beiträgen von F. Freiherrn Kreß von Kressenstein, W. Schubart, C. Watzinger, E. Werth und K. Wulzinger, Berlin-Leipzig 1920.
Wiegand, Theodor: Halbmond im letzten Viertel. Briefe und Reiseberichte aus der alten Türkei von Theodor und Marie Wiegand 1895–1918, Herausgegeben und erläutert von Gerhard Wiegand, München 1970.
Wiesener, Ernst (Hrsg.): Adler, Doppelaar und Halbmond. Deutschland, Österreich, Ungarn, Bulgarien und Türkei. Der Verbündeten Siegeszug durch Balkan und Orient in kriegerischer, wirtschaftlicher und politischer Bedeutung, Hamburg o. J. (ca. 1917).
Wilson, Michael: Destination Dardanelles. The Story of HMS E7, London 1988.
Wilson, Robert Henry: Palestine 1917, edited by H. D. Millgate, Tunbridge Wells 1987.
Winkler, Max: Eine bayerische schwere Haubitzbatterie in Wild-Kurdistan (Kaukasusfront) 1916/17, in: Die Gebirgstruppe. Mitteilungsblatt des Kameradenkreises der Gebirgstruppe, 15. Jg. (1966), S. 29–41.

Winstone, H. V. F.: The Diaries of Parker Pasha. War in the desert 1914–18 told from the secret diaries of Colonel Alfred Chevallier Parker, nephew of Lord Kitchener, Governor of Sinai and military intelligence chief in the Arab Revolt, London-Melbourne-New York 1983.
Winterstetten, K. von (d. i. Albert Ritter): Berlin-Bagdad. Neue Ziele mitteleuropäischer Politik, München 2. Aufl. 1913.
Witthoeft, R.: Unsere »Emden«. Erlebnisse auf den Kaperfahrten im Jahre 1914, Berlin 1926.
Wolff-Emden, Rudolf: Von den Kokosinseln nach Deutschland. Meine Erlebnisse beim Landungszug der »Emden-Ayesha« 1914/15, Wittenberg o. J. (ca. 1930).
Wollstein, Günter: Rudolf Nadolny – Außenminister ohne Verwendung, in: Vierteljahreshefte für Zeitgeschichte, 28. Jg. 1980, S. 47–93.
Würschmidt, J.: Jungtürken und ihre Gegner, in: Zwischen Kaukasus und Sinai, Jahrbuch des Bundes der Asienkämpfer, Bd. 3, Sangerhausen 1923, S. 59–79.

Yücel, Y.: Bibliography of the First World War, in: Neue Forschungen zum Ersten Weltkrieg, Herausgeber Jürgen Rohwer, Koblenz 1985, S. 329–344 (Schriften der Bibliothek für Zeitgeschichte, Band 25).

Zechlin, Egmont: Die deutsche Politik und die Juden im Ersten Weltkrieg, unter Mitarbeit von Joachim Bieber, Göttingen 1969.
Zentner, Christian: Illustrierte Geschichte des Ersten Weltkrieges, München 1982.
Zimmer, Georg: Mit SMS »Emden« auf Kriegsfahrt. Erinnerungen aus meinem Kriegstagebuch, in: Marine-Rundschau 1924, S. 125–131.
Zürrer, Werner: Zur Geschichte der Georgischen Legion im Ersten Weltkrieg, in: Militärgeschichtliche Mitteilungen 1978, S. 85–104.
Zur Mühlen, Patrik von: Zwischen Hakenkreuz und Sowjetstern, Der Nationalismus der sowjetischen Orientvölker im 2. Weltkrieg, Düsseldorf 1971.

Strategische Karten

Übersichtskarte des Osmanischen Reiches (aus: Steuber, »Jildirim«. Deutsche Streiter auf heiligem Boden, Stalling Verlag, Oldenburg-Berlin 2. Aufl. 1925).

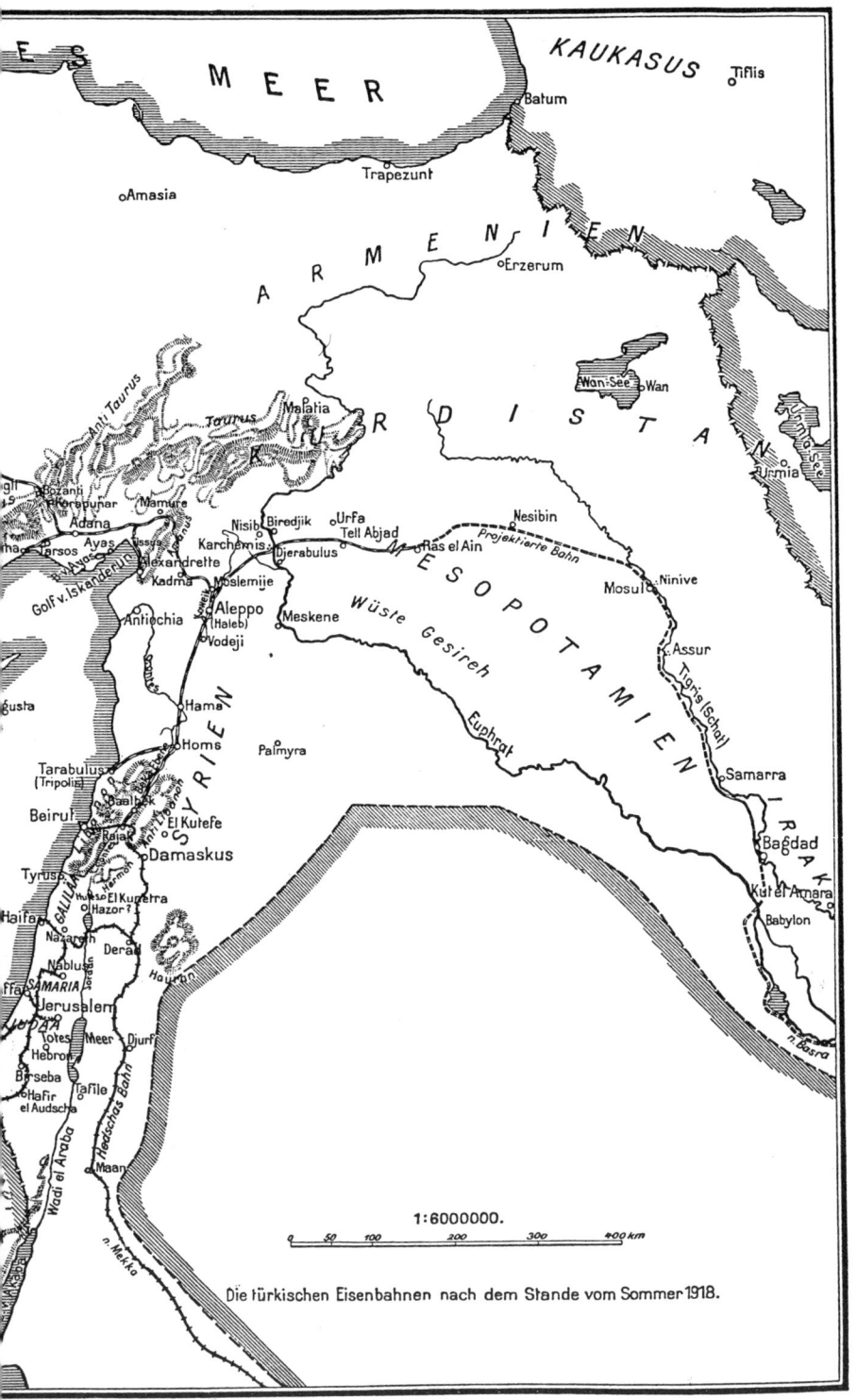

Die türkischen Eisenbahnen nach dem Stande vom Sommer 1918.

PALÄSTINA.

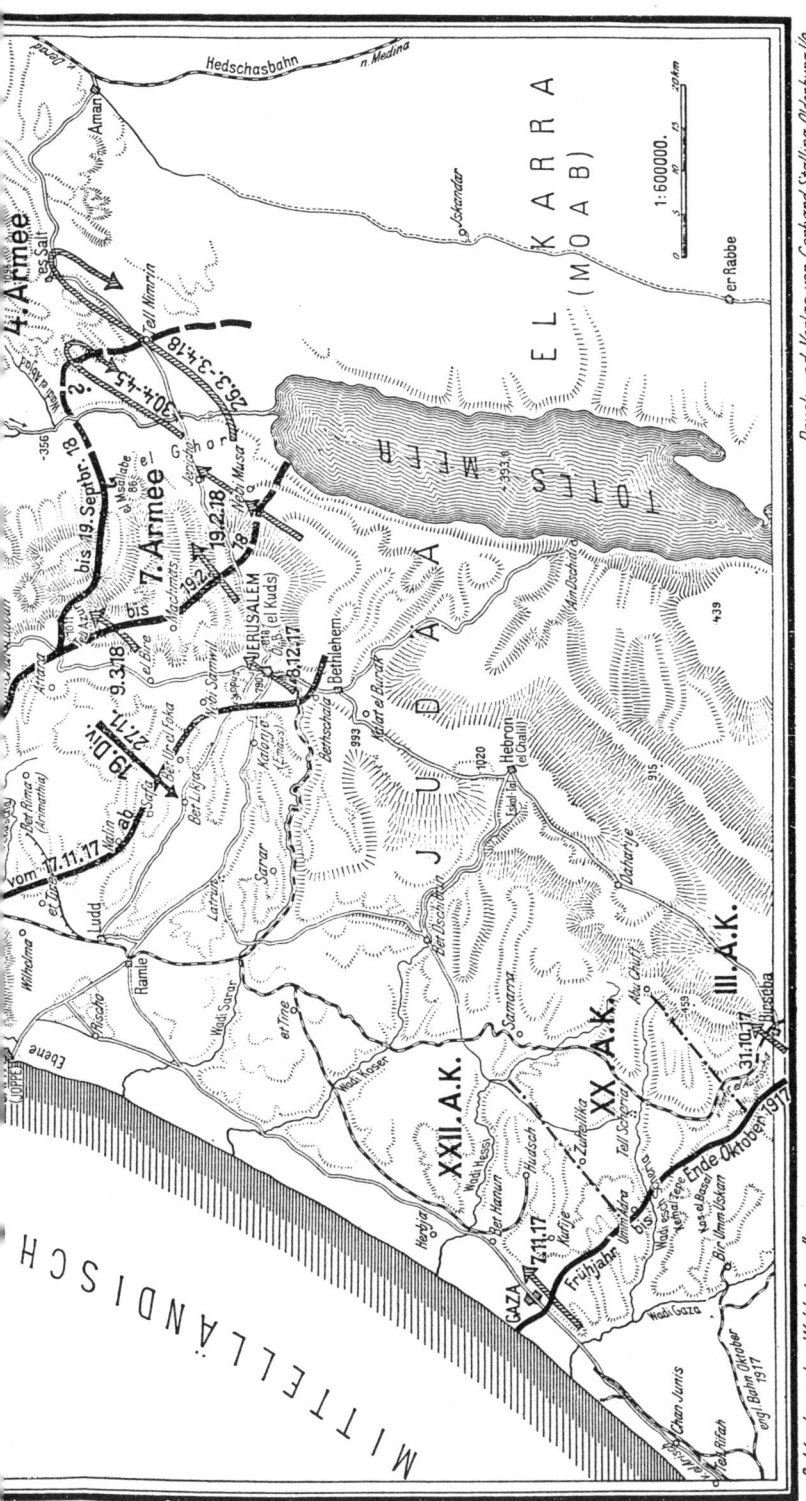

Die Front in Palästina von Herbst 1917 bis zum Zusammenbruch 1918 (aus: Steuber, »Jildirim«. Deutsche Streiter auf heiligem Boden, Stalling Verlag, Oldenburg-Berlin 2. Aufl. 1925).

Personenregister

Abbas Hilmi II. 66f
Abdul Hamid II. 15f, 23f, 130, 132, 190f, 290
Abdullah, Emir 112
Ackermann, Richard 28
Ali Fuad Pascha 245
Ali Ishan Pascha 223
Ali Said Pascha 179
Allenby, Viscount Edmund Henry 99, 161, 240, 243, 246f, 249, 252, 254, 286
Amanullah, Emir 176
Aulock, Hauptmann von 154f
Aylmer, General 216

Back, Ulrich 284
Barakatullah, M. 167
Becker, Franz 104
Bergfeld, Dr. Konsul 196
Bernstorff, Graf von 271
Berthold, Fritz 159, 163
Bethmann Hollweg, Theobald von 198
Bey, Nuri 101
Bey, Talaat 196f
Bieberstein, Marschall von 17
Bieneck, Hauptmann 162
Bismarck, Otto Fürst von 15f, 18, 21, 185
Blücher, Wipert von 189
Böhme, Erich 247, 284
Bopp, Oberst 206, 208
Bourbon-Parma, Prinz von 295
Bowman-Manifold, Sir M.G.E. 69
Brasch, Oberleutnant z. S. 64
Buddecke, Hans Joachim 154, 163, 286
Bülow, Fürst von 213
Burnett, Oberstleutnant 162

Cappeln von, Kapitänleutnant 221
Caprivi, Georg Leo Graf von 21, 23
Carden, Sackville 78
Carmel, Alex 21
Churchill, Winston 30, 36, 78, 80, 86, 293
Croneiß, Franz 163

d'Amade, General 80
Dewitz, von, Oberleutnant z. S. 95
Dieckmann, P. 133
Djavid Bey 35
Djemal Bey (»kleiner Djemal«) 63
Djemal, Pascha, Ahmed 26, 35ff, 64, 66, 68, 70f, 74f, 129, 133, 136, 177, 179, 193, 198, 227, 229, 235f, 238, 246, 260, 287, 303
Djevad Pascha 244
Dönitz, Karl 45, 153
Dommes, Wilhelm von 283
Drexler, Josef 258
Drieu la Rochelle, Pierre 81, 84

Eberhard, Vizeadmiral 41
Elias, Hauptmann 162
Engelking, Kapitänleutnant 217
Enver, Pascha 26, 34ff, 44, 46, 53, 59ff, 76, 81, 91, 96, 97f, 100ff, 115, 138, 146, 151f, 165, 177, 181, 186, 189, 198, 200, 225, 228, 239, 260, 266, 287, 297
Erdmann, Hans 207
Erikson, Major 209
Erzberger, Matthias 198

Fahkri Pascha 137
Falke, Oberleutnant 157
Falkenhausen, Alexander von 283
Falkenhayn, Erich Georg Anton Sebastian von 129, 225ff, 240, 243ff, 283, 288, 293, 302
Feisal, Emir 177f, 292
Feldmann, Otto von 283
Felmy, Hellmuth 72, 157, 189, 289, 317
Fiedler, G. F. 28, 34
Firle, Kapitänleutnant 43, 85
Frankenberg und Proschlitz, von 230, 246f.

Franz Ferdinand, Erzherzog 25
Franz Joseph, Kaiser 144, 146, 265
Friedrich II. 15
Friedrich Wilhelm III. 15

Galen, Graf von der 142
Gansser, Kapitänleutnant 97
Gleich, Gerold von 195, 283, 319
Goethe, Johann Wolfgang von 11
Goltz, Colmar Freiherr von der 13, 16, 41, 186, 188, 206, 208, 211, 216, 218, 220, 266, 283, 289
Gorringe, General 216, 219
Gouraud, General 81
Greßmann, General 211
Grobba, Fritz 142
Guhr, Hans, 57f, 255ff, 284
Guse, Felix 283

Habibullah, Emir 165, 172, 176
Halil Bey 215f
Halil Pascha 186, 188, 198, 211, 219f, 223
Hamilton, Sir Ian 80, 82f, 86f, 89
Hammerstein-Gesmold, Freiherr von 249
Haus, Anton 91
Hedin, Sven 118
Heemskerck, von, Hauptmann 72, 159, 162
Heimburg, von, Oberleutnant z. S. 95
Henkel, Leutnant 73
Henkelburg, Hans 73, 156
Hentig, Hans von 167ff, 183, 230, 232, 326
Hentig, Werner Otto von 290
Herbert, Aubrey 219
Herrgott, Adolf 283
Hersing, Otto 95, 92ff, 103
Herzl, Theodor 22
Heuck, Albert 284
Hilgendorf, Kapitänleutnant 64f
Hindenburg, Paul von 225
Hintersatz, Wilhelm 189
Hippel, Georg von 48
Hofmann, Robert 149
Holstein, Vizekonsul 196
Hubert, Erzherzog 148
Humann, Hans 182

Hunger, Major 54, 284
Hussein, Scherif 74, 177ff

Izzet Pascha 54, 59, 260

Jäckh, Ernst 20, 129, 182
Jagow, Dr. von, Staatssekretär 198
Jones, Murray 157

Kaehler, Otto August Johannes 16
Kaellstroem, Major 209
Kanitz, Graf 205ff
Kannengießer, Hans 284
Kemal Pascha, Mustafa (Atatürk) 13, 59, 82, 87f, 100, 186, 251, 258ff, 290, 293, 309
Kereselidze, Leo 139
Kettner, Fregattenkapitän 28
Keyserling, von, Hauptmann 255
Kiesling, Hans von 117, 194, 205, 236, 240, 284
Kirchner, Oberleutnant z. S. 95
Kitchener, Horatio Herbert 72, 78, 80
Klein, Hauptmann 165, 201f, 207, 211
Knorr, von, Korvettenkapitän 45f
Kophamel, Kapitänleutnant 95, 102
Kreß von Kressenstein, Friedrich Freiherr von 60, 63f., 66, 70ff, 74ff, 98, 123, 146, 156, 184f, 189, 200, 227, 235ff, 239f, 242ff, 283f, 291
Kretzschmar, Hans-Wilhelm 283
Kühlmann, Dr. von, Botschafter 271
Kutzner, Paul 105

Lawetzky, Otto 122, 232, 257, 261
Lawrence, Thomas Edward 11, 123, 134f, 145, 147f, 150, 179, 219, 246, 256, 258, 265, 292, 316, 319
Lepsius, Johannes 197f
Leverkuehn, Karl-Gustav 210
Leverkuehn, Paul 324
Liebknecht, Karl 198
Liman von Sanders, Otto Karl Victor, 13, 24, 26, 53, 81, 83, 87ff, 94, 132, 145, 161, 181, 184, 195, 247f, 250ff, 255, 258, 260f, 283, 293, 309, 322, 329

Limpus, Arthur 35
Lloyd George, David 39
Lossow, Otto von 141, 225
Ludendorff, Erich 60f, 200
Ludwig, Emil 113
Lühe, Oskar von der 104f
Lührs, Hans 202

Mačabeli, Fürst 138f
Mahendra Pratap 167
Mahmud II. 15
Malade, Theo 233
Mannesmann, Otto 102
Mayer, Georg 115
McMahon, Henry 179f
Mehemed Ali 15
Mehemed Taghi Khan 210
Meißner, Heinrich August 71, 128, 131, 133f, 136, 264f, 293f
Menges, von, Major 249
Milne, Sir Archibald Berkeley 32
Möller, von, Kapitänleutnant 114, 178
Moltke, Helmuth von 11, 13, 15, 80
Moltke (»der Jüngere«), Helmuth von 25, 266
Morgenthau, Henry 79
Mücke, Hellmuth von 108ff, 118, 178, 217, 274, 294
Muhammad V. Resad 24
Mühlberg, von, Unterstaatssekretär 128
Müller, Karl Friedrich Max von 106, 108
Müller, Vincenz 83, 212, 308
Munro, General 89
Murad Bey Magalov 141
Murray, Sir Archibald S. 72, 238, 240
Musil, Alois 144f, 147f, 295

Nadolny, Rudolf 138, 202f, 211, 323
Nasrullah 171
Naumann, Friedrich 20
Neufeld, Karl 177
Neurath, Konstantin von 271
Ney, Kapitänleutnant 217
Nicolai, August 284
Niedermayer, Oskar Ritter von 166ff, 175f, 189, 211, 246, 295
Nizam-es-Saltaneh 207, 211f

Nogales, Rafael de 147
Nordeck, von, Admiral 49
Nureddin Bey 215f
Nuri Pascha 60, 104, 266

Olshausen, Dr. 92
Omer Nadji 210
Oppen, von, Oberst 161, 255, 257, 259

Papen, Franz von 189, 213, 241, 245f, 261, 283
Paraquin, Ernst 283, 306
Petljura, Simon 261, 330
Pieper, Kapitän z. S. 84
Pietschmann, Victor 52, 145
Pomiankowski, Joseph 146, 151, 200
Posselt, General 52

Radowitz, von, Geheimer Legationsrat 271
Raith, Major 209
Range, Paul 71
Raschid, Ibn 179
Raspel, Oberleutnant z. S. 222
Rebeur-Paschwitz, von, Vizeadmiral 47, 51, 297
Reffed Bey 241
Reuf Bey 166, 204
Reuß, Prinz 167, 205
Robeck, John de 78ff, 86
Rode, Fritz 31
Rößler, Dr. Konsul 196
Rohrbach, Paul 20

Said Halim Pascha 26, 35
Sayidd Ahmed 101
Schefket Bey 209
Scheidemann, Philipp 105
Schellendorf, Bronsart von 53, 61
Schenker 210
Scheubner-Richter, Max von 165, 192, 196, 210, 296
Schliephack, Leutnant 139, 141
Schraudenbach, Ludwig 56, 58, 187, 195, 284
Schrenck, von 217
Schulenburg, Friedrich Werner, Graf von der 139ff, 143
Schumacher, Dr. 72

361

Schumburg, Hauptmann 162
Schünemann, Konsul 203
Schüz, Hans 155, 163
Schwabe, Kurt 284
Schwarz, Oberleutnant z. S. 140
Seeckt, Hans von 61, 90, 222, 251, 260, 309
Serman, E. 65
Serno, Erich 152
Siemens, Georg von 17f, 21, 127
Simon-Eberhard, Hauptmann 160, 229
Sodenstern, von, Oberstleutnant 83, 284
Solger, Wilhelm 283
Soneson, Major 209
Souchon, Wilhelm 28, 30f, 34ff, 42, 44, 46f, 91, 95f, 113, 297
Sprenger, Aloys 21
Steuber, Werner 120, 230, 243
Stotzingen, von, Major 165, 177ff
Strube, Erwin von 284
Suleiman Askeri Bey 215
Suleiman, Scheich 113, 179

Talaat Pascha, Mehmed 35, 37, 193f, 198, 260, 297
Tiller, Major 235f
Todenwarth, Freiherr von 103
Townshend, General 155, 215ff, 219
Treitz, Adolf 259
Trommer, Hugo 284
Troubridge, Sir Ernest Charles Thomas 32
Truzschewski, Ritter von 235
Tsereteli, Michael 138
Tzschirner-Tzschirne, Hans-Erich von 64, 69

Ulrich, Oberleutnant z. S. 139
Usedom, Guido von 36, 77

Valentiner, Max 95, 97, 102, 139
Voigt, von, Oberleutnant z. S. 91, 96, 167, 170, 176

Wagner, Curt 176
Waldburg, Graf von 271
Wallach, Jehuda L. 12, 183
Walz, Franz 159, 161ff
Wangenheim, Hans Freiherr von 26, 35, 138, 196, 271
Waßmuß, Wilhelm 166, 203f, 298, 323
Weber, Oberst 83, 284
Wegner, Oberleutnant z. S. 97
Wehrle, Oberstleutnant 77
Wendlandt, Oberleutnant z. S. 98f
Werner, Oberleutnant z. S. 91, 96
Wiegand, Theodor 38, 75f, 232, 244, 298
Wilhelm II. 11, 17, 22, 24, 26f, 127, 231, 244, 263ff
Wilhelmi, Hauptmann 77
Williams, Oberstleutnant 162
Willmer, Wilhelm 87, 255, 284
Winkler, Max 56
Wolf von Wolfskehl, Graf 194
Wolff, Rudolf 113, 274
Wolff-Metternich, Graf 46, 198f, 271

Zekki Pascha 63
Zimmermann, Unterstaatssekretär 198f